本书为云南省哲学社会科学研究重大项目
"南诏大理国多语种史料搜集整理研究"(TBWT202103)
阶段成果

李东红 著

南天佛国

——南诏大理佛教历史与文化

中华书局

图书在版编目(CIP)数据

南天佛国:南诏大理佛教历史与文化/李东红著. —北京:中华书局,2023.1
ISBN 978-7-101-15861-8

Ⅰ.南… Ⅱ.李… Ⅲ.①佛教史-研究-云南②佛教-宗教文化-文化研究-云南 Ⅳ.B949.2

中国版本图书馆 CIP 数据核字(2022)第 255051 号

书　　名	南天佛国——南诏大理佛教历史与文化
著　　者	李东红
责任编辑	樊玉兰
责任印制	管　斌
出版发行	中华书局
	(北京市丰台区太平桥西里 38 号　100073)
	http://www.zhbc.com.cn
	E-mail:zhbc@zhbc.com.cn
印　　刷	三河市中晟雅豪印务有限公司
版　　次	2023 年 1 月第 1 版
	2023 年 1 月第 1 次印刷
规　　格	开本/920×1250 毫米　1/32
	印张 15½　插页 2　字数 374 千字
国际书号	ISBN 978-7-101-15861-8
定　　价	98.00 元

　　李东红　1965年生，云南洱源人。云南大学中国少数民族史硕士、中国文化史博士。博士生导师。历任云南大学社科处副处长、出版社总编、图书馆馆长等职。现任大理大学民族学学科负责人，特聘教授。主要研究方向为佛教考古、南诏大理学、中国西南少数民族研究等。完成"南诏大理国宗教研究"等十余项国家级、省级科研课题。出版《白族密教》《乡人说事：凤羽白族村的人类学研究》《苍洱五百年》等九部著作，发表《边疆考古的民族视角与范式思考》《剑川石窟与白族的信仰民俗》《坚守还是改变：中国西南古代民族研究"三大族系"说的多学科讨论》等学术论文一百余篇。

目　录

中篇　佛教与社会文化研究

下篇　佛教文化遗产研究

图片目录

绪论　南诏大理佛教研究概述

隋末唐初，云南洱海区域分布着被称为"六诏"的六个部族，他们"各据山川，不相役属"。《资治通鉴》称六诏"兵力相埒，莫能相壹……蒙舍最在南，故谓之南诏"[①]。开元二十六年（738），唐朝支持蒙舍诏"合六诏为一"，建立统一的南诏政权，并册封南诏王皮逻阁为"云南王"。南诏以此为基础，巩固并拓展了两汉以来中国西南疆域，发展成为幅员辽阔、雄踞中国西南的民族政权。

唐天复二年（902），南诏政权为权臣郑氏所篡。此后三十余年间，郑氏"大长和国"、赵氏"大天兴国"、杨氏"大义宁国"竞相更迭。后晋天福二年（937），段思平建立大理国，中国西南边疆迎来了三百余年的长治久安。蒙古宪宗三年（1253），忽必烈以"斡腹之谋"率蒙古大军攻灭大理国，进而挥师江南，统一全国，中国历史由此跨入元代。

《新唐书·南诏传》记载南诏疆域"东距爨，东南属交趾，西摩伽陀，西北与吐蕃接，南女王，西南骠，北抵益州，东北际黔、巫"[②]。《元史·地理志》所载大理国辖境与此相当。大理国继承了南诏的

---

① 〔宋〕司马光编著，〔元〕胡三省音注：《资治通鉴》卷二一四《唐纪三十》玄宗开元二十六年九月，中华书局，1956年，第6836页。

② 〔宋〕欧阳修、〔宋〕宋祁撰：《新唐书》卷二二二上《南诏传上》，中华书局，1975年，第6267页。

制度并有所发展,无论是政体、官制,还是文化、宗教,都体现出一脉相承且更为繁荣、发达的特质。

南诏大理国统一西南边疆的五百余年间,统治者奉行佛教治世的策略,用佛法治理社会,教化人民,佛教因此融入社会生活各个层面,举凡设官选士、教授子弟,乃至普通民众的人生礼仪、日常生活、社会风尚都受佛教影响,整个社会深度佛教化。浓厚的佛教色彩,成为南诏大理历史文化显著的特征。与佛教信仰的不解之缘,使南诏大理研究离不开对佛教的关注与讨论。

1920 年代大理地震,千寻塔塔刹被震落,原收藏于塔刹内的文物流散民间,由此引发南诏大理佛教文物搜集与研究的热潮。百年来,佛教文献史料辑佚、整理成果日渐丰硕;文物考古不断有新的发现;南诏大理佛教研究队伍日益壮大,领域逐渐拓展,水平明显提升,学术积累越来越厚重。然而,从总体上讲,研究资料不足的情况仍然十分突出,厘清基本学术问题还是关键点。而南诏大理佛教研究涉及的知识既广且深,譬如佛教文献、佛经、画卷、石窟寺、造像、火葬墓遗存、梵文与白文研究,都需要特别的知识与专门的技能;要理解南诏大理佛教信仰的社会历史情境,需要对东亚佛教交流史,特别是汉代以来西南边疆与中国历史整体发展的内在关联有深刻的认识。因此,要科学、完整地呈现南诏大理佛教的真实面貌,是一项严肃而艰难的学术使命。笔者正是基于这样的认识,开启《南天佛国》的书写与研究。

一、主要内容

本书尝试以资料搜集、整理、研究为基础,依托正史专书,理解以被视为"荒诞不经"的《白古通》为代表的地方佛教文献史料的价值与意义；梳理田野考古资料，释读专业考古报告，从中整理出有价值的考古新发现与新材料；用佛教信仰的视角，探究南诏大理社会的文化习惯；以转轮圣王与佛王信仰思想，阐明南诏大理"王者礼佛"与"佛教治世"的宗教意义。由此四途，形成对南诏大理佛教史料的基本认知，撰成基本的研究资料。在此基础上，主要形成三个方面的内容：

第一，学术史研究。主要厘清佛教文献整理、考古发现以及学术研究的基本情况，是对百年来南诏大理佛教文献整理成就、考古发现与研究成果、佛教学术史的述评，力求全面、系统地呈现南诏大理佛教研究的历史、成就与发展态势，梳理出主要的学术领域与基本学术问题，为此项研究与本书的撰写提供学理依据与资料基础。

第二，佛教与社会文化研究。南诏大理佛教的传入与发展，有其特定的社会历史情境，铺叙中国历史整体性视域下汉代以来西南边疆历史进程，旨在以长时段的方法，探寻南诏大理佛教信仰的历史根基与文化脉络。以此为前提，用新资料、新发现廓清南诏大理佛教传入的历史事实，探讨佛教传入云南的过程，阐明云南佛教"始于汉晋，兴于初唐，盛于南诏大理"的新观点；以介绍佛教宗派繁衍与历代高僧大德为中心，再现南诏大理佛教繁荣与发展的样态；以"佛教治世"所带来的全民信仰佛教的社会文化，以及信仰天竺灵山圣地传说、用佛号起名、流行火葬等民间文化风尚，探索佛教信仰与南诏大理社会文化的关系，多维度揭示佛教对南诏大理的影响。

第三，佛教文化遗产研究。南诏大理佛教史料，载籍不多，宗派、人物、寺院系谱、沿革材料难得一见。但是，佛教思想、信仰与实践行为，往往以"物"的形式呈现，并且幸运地存留至今。譬如剑川石窟、古本经卷、佛教画卷、火葬墓遗迹、金石碑铭、法器等佛教文化遗存,承载了南诏大理佛教深刻的内涵与意象。昆明《妙应兰若塔记》说:"我佛如来鹿苑集众之时,现真身而应机说法,双林入灭之后,留慈影而济世度人。是知容仪乃玉儿金容之迹,宝塔即灵牙舍利之踪。倘若一心皈依,便获无边福利。"① 古人已逝,"活思想"已然远去,但"透物见人",于遗物、遗迹、遗址中,仍然可以获见南诏大理时期人们佛教信仰的思想与行为。因此,用科学的、可以被理解的范式,对相关文化遗产进行系统的搜集、整理、分析与描述,形成较为完备的佛教考古学文化序列,以补史之阙、正史之误,是佛教文化遗产研究的主要内容与目标所在。

二、主要研究范式

要做好上述三方面的研究,完成学术使命,理论与方法尤为关键。本书撰写时从认识论、方法论与研究范式等多个维度,作了以下考虑:

考古发现与佛教文献研究,是驱动南诏大理佛教学术不断前行的"车之两轮"。要做好南诏大理佛教研究,搜集、整理资料是基础,是根本,但如何呈现、解读、诠释这些史料,形成整体性的学术文本,还需要从解释工具着眼,以理论贯穿研究过程,才能从纷繁复杂的具体材料中,找到南诏大理佛教自身的发展逻辑,揭示它的本质与特征,阐明"什么是南诏大理佛教",以及"南诏大理佛教为什么是这样"等基本问题。

第一,认识论。马克思主义的历史观与宗教观,是我们研究南

① 杨世钰、赵寅松主编:《大理丛书·金石篇》卷一,云南民族出版社,2010年,第107页。

诏大理佛教的科学认识论基础。南诏大理是唐宋时代中国境内的地方民族政权，是历史上中国的一部分。要正确理解中国历史的整体性发展规律，始终把南诏大理佛教文化，置于中国历史整体范畴之内，把握好南诏大理佛教是唐宋佛教中国化的地方实践、是中国佛教的区域类型这一根本性认识。惟其如此，方能获得正解，形成科学、客观的正念。

对于中国文化而言，佛教是外来宗教，佛教的源头在古印度。研究中国佛教时，胸怀佛教交流史的"世界观"显得特别重要。以南诏大理为中心的中国西南边疆，秦汉以来即与南亚、东南亚保持着密切联系，与古印度之间有交通往还、人员与物资的交往与交流。因此，惟有从亚洲佛教交流史出发，才能正确理解、把握南诏大理佛教对于中国佛教的意义，理解唐宋时期佛教中国化的多样性，以及中国区域佛教形成与发展的特殊性。

第二，多学科视野。佛教研究需要多学科的视角、理论与方法，因为佛教信仰所涉及的内容，譬如经典、造像、建筑、绘画、石窟寺，还有与佛教信仰相关的实践行为与社会习俗，诸如法会、仪式、剃度、斋戒、火葬、起名、庙会、灵山圣地、神话传说，以及佛王与转轮王信仰等等，涉及政治、哲学、社会、文化、族群各个领域。佛教研究课题，几乎是"全科"、全领域的议题，研究方法需要多种多样，综合交叉。

南诏大理佛教，文献记载少，经典保留不多，缺乏佛教史与僧人资料，因此在资料的搜集与发现方面，考古学担负着重要的使命，而哲学、历史学、文献学等其他众多学科的理论与方法，也不可或缺。只有充分认识到文献、实物，甚至是传说的重要性，才能了解历史发展的真实逻辑。只有学懂、弄通、做实不同学科的理论与方法，并应用于具体研究，解决实践问题，而非停留在"多学科方法"的文字表述与"整词",才能做好南诏大理佛教的研究。

第三,宗教学理论与方法。宗教学的思维,就是从宗教要素出发,科学、辩证地看待信仰思想、实践行为与物质文化遗存,以及宗教信仰与政治、社会、民众的关系,始终围绕"信仰"发问立题,解答相关学术问题。佛教治世,都会有积极开展佛教活动的特征,譬如建造塔庙、造像、剃度僧人、造经或译经、崇拜佛教神祇。因此,佛教研究既要关注思想意识,还要聚焦"以佛法教化人民"的政治方略与举措,透过佛教活动的遗迹与遗物,才能从整体上认识、把握古代社会中的佛教信仰①。

第四,宗教考古学研究范式。佛教信仰,不仅是哲学意义上的冥思苦想,更多的是实践中的修行活动,而实践活动需要一定的空间与情境,这就产生了场所、文本、图像、法物,以及法会、仪式等等颇具象征、符号意义的神圣空间、物象系统与实践规则。佛教既是宗教,亦为文化。从考古学角度对这些遗迹、遗物与遗址等文化遗存进行研究,以理解古代宗教信仰与实践活动,就是宗教考古学方法②。

佛教考古学的目标,是揭示古代社会及人群信仰的历史,呈现

---

① 以佛教治世,以佛法教化人民的方略,本于印度教与佛教的转轮王传统,佛教密教化以后,转轮王常以"佛"或"菩萨"的面貌统治世间,"佛王"因此便有了"皇帝菩萨""菩萨天子"等称号。《圣观自在菩萨心真言瑜伽观行仪轨》说:"修瑜伽者自身现本尊观自在,等无差别,如彼镜像不一不异。"金刚顶亦称此莲花部修行法为"佛顶轮王"或"金轮佛顶"的观法。这就是金刚顶派"佛即是王"或"王即是佛"的佛王信仰基础。详见古正美:《从天王传统到佛王传统:中国中世佛教治国意识形态研究》第九章《南诏大理的佛教建国信仰》,商周出版社,2003年,第431页。

② 参见〔英〕科林·伦福儒(Colin Renfrew)、〔英〕保罗·巴恩(Paul Bahn)主编,陈胜前译:《考古学:关键概念》之《仪式与宗教考古学》,中国人民大学出版社,2012年,第47—49页。

其发展过程,阐明佛教对于社会、文化与历史发展的影响。佛教考古往往属于"历史时期考古"范畴,离不开历史文献、佛教史料的支撑与共证[1]。1930年代,郑师许以印度考古学为例,将关于"散蔡大塔、阿育王敕碑、犍陀罗式佛教雕像、阿旃陀石窟壁画"的研究,界定为"佛教考古学"研究对象,其中涉及塔寺、碑铭、造像、石窟寺、壁画等核心内容[2]。1950年代初,夏鼐、宿白将考古学方法应用于敦煌石窟造像与壁画研究,宿白进而将"佛教考古"的研究对象,分为佛教遗迹与遗物两大类。综合宿白先生以及马世长、温玉成、李崇峰、李裕群、霍巍等学者关于佛教考古的理论与方法,特别是对研究对象的论述,可知佛教考古的研究领域大致包含寺院遗址、石窟寺遗迹以及传世佛教遗物三大类[3],具体可分为造像、寺院、石窟寺、佛塔、佛经、佛画、法器、碑铭、重要史迹与历史人物,以及其他相关专题研究。基于这样的认识,我们按照佛教"遗迹"与"遗物"两大类,对南诏大理佛教文化遗产进行讨论与研究。

第五,文献学方法。"使用第一手资料"是学术研究的基本原则。然而,事实上没有"原汁原味"的第一手资料。由于文献在流传过程中不可避免地产生讹误与佚失,于是需要通过校勘、辨伪、辑佚、笺证与注释等整理方法,尽可能形成可靠的文本。经验证明,并不是每位研究者都擅长校雠以及史料甄别工作。于是,征引史料时选择"善本"就显得特别重要。

第六,神话学思维与记忆理论。在我们的学术传统中,多数

---

[1] 古正美:《再谈宿白的凉州模式》,《敦煌研究》,1998年第2期。
[2] 郑师许:《印度考古学发达史》,《考古》,1935年第2期。
[3] 参见宿白:《中国佛教石窟寺遗迹——3至8世纪中国佛教考古学》,文物出版社,2010年;温玉成:《中国佛教与考古》,宗教文化出版社,2009年;李崇峰:《宿白与中国佛教考古学》,澎湃新闻,2021年2月3日。

学者并未将佛教经典视为历史文献或资料,他们认为可以用自己的理解来说明佛教的历史与现象,而不是以佛教自身的叙事逻辑解答"问题"。这种思想与研究范式,显然不是科学的方法①。所谓"荒诞不经"的神话与传说叙事,是古代社会历史记忆的重要表达方式,是彼时文化书写中必不可少的内容,不能以"不可信"一言以蔽之。借助理论分析工具,解构神话传说文本的知识生产过程,从而读懂佛教文献史料的真正内涵与文化意义,本身就是学术研究的题中之义。以神话学思维与记忆理论,理解佛教史上包括佛本生故事、佛传故事,以及多样性的本土化、地域性信仰神话传说,还原佛教历史与文化事实,是佛教研究应有的科学世界观与方法论。

第七,数字学术的理念与方法。全球化与科技革命带来的"互联网+"新技术、"泛在学习"(Ubiquitous Learning)"开放获取"(Open Access)背景下,把学术研究中的互联互通变成"天涯若比邻"式的"信息抓取",在互联网上"一搜即得"②。基于数据化与互联网的"数字学术"(Digital Scholarship),以数据化的资料编辑、出版、保存与使用为基本特征,运用数字学术特有的研究范式进行资料搜集,对数据模块进行全新的编辑与排序,通过"语义""结构""关键词"等"域"概念,在海量的资料中提炼问题、抓取有价值与意义的信息③。这是科技革命为人文社会科学研究带来的方法

---

① 参见古正美:《从天王传统到佛王传统:中国中世佛教治国意识形态研究》,第17—18页。

② 朱强等:《面向泛在信息社会的国家战略及图书馆对策研究》,《大学图书馆学报》,2015年第1期。

③ 王晓光、陈孝禹:《语义出版:数字时代科学交流新模式》,《出版科学》,2012年第4期。

论的创新与进步。

如若没有技术的进步，没有数据化的资料基础与开放获取，要在书海中把相关资料搜集殆尽，并对它进行系统、深入的整理与分析，几乎是不可能实现的。数字学术方法把"资料解读"导入到全新的结构之中，于是"旧材料"往往产生新的"语义"。当下的学术研究中，资料的数据化已经是不争的事实，很多学术思想是通过"技术"的重构与解构而获得的。自觉地使用数字学术方法，是学术进步的时代要求[①]。

三、价值与意义

对历史的认知、文化的理解有不同方法与路径。中古时期的中国，佛教居于主导性地位，因此透过佛教史研究，能够触及当时的哲学思想、政治实践与社会生活，是研究文化、理解社会的"学术之道"之一。

本书以整体观为统领，按照"呈现、认识、理解"这一基本路径，用多学科综合的方法，以学术史、佛教与社会文化、佛教文化遗产研究三大板块，呈现中国西南边疆南诏大理地方政权的佛教信仰。始终围绕"南诏大理五百年历史，是唐宋时代中国历史整体发展不可或缺的内容；南诏大理佛教是中国地方佛教，它具有地域特色，更有中国佛教的普遍性意义"这样一条思想主线，不囿于一经一典一事一物的讨论，不搞"以小见大"概而论之，而是以整体论思想与方法，融通各种材料与观点，从基本史料出发，力求完整、全

---

① 李东红等：《"政策推动 + 科技革命"对高校图书馆的叠加效应》，《图书情报工作》，2019 年第 18 期。

面、系统地说清楚"什么是南诏大理佛教",并阐明"南诏大理佛教
为什么是这样"两个基本问题。

南诏大理佛教研究,无论对深化佛教传入中国的时间与路径
研究,还是佛教中国化的多样性讨论,都具有独特的价值与意义。
中华民族共同体意识,是在各民族共同开拓祖国疆域、共同书写中
国历史、共创中华文化、共育伟大精神的实践中逐渐形成与发展起
来的。历史上中国境内各少数民族建立的政权,都是中国历史不
可分割的部分;历史上中国境内不同地域的文化,包括不同时代、
不同宗派的佛教,都是中华文化不可或缺的内容。加强对包括南
诏大理在内的边疆地区古代佛教信仰的研究,彰显边远地区在佛
教中国化进程中的特殊贡献与意义,可以深刻揭示中华民族多元
一体格局形成与发展的内在逻辑,从历史、思想、文化三个维度理
解、铸牢中华民族共同体意识。

上篇

佛教史料辑佚、考古发现
与学术史

第一章 南诏大理佛教史料辑佚与整理

南诏大理以来的云南地方文献之中,保存了较为丰富的佛教史料。地方文献是来自本土社会的记忆,是对佛教信仰的乡土叙事,有其深刻的社会历史根源。另一方面,虽然正史对于南诏大理佛教信仰的记载,多数情况下语焉不详,但透过片断叙述,证诸其他文献与文物,仍然可以搜寻到南诏大理佛教信仰的相关线索。因此,文献辑佚、整理与研究,是南诏大理佛教研究的基础性工作,也是主要的学术领域。

本章对相关文献史料进行系统梳理与探讨,以期从文献叙事的视角,呈现南诏大理佛教研究的状况。

第一节 《西洱河风土记》的辑佚与整理

唐贞观年间,朝廷派遣梁建方率军征讨西洱河地区的部族。梁建方根据亲历所见,写成奏报上表朝廷。此份奏报为当时史家所见,并为《通典》《旧唐书·本纪》《新唐书·南诏传》《册府元龟》《资治通鉴》《唐会要》等史籍征引。后来,梁建方的奏文佚失不存,上述史籍内保存的相关内容,就显得尤其珍贵。林超民先生将诸史所载西洱河地区部落及社会生活的资料辑佚合钞,整理而成《西洱河风土记》,成为了解初唐时期云南西部族群及其社会文化的主要文献。

《西洱河风土记》说:"其地有数十百部落,大者五六百户,小者二三百户,无大君长,有数十姓,以杨、赵、李、董为名家。各据山川,不相役属……"①佛教的传入与发展,正是在这样的社会历史条件下发生的。《西洱河风土记》是有关南诏早期社会历史的核心史料,以此为基本材料,能够明了当时部族分布及其文化,理解初唐时期佛教在洱海区域传播的社会历史情境。

第二节 《蛮书》的发现、辑校与考释

《蛮书》又名《云南志》,为唐人樊绰所著。此书最早著录于宋代晁公武《郡斋读书志》,元李京《云南志略·序》有"尝览樊绰《云南志》"之语。清高宗乾隆皇帝敕修《四库全书》时,命人于《永乐大典》中辑出《蛮书》单独刊行,南诏历史的"专书"因此才重显于世。清人卢文弨用聚珍版《蛮书》加以校刊,清末沈曾植有《蛮书》校本。

现代学术方法校释的《蛮书》文本,有向达、赵吕甫、木芹三种②。

《蛮书》十卷计三万余字,成书于唐贞元十年(794),主要记述

---

① 〔唐〕梁建方撰,林超民辑:《西洱河风土记》,收入方国瑜主编:《云南史料丛刊》第二卷,云南大学出版社,1998年,第216页。在唐宋时代的文献中,"西洱河"又称"西二河""西耳河""耳河""洱河"等,均指洱海。如《南诏图传》中的《西耳河记》,新旧《唐书》之《南诏传》中的"西二河"都是例证。

② 〔唐〕樊绰撰,向达校注:《蛮书校注》,中华书局,1962年。〔唐〕樊绰撰,赵吕甫校释:《云南志校释》,中国社会科学出版社,1985年。〔唐〕樊绰撰,向达原校,木芹补注:《云南志补注》,云南人民出版社,1995年。

唐开元二十六年（738）南诏统一洱海区域至贞元十年"贞元册南诏"事件，时间延续半个多世纪，内容涉及南诏交通、山川、城镇、六诏、族群、风俗、条教、物产、连接诸蕃国，并附录南诏异牟寻《誓文》安南都护赵昌《奏状白》，以及"黔、涪、巴、夔"四邑苗众材料。《蛮书》被誉为是"记载南诏社会历史的专书"。尽管书中直接记载佛教信仰的文字不多，但研究南诏大理佛教，离不开《蛮书》所记载的南诏社会生活、历史事件、人群分布等内容，特别是书中所述南诏与唐朝、吐蕃，以及与周边"蕃国"如骠国、天竺的联系与交往，包含着南诏佛教信仰的基本信息。

第三节　新旧《唐书》之《南诏传》

《旧唐书》卷一九七《南诏传》，共计二千三百余字，方国瑜称其"唐国史馆旧文，多录自档册"，所记载贞元以前事详，元和后至略。以异牟寻时期文字最多，约为全文十之七，来自韦皋《开复西南夷事状》。

《新唐书》卷二二二《南诏传》分上、中、下三卷，共一万余字，贞元以前采《旧唐书》之文，所增加内容包括南诏风土、制度、异牟寻致韦皋书、南诏与西川共击吐蕃等事件。方国瑜认为，《新唐书·南诏传》除录自《旧唐书·南诏传》等史籍之外，主要来源是樊绰《蛮书》与徐云虔《南诏录》。两《唐书》之《南诏传》，以《新唐书》为佳[①]。

尽管《新唐书·南诏传》多记载南诏风俗制度，却罕有关于南诏佛教信仰的记载，可见者仅为：

① 参见方国瑜：《云南史料目录概说》第一册，中华书局，1984年，第71—73页。

诏徙天平军高骈领西川节度使……自南诏叛,天子数遣使至其境,酋龙不肯拜,使者遂绝。骈以其俗尚浮屠法,故遣浮屠景仙摄使往,酋龙与其下迎谒且拜,乃定盟而还。①

《新唐书·南诏传》中,还有两条史料,涉及南诏与骠国、西舍利国的关系。其一是"贞观中,巂州都督刘伯英上疏:'松外诸蛮,率暂附亟叛,请击之,西洱河天竺道可通也。'"其二为"西舍利者,中天竺也。南诏以兵强地接,常羁制之"②。"西洱河天竺道"所通达的骠国、天竺国,还有南诏"常羁制之"的西舍利国,都是佛教盛行的国度。因此,《唐会要》卷三三《南蛮诸国乐》中有如下记载:

南诏乐,贞元十六年(800)正月,南诏异牟寻作《奉圣乐舞》,因西川押云南八国使韦皋以进,特御麟德殿以阅之。骠国乐:贞元十八年正月,骠国王来献,凡有十二曲,以乐工三十五人来朝。乐曲皆演释氏经论之词。骠国在云南西,与天竺国相近,故乐多演释氏之词。每为曲皆齐声唱,各以两手十指齐开齐敛,为赴节之状,一低一昂,未尝不相对,有类中国柘枝舞。骠一作僄,其西别有弥臣国,乐舞亦与骠国同,多习此伎以乐后。敕使袁滋、郗士美至南诏,并皆见此乐。③

这段文字的核心是"骠国在云南西,与天竺国相近,故乐多演释氏之词……袁滋、郗士美至南诏,并见此乐",也就是说,《骠国

---

① 《新唐书》卷二二二上《南诏传上》,第 6290 页。
② 《新唐书》卷二二二下《两爨蛮传》,第 6322 页;卷二二二下《骠国传》,第 6308 页。
③ 〔宋〕王溥撰:《唐会要》,中华书局,1955 年,第 620 页。

乐》亦流传于南诏，或为骠国人演奏，更大的可能是南诏同样盛行骠国的"释氏之乐"，不经意间彰显了南诏佛教信仰的深入与流行。

《新唐书·南诏传》非常重要的价值，还在于它对于南诏文物制度的记载，譬如南诏官制、礼仪、文物的记载，能为理解南诏社会生活，特别是南诏史料中的文物、器用提供准确的解释依据。

第四节　《宋史》《宋会要辑稿》有关大理国佛教记载

大理国时期的史料，《宋史》有《大理国传》，还有涉及大理国历史的各纪、志、传[①]。《宋史·大理国传》文字少而记事略，有"（政和七年二月）制以其王段和誉为金紫光禄大夫、检校司空、云南节度使、上柱国、大理国王"之文[②]，亦见于《宋史·徽宗本纪》与《玉海》卷一五四，而以《宋会要辑稿》第一九七卷记载最为翔实：

徽宗政和六年（1116）四月，诏："大理国入贡仪制，令尚书省别行措置。其经由路分，各差监司一员，专一管勾排办，应干支费，并从官给，不得骚扰。"十二月二十三日，大理国遣使贡方物。七年五月五日，诏："大理国王段和誉可云南节度使、金紫光禄大夫、检校司空、上柱国、大理王，加食邑一千户，实封五百户。"制曰："朕绍承先烈，绥御多方，惟声教之所加，俾克畏慕，顾舟车之所至，靡不和宁；彼外蕃，莫居南服，能向

---

① 参见方国瑜：《宋史有关云南纪、志、传摘录》，方国瑜主编：《云南史料丛刊》第一卷。

② 〔元〕脱脱等撰：《宋史》卷四八八《大理国传》，中华书局，1977年，第14073页。

风而慕义,宜孚号以示恩。大理国王段和誉,躬禀沈雄,性资忠孝,居茂勤王之略,允怀敌忾之心;临遣使人,恪修臣职;奉珍致贡,备著于多仪,款塞来庭,益彰于诚节;式厚懋功之赏,不忘柔远之仁;授以命书,增其官秩,克峻将族之宠,绍开王爵之封,申衍爰田,并敦真食。于戏,办诸侯之命,朕既加以王,灵殿天子之邦,尔其奋于武卫,无替厥服,永孚于休。"①

关于大理国的风俗与佛教信仰,《宋史》卷一九八《兵志》"乾道九年"条记载说:

> 南诏,大理国也。乾道九年(1173),大理人李观音得等二十二人至横山求市马,知邕州姚恪盛陈金帛夸示之。其人大喜,出一文书,称"利贞二年(1173)十二月",约来年以马来。所求《文选》《五经》《国语》《三史》《初学记》及医、释等书,恪厚遗遣之,而不敢上闻也。②

《建炎以来朝野杂记》甲集卷一八"广马"条记载说:

> 乾道九年冬,有大理人李观音得等二十二人至横山求市马,知邕州姚恪盛陈金帛夸诩之,其人大喜,出一文书,称利贞二年十二月,约来年以马来,换所须《文选》《五经》《国语》《三史》《初学记》及医、释等书,恪厚犒遣之而不敢奏也。③

---

① 〔清〕徐松辑:《宋会要辑稿》第八册,中华书局,1957年,第7742页。
② 《宋史》卷一九八《兵志十二》,第4956页。
③ 〔宋〕李心传撰:《建炎以来朝野杂记》,徐规点校,中华书局,2000年,第427页。

　　同一史料，多次见于宋代史籍，互有详略，说明宋朝对于此次大理国至横山寨"市马"之举非常重视。而此条史料中，有"一姓一名加佛号"的四字姓名，还有"利贞二年"的大理国年号，以及求购书单中的佛经与儒书，引发宋人关注。宋人对大理国的印象是"字画略有方法"，"其人有礼仪"，尊孔重儒，擎诵佛书，其佛经"碧纸金银字相间"，有释儒之风。

第五节　唐宋笔记、诗文、杂录有关南诏大理的记录

　　唐代道宣《道宣律师感通录》、义净《大唐西域求法高僧传》，宋代范成大《桂海虞衡志》、张知甫《可书》、李昉《太平广记》，清代董诰等编撰的《全唐文》等杂记、诗文之中，可见关于南诏大理佛教信仰的记载。譬如《道宣律师感通录》就有唐乾封二年（667）西洱河地区流行佛法的记载，被收入道世编纂《法苑珠林》①。《大唐西域求法高僧传》则记载了出牂牁，经云南到达天竺的"西行求法路线"：

　　　　往昔有二十余人从蜀川出牂柯往天竺得达……从蜀川南出，经余姚（姚州）、越巂、不喜（不韦）、永昌等邑……入东天竺……此山路与天竺至近，险阻难行，是大唐与五天陆路之捷径也……②

---

① 〔唐〕道世撰：《法苑珠林》卷一四，《大正藏》，第 53 册，第 284 页。

② 〔唐〕义净撰，王邦维校注：《大唐西域求法高僧传校注》，中华书局，1988 年，第 106 页。

到了宋大理国时代,范成大《桂海虞衡志》之《志蛮》,记载了与《宋史》《建炎以来朝野杂记》相近的内容,即乾道九年(1173)冬,大理人李观音得等二十二人至横山求市马的事件①。而张知甫《可书》则记载了稍前的史事:

> 绍兴丙辰(1136)夏,大理国遣使杨贤明彦贲,赐色秀礼衣、金装剑,亲侍内官副使王兴诚,蒲甘国遣使俄托叶摩诃菩,进表两匣及寄信藤织两个,并系大理国王封号、金银书《金刚经》三卷,金书《大威德经》三卷。金装犀皮头牟一副,犀皮甲一副,细白毡一十六番,金银装安边边剑一张,内有小刀一张,素装剑五张,象牙五株,青白毡一百二十番,麝香二百九十八脐,牛黄七十八球,象一头,马五百匹及鞍。②

结合其他记载可知,大理国与宋之间的联系,关涉到当时社会生活各领域。我们可从宋人笔记杂录记载的有关大理国事迹,理解宋代中国历史发展的基本特点,即"分而不离"的整体性,见证南诏大理佛教与内地佛教的密切关系。从佛教研究的视角看,笔记、志传、诗文与杂录,往往记载了不见于正史的重要史实,可作为佛教研究的重要补充资料。

从以上概述的唐宋两代正史及专书、杂记所载南诏大理史事可见,唐代史籍对南诏记载较为详尽,但略于佛事记录;宋代史籍

---

① 〔宋〕范成大撰,胡起望、覃光广校注:《桂海虞衡志辑佚校注》,四川民族出版社,1986年,第257—258页。

② 〔宋〕张知甫撰:《可书》,唐宋史料笔记丛刊,中华书局,2020年,第417页。此段史料,以往被误为出自宋人龚鼎臣《东原录》,饶宗颐已详说之。见饶宗颐:《饶宗颐东方学论集》,汕头大学出版社,1999年,第262—263页。

中大理国资料整体上偏少,却记录了一些难得的佛教信仰信息。我们认为,史料的多与少,记载佛教材料的详与略是相对的。从正史与唐宋专书、杂记之中,我们看到南诏大理历史的基本框架与发展脉络,这正是唐宋时代中国历史发展整体性的最好例证。

第六节　有关地方志记载的整理与研究

一、《白古通》辑佚与研究

《白古通》或《白古通记》,又称《僰古通》或《僰古通记》,原书用僰文写成。有关《白古通》的考证与整理,方国瑜、王叔武两位先生贡献最多①。

王叔武说:"言南中掌故及研究南诏大理史者,每喜称之。但其书久佚,说者或以为与《玄峰年运志》为一书,或以为即《白史》,或以唐宋人所作,甚或疑其书之有无。众说纷纭,莫衷一是。今据群书所辑为一帙,虽其文出于汉文书籍所引,当系译自白文原本,于此亦可窥见原书之崖略。"②王先生将《白古通》佚文辑出,独立成篇于《云南古佚书钞》,使学界得以重见其面貌,实为功德无量之举。

《白古通》的内容,开篇讲观音伏罗刹故事,追溯释迦佛"在西洱河证如来位"与"迦叶尊者入定大理鸡足山"故事,再叙阿育王封诸子于滇池、苍洱与九隆神话。从滇国至白子国而进于南诏。

---

① 《白古通》《白古通记》《僰古通》《僰古通记》所指相同,是同一部书。与此相关联,《白古通浅述》与《僰古通记浅述》亦指同一部书。

② 王叔武编著:《云南古佚书钞(增订本)》,云南人民出版社,1996年,第52页。

第二部分，是"观音七化"故事。最后一部分，讲南诏世系，段思平得国。《白古通》记载了由汉至唐、宋间云南历史中的重大事件，如庄蹻王滇、武侯南征、白子国传承、梵僧授记与南诏立国，以及南诏世系，郑、赵、杨三朝更替，大理国兴起等等，是一部系统完整的云南古代史著作。其内容与正史记载互有详略，相得益彰[1]。至于《白古通》多神怪之语，正是当时社会文化的反映，亦是中国古代史籍叙事的基本特征[2]。

　　方国瑜先生说："滇中流传地方史书，有《僰古通记》。薛承教《滇略·序》称'俗有《僰古通记》诸书籍，皆以臆创之文字，传其鸟鸠之方音，学士大夫鲜能通之；询之闾里耆民，千百不一二谙也'。可知《僰古通记》所用文字非汉字。"杨慎《滇载记》记述了"九隆世族及张、蒙、郑、赵、杨、段、高七氏名号起灭之颠末"，论者以为杨慎寓居滇中数十年，通夷语，识僰文，因此《滇载记》即"删正"《白古通》而来。

　　尤中先生认为，《白古通》是大理国时期的作品，用僰文把唐、宋间南诏大理国的有关历史传说故事记录下来。这些传说故事，直至近代仍流传于白族之中。元朝以后，有不少人获见《白古通》其书。于是，在原书的基础上加以演绎，并掺入了汉文"正史"中的不少内容[3]。

　　总而言之，《南诏图传》有"按《张氏国史》云……谨按《巍山起因》《铁柱》《西耳河》等记，并国史上所载……"之语，说明《张

---

① 参见方国瑜：《有关南诏史史料的几个问题》，《北京师范大学学报》，1962 年第 3 期。

② 参见王叔武编著：《云南古佚书钞（增订本）》，第 52—55 页。

③ 参见尤中校注：《僰古通纪浅述校注》，云南人民出版社，1988 年，第 1—3 页。

氏国史》及《巍山起因》等撰述,是南诏初期以前所作,其书早佚。《白古通》所载"观音七化"神话,与《南诏图传》"观音授记细奴逻"故事基本相同,可以互相印证。由此可以说明,《白古通》是一部可信的南诏大理历史著作①。

二、《白国因由》的价值与意义

清代康熙年间,大理圣源寺僧寂裕刊印《白国因由》时说:"菩萨累劫救护此处,盖有十八化云,备载《僰古通》。逐段原由,原是僰语。但僰字难认,故译僰音为汉语,俾阅者一目了然,虽未见《僰古通》,而大概不外于斯。"由此可知,《白国因由》不是凭空想象的作品,而是本于《白古通》的汉译文本。而《白古通》取材于《南诏图传》,说明"观音幻化"故事流传的时代较早②。《白国因由》"观音幻化"神话,亦见于《纪古滇说集》《南诏野史》及万历《云南通志》等明清地方文献。

从《南诏图传》到《白古通》,再到《白国因由》,梵僧观音的故事,从"观音七化"演绎为"观音十八化",其中所增添的内容,譬如佛祖在西洱河证如来位、九隆神话等传说,把南诏大理的佛教祖源,或者说是佛教建国信仰,追溯至佛教史上开创转轮圣王传统的阿育王,再溯源至佛陀,让我们看到了佛王信仰成为南诏大理地方社会记忆的历史轨迹③。因此,基于《南诏图传》这一基础性文本发展起来的"白古通系"地方文献,本质上是地方社会记忆的集成

① 参见方国瑜主编:《云南史料丛刊》第四卷,云南大学出版社,1998年,第739—744页。

② 参见方国瑜:《云南史料目录概说》,第621页。

③ 参见古正美:《从天王传统到佛王传统:中国中世佛教治国意识形态研究》第九章《南诏大理的佛教建国信仰》。

性文本,它具有可靠的历史根基,这是研究南诏大理佛教应有的认识。

三、《大理行记》校注

《大理行记》为元人郭松年所作,明代《千顷堂书目》卷八著录为《南诏纪行》,而云南地方志如万历《云南通志》则著录为《大理行记》。明代云南通志,如景泰《云南图经志书》卷八、正德《云南志》卷二九、万历《云南通志》卷一四都收录此文。王叔武说,景泰《云南图经志书》卷八所录为完本,全文虽只一千五百余字,但文笔简练,疏密有致,虽为游记,可称史家妙笔。

《大理行记》为郭松年亲历云南之作,成书于元世祖至元年间(1264—1294)。方国瑜先生说,大理国三百余年间,记录社会生活的文字极少,读者可从此文所记,推知段氏大理国时期的情况。这是非常难得的大理国社会生活史料①。有关南诏大理佛教信仰最脍炙人口的一段文字,即来自于此:

> 此邦之人西去天竺为近,其俗多尚浮屠法,家无贫富,皆有佛堂,人不以老壮,手不释数珠;一岁之间,斋戒几半,绝不茹荤饮酒,至斋毕乃已……②

王叔武在"校注记"中说,"1959年,我因参加编写《白族简史》,旅居大理二年,常以《大理行记》置案首,有所得则识诸简端,

---

① 参见方国瑜:《大理行记概说》,方国瑜主编:《云南史料丛刊》第三卷,云南大学出版社,1998年,第134页。

② 〔元〕郭松年、〔元〕李京撰,王叔武校注:《大理行记校注 云南志略辑校》,云南民族出版社,1986年,第22—23页。

简端既满,益以浮签,久之,成《大理行记校注》一稿"①。今天所见王叔武《大理行记校注》一书,是研究南诏大理佛教最重要的历史文献整理著作之一。

四、《云南志略》辑校

元人李京《云南志略》为元明以来最早的云南志书。李京写作此书时,曾经获见大理国图籍及元初政事之书,他所见、所引的许多重要文献,后来大多散佚无存,因此《云南志略》显得更有意义与价值。另外,此书中有关当时社会生活的记录,为李京亲历目睹,可靠可信。方国瑜认为,《云南志略》的"总叙"部分应该是根据史传及《白古通》纂录而成。而其中的南诏大理诸王传位的年数及年号,亦出自《白古通》②。王叔武认为,李京《云南志略》是元代建立云南行省以后的第一部云南省志,为明代云南诸方志所宗,是研究云南民族历史文化的基本史料之一③。

李京"遗迹几遍云南,悉其见闻为《志略》四卷,因报政上之"④。王叔武考证,此四卷本《云南志略》为初稿本,而至顺年间应该还有一个改定本。《云南志略》今仅存《云南总叙》及《诸夷风俗》二篇。

根据诸家著录及序言,可知《云南志略》的内容,应包括人物、风俗、山川、物产及纪行诸诗。"人物"于《云南总叙》中可略见,"风俗"有《诸夷风俗》篇,而已经散佚的"山川""物产"及"纪行"

---

① 《大理行记校注　云南志略辑校》,第5页。
② 参见方国瑜主编:《云南史料丛刊》第三卷,云南大学出版社,1998年,第131—133页。
③ 参见《大理行记校注　云南志略辑校》,第55页。
④ 《大理行记校注　云南志略辑校》,第56页。

诸诗，则由王叔武先生辑校而成。目前的文本含四个部分：一，序集，包括虞集、元明善《云南志略序》与李京《云南志略自序》；二，《云南总叙》，核心为云南历史，尤其是南诏大理世系；三，《诸夷风俗》，记录白人、罗罗、金齿百夷、末些、土僚、野蛮、斡泥、蒲蛮等族群及其社会文化；四，佚文辑录，包括山川、物产与纪行诸诗，还附录虞集《李景山诗集序》。可以说王叔武《云南志略》辑校本，是目前最为完备的本子，比较忠实地复原了原书的内容，难能可贵。木芹老师在王叔武辑校的基础上，又从《辍耕录》及《书史会要》两书中摘出四条史料，以为《云南志略》佚文的补证，亦为难得之善举①。

五、《南诏野史》会证

明代万历年间，倪辂辑《南诏野史》之后，其抄本开始流传，形成阮元改订《南诏野史》，胡蔚刻本《南诏野史》与王崧刻本《南诏野史》。袁嘉谷《南诏野史书后》称："《南诏野史》凡五本，一曰倪本，昆明倪辂撰，《明史·艺文志·杂史类》载之，凡一卷。二曰杨本，嘉靖二十九年新都杨慎据倪本而荟萃成编，即乾隆四十年胡蔚据以订正者。三曰阮本，马龙阮元声据倪、杨本而删润之，雠刊之。《四库存目》于《史部载记类》阮本有二。四曰胡本，武陵胡蔚据杨本而订正之，分上、下卷，即今单行之本。五曰王本，浪穹王崧得阮元之传钞者数本，而互考订，勒为一编，刊入《云南备征志》者。倪本荟萃于杨，杨本删润于阮，阮本得王之参互考订，差幸无憾。"②状

---

① 参见木芹：《〈云南志略〉概说后记》，方国瑜主编：《云南史料丛刊》第三卷，第131—133页。

② 袁嘉谷：《〈南诏野史〉书后》，方国瑜主编：《云南史料丛刊》第四卷，第767—768页。

元公博学宏识,深谙地方掌故,高文简笔,几句话就把《南诏野史》的版本与流传情况讲得明明白白。

木芹说,《南诏野史》的主要内容为"南诏历代",蒙、段世系相承事迹,多可据信,其中多有神奇离异传说。诸家之书同出《白古通》,内容大略一致,而文字差异较大,却不宜说甲书是而乙书非。木芹"以南诏大理五百余年社会历史发展为主线,汇钞材料,辑录前人成果",参合史事记录与金石文物,对史事内容详加考订、诠释,形成完整的《南诏野史》"会证本",方便研究者使用①。

六、《僰古通记浅述》校释

《僰古通纪浅述》以《白古通》为基础,参酌史籍编录而成,作者为清代末叶无名氏,因此该书也是"白古通系"著作中成书最晚的一部。

《僰古通纪浅述》的核心内容包含两大部分,其一为南诏大理世系,以及元、明两代云南历史发展;其二记述云南山川风土。尤中说,书中的南诏大理史事,有足以补"正史"之阙者,也有佛教信仰色彩浓厚的神话与传说,而元、明时期的历史,则较少有佛教影响。

《僰古通纪浅述》具体内容为:第一,云南国记,主要记载阿育王九隆神话、白子国、张蒙禅让与梵僧授记细奴逻;第二,蒙氏世家谱,主要记载蒙氏十三世国王谱系与史事;第三,郑买嗣篡蒙始末,记载郑、赵、杨三氏兴替;第四,大理国纪,记载段氏二十二世系与史事;第五,三十七部,总论南诏大理时期东方三十七部名号;第

---

① 〔明〕倪辂辑,〔清〕王崧校理,〔清〕胡蔚增订,木芹会证:《南诏野史会证》,云南人民出版社,1990年。

六,元代云南史事,内容为元世祖平云南事及十一代段氏总管世系;第七,明代云南史事,包括大明三将军平云南、沙定洲陷云南、孙可望与李定国入云南等。七个部分合起来就是一部简明云南通史,与《南诏野史》互有详略,于正史有补阙之功。书后所附"苍山十九峰、十八溪名义""金沙江源委""鸡山志""楚雄吕合仙迹"及九州名号、帝王世系名号,还有"永历皇帝与吴三桂书"等,同样有重要史料价值。

尤中先生所著《僰古通纪浅述校注》一书,旁征博引,合诸家之言为一说,整理出较为通顺、可靠的文本 [①]。

七、《纪古滇说集》《滇略》《滇载记》《滇释记》与景泰《云南图经志书》、正德《云南志》的校刊

元明以来的云南地方志记,除上述独立成篇者外,为学界所重的元代张道宗撰《纪古滇说集》、明代陈文纂修景泰《云南图经志书》、周季凤纂修正德《云南志》、谢肇淛撰《滇略》、杨慎撰《滇载记》,还有清代释圆鼎撰《滇释记》等等,要么原书难寻,要么篇帙偏小,文字不多,一直以来难以形成校注本出版。方国瑜主编《云南史料丛刊》,以"概说"体例,对上述各书版本流传及史料价值逐一考证与论述,并参合诸本,进行辑佚、考校、注释,形成较为完备、可靠的注释本。因此,对于多数云南地方史籍来说,《云南史料丛刊》考释本,就是完本与善本。我们在本书(包括其他研究)中经常引用《云南史料丛刊》中的《纪古滇说集》《滇略》《滇载记》《滇释记》与景泰《云南图经志书》、正德《云南志》等等,正是基于这样的认识。

---

① 尤中校注:《僰古通纪浅述校注》,云南人民出版社,1988 年。

第七节　佛教地方叙事的知识生产
与史料价值

一、南诏大理时期的史官制度

《南诏图传》"文字卷"有"帝乃欲遍求圣化,询谋太史扐托君占奏云:'圣化合在西南,但能得其风声,南面逢于真化。'"之语。"询太史扐托君"中的"太史",除专掌星象历法、预事吉凶之外,不知是否亦有史官之实?"文字卷"中还有"掌御书巍丰郡长、封开南侯张傍,监副大军将宗子蒙玄宗等"语,"掌御书之官"即是南诏设置御书房,以及文籍档册内庭收纳制度的佐证。《新唐书·南诏传》说:"王蒙氏,父子以名相属。自舍龙以来,有谱次可考。"并详细叙述南诏世系①。"有谱次可考",则《新唐书》编撰之时,作者参考了"蒙氏家(国)谱",不然何来此语?"文字卷"说得明白:"赞御臣王奉宗、信博士内常侍酋望忍爽张顺等,谨按《巍山起因》《铁柱》《西耳河》等记,而略叙巍山已来胜事。"也就是说,《南诏图传》是依据当时的国史《巍山起因》《铁柱记》与《西洱河记》等史籍编纂、绘制的。《蛮书》卷六说:"崔佐时亲信数人,赴云南与牟寻盟誓于玷苍山下,誓文四本:一本进献,一本异牟寻置于点苍山神祠石函内,一本纳于祖父等庙,一本置府库中,以示子孙。"②则更明确南诏的国史及府册档案,有府库收藏制度。后世文献譬如万历《云南通志》卷一三有南诏时秘僧王左梨,为南诏王求得天乐(器),

---

① 《新唐书》卷二二二上《南诏传上》,第 6270 页。
② 《云南志补注》,第 40 页。

并"贮之内藏"的记载①。"内藏"当指王室与内廷府库。

大理国时期,有史亦有志。《白古通》与《大理图志》为大理国时期编撰的"国史图志",是学术界较为一致的看法②。

《兴宝寺德化铭》记载说:"公子高逾城光者,曾祖相国明公高泰明,祖定远将军高明清,已备国史。"高逾城光为大理国高氏"逾城派"重要一员,是世袭相国,碑铭叙其曾祖、祖父的事迹"已备国史",这是大理有"国史"的证据。而此说亦见于大理国《高生福墓志》:"公之言行志节,恭友孝弟,备在史籍。""备在史籍"亦即记载于大理国史之中,因为高生福者,死后被大理国主段智祥追谥为"忠节克明果行义帝",是大理国举足轻重的人物。

此外,郑氏大长和国时期,僧智照撰《封民三宝记》;大理国第二代国王段素英"明治"甲辰十一年(1004)述《传灯录》,则为南诏大理时期佛教文献撰述的记载。

《元史·世祖本纪》记载:"十二月丙辰……帝既入大理……命姚枢等搜访图籍。"③《元史·信苴日传》亦载:

> 乙卯,兴智与其季父信苴福入觐,诏赐金符,使归国。丙辰,献地图,请悉平诸郡,并条奏治民立赋之法。宪宗大喜,赐兴智名摩诃罗嵯,命悉主诸蛮白爨等部,以信苴福领其军。兴智遂委国任其弟信苴日,自与信苴福率僰、爨军二万为前锋,导大将兀良合台讨平诸郡之未附者,攻降交趾。入朝,兴智在

---

① 〔明〕邹应龙修,〔明〕李元阳纂:万历《云南通志》,刘景毛等点校,中国文联出版社,2013年,第1171—1172页。

② 方国瑜:《有关南诏史史料的几个问题》,《北京师范大学学报》,1962年第3期。

③ 〔明〕宋濂等撰:《元史》卷四《世祖本纪一》,中华书局,1976年,第59页。

道上卒。①

　　《元史》非常明确"搜访地图"与"献地图"之事,证明大理国确有图籍存在。据元初的记载,大理国段氏统治时期,曾编撰《大理图志》一书,此书是元明两代记述大理国政区沿革的依据。《元史·赛典赤瞻思丁传》说:"(至元)十一年(1274)……即访求知云南地理者,画其山川城郭、驿舍军屯、夷险远近为图以进,帝大悦,遂拜平章政事,行省云南。"② 方国瑜认为,此即取《大理图志》一书,策划建立新统治政权,编绘成图,设置云南行省,置路、府、州、县。袁嘉谷《云南大事记》卷五说:"元入大理,枢访图籍,得为政之要也。考滇中造册入朝者有四十余巨册,殆根于此。"③ 向达认为:"《元史·地理志》记云南历代地理沿革,本末灿然,其所据必为所得大理图籍。"④ 元初依据《大理图志》编撰《云南图志》,而《元史·地理志》有关南诏、大理事迹都出自《大理图志》,这是学界前贤较为一致的看法⑤。

　　这就是说,南诏大理与内地王朝一样,设有"记言记事"的史官,编纂有"国史"与"图籍",并有典藏国史与图籍的制度。不仅如此,当时还有《封民三宝记》与《传灯录》等文献,记载佛教谱系与信仰情况,只是这些文献大多散佚不存。《新纂云南通志》因此

---

① 《元史》卷一六六《信苴日传》,第 3910 页。此条史料,纪年有差,屠寄《蒙兀儿史记》卷一一〇录此传,并指出"旧传使归国在乙卯,献地图在丙辰,事实倒误"。
② 《元史》卷一二五,第 3064 页。
③ 周钟岳等纂,李春龙、刘鸿斌点校,李春龙审订:《新纂云南通志》(一),云南人民出版社,2007 年,第 95 页。
④ 《蛮书校注》,第 149 页。
⑤ 方国瑜:《试论〈大理图志〉诸问题》,《中国社会科学》,1980 年第 1 期。

说：“由此推之，云南在唐宋间自有史官，而至今篇卷全失，殊可憾也。”[1] 正有此意。

二、“白古通系”地方文献是可靠的史料

云南地方文献整理、研究的结果表明，南诏大理历史的基本史料来自《白古通》，而《白古通》出自《南诏图传》，《南诏图传》则取材于《张氏国史》《巍山起因》《铁柱记》与《西耳河记》等南诏国史文献。《白古通》成书于大理国时期，原书用僰文写成。被译成汉文的时间不能确定，但不迟于元初。元人李京著《云南志略》，其《总叙》部分即据《白古通》纂录而成。《云南志略》成为元、明以来云南地方志的最早来源。明代景泰《云南图经志书》、正德《云南志》、万历《云南通志》即源于此。同样，《白古通》被译成汉文之后，被纂录、整理、修订为《南诏野史》《滇载记》《白国因由》《僰古通记浅述》等系列著作，为研究南诏大理历史文化者所推崇。

张道宗撰《纪古滇说集》，亦属于此系列。张氏编撰此书，时间在元至元二年（1265），其时，蒙古灭大理国已经十二年之久，而距南宋灭亡尚有十五年，正是宋元交替之际。因此有人称张道宗为宋人，有的称为元人。如北京图书馆藏明刻本《纪古滇说集》题“宋张道宗撰次，明杨慎点校，诸葛元声考证”。

方国瑜《有关南诏史史料的几个问题》与《试论〈大理图志〉诸问题》两篇大作，是系统论述南诏大理史料的经典论著，其中所涉及的“白古通系”地方记录的史料问题，可以说是对于南诏大理佛教文献最重要的论述。有关云南古代历史掌故，譬如张乐进逊位于细奴逻一事，方先生认为“史籍（正史）记载与白古通系地

---

[1]《新纂云南通志》（五），第208页。

方记载互有详略,相得益彰,虽史料有不足之处,惟事属可能,不是后人虚构的空中楼阁……南诏蒙氏以前有白子国,南诏继承白子国文化之后,得到更大的发展"[1]。

那么,《南诏图传》所画、所记是历史真实,抑或虚构的神话,或者是"历史的篡改"? 解答这个问题,还应该回到画卷本身。"文字卷"所载中兴皇帝敕文说:

> 大封民国圣教兴行,其来有上,或从胡梵而至,或于蕃汉而来,奕代相传,敬仰无异。因以兵马强盛,王业克昌,万姓无妖扎之灾,五谷有丰盈之瑞。然而朕以童幼,未博古今,虽典教而入邦,未知何圣为始。担欲加心供养,图像流行,今世后身,除灾致福。因问儒释耆老之辈,通古辨今之流,莫隐知闻,速宜进奏。

因为此敕文,当时最有学问的"儒释耆老之辈,通古辨今之流"立刻行动起来,他们搜罗史料,寻访圣迹,依据内府档册《巍山起因》《铁柱记》与《西耳河记》等"国史材料",并加入"田野调查"所得的故事与圣迹仙踪,编撰而成"圣教入国起因之图"。"文字卷"因此说:

> 洎中兴皇帝问儒释耆老之辈、通古辨今之流,崇入国起因之图,致安邦异俗之化。赞御臣王奉宗、信博士内常侍酋望忍爽张顺等,谨按《巍山起因》《铁柱》《西耳河》等记,而略叙巍

---

[1] 方国瑜:《有关南诏史史料的几个问题》,《北京师范大学学报》,1962年第3期。

山已来胜事。

　　也就是说,《南诏图传》是依据国史典籍及社会记忆集成的图文并茂、互注互释的南诏官方历史文本,不是凭空想象、虚构的。

　　方国瑜比较了《新唐书·南诏传》以及《册府元龟》《资治通鉴》的相关记载,证明《南诏图传》中有关史事,与"史籍记载互有详略,相得益彰……白古通系记载洱海区域的历史发展过程是有依据的"[1]。古正美认为,《南诏图传》是一段记载印度密教观音行法传入南诏的历史文献[2]。古先生用"南诏的历史文献"来说明《南诏图传》的可靠与可信,此说得到不少学者的支持。譬如张泽洪就认为,观音显化故事,是梵僧传教南诏大理国的历史真实。南诏大理国梵僧阿叱力的种种神异事迹,折射反映梵僧的社会影响与民间的集体记忆[3]。

　　这里就引出了"记忆"问题。有关记忆的理论认为,记忆有社会记忆、个体记忆、文化记忆与历史记忆之分,记忆有可能是"基于现实的建构",也有可能是"真实的过去"。扬·阿斯曼(Jan Assmann)文化记忆理论认为,记忆是一种文化符号编码系统,它经由文字或图像等外显的符号系统发挥作用。文化记忆可以回溯到时间深处,形成连续性的想象。文化记忆是根基式的回忆,也是

---

① 方国瑜:《有关南诏史史料的几个问题》,《北京师范大学学报》,1962年第3期。

② 参见古正美:《从天王传统到佛王传统:中国中世佛教治国意识形态研究》第九章《南诏大理的佛教建国信仰》。

③ 参见张泽洪:《梵僧传教与社会记忆——南诏大理国梵僧研究》,《世界宗教文化》,2020年第2期。

族群认同的基础。而巩固认同的知识,需要循环与再生产①。社会记忆的传递和延续,透过物象、定期仪式活动,以及日常生活而得以实现。

王明珂认为,有些集体记忆将许多片段的社会记忆组织起来,从此对群体认同或对现实社会情境产生意义。它有其叙事性,有其现实目的,这样的集体记忆,便等同于历史记忆②。《南诏图传》将祭天、梵僧显化、南诏王隆舜灌顶仪式、祭西洱河神四个片段,放在同一画卷之中,以"观音七化"的主题使其具有连续性,形成观音佛王信仰的社会记忆。

记忆理论对我们更有启发的两点论述,一是巩固记忆的知识,需要循环与再生产;二是记忆被不断建构和重组,但却保持着连续性。也就是说,记忆无论如何被再生产,它们所具有的连续性,可以回溯至此种记忆的根基历史之中。因此,从《南诏图传》到《白古通》再到《白国因由》,呈现的是"观音七化"到"观音十八化"的发展与变迁,即"观音神话"的知识再生产过程。尽管"观音幻化"的记忆一直被演绎,但其"观音幻化、南诏立国"的核心母题却从未改变。从记忆的知识再生产及其连续性特征出发,不难理解"白古通系"观音神话的接续、演绎与发展逻辑。

今天被视为"荒诞不经"的神话与传说,不独见于"白古通系"地方文献。譬如司马迁《史记》开篇所述五帝本纪,乃至三代祖源世系,诸如"天命玄鸟,降而生商"神话,还有"河图洛书"神话,多

---

① 参见〔德〕扬·阿斯曼(Jan Assmann)著,金寿福、黄晓晨译:《文化记忆:早期高级文化中的文字、回忆和政治身份》,北京大学出版社,2015年,第46、48、149页。

② 参见王明珂:《反思史学与史学反思》,上海人民出版社,2016年,第141—143页。

神异荒诞,却都是中国历史文化不可或缺的内容。以南诏大理历史为例,正史的记载并不完整,而地方史志文献能为我们提供南诏大理国世系、纪年体系的基本框架。因此,方国瑜先生说,《南诏野史》《白国因由》《僰古通记浅述》等地方文献所载基本史实,可与正史相得益彰。这就是说,对于南诏大理佛教研究来讲,以《南诏图传》为起点所发展而来的"白古通系"文献是可信的 ①。

①因为《南诏图传》与《张胜温绘梵像卷》等新资料的出现,袁嘉谷与赵式铭有关《南诏野史》的争论,其实已经失去了意义。向达认为《白古通》不可信,方国瑜认为可信,两位先生之间的讨论,多见于他们的论著之中。

第二章　百年来南诏大理佛教考古发现与研究

百年来南诏大理佛教文物的研究,起步于1920—1930年代的偶然发现、著录与探索。中华人民共和国建立以来,南诏大理佛教考古成绩斐然、成果丰硕,日渐增多的新资料与新成果,不断推动学术研究迈向新的深度、高度与广度。

第一节　崇圣寺千寻塔文物的重现

1925年,大理发生强烈地震,崇圣寺千寻塔塔顶被震落,铜制塔刹及经卷等文物散落一地,被"有力者"抢夺与收藏①。《新纂云南通志》卷八八《金石考》"崇圣寺塔铜塔模"条说:

> 民国十四年己丑二月二十二日,大理地震,崇圣寺塔顶震落,内有铜制塔模,高一尺二寸,重六斤四两,七级,顶作亭阁式,四面造佛三十躯,下层则四天王托塔。翠色斑斓,精气夺目,当为滇中第一重器。今存昆明李氏。……

①参见夏光南:《中印缅道交通史》,中华书局,1948年,第36页。

塔顶铜器如盂,围五尺许,高二尺许,厚五分。累层置重器于其中,旁出旗旌如翘,塔下仰望不辨为何器,相传为大鹏鸟。李元阳《云南通志》卷十三《寺观志》所谓"错金为顶,顶有金鹏。世传龙性敬塔而畏鹏,大理旧为龙泽,故以此镇之"云云,即此物也。民国十四年地震,中塔塔顶坠地,为驻兵剥取几尽,镇守李选廷得塔。闻尚有若干精器,为有力者携去,未知是否。①

后来,罗振玉、吴乾就相继在大理、天津发现大理国写经《维摩诘经》与《大般若波罗蜜多经》。这两部经卷,经确认均为出自千寻塔塔顶的散落文物②。而塔刹及铜制塔模,后来竟不知所终。

令人意想不到的是,1925年的大地震,让稀世文物忽然间再现人世,由此开启了南诏大理佛教研究的新路径。

第二节　"有字瓦"的搜集与整理

1938年,吴金鼎、曾昭燏、王介忱、刘敦桢等在云南大理"苍洱境"开展考古调查与发掘,先后在白王冢遗址、三塔寺遗址、一塔寺遗址、太和城遗址、五华楼遗址、龙尾关遗址、中和乙址等处发现二百余件"有字瓦"片。考古学家们临摹了其中六十余片上的文字,以"点苍山下所出古代有字残瓦"为题,发表于《云南苍洱境考古报告·乙编》。这些有字瓦的文字,有纪年者,如"大罗

---

① 《新纂云南通志》(五),第168—169页。
② 参见罗振玉:《松翁近稿》,《罗雪堂先生全集续编》,文华出版公司(台北),1969年,第61页;吴乾就:《跋罗莘田三论藏缅族父子连名制》,《边疆人文》,1944年。

佺四年瓦"官十四□"等；有人名者，譬如"王善""李六"等；有"官""官买""保官"等"官"字铭文，可能是表示官买、官制、官有的意思；还有"白文"如"买诺""买子""官诺成"，意思为"买的""官家买的"。还有一些难于书写、释读的自创文字①。

不论出自哪个遗址，南诏大理有字瓦文，以"官""苜""买""诺"等字，以及"一年""四年""十年"等纪年较为常见，"二王子"等名号反复出现，而自创的文字则显示出一定的规律性。

南诏大理有字瓦，主要模印在当时寺庙与殿宇所用的瓦片上。部分有字瓦铭文作"□□造寺""□□建寺""王造""舍利"以及"官常住"等，对于南诏大理寺庙建筑以及佛教信仰的研究具有重要价值。自1930年代以来，考古工作者发现的有字瓦已经有相当的数量，田怀清《南诏大理国瓦文》一书总其大成，可资参阅②。

第三节　凤仪北汤天古本经卷的发现与整理

1956年，云南少数民族社会历史调查组在大理凤仪北汤天法藏寺的墙壁内，发现两大柜古本经卷共三千余册。其中包括南诏晚期和大理国时期的写本经卷四十多卷册，有汉文、白文、梵文、藏文写经与疏经。不少经卷是由大理国本土僧人撰写、翻译、传抄的本土佛经，不见于历代《大藏经》，属于珍贵的藏外佛教文献③。

北汤天古本经卷的发现，为南诏大理佛教的研究开辟了重要

---

① 参见吴金鼎等著：《云南苍洱境考古报告·乙编》，中央博物馆专刊，四川李庄，1942年。
② 田怀清：《南诏大理国瓦文》，云南人民出版社，2011年。
③ 参见杨世钰、赵寅松主编：《大理丛书·大藏经篇》卷二，云南民族出版社，2008年。

的新领域。周泳先、杨延福撰文报告了当时经卷清理情况①。1979
年,李孝友在《文物》上发表《南诏大理的写本佛经》一文,使南
诏大理国的古本经卷,更为学术界所知。我们将在本书第十三章
《古本经卷的发现与研究》中进行讨论,此处不再细述。可以说,
古本佛教经卷的发现,是南诏大理佛教研究中最有影响的事件。
费孝通先生"研究中国历史,北有敦煌,南有大理"之说,正由此
而来②。

第四节　塔藏佛教文物的发现

1974年5月,云南省文物工作队对流散在民间的洱源"火焰
山塔"塔藏文物进行调查与搜集,收获一批梵、汉文纪年砖,部分塔
砖上模印有"大宝七年岁次乙亥正月十五日""大宝皇帝及施主法
界有情"汉字铭文及梵文经咒。还搜集到纺织精良的藤背箩一件,
以及原装在箩内的金箔、珊瑚、玛瑙、珍珠、干姜、檀香、荜茇、草果、
槟榔、樟木等物③。藤背箩呈六边形,其盖与身处设有子母扣,箩身
多处写朱书梵文。"大宝"为大理国第十七代国王段正兴的年号,
大宝七年为公元1155年。

黄璜整理的大理国写经《诸佛菩萨金刚等启请仪轨》第八《光
显三部圣像次第》启请文中提到,启请三部圣像时要"先安井花,

---

① 周泳先:《凤仪县北汤天南诏大理国以来古本经卷整理记》,《大理白族自治
　州文物资料调查集》,云南人民出版社,1957年。杨延福:《法藏寺古经卷清
　理杂记》,《南诏史论丛》第一册,南诏史研究学会编,1986年。
② 费孝通:《云南大理历史文物的初步察访》,《考古通讯》,1957年第3期。
③ 云南省文物工作队:《洱源火焰山砖塔出土文物简记》,《云南文物简报》,
　1977年第7期。

水牛头构檀香、多摩罗香、甘松香、白檀香、郁金、龙脑、沉水、麝香、芋香、芬陆、零淩香、藿香、青木香、茅香、营穷、牛黄及种种妙香亦得,煮作汤,置汤器中"。此药汤是启请三部诸圣像时"散日光显浴像"的圣汤,是浴佛的圣水,而非常人所服的药汁[①]。由此可见,以往我们对南诏大理佛塔中所出的"中草药"性质与意义的理解,是存在较大偏差的,因为此药非彼药,它的宗教意义与文化内涵超越了药物本身的医药学内容。

1978 年 5 月起,文物部门对崇圣寺三塔进行维修和测量,在千寻塔内清理出土南诏大理国文物六百八十余件,包括佛教造像、金刚杵、善业印模、塔模、写经、梵文印咒、铜铃、铜镜、药物等佛教文物,以及刻文铜片、印章、封泥、钱币、瓷器、金银饰品等供养品。出土文物中,刻文铜片上有"明治四年"（1000）、"大宝六年"（1154）、"中圀公"（高泰明）、"高量成"等大理国年号、纪年、封号与重要历史人物名讳[②]。

1981 年 9 月至 1982 年 3 月,文物部门对大理弘圣寺塔进行修缮时,在塔刹中心柱内发现六百余件文物。其中有金、银、铜各式舍利塔模六十余件,佛菩萨造像五十二尊,金刚杵一百四十二件,铜镜十面与数量较多的梵汉文铭文砖。还有数量不等的水晶、数珠、海贝与卷经杆等物[③]。

---

① 黄璜:《大理国写经〈诸佛菩萨金刚等启请〉的整理与研究》,上海师大博士后出站报告,2018 年。

② 参见云南省文物工作队:《大理崇圣寺三塔主塔的实测和清理》,《考古学报》,1982 年第 2 期。"圀"即"國",为武则天所造新字,本书引用时保留原字。

③ 参见云南大理白族自治州文物管理所:《云南大理弘圣寺塔清理报告》,《考古学集刊》第八集,1994 年。

1981 年下半年下关佛图寺塔修缮过程中,在塔内发现五十多件珍贵文物,其中各式金刚杵、多宝塔、写经等佛教文物至为精美、重要[1]。

1983 年至 1984 年对昆明西寺塔维修时,发现"天启十年廿五日段羲造砖处题书"纪年铭文砖。"天启"为劝丰祐年号,天启十年为唐大中三年(849)。汪宁生说:"天启十年砖的发现,证明云南地方文献记载昆明东、西寺塔为唐大中年间(847—859)王嵯巅所建,完全符合事实。"[2]

此后,在大理海东罗荃塔塔基清理发掘中,发现海贝、梵文铭文砖、鎏金天王造像等文物[3]。

塔藏文物的相继发现,为学术界提供了一千余件佛教造像、古本经卷、经咒、曼陀罗图像、金刚杵、金刚铃、铜镜、塔模、经幢、塔砖、纪年铭文等珍贵文物、文字资料,极大地丰富了南诏大理佛教研究的资料基础。邱宣充《南诏大理的塔藏文物》等系列论著,对塔藏文物进行深入、系统的呈现、研究,不仅提供了新材料,还提出不少有创见的新观点[4]。

---

[1] 参见大理州文管所、下关市文化馆:《下关市佛图塔实测和清理报告》,《文物》,1986 年第 7 期。

[2] 汪宁生:《云南考古》,云南人民出版社,1992 年,第 267 页。

[3] 罗荃塔毁于 1966 年。参见大理州文管所:《大理海东罗荃塔塔基发掘报告》,《文物》,1999 年第 3 期。

[4] 邱宣充:《大理三塔的塔藏文物》,《云南社会科学》,1981 年第 2 期;《千寻塔塔藏各类塔模与经幢简介》,《云南民族民俗和宗教调查》,云南民族出版社,1985 年;《大理三塔塔藏佛经》,《云南民族文物调查》,云南人民出版社,1988 年;《南诏大理的塔藏文物》,《南诏大理文物》,文物出版社,1992 年。

第五节　认识《南诏图传》与《张胜温绘梵像卷》

1940 年代，学术界偶然发现有两件重要的佛教画长卷，即《南诏图传》与《张胜温绘梵像卷》，于是争相目睹并著文讨论。

1943 年，《张胜温绘梵像卷》在重庆展出，李根源参观展览之后撰写了《大理国张胜温梵画长卷》一文，与学界交流讨论画卷的相关议题[①]。次年，美国学者海伦·查平（Helen B. Chapin）发表《云南的观音像》时随文刊登了七幅《南诏图传》照片，引发了现代学术视野下的《南诏图传》研究[②]。两卷佛教画卷的相继发现，极大地推动了起步不久的南诏大理佛教研究。

李霖灿发表《南诏大理国新资料的综合研究》，彩版公布了《张胜温绘梵像卷》与《南诏图传》照片，同时以照片形式刊布了《南诏图传》的"文字卷"[③]。"文字卷"三千余字，书法俊秀，叙事清晰，内涵弘富，既是对画卷的注解与诠释，又是画卷内涵的拓展与延伸，

① 李根源：《大理国张胜温梵画长卷》，《说文月刊》第四卷合刊《吴稚晖先生八十大庆纪念专号》，1944 年 5 月。收入 1944 年 8 月于重庆增印的铅印本《曲石诗录》卷一〇。参见段晓林：《张胜温绘〈梵像卷〉研究的开先之作——李根源〈胜温集〉述评》，沈家明主编：《李根源纪念文集》，云南美术出版社，2005 年。罗庸：《张胜温梵画訾论》，《曲石诗录·胜温集》，云南人民出版社，1988 年。

② 〔美〕Helen B. Chapin, *Yunnanese Images of Avalokitesvara*, Harvard Journal of Asiatic *Studies*, Vol.2（1944）. 译文载〔美〕查尔斯·巴克斯著，林超民译：《南诏国与唐代的西南边疆》，云南人民出版社，1988 年。

③ 〔唐南诏〕王奉宗、张顺等编纂：《南诏图传》，原画现存日本京都友邻馆。〔宋大理〕张胜温等绘：《张胜温绘梵像卷》，原画现存中国台北故宫博物院。李霖灿：《南诏大理国新资料的综合研究》，台北故宫博物院编印，1982 年。

是研究南诏大理佛教信仰的珍贵史料。两幅佛教长卷以其特有的
文化内涵、史料价值、艺术成就,成为半个多世纪以来南诏大理研
究,乃至唐宋中国佛教、中国艺术、亚洲艺术研究关注的焦点。

第六节　"发现"剑川石窟

剑川石窟位于云南省剑川县境内,是中国石窟中分布在最南
方的石窟群。剑川石窟地处边陲,一直鲜为外界知晓。清末民国
初年赵宗瀚编纂的《石宝山小志》,是仅见的文献著录。自20世纪
50年代开始,剑川石窟日渐受到关注。文物部门发现剑川石窟有
三处南诏大理国的纪年题记,还有大理国造像题记一处。1961年
3月4日,剑川石窟被公布为第一批全国重点文物保护单位。半个
多世纪以来,对剑川石窟的调查、研究取得了重要的成就①。

剑川石窟虽然窟龛数量不多,造像体量不大,但无论是纪年题
记,还是王者、明王、阿央白、梵僧、观音造像,无不彰显出独特的
文化个性与地域佛教特色。剑川石窟是南诏大理佛教信仰的核心
遗产之一,对石窟的考释与研究,特别是对石窟佛教文化内涵的释
读,很大程度上代表了南诏大理佛教研究的认识水平。

第七节　王仁求碑佛教造像

王仁求碑是云南少有的唐代碑刻之一,立于武则天大周圣历

---

① 参见方瑞武:《剑川八窟》,《文物参考资料》,1950年第12期;宋伯胤:《记剑
川石窟》,《文物参考资料》,1957年第4期;宋伯胤:《剑川石窟》,文物出版
社,1958年;黄如英:《石钟山石窟》,《文物》,1981年第8期;方国瑜:《云
南史料目录概说·剑川石宝山石窟造像》。

元年（698），今存昆明安宁市大石庄。此碑清代以前未见著录。乾隆五十二年（1787），时任云南布政使的金石学家王昶阅览省志时，发现安宁葱蒙卧山中，尚存唐朝刺史王仁求墓遗迹。王昶派员勘查，证实墓虽久废，但墓碑尚存，便派人拓制碑文，加以抄录与题跋，收入《金石萃编》卷六二之中。此后，阮福《滇南古金石录》亦收录此碑，并加跋文，称其为"大周故河东州刺史之碑"。"王仁求碑"从此为世人所知，近代云南学者对此碑多有跋文与考说。但说来也怪，学者们从未提及碑额上的佛龛与造像[1]。可能所见仅为碑文拓片，未曾亲见墓碑。

1980 年代，考古学家杨延福先生探访王仁求碑，第一次提及碑额上的佛教造像。杨先生撰文指出，碑额佛龛内雕释迦、多宝二佛，结跏趺坐于须弥座莲台上，须弥座间雕一七宝塔[2]。认识王仁求碑佛教造像，是一次重大的佛教考古发现。

碑文称"君讳仁求，安宁郡人也。其胄出于太原，因迁播而在焉，十有余世。氏族之系，肇命王子；著显之美，称高汾晋"，溯源王仁求胄出太原，却已在云南落籍"十有余世"，是"寄籍变土著"的"安宁郡人也"。"安宁郡人也"五个字特别珍贵，它关系到墓碑上的佛像是来自"本土"的信仰还是"外来"的文化符号问题。墓主如果是从内地来的流官，其墓碑上的佛像，很可能来自内地；如果是世居的土著"郡人"，则其墓碑上的佛像，可以理解为当地流传信仰的体现。

---

① 参见《新纂云南通志》（五），第 68—79 页。

② 杨延福：《访王仁求墓碑漫记》，《云南高校古籍整理研究》，1992 年，总第 7 期，第 32 页。

第八节　峨屼图山南诏寺庙遗址佛教造像的发现

　　1959 年,巍山峨屼图山发现了南诏时期的古城址与古建筑 [①]。

　　1990 年春,巍山县庙街区峨屼村村民杨生,在峨屼图山塔湾石场开山取石时,于乱石堆积层下面发现大批残断的石雕佛像。巍山县文管所随即派员前往清理,发现是南诏时期的寺庙建筑遗址,在遗址内清理出一百八十余件佛、菩萨、天王、力士、罗汉头像及残断躯体等石刻造像 [②]。1991 年至 1993 年间,云南省博物馆、大理州文管所、巍山县文管所等文物考古部门,对峨屼图山寺院遗址进行了两次发掘,又发现石刻雕像一百余件,其中完整造像十余件。

　　综合几次考古发现的成果,峨屼图山佛教寺院遗址共发现石雕造像三百余件,其中完整的造像及佛、菩萨、天王、力士头像四十多件。这批造像,大者高六十一厘米,小的仅高三厘米,多数属于造像的残肢断体。我们推断这批出土石雕残件,应该属于雕作造像时的废弃品。造像质地全部为当地产的红砂石,属于就地取材。考古学家们认为,峨屼图山发现造像遗物的地点,既是南诏早期的寺庙遗址,同时也是当时造作佛像的石雕工场。峨屼图山寺院遗址中发现的佛教石刻造像,是一次性发现数量最多的南诏大理佛教造像。这批造像的时代属于南诏早期,部分造像的年代可能会

---

① 参见云南省博物馆:《云南巍山县峨屼山南诏遗址的发掘》,《考古》,1959 年第 3 期。

② 刘喜树:《云南巍山县峨屼图山南诏遗址的发掘》,《云南文物》,1992 年,总第 34 期。《云南巍山发现一批南诏石刻造像》,《大理文化》,1992 年第 2 期。

更早①。

《南诏图传》记载的"梵僧授记"故事,即发生于峨岈图山。因为峨岈图山、峨岈图城、峨岈图寺在南诏历史上的特殊地位,此地南诏早期寺庙遗址与大批石雕佛教造像的发现,其意义远远超越了遗址与造像本身,将有助于南诏大理佛教研究中若干关键问题的深入探讨与破解。

第九节　大理五华楼旧址火葬墓碑刻的辑录与公布

1972 年,大理县在拆除五华楼旧址时,发现七十余通宋代大理国到元、明时代的火葬墓碑。这批碑刻是明初新筑大理府城之际,从附近的火葬墓地上移来的。发现的墓碑中,有三通大理国时期的墓碑,即《高姬墓铭碑》《杨俊升碑》与《溪智和尚碑》。此外,还有大批元代墓碑,时间跨度达一个半世纪②。

五华楼是南诏大理时期著名建筑,《元史·地理志》提到羊苴咩城,"城中有五花(华)楼,唐大中十年,南诏王券丰佑建。楼方五里,

---

① 相关研究成果有:巍山南诏博物馆编:《云南巍山峨岈图山出土南诏佛教造像艺术》,云南民族出版社,2019 年;黄德荣:《云南峨岈图山南诏遗址1991—1993 年度发掘综述》,《云南文物》,1993 年,总第 36 期;田怀清:《巍山峨岈图山南诏遗址出土释迦、多宝佛造像的初步研究》,《滇川黔桂四省(区)毗邻县第二届彝学会论文集》,2011 年;李东红、杨利美:《苍洱五百年》,云南人民出版社,2004 年;何金龙:《巍山峨岈图山城遗址调勘报告》,云南省文物考古研究所:《文物考古年报(2014)》;温玉成:《谈巍山寺址出土的大梵天》,《云南文物》,2007 年第 1 期。

② 参见方龄贵、王云:《大理五华楼新出元碑选录并考释》,云南大学出版社,2000 年,第 1—3 页;杨益清:《大理市收集的四方大理国末期的碑刻》,《考古》,1987 年第 9 期。

高百尺,上可容万人。世祖征大理时,尝驻兵楼前。至元三年,尝赐金重修焉"①。明刘文徵天启《滇志》则说"五华楼址,在府城中央,唐大中时南诏丰祐建,以会西南夷十六国。方广五里,高百尺,上可容万余人。元世祖征大理,驻师其下。至正间重修,国初兵燹始废"②。

丰祐所建五华楼的位置,即在今《元世祖平云南碑》一带,因为史载"世祖立碑于楼前",而此碑一直保留在原地,由此可以推测当时五华楼的确切位置。明洪武十五年(1382),明军攻克大理,大理卫指挥使周能奉命"按府城规制"修筑新城,并在城中重建五华楼。而当年修筑大理府城与五华楼时,从苍山麓大理国至元代的火葬墓地上就地取材,使用了大量的火葬墓碑幢石料。

这批大理国至元代的碑刻,数量多,碑铭内容丰富,尤其关涉到南诏大理佛教信仰的诸多核心问题,如佛王信仰、火葬习俗、陀罗尼信仰、尊胜佛母信仰、梵僧传教、阿育王信仰、九隆神话,还有"国师""医僧""画僧"阿吒力世家传承与谱系,以及南诏大理王室册封、赏赐僧人的礼制等重要资料。

第十节　通海大理国纪年火葬墓碑铭

2013年6月,在云南省通海县白塔心、大新村发现大理国火葬墓群,出土一批墓碑,其中三十九件墓志铭有大理国年号、年数、干支纪年,或刻有"大理圀""通海郡""通海府"等文字,部分碑铭记载了墓主的祖籍地望与生平,这是南诏大理佛教文物的又一次重

---

① 《元史》卷六一《地理志四》,第1479页。
② 〔明〕刘文徵撰:天启《滇志》卷三《地理志第一之三》,古永继点校,王云、尤中审订,云南教育出版社,1991年,第142页。

大发现[1]。

三十九件大理国火葬墓纪年碑,记录着大理国九位皇帝的十四个年号,它们是至治、明应、明启、明通、保安、建安、天祐、明开、文安、日新、文治、保天、广运、永贞,其中至治、明启、明通、建安、天祐、明开、文安、日新和永贞九个年号系首次发现,是迄今为止发现大理国纪年碑最多的一次[2]。最早的纪年"至治六年"(951)为段思良年号,是目前所见年代最早的大理国纪年文物。通海发现的这批火葬墓碑,不仅年号、纪年多,很多还带有干支纪年,对于大理国纪年与年号的研究有重要价值。这批火葬墓,多数是大理国前期的遗存,为研究大理国早期的火葬习俗以及佛教信仰提供了丰富的史料。

第十一节　敦煌发现的南诏大理佛教史料

敦煌藏文经卷中,藏文写卷 P.T.1287 的内容涉及吐蕃赞普赤松德赞时期的南诏历史。榆林窟 19 窟主室甬道北壁,有"大礼"僧俗四人巡礼榆林窟的墨书题记。题记共三行,右行,行书。此题记最早见于张伯元《安西榆林窟》一文,后有陆离《安西榆林窟第19 窟大礼平定四年题记考》对此作专题讨论[3]。题记文字如下:

---

[1] 参见黄德荣、吴华、王建昌:《通海大理国火葬墓纪年碑研究》,《大理民族文化研究论丛》第五辑,民族出版社,2012 年;李波:《通海博物馆藏大理国火葬墓纪年碑浅析》,《文物鉴定与鉴赏》,2016 年第 6 期。

[2] 此外,火葬墓碑年号中还有元代的若干纪年,包括至元十九年(1282)、至正壬辰年(1352)、至正十二年(1352)等。

[3] 张伯元:《安西榆林窟》,四川教育出版社,1995 年,第 219 页。陆离:《安西榆林窟第 19 窟大礼平定四年题记考》,《敦煌研究》,2011 年第 1 期。

　　　　大礼平定四年四月初八日清信重佛弟子四人（一行）

　　　　巡礼诸贤圣迹僧康光白惠登（二行）

　　　　男弟子刘添敬刘克敬（三行）

　　这是学术界发现的唯一的大理国僧俗"巡礼"中国内地、北方佛教圣迹的题记，由此可以探讨南诏大理佛教与内地佛教、吐蕃佛教、辽金佛教之间的联系，以及唐宋时期中国不同地域佛教之间的交流与影响等议题，为更加深入、全面地认识中古时期的中国佛教提供了新材料。

第十二节　太和城"南诏官家寺庙建筑群"遗迹与遗物

　　2020 年上半年，考古工作者在大理太和城遗址北侧，发掘了一处南诏早期的寺庙建筑遗址，发掘面积超过六千平方米。遗址内发现塔基、大殿等建筑基址十四座，夯土台基二处，磉墩一百五十五座，石墙六十三道，踏道三道，沟二十三道，砖瓦窑二座，同时出土纪年"有字瓦"、佛像、香炉、善业印模、经幢、塔式罐、净瓶、塔模、香炉、鸱吻及大量的瓦当、瓦片等建筑遗物①。

　　报道称，一号建筑基址、二号塔基址年代均为南诏早期。建筑基址由大殿、朵殿、南北廊道、天井、门廊等组成，为独立院落，若干院落组成寺庙建筑群。地面以砖石铺嵌，建筑四周均有散水与排

----

① 参见严勇：《云南大理发现南诏时期官家寺庙建筑群》，新华网，2021 年 1 月 13 日；《云南大理发现南诏时期官家寺庙建筑群》，《文博周报》，2021 年 1 月第 3 期；吕静：《云南省文物考古研究所举行 2020 年度业务工作交流会》，云南考古公众号（yunnankaogu），2021 年 2 月 4 日。

水沟环绕。遗址内还发现南诏早期砖瓦窑,以及窑具、烧造的釉陶香炉、经幢、香薰盖、塔式罐(火葬罐)等。

出土若干纪年有字瓦,其中的"官廿七年""官廿九年"似为开元二十七年(739)与开元二十九年(741)。

太和城作为南诏都城,始于皮逻阁时代,终于阁逻凤长寿十一年(779),共四十二年。其间皮逻阁由峨垱图山迁居太和城,在此经营十年,其子阁逻凤在位三十二年。因此,太和城时期,属于皮逻阁、阁逻凤父子时代。史载,"天宝六年(747。按天宝三年改"年"为"载",此处当为"天宝六载")十月,筑太和城,因唐赐《金刚经》至,故名金刚城"①,说明太和城与佛教有殊胜的渊源。

此次考古发掘出土大量"有字瓦",一号建筑基址出土有字瓦上模印"官家舍利""官""官作""官买""官瓦"等铭文。南诏大理国有字瓦中,"官"字的含义是"用于官方建筑"或者是"官窑生产"与"官家购买"。"舍利"应该是塔名,抑或是寺名。

总体判断,此次发掘的遗址区,为太和城南诏官家寺庙建筑群,它的重要性在于:再现了南诏早期佛教信仰的真实情况,填补了南诏早期佛教信仰材料的缺环与空白。此项发现将改写南诏大理佛教史,因此它不仅是新发现,更是重大的突破。

以上所列十二项,并非南诏大理佛教考古发现的全部,我们仅列举了具有重大影响的部分,还有诸多规模虽小,但内涵丰富的发现,将在相关章节内呈现。但仅就以上所列,即可知南诏大理佛教考古成果,几乎涉及佛教信仰的各个领域,为我们呈现了系统的南诏大理佛教信仰图景。由此可知,考古工作对于南诏大理佛教,甚

---

① 尤中校注:《僰古通记浅述校注》,第41页。

至历史文化研究的重要性。我们要特别感谢几代文物考古工作者的努力与付出，他们是学术领域埋头苦干、值得尊敬的"老黄牛"与"砖瓦匠"。

百年来南诏大理佛教考古的"发现之功"成绩斐然，功不可没。然而，如何诠释丰富的考古发现，如何把考古发现与佛教文献史料相结合，如何把考古发现放置到恰当的社会情境之中，以此重构南诏大理佛教，理解南诏大理佛教信仰，仍然显得困难重重。因为大量考古发现的呈现与讨论，并不是以佛教研究为切入点，很少有考古报告讨论到"佛教文物"的佛教意义（当然有例外，譬如《云南曲靖八塔台古墓群发掘简报》《云南大理发现南诏时期官家寺庙建筑群》就有很好的讨论），甚至将佛教文物误认为其他文物的事件也常有发生。

第三章　南诏大理佛教研究的学术领域

　　佛教史料的辑佚、整理与研究,以及一次又一次虽说偶然却意义非凡的考古发现,推动着南诏大理佛教研究事业的发展与进步。1930 年代,周钟岳、赵式铭等编纂《新纂云南通志》时,其卷一〇一《宗教考一》对云南远古佛教传说进行考辨;卷一〇二《宗教考二》记载、讨论唐代云南佛法之兴、宋代云南佛门之盛;卷一〇三《宗教考三》专题讨论佛教阿叱力教派。随着 1940 年代《张胜温绘梵像卷》与《南诏图传》图像资料的公布,以袁嘉谷、李根源、陈垣、方国瑜、向达、徐嘉瑞、石钟健为代表的一代学人,彼此商量旧学,增益新知,形成了南诏大理佛教研究的第一高峰,产出了至今仍然有重要影响的研究成果 ①。

　　中华人民共和国建立之后,1950 年代开始,有关南诏大理佛教的研究持续地开展起来。方国瑜、李家瑞、李霖灿、张旭、杨延福、古正美、李玉珉、张锡禄、邱宣充、王海涛、吕建福、张泽洪、侯冲等不同时代的学者做出了自己的贡献。而《大理白族自治州历史文物调查资料》《南诏大理文物》《南诏文化论》《云南大理佛教论文集》等汇集了 1950—1990 年代初南诏大理佛教文物以及研究

---

① 参见李根源:《大理国张胜温梵画长卷》,《说文月刊》第四卷合刊《吴稚晖先生八十大庆纪念专号》,1944 年 5 月。

成果,为推动相关研究起到重要作用 ①。

　　综合南诏大理佛教学术史,可以将研究对象概括为"综合研究"与"专题研究"两大领域。综合研究者,主要是对南诏大理佛教总体、概括性的探索与讨论,目标是要对南诏大理佛教做出整体性的描述与判断。专题研究则聚焦具体问题,包括佛教传入的时间与路线、寺院、造像、佛经、画卷、石窟、佛塔、经幢、火葬墓、历代高僧大德以及文献整理研究等主题。南诏大理佛教研究涉及的学科包括宗教学、考古学、历史学、民族学、文献学、文字学等,参与研究探索、讨论的学者,从学界宿德前贤,到日益增多的"后浪"博士、硕士研究生。借用方国瑜先生的说法,那就是"昔日冷门寂静之学科,渐有繁荣景象" ②。

　　为了更好地呈现南诏大理佛教研究状态,明了学术史以及相关研究领域的成就,梳理基本学术议题,本章按问题分类,以历史发展为线索作如下叙述。

第一节　综合研究

　　南诏大理国佛教综合研究,即:什么是南诏大理国佛教? 此佛教与其他地域的佛教有什么同与不同? 它的总体样貌以及宗教内涵是什么? 这些个追问,其实也是南诏大理佛教研究必须首先回

---

① 李家瑞等编著:《大理白族自治州历史文物调查资料》,云南人民出版社,1958 年。云南省文物管理委员会编:《南诏大理文物》。杨仲录、张福三、张楠主编:《南诏文化论》,云南人民出版社,1991 年。蓝吉富等著:《云南大理佛教论文集》,佛光出版社,1992 年。

② 方国瑜《略述治学简历》,林超民主编:《方国瑜文集》第一辑,云南教育出版社,2001 年,第 4 页。

答的基本问题。为回答这些问题,王海涛、李玉珉、侯冲、张锡禄,日本学者镰田茂雄等都做出过努力 ①。

　　遗憾的是,到目前为止,"什么是南诏大理佛教"这样的基本问题还没有得到完全的解答。要形成全面、系统、综合性的研究成果,有待于新资料的不断发现,以及各项专题研究的深入展开。为了高屋建瓴地解答问题,必须运用科学理论,从思想理念到实践行为对南诏大理佛教信仰进行系统诠释,才可能找到答案。古正美《南诏大理的佛教建国信仰》一文,无疑具有开拓性的意义 ②。

第二节　佛教传入时间与路径研究

　　时间与路径是南诏大理佛教研究的核心问题。佛教什么时候传入云南,或者说南诏大理佛教始于何时? 因为汉晋时期佛教传入云南的证据"不明显",加之学者们对汉代佛教入滇说进行过很多"辩妄",以至于很少有人坚持"谬说"。实际上任乃强对《华阳国志·南中志》相关史料的解读③,以及 1980 年代以来云南、四川汉晋墓葬中早期佛教符号譬如莲花、胡俑、佛陀造像的发现已经证

---

① 李玉珉:《南诏佛教考》,《佛教思想的传承与发展——印顺导师九秩华诞祝寿文集》,台北东大图书公司,1995 年。侯冲:《南诏大理国的佛教》,《佛学研究》,2001 年第 10 期。张锡禄:《大理白族佛教密宗》,云南民族出版社,1999 年。〔日〕镰田茂雄:《南诏国的佛教——中印佛教文化的融合》,张岱年、汤一介等著:《文化的冲突与融合——张申府、梁漱溟、汤用彤百年诞辰纪念文集》,北京大学出版社,1997 年,第 396 页。李东红:《白族密宗》,《法藏文库:20 世纪中国佛教学术论典》卷四八,佛光出版社,2001 年。
② 古正美:《从天王传统到佛王传统:中国中世佛教治国意识形态研究》第九章。
③ 参见〔晋〕常璩撰,任乃强校注:《华阳国志校补图注》,上海古籍出版社,1987 年,第 285—290 页。

明"汉晋佛教入滇"的观点并非虚妄之说①。

非常流行的"唐代佛教传入云南"的观点,则又有初唐与中唐之别。杨延福通过对王仁求碑佛教造像的研究,认为佛教入滇的时间在初唐②。石钟健等也支持"初唐说"③。主张佛教"中唐入滇"的学者认为佛教传入南诏当在中唐,至劝丰祐时大盛④。方国瑜先生《云南阿叱力教派二三事》一文中所指"密教之兴,当在晚唐"不应该理解为"佛教在晚唐传入云南",而是晚唐时期佛教已经很繁盛了⑤。

综合佛教文献、文物考古新发现及相关研究成果,佛教于汉晋间传入云南,唐宋间兴盛,即云南佛教"始于汉晋,兴于初唐,盛于南诏大理"的观点,有文献、文物可以互证,应该是比较可信的。

云南佛教从何而来?有天竺说、汉地说、藏地说与多源说的分歧。

伯希和(Paul Pelliot)、任继愈、葛兆光等都支持"天竺说"⑥。陈茜

---

① 参见王海涛:《云南佛教史》,云南美术出版社,2001年,第76—83页。罗二虎:《论中国西南地区早期佛像》,《考古》,2005年第6期。

② 杨延福:《访王仁求墓碑漫记》,《云南高校古籍整理研究》,1992年,总第7期。

③ 石钟健:《大理明代墓碑的历史价值——〈大理访碑录〉代序》,《中央民族学院学报》,1993年第2期。

④ 黄惠焜:《佛教中唐入滇考》,《云南社会科学》,1982年第6期。刘长久:《佛教入滇考略》,凤凰网华人佛教,2013年11月5日。

⑤ 方国瑜:《云南阿叱力教派二三事》,《滇史论丛》第一辑,上海人民出版社,1982年。

⑥ 冯承钧:《西域南海史地考证论丛》第一卷第五编,商务印书馆,1995年,第161页。任继愈主编:《中国佛教史》第一卷,中国社会科学出版社,1997年,第185页。葛兆光:《中国思想史》第一卷,复旦大学出版社,2004年,第377页。

认为,川滇缅印间的古道,是自古以来经济和文化交流活动的大通道,南诏大理国时期,通过此道与天竺、婆罗门、大秦的联系更为频繁[1]。云南、四川、贵州及长江流域发现的"早期佛教造像南传系统"被认为是佛教从中天竺传入云南,到达四川,从长江沿岸进入中国内地,再至日本的证据链[2]。由此可见,"天竺说"不仅主张南诏佛教来自天竺,也清楚地认为云南佛教的传入始于汉晋时期。

侯冲认为南诏佛教主要是从内地传入,张锡禄有相类似的观点[3]。

主张南诏佛教来自吐蕃的学者有王忠、赵橹、张楠等,譬如王忠《新唐书南诏传笺证》说:"《张胜温绘梵像卷》中所有密教诸尊,其名目与西藏略同,是南诏之佛教实由吐蕃传入。"[4]

主张多元说的学者亦不在少数,譬如徐嘉瑞《大理古代文化史》说:"南诏初期,尚行巫教。及贞观、开元之际,佛教始输入大理。其输入之路线一为中原,二为印度,三为缅甸,四为西藏。"[5]邱宣充认为,云南佛教与中土、印度都有关系,但汉传佛教早于印度密教传入洱海区域[6]。王海涛则认为,滇密的初传路线有两条:一曰天竺道,一曰吐蕃道,两条的终端都在古天竺。天竺道传来了大黑天神,吐蕃道传来了观音和毗沙门[7]。他的观点,还集中体现在

① 陈茜:《川滇印古道初考》,《中国社会科学》,1981年第1期。
② 阮荣春:《早期佛教造像的南传系统》,《东南文化》,1990年第1—3期。
③ 侯冲:《南诏大理国的佛教》,《佛学研究》,2001年第10期。
④〔宋〕欧阳修、〔宋〕宋祁等撰,王忠笺证:《新唐书南诏传笺证》,中华书局,1963年,第112页。
⑤ 徐嘉瑞:《大理古代文化史》,云南人民出版社,2005年,第260—261页。
⑥ 邱宣充:《论云南佛教与汉传佛教、印度佛教的关系》,中国社会科学网·宗教研究,2014年8月19日。
⑦ 王海涛:《云南佛教史》,第116页。

《南诏佛教文化的源与流》等论著中 ①。

我们认为，南诏大理佛教的渊源，《南诏图传》"中兴皇帝"敕文"大封民国圣教兴行，其来有上，或从胡梵而至，或于蕃汉而来"之说，是"当代人言当时事"，有据可循，不便轻易质疑。而陈垣先生《明季滇黔佛教考》"其始自西传入，多属密教；其继自东传入，遂广有诸宗"之说，至今仍然是较合理的论述。

第三节　佛教画卷研究

《南诏图传》与《张胜温绘梵像卷》以其特殊的内涵与价值，一直以来是南诏大理佛教研究者关注、聚焦的重要史料。研究者视角多元多维，讨论的问题广阔深远，涉及画卷结构、母题表达、绘画宗旨、艺术风格、佛教宗派、资料来源与经典依据、文化关系、资料价值与学术意义等诸多领域。

（一）《南诏图传》的研究。《南诏图传》卷首有清人张照题记（雍正五年，1727），简述南诏和大理国的历史及他对画卷的评价，此题记收入《天瓶斋书画题跋》卷下，题为"跋五代无名氏画卷"，这是《南诏图传》第一次见诸记录。

1944 年海伦·查平刊布《南诏图传》照片之后，方国瑜从画面中录得榜题资料。方先生说："所见史籍及画卷事迹大都相符，即据《张氏国史》所载作画图者，惟所绘仅为蒙舍细奴逻兴起与张乐进求逊位，而以前之事未载。"② 第一次把"画卷"与"国史"相联

---

① 王海涛：《南诏佛教文化的源与流》，杨仲录、张福三、张楠主编：《南诏文化论》，第 328 页。
② 方国瑜：《云南史料目录概说》，第 929 页。

系。台湾地区学者李霖灿发表《南诏大理国新资料的综合研究》时公布了《南诏图传》"文字卷"资料，但由于特殊的社会历史情境，大陆学者一直没有看到相关材料。

1984年，李惠铨、王军发表《〈南诏图传·文字卷〉初探》，这是大陆学者全面介绍、考释"文字卷"的开始[①]。在大致相近的时间里，张增祺于1981年至1982年间随同"中国文物展览"在德意志联邦共和国巡展时，于科隆市东亚艺术博物馆看到过此《南诏图传》画卷及文字卷的全部照片，张先生即据此撰文考释南诏大理国纪年，讨论南诏大理历史文化[②]。

杨晓东重点讨论《南诏图传》的绘制年代，以及现存《南诏图传》是否为原作两个问题[③]。这种研究是非常有意义的，因为涉及"国史画卷"的接续及其背后深刻的历史、文化意义。王蓓蓓的博士学位论文《南诏图传研究》认为，《南诏图传》绝非回避唐朝，篡改历史的作品，它就是一部南诏佛教传播史[④]。而有的研究者则再三论证《南诏图传》"对历史的篡改"[⑤]。越来越多的研究者认为《南诏图传》是梵僧传教南诏历史的真实再现[⑥]，是对南诏政权合

---

① 李惠铨、王军：《〈南诏图传·文字卷〉初探》，《云南社会科学》，1984年第6期。

② 张增祺：《〈中兴图传〉文字卷所见南诏纪年考》，《思想战线》，1984年第2期。

③ 杨晓东：《南诏图传述考》，《美术研究》，1989年第1期。

④ 王蓓蓓：《南诏图传研究》，云南大学博士学位论文，2011年。

⑤ 如罗炤：《大理崇圣寺千寻塔与建极大钟之密教图像——兼谈〈南诏图传〉对历史的篡改》，《艺术史研究》第五辑，中山大学出版社，2003年，第286页；《隋唐"神僧"与〈南诏图传〉的梵僧——再谈〈南诏图传〉对历史的伪造与篡改》，《大理民族文化研究论丛》第二辑，2006年。

⑥ 如张泽洪：《梵僧传教与社会记忆——南诏大理国梵僧研究》，《世界宗教文化》，2020年第2期。

法性的刻意描述 ①。真乃人心不同,所见异辞。

(二)《张胜温绘梵像卷》研究。1940 年代,李根源将自己的诗作,以及与友人、同仁的书信辑录成《胜温集》,编印成卷,油印发表。罗庸读《胜温集》后,写出《张胜温梵画赘论》一文,首次提出画卷的表达模式是“左昭右穆”结构,奠定了学术界对画卷结构研究的“认识论”基础 ②。

1947 年出版的徐嘉瑞《大理古代文化史》,即有《南诏图传》与《张胜温绘梵像卷》的部分图像 ③。1954 年,向达发表《南诏史略论——南诏史上若干问题的试探》时说:“《南诏图传》相传为南诏舜化贞二年,南诏主掌内书金券、赞卫理昌忍爽王奉宗等所画,图载梵僧感化细奴逻故事。《张胜温梵像卷》为利贞皇帝骠信画,绘骠信及佛菩萨梵天八部寺众天竺十六国王像。”向先生以历史研究的视角,将两个画卷视作南诏大理研究的信史资料 ④。

由于《张胜温绘梵像卷》收藏于台北故宫博物院,很长一段时间里,大陆学者无缘目睹画卷真容,影响了相关研究工作的推进。而台湾地区学者李霖灿、李玉珉两位则有“地利之便”,他们不仅公开了画卷等“新资料”,还对“梵像卷”作了系统深入的整理与研究。屈涛《20 世纪台湾〈张胜温梵像卷〉研究之贡献》附录有“台湾《张胜温画卷》研究及相关论著索引”,将李霖灿、李玉珉两位的

---

① 如连瑞枝:《隐藏的祖先:妙香国的传说和社会》,三联书店,2007 年,第 53 页。
② 方国瑜主编:《云南史料丛刊》第二卷,云南大学出版社,1998 年,第 451—453 页。
③ 徐嘉瑞:《大理古代文化史》,云南大学西南文化研究室编印,1947 年。云南人民出版社于 2005 年出版。
④ 向达:《南诏史略论——南诏史上若干问题的试探》,《历史研究》,1954 年第 2 期。

相关成果辑录在案,方便学界同仁检阅①。

　　杨晓东认为:"《张胜温梵像卷》总佛陀世界造像之大成,保持了华丽严谨的唐宋画风,也溶入了印度和吐蕃的梵画技法。"②侯冲《从张胜温画〈梵像卷〉看南诏大理佛教》一文通过对画卷的研究,探讨了南诏佛教的传入路线和南诏大理佛教的构成等问题③。骆玉梅《〈宋时大理国描工张胜温画梵像〉中的南诏大理国佛教宗派研究》指出,阿叱力教派、净土宗、华严宗、禅宗是南诏佛教的几大宗派,但影响力最大的还是阿叱力教派④。连瑞枝说,《张胜温绘梵像卷》的意义,是说明大理政权的神圣性⑤。邱宣充、郑国、张威,美国约翰·马可瑞(John R·McRae)、日本关口正之、新加坡古正美等学者均有专题研究成果出版与发表。有关《张胜温绘梵像卷》研究的文集、学术史梳理、述评与讨论的论著亦时有所见⑥。

_____

① 屈涛:《20 世纪台湾〈张胜温梵像卷〉研究之贡献》,《敦煌研究》,2003 年第2 期。李霖灿:《南诏大理国的绘画艺术》,杨仲录、张福三、张楠主编:《南诏文化论》。李玉珉:《梵像卷中几尊密教观音之我见》,《故宫文物月刊》(台北),1986 年,第 4 卷第 6 期;《张胜温〈梵像卷〉之观音研究》,《台湾东吴大学艺术史集刊》,1987 年,第 15 期;《张胜温〈梵像卷〉药师琉璃光佛会与十二大愿初探》,《故宫文物月刊》(台北),1989 年,第 7 卷第 8 期;《张胜温〈梵像卷〉药师琉璃光佛会与十二大愿之研究》,释圣严等编著:《佛教的思想与文化——印顺导师八秩晋六寿庆论文集》,法光出版社,1996 年;《梵像卷释迦佛会、罗汉及祖师像之研究》,《中国艺术文物讨论会论文集·书画》,台北故宫博物院,1992 年。
② 杨晓东:《张胜温〈梵像卷〉述考》,《美术研究》,1990 年第 2 期。
③ 侯冲:《从张胜温画〈梵像卷〉看南诏大理国佛教》,《云南社会科学》,1991年第 3 期。
④ 骆玉梅:《〈宋时大理国描工张胜温画梵像〉中的南诏大理国佛教宗派研究》,云南大学硕士论文,2013 年。
⑤ 连瑞枝:《隐藏的祖先:妙香国的传说社会》,第 53 页。
⑥ 邱宣充:《张胜温画卷及其摹本的研究》,《南诏大理文物》,第 185（转下页）

第四节　石窟寺研究

石窟寺研究,主要是对剑川石窟的考察、调查与研究。

1939年,李霖灿独自一人对剑川石窟进行考察,写成《剑川石宝山石刻考察记》,成为第一位系统考察剑川石窟的现代学者。但他考察、研究的成果却因为各种原因,直到1960年代之后才陆续发表①。

方瑞武、宋伯胤、李家瑞、方国瑜、杨延福、黄如英是1949年以来较早调查研究剑川石窟的学者②。方国瑜以“明清以来记录”“石窟之大概”“造像题记”“王者像三窟”四个领域对剑川

（接上页）页。郑国:《丁观鹏和他所摹宋张胜温〈法界源流图〉》,《文物》,1983年第5期。张威:《宋张胜温梵像卷》,天津人民出版社,2001年。〔美〕约翰・马可瑞(John R・McRae):《论神会大师像:梵像与政治在南诏大理国》,谭乐山译,《云南社会科学》,1991年第3期。〔日〕关口正之:《大理国张胜温画梵像卷》,杨文映译,《大理文化》,1995年第3、4期。古正美:《张胜温梵画卷研究》,民族出版社,2019年。大理市政协编:《张胜温画卷》(此书含彩印《张胜温画卷》与《张胜温画卷研究论文集》两册),2018年。梁晓强:《〈张胜温画卷〉图序研究》,《大理学院学报综合版》,2010年第3期。张锡禄、黄正良:《20世纪以来大理国张胜温画〈梵像卷〉研究综述》,《大理学院学报(综合版)》,2012年第1期。

① 李霖灿:《剑川石刻和大理国梵像卷》,《大陆杂志》(台湾),1960年第1—2期合刊;《剑川石宝山石刻考察记》,《中国名画研究》上册,艺文印书馆,1971年。

② 方瑞武:《剑川八窟》,《文物参考资料》,1950年第12期。宋伯胤:《记剑川石窟》,《文物参考资料》,1957年第4期;《剑川石窟》。李家瑞:《石宝山石雕王者像三窟试释》,《大理白族自治州历史文物调查资料》。黄如英:《石钟山石窟》,《思想战线》,1980年第4期;《石钟山石窟》,《文物》,1981年第8期。方国瑜:《云南史料目录概说・剑川石宝山石窟造像》。

石窟进行了探讨,其中对于王者像三窟的研究,至今仍然有重要意义。杨延福《剑川石宝山考释》不仅系统、全面地对剑川石窟进行科学考释,还将 1950 年至 1988 年间发表、出版的有关剑川石窟的论著,收于"近今记述石刻造像的文章辑目"一节中,为我们展示了中华人民共和国建立以来到改革开放初期的丰硕成果,为学界同仁提供了便利①。刘长久《南诏和大理国宗教艺术》与《云南剑川石钟山石窟内容总录》综览总述,图文并重,在石窟文化内涵的考释上亦有自己的创见②。北京大学考古系与云南大学历史系联合完成的《剑川石窟——1999 年考古调查简报》,是剑川石窟的第一份综合性的石窟考古报告③。李玉珉《南诏大理佛教雕刻初探》以剑川石窟兼及塔藏文物,对南诏佛教造像进行综合研究与分期判断④。侯冲《剑川石窟及其造像特色》一文从南诏大理国佛教出发,用比较的视角,得出"剑川石钟山石窟是汉地佛教石刻艺术的代表,虽有独到的地方特色,但时代性不明"等结论⑤。

　　有关剑川石窟专题研究的成果较多,有王者、梵僧、毗沙门天王与大黑天神、阿嵯耶观音、波斯国人、明王堂、阿央白造像、题记、石窟信仰及其周边社会、碑刻文献题名及佛教本土化研究等领

---

① 杨延福:《剑川石宝山考释》,云南民族出版社,1999 年,第 139—142 页。

② 刘长久:《南诏和大理国宗教艺术》,四川人民出版社,2001 年;《云南剑川石钟山石窟内容总录》,《敦煌研究》,1995 年第 1 期。

③ 剑川石窟考古研究课题组:《剑川石窟——1999 年考古调查简报》,《文物》,2000 年第 7 期。

④ 李玉珉:《南诏大理佛教雕刻初探》,蓝吉富等著:《云南大理佛教论文集》。

⑤ 侯冲:《剑川石窟及其造像特色》,林超民主编:《民族学通报》第一辑,云南大学出版社,2001 年。

域①。我们将在本书第十二章《佛教造像》中对相关主题进行重点讨论,这里仅罗列重要成果,以便有兴趣者检阅。

---

① 参见李家瑞:《石宝山石雕王者像三窟试释》,《大理白族自治州历史文物调查资料》;王立政:《剑川石钟寺第一窟考略》,《文物》,1983 年第 6 期;王立政:《剑川石钟山狮子关石窟试释》,《云南文物》,1983 年,总第 13 期;田怀清:《剑川石钟山第七号窟王者像试释》,蓝吉富等著:《云南大理佛教论文集》;张文:《剑川石窟与白族本主崇拜再探》,《民族艺术研究》,2003 年第 5 期;李家瑞:《石宝山石窟的外国人像》,《大理白族自治州历史文物调查资料》;《新纂云南通志》(五),第 502—505 页;师睿婕:《南诏——大理国时期毗沙门天王造像研究》,云南大学硕士学位论文,2018 年;李东红:《白族密宗》,《法藏文库:20 世纪中国佛教学术论典》卷四八;田怀清:《剑川石钟山石窟〈波斯人〉造像释疑》,《大理文化》,2001 年第 6 期;宋朗秋:《大足宝顶山与剑川石钟山十大、八大明王的比较研究》,《敦煌研究》,1999 年第 3 期;罗炤:《剑川石窟石钟寺第六窟考释》,《宿白先生八秩华诞纪念文集》,文物出版社,2002 年;阮丽:《剑川石钟山石窟第六窟八大明王源流考》,《大理崇圣论坛会议论文集》,2013 年;孙琳:《剑川石窟八大明王造像研究》,云南大学博士论文,2021 年;张旭:《剑川石钟寺"阿姎白"试释》,《大理文化》,1981 年第 1 期;杨延福:《谈石钟寺第八号石刻的名称》,《民族文化》,1982 年第 4 期;杨新旗:《再释"阿姎白"》,《云南文史丛刊》,2001 年第 2 期;刘焕玲、江达智:《云南剑川石钟山石窟"阿姎白"与白族的生殖崇拜》,《成大历史学报》,2002 年,总第 26 号;王瑞章:《剑川石窟"阿姎白"迷雾辨析》,《民族艺术研究》,2006 年第 1 期;孙太初:《云南剑川石宝山造像题字二种——新发现的南诏史料之一》,《文物》,1956 年第 11 期;杨延福:《对石宝山二种造字题字的补充》,《文物参考资料》,1957 年 5 期;夏泉生:《剑川石钟山新发现大理国造像题记》,《大理文化》,1985 年第 4 期;王云:《南诏大理国年号考》,《云南文史丛刊》,1990 年第 1 期;杨延福:《释剑川石钟寺狮子关第 2 号窟石刻造像题记》,《云南文物》,1988 年,总第 23 期;尹振龙:《剑川石钟山石窟题记浅述》,大理大学编:《大理民族文化研究论丛》第六辑,民族出版社,2017 年;李东红:《剑川石窟与白族的信仰民俗》,《世界宗教研究》,2006 年第 3 期;杨延福:《剑川石宝山考释》;朱安女:《剑川石窟文献研究》,九州出版社,2020 年。

第五节　古本佛教经卷研究

目前所见南诏大理佛教经卷典籍，可明确断定其年代者有二十余卷。综合 1920 年代以来的情况，古本佛教经卷的发现大致可归为三个批次，即 1920 年代大理崇圣寺千寻塔塔刹文物中的经卷，1950 年代凤仪北汤天法藏寺发现的古本经卷，还有 1980 年代以来修缮南诏大理古塔时发现的塔藏经卷等①。

南诏大理国以来古本经卷的发现，引起了学术界的高度重视。周泳先、杨延福、李孝友、邱宣充、侯冲在资料整理、内容考辨、释读等方面出力最勤，贡献尤多。近年来，在侯冲指导下，姜婷依据下关佛图寺塔出土的《法门名义集》写本经卷，与"敦煌本"对比研究，整理出较完整的《法门名义集》，使这部唐代李师政编撰的佛教名相经籍，完整再现②。黄璜则通过对大理国写经《诸佛菩萨金刚等启请仪轨》文本的整理研究，不仅为我们提供了可靠的文本与新

---

① 参见李霖灿：《纽约博物馆中的维摩诘经卷：国外读画札记之三》，《大陆杂志》（台湾），1964 年第 4 期；李霖灿：《南诏大理国新资料的综合研究》；费孝通：《云南大理历史文物的初步察访》，《考古通讯》，1957 年第 3 期；周泳先：《凤仪县北汤天南诏大理国以来古本经卷整理记》，《大理白族自治州文物资料调查集》；杨延福：《法藏寺古经卷清理杂记》，《南诏史论丛》第一册；邱宣充：《大理三塔塔藏写经》，《云南民族文物调查》；李朝真、张锡禄：《大理古塔》，云南人民出版社，1985 年；大理州文管所、下关市文化馆：《下关市佛图塔的实测和清理》，《文物》，1986 第 7 期；云南大理白族自治州文物管理所：《云南大理弘圣寺塔清理报告》，《考古学集刊》第八集，科学出版社，1994 年。
② 姜婷：《〈法门名义集〉研究——敦煌本与大理本》，大理大学硕士论文，2019 年。

颖的学术观点,他的研究范式也具有规范性与示范作用[①]。

2008 年,《大理丛书·大藏经篇》将已经发现的南诏大理以来主要的古本经卷公开出版[②],人们从此可以方便地查看古本经卷影印件,开展学术研究[③]。

第六节　佛塔与经幢研究

一、古塔研究

南诏大理国时期的佛塔遗存,数量多、区域特色突出、塔藏佛教文物丰富。对于古塔的修缮、保护与研究,一直是文物管理部门、考古界、佛教界,甚至是建筑界重点关注的对象。1980 年代,李朝真、张锡禄《大理古塔》一书报告了南诏大理古塔保护与修缮情况,并就塔藏佛教文物进行了讨论[④]。丁研《云南古塔研究——以滇池、洱海为中心》一文则是对中华人民共和国建立六十多年来南诏大理佛塔研究成果的梳理与呈现[⑤]。

① 黄璜:《〈大理国写经卷〉“法界轮”图源流考》,《中央民族大学学报(哲学社会科学版)》。2015 年第 1 期;《〈诸佛菩萨金刚等启请〉与唐代不空所传经轨的比较研究》,《古籍整理研究学刊》,2017 年第 6 期;《〈诸佛菩萨金刚等启请〉中“灯请十王斋掷延寿命火食次第”及段前残文的缀合研究》,《云南民族大学学报(哲学社会科学版)》,2017 年第 1 期。
② 袁鹰:《〈大理丛书·大藏经篇〉首发》,《云南日报》(http://www.sina.com.cn)2008 年 4 月 24 日。
③ 参见杨世钰:《大理古本经卷的发现与研究》,赵寅松主编:《白族文化研究(2002)》,云南民族出版社,2003 年。
④ 李朝真、张锡禄:《大理古塔》,云南人民出版社,1985 年。
⑤ 丁研:《云南古塔研究——以滇池、洱海为中心》,云南大学硕士论文,2013 年。

　　大理崇圣寺三塔的研究尤其引人注目。关于三塔特别是千寻塔的建造年代，史籍记载语焉不详甚至相互抵牾。方国瑜、林荃、阚勇、傅光宇诸先生从文献梳理与史学角度，对千寻塔的建造年代进行了系统、深入的研究，其成果为学界所重[①]。1978 年 5 月起，文物部门对崇圣寺三塔进行维修和测量，清理出土南诏大理文物六百八十余件[②]。邱宣充发表《大理千寻塔调查》《大理三塔的塔藏文物》《千寻塔塔藏各类塔模与经幢简介》《大理三塔塔藏佛经》《南诏大理的塔藏文物》等系列报告和学术论文，对塔藏文物进行深入、系统的呈现与研究[③]。邱宣充、姜怀英合著的《崇圣寺三塔》《大理三塔史话》与《大理崇圣寺三塔》，公布了此前考古报告中尚未公开的塔藏文物[④]，对于"三塔研究"基本资料的形成做出特殊贡献。

　　对于其他南诏大理国古塔的实测、修缮、塔藏文物清理与研究，同样是南诏大理国宗教研究的重要内容。譬如：

　　1980 年代初，文物部门对大理弘圣寺塔进行维修、实测和清理，在塔刹中心柱内发现六百余件文物。这批文物的造型风格与

---

① 方国瑜：《大理崇圣寺千寻塔考说》，《思想战线》，1978 年第 6 期。林荃：《东寺塔与西寺塔》，《云南文物古迹》，云南人民出版社，1984 年。阚勇：《南诏千寻塔创建年代考》，《云南师范大学学报（哲学社会科学版）》，1986 年第 3期。傅光宇：《大理千寻塔始建年代考》，《思想战线》，1988 年第 3 期。

② 云南省文物工作队：《大理崇圣寺三塔主塔的实测和清理》，《考古学报》，1982 年第 2 期。

③ 邱宣充：《大理千寻塔调查》，《云南民族民俗和宗教调查》；《大理三塔的塔藏文物》，《云南社会科学》，1981 年第 2 期；《千寻塔塔藏各类塔模与经幢简介》，《云南民族民俗和宗教调查》；《大理三塔塔藏佛经》，《云南民族文物调查》；《南诏大理的塔藏文物》，《南诏大理文物》。

④ 邱宣充、姜怀英：《崇圣寺三塔》，文物出版社，1984 年；《大理三塔史话》，云南人民出版社，1992 年；《大理崇圣寺三塔》，文物出版社，1998 年。

崇圣寺三塔所藏文物基本相类,以佛像、法器、塔模、梵汉文铭文砖等为代表,是典型的南诏大理国佛教文物[①]。

1981 年,文物部门对下关佛图寺塔进行实测和维修,发现五十多件文物,其中精美的佛经、塔模最为耀眼,其考古报告《下关市佛图塔实测和清理报告》发表于《文物》1986 年第 7 期。1974 年 5 月,云南省文物工作队对流散在民间的洱源"火焰山塔"塔藏文物进行调查与搜集;1996 年,大理州文管所对大理海东罗荃塔塔基遗址进行清理发掘,都有重要发现[②]。

位于昆明市区的东寺塔与西寺塔,是南诏大理国古塔。东寺塔又称常乐寺塔,西寺塔称慧光寺塔。东寺塔始建于南诏丰祐年间(824—859),为十三级方形密檐砖塔,清道光十三年(1833)毁于地震,光绪九年重建。《云南府志》记载:"清道光十三年地震,塔圮。历年议修未果。光绪九年(1883)总督岑毓英率士民移建于三皇宫前,阅四年而工竣。"1981 年,曾对东寺塔进行实测与维修[③]。西寺塔始建于南诏丰祐天启年间,为十三级方形密檐砖塔。明弘治十二年(1459)地震,塔受损严重,弘治十五、十六年修缮复原。

东寺塔、西寺塔先后经过维修,但一直没有完整的实测与清理报告。相关情况散见于白文祥《昆明西寺塔的建筑构造与抗震加固》、熊瑛《昆明西寺塔新发现南诏纪年砖》、汪宁生《云南考古》、王

---

① 云南大理白族自治州文物管理所:《云南大理弘圣寺塔清理报告》,《考古学集刊》第八集。

② 云南省文物工作队:《洱源火焰山砖塔出土文物简记》,《云南文物简报》,1977 年,总第 7 期。大理州文物管理所:《大理海东罗荃塔塔基发掘报告》,《文物》,1999 年第 3 期。

③ 参见杨玠:《东寺塔》,《云南文物古迹》,第 3—4 页。

海涛《昆明文物古迹》与杨介《东寺塔与西寺塔》等论著中[①]。

此外,杨玠《大姚白塔考说》、杨延福《祥云水目山〈渊公墓〉略述》等,都是南诏大理佛塔研究的重要成果[②]。

二、陀罗尼经幢研究

南诏大理以来,“丧葬率皆火化”,而火葬之后就要“收骸立塔置坟田”,起塔造幢成一时风尚。人们除了在墓地上起立经幢之外,往往在寺庙中、野外高显处造作经幢、建立佛塔,敬心供养。佛经上说,造幢与建塔一样具有无上的功德。因此,造幢是南诏大理佛教信仰实践的重要内容。

昆明地藏寺大理国经幢,通体雕刻密教佛、菩萨、金刚及天龙八部等共三百余躯造像,它构思巧妙、内涵丰富、雕刻精美,代表了南诏大理佛教经幢的最高成就,在唐宋时期中国佛教经幢中,亦属经典之作。

《新纂云南通志·金石考》“地藏寺古幢”条说:“幢高七层,上五层造佛,第六层佛像、梵文,下层刻文,凡八面。”录有“大理圀佛弟子议事布燮袁豆光敬造佛顶尊胜宝幢记”全文,详说经幢著录情况,并有李根源、夏光南、方国瑜诸先生跋文[③]。方国瑜认为经幢立

[①] 白文祥:《昆明西寺塔的建筑构造与抗震加固》,《云南文物》,1985 年,总第17 期。熊瑛:《昆明西寺塔新发现南诏纪年砖》,《云南文物》,1989 年,总第25 期。汪宁生:《云南考古》,第 267 页。王海涛:《昆明文物古迹》,云南人民出版社,1989 年,第 99 页。杨玠:《东寺塔和西寺塔》,《云南文物古迹》,第 3—8 页。

[②] 杨玠:《大姚白塔考说》,云南省博物馆编:《云南省博物馆学术论文集》,云南人民出版社,1989 年。杨延福:祥云水目山〈渊公墓〉略述,《大理师专学报》,1998 年第 1 期。

[③] 《新纂云南通志》(五),第 180—185 页。

于高生世任鄯阐演习之时,为大理国段正兴时期,即宋高宗赵构绍兴年间 [1]。

1920 年代,童振藻主纂《昆明市志》时,著录、发表了地藏寺《大日尊发愿》与《发四宏誓愿》,可惜一直未引起重视 [2]。侯冲钩沉史籍,依据此录文重新校理地藏寺经幢的两篇发愿文,并指出此经幢所刻诸佛菩萨的考释与研究,应该以《大日尊发愿》文本为依据 [3]。美国学者何恩芝(Angela F.Howard)对地藏寺经幢亦有专题研究,关注到经幢造像与印度密教造像之间的关联 [4]。

杨晓东曾专文讨论地藏寺经幢造像艺术 [5]。王海涛《古幢释神》一文,系统、全面地阐释了地藏寺经幢的基本内涵 [6]。近年来,昆明市博物馆发表《昆明大理国时期地藏寺经幢》与《昆明大理国地藏寺经幢再研究》等成果 [7]。

就目前状况而言,关于地藏寺经幢的研究还远未深入,首先是缺少一份完整、系统的"考古报告",没有形成完整科学、系统全面的陈述与描绘经幢造像的基本资料。其次是关于经幢研究的基本问题,是文物? 是艺术品? 是宗教法物? 还没有弄清楚。地藏寺经幢

---

[1] 方国瑜 :《云南史料目录概说》,第 947—951 页。

[2] 童振藻纂 :《昆明市志》,1924 年,铅印本,第 372—374 页。

[3] 侯冲 :《论大理密教属于汉传密教》,王颂主编 :《佛教与亚洲人民的共同命运—— 2014 崇圣(国际)论坛论文集》,宗教文化出版社,2015 年。

[4] 〔美〕Angela F. Howard, *The Dharani Pillar of Kunming Yunnan : A Legacy of Esoteric Buddhism and Burial Rites of the Bai People in the Kingdom of Dali* (937-1253), Artibus Asiae, *Vol.* 55 (1997).

[5] 杨晓东 :《地藏寺经幢造幢记》,《南诏史论丛》第一册。

[6] 王海涛 :《古幢释神》,《昆明文物古迹》。

[7] 高静铮、李晓帆 :《昆明大理国时期地藏寺经幢》,《文物》,2014 年第 4 期。
梁钰珠 :《昆明大理国地藏寺经幢再研究》,《东方博物》,2019 年第 1 期。

在南诏大理国宗教、文化中的价值与地位,在唐宋时期中国佛教文化中的意义也没有进行深入的探讨。

第七节　火葬与火葬墓遗迹研究

1940 年代,郑天挺、石钟健在云南开展田野考古调查时,对大理地区的火葬墓碑、幢铭文做过记录,并相继编印了《大理访古日记》与《滇西考古报告》等文集传世 [1]。《新纂云南通志》卷八一至卷一〇〇《金石考》、卷一〇一至卷一〇八《宗教考》著录了部分当时发现的火葬墓金石碑铭与梵文经咒。中华人民共和国建立后,新发现的火葬墓碑铭、考古发掘报告不断公布,新资料日渐增多。

1950—1960 年代,孙太初、万斯年、李家瑞等学者开始对火葬墓进行考古调查与研究 [2]。1970 年代以来大理五华楼新出宋元火葬墓碑、曲靖珠街八塔台火葬墓群、大理大丰乐火葬墓群、通海大理国火葬墓群等重要发现,为受佛教影响而流行的火葬墓与火葬习俗的研究,提供了前所未有的新资料 [3]。

---

[1] 郑天挺:《大理访古日记》,赵寅松主编:《白族文化研究(2002)》。石钟健《滇西考古报告》分《邓川访碑记》与《段氏世系考》两部分,原为云南省立龙渊中学中国边疆问题研究会专刊,1944 年(油印本),收入赵寅松主编:《白族文化研究(2003)》,民族出版社,2004 年;又见杨锐明主编:《石钟健大理访碑集》,天马图书有限公司,2004 年。

[2] 孙太初:《云南西部的火葬墓》,《考古通讯》,1955 年第 4 期。万斯年:《云南剑川元代火葬墓之发掘》,《考古通讯》,1957 年第 1 期。李家瑞:《滇西白族火葬墓概述》,《文物》,1960 年第 6 期。

[3] 方龄贵:《大理五华楼元碑的发现及其史料价值》,《社会科学战线》,1984 年第 2 期。王云、方龄贵:《大理五华楼新发现宋元碑刻选录》(油印本,1980 年)。方龄贵、王云:《大理五华楼新发现的宋元碑刻选录》,云南大学出版社,2000 年。工大道:《云南曲靖珠街八塔台古墓群发掘简报》,(转下页)

火葬墓遗迹是南诏大理佛教文化的重要遗产,遗憾的是,在1950年代至1970年代的研究中,很少有研究者注意到这种关联。我们在《白族火葬墓的几个问题》一文中从佛教信仰的维度,探讨南诏大理以来的火葬习俗及火葬墓问题,提出了如下的观点:云南及其周边地区保留的古代火葬墓遗存及火葬习俗,与南诏大理国佛教信仰流行时代相当、流传地域相近,文化内容相通,是典型的受佛教密宗影响的葬俗,与"氐羌族自古行火葬"有着本质的区别,不能混为一谈①。

第八节 佛教梵文史料研究

随着南诏大理国佛教的发展与兴盛,梵文开始在云南流传。南诏大理梵文遗迹,主要有火葬墓碑幢陀罗尼、真言、种子字,以及经幢铭刻、塔砖模印陀罗尼、梵文经卷等。云南及其邻近地区,保留着大批梵文碑刻、古本经卷、砖瓦与金石文物。1940年代,学术界已经注意到这种现象。《新纂云南通志》卷九三《金石考十三》收录了德国人李华德(Walter Liebenthal)《云南梵文石刻初论》一文。中华人民共和国建立之后,梵文火葬墓碑、幢的研究停滞了一段时间。1980年代以来,随着南诏大理考古的深入,以及中国佛教研究的持续展开,关于梵文佛教史料的搜集、整理、研究受到重视。

(接上页)云南省考古研究所编:《云南考古文集》,云南民族出版社,1998年。闵锐、刘旭、段进明:《云南大理市凤仪镇大丰乐墓地的发掘》,《考古》,2001年12期。黄德荣、吴华、王建昌:《通海大理国火葬墓纪年碑研究》,大理大学编:《大理民族文化研究论丛》第五辑。李波:《通海博物馆藏大理国火葬墓纪年碑浅析》,《文物鉴定与鉴赏》,2016年第6期。云南省文物考古研究所等编印:《通海白塔心墓地发掘资料》(2017)。
① 参见李东红:《白族火葬墓的几个问题》,《思想战线》,1991年第1期。

周祜《云南大理地区的火葬墓梵文碑幢》,李东红、杨利美《白族梵文火葬墓碑、幢考述》是较早注意到梵文佛教史料的论著 [①]。

近年来,一批经过专业训练、能够释读梵文的青年学子开始聚焦云南佛教梵文史料的研究。依照当下的认识,云南所存梵文分为城体、悉昙两大类。城体梵文是由古印度梵文变化而来的书写文字。张文君的研究结论认为:第一,城体梵文主要出现在云南历史文献、碑铭石刻、瓦制及金属器物等不同形制的载体中,在书写、语法、应用等方面独具特色。第二,现存云南城体梵文的《心经》《佛顶尊胜陀罗尼神咒》、种子字难以释读。第三,城体梵文最初作为佛典原文传入云南后,在传播过程中有变迁,逐步形成带有地区文化特色的宗教信仰符号 [②]。何大勇从施甸县悉昙梵文碑刻考释出发,对这种公元 7 世纪盛行于印度的古老文字的性质,以及它何时传入、怎样传入云南等问题进行考释 [③]。

梵文史料多为新资料,梵文资料的搜集、翻译、整理与探讨,必将进一步推动南诏大理佛教研究,为解答"南诏大理佛教从何而来"等基本问题提供新证据。

第九节　佛教造像研究

南诏大理热衷于佛教造像,其造像名目繁多、形式多样、数目

---

① 周祜:《云南大理地区的火葬墓梵文碑幢》,蓝吉富等著:《云南大理佛教论文集》。李东红、杨利美:《白族梵文火葬墓碑、幢考述》,《云南学术探索》,1996 年第 4 期。

② 张文君:《云南遗存城体梵文释读》,陕西师范大学硕士学位论文,2015 年。

③ 何大勇:《云南施甸悉昙梵文碑刻考》,《中南民族大学学报(人文社会科学版)》,2018 年第 5 期。

庞大。目前所见造像主要保存于石窟寺、石刻之中,还有塔藏文物、传世造像,以及佛教画卷、经卷之内。历代文献记载中,南诏大理国诸王、皇帝铸佛造像的文字较多,如胡本《南诏野史》有劝龙晟用金三千两铸佛三尊,劝丰祐建崇圣寺,铸佛一万一千四百尊,还说劝丰祐的母亲,用银五千两铸佛一堂。大长和国郑买嗣铸佛万尊,为他杀绝蒙氏八百人忏悔①。大理国建寺铸佛,更为频繁②。

有关南诏大理佛教造像的研究,集中在以下几个方面:第一,石窟寺石刻造像研究;第二,塔存文物中的佛教造像研究;第三,巍山峣岣图山南诏佛教石雕造像研究;第四,佛教绘画、经卷中的佛教造像研究;第五,金石文物上的佛教造像研究;第六,传世佛教造像研究等。

我们在《白族佛教密宗阿叱力教派研究》中,以"独特的造像系统"为题,从"以五方佛为主的佛部造像""突出观音地位的莲花部造像""特别发达的金刚部造像"与"王者造像"四个议题,对南诏大理佛教造像的特点进行综合讨论与分类③。近年来,有关南诏大理古本经卷《诸佛菩萨金刚等启请仪轨》研究表明,南诏大理佛教的"三部",佛部以大日遍照佛为尊,菩萨部以莲花部主观音为尊,金刚部以金刚藏为部主,证明我们早前的判断是符合经典依据与实际情况的④。李玉珉认为,南诏大理国佛教造像活动持续四五百年,按照造像特征,可将其分为南诏时期、大理国前期与大

---

① 《南诏野史会证》,第 114、132、134、188 页。
② 参见张旭:《大理白族的阿叱力教》,《云南民族民俗和宗教调查》。
③ 李东红:《白族佛教密宗阿叱力教派研究》,云南民族出版社,2000 年,第 70—89 页。
④ 黄璜:《大理国写经〈诸佛菩萨金刚等启请〉的整理与研究》,上海师大博士后出站报告,2018 年。

理国后期三个发展阶段,因为每个阶段的造像,都有明显的时代特征①。

第十节 佛教与南诏大理社会文化研究

用佛教文物订正南诏大理国纪年,研究佛教化起名习俗,探讨佛教宗派与人物,研究宗教法器,讨论佛教与社会文化,同样是南诏大理佛教研究的重要内容②。我们将在相应的篇章中进行深入探讨,此处不再一一列举。

---

① 李玉珉:《南诏大理佛教雕刻初探》,蓝吉富等著:《云南大理佛教论文集》。

② 宋代《玉海》最早著录南诏大理国年号。史家认为,南诏大理国年号不少于八十个,而《玉海》只收十七个,所缺甚多。杨慎《滇载记》一书对南诏大理纪年较《玉海》记载详细,但错误不少。清乾隆年间胡蔚增订《南诏野史》时,对此作了较多补充,但记错和遗漏的纪年依旧不少,以至南诏、大理的纪年一直连不起来。1950年代以来,有诸多考古新发现,研究不断深入,南诏大理年号与纪年体系,日臻完善。详细情况参见以下论著:李家瑞:《用文物补正南诏及大理国的纪年》,《历史研究》,1958年第7期。李霖灿:《南诏大理国新资料的综合研究》。张增祺:《大理国纪年资料的新发现》,《考古》,1977年第3期;《关于南诏、大理国纪年资料的订正》,《考古》,1983年第1期;《〈中兴图传〉文字卷所见南诏纪年考》,《思想战线》,1984年第2期。王云:《南诏大理国年号考》,《云南文史丛刊》,1990年第1期。黄德荣:《云南发现的大理国纪年文物》,《考古》,2006年第3期。黄德荣、吴华、王建昌:《通海大理国火葬墓纪年碑研究》,大理大学编:《大理民族文化研究论丛》第五辑。
有关南诏大理佛教文化研究的论著,主要有徐琳:《南诏大理国"骠信""摩诃罗嵯"名号探源》,《民族语文》,1986年第5期;李东红:《佛教密宗阿叱力教派与白族文化》,《云南民族学院学报(哲学社会科学版)》,2000年第2期;田怀清:《宋、元、明时期的白族人名与佛教》,《云南民族学院学报(哲学社会科学版)》,2002年第1期;谢道辛:《大理地区佛教密宗梵文碑刻与白族的佛顶尊胜信仰》,《云南民族大学学报(哲学社会科学版)》,2004年第1期等。

　　本章所述十个方面内容,就是百年来南诏大理佛教研究形成的主要学术领域,它包含了学术史与基本的学术问题。

　　南诏大理佛教研究,得益于史料的辑佚与考证,得益于大量考古新发现,得益于宗教学学科的成长,更重要的是不同世代研究者的持续加入与付出。我们认识到,学术研究是伴随着新资料的不断发现而日益深化的。对南诏大理佛教文献的辑佚与考证是基础性的工作,把考古发现与史料记载相结合,使文物与文献相得益彰,是开展相关研究的正确路径与方法。以整体论为框架,把佛教置于南诏大理历史文化、唐宋中国历史、东亚佛教史的系统之内,深刻认识佛王信仰思想,以及佛教治世策略的宗教意义与文化内涵,才有可能系统、完整地理解南诏大理佛教信仰。

中篇
佛教与社会文化研究

第四章　南诏大理佛教的社会历史情境

　　南诏大理国,是唐宋时期中国西南土著族群建立的地方政权。南诏大理国历史文化,植根于秦汉以来"西南夷"文化传统之中,与秦汉以来中国历史的整体发展休戚相关。汉晋以降,云南与古印度的交通,成为中国对外联系的重要孔道,中国与南亚、东南亚之间的人员往还、经济文化交流多由此展开,佛教亦循此道传入云南,到达内地。明了汉晋以来中国西南边疆历史发展的基本脉络,能够从长时段、大视角来理解南诏大理佛教信仰的社会历史背景,阐明南诏大理佛教对中国佛教的意义与贡献。

第一节　张骞发现"蜀身毒道"

　　西汉武帝元狩元年(前122),张骞出使西域归来,向汉武帝报告他在大夏(今阿富汗)的所见所闻,他说,在中国西南方,西汉王朝与大夏之间存在一条陆上通道。从蜀地(川西平原)出发,经西南夷(云南)到达身毒国(印度),并由身毒国可通大夏。这条连贯中国西南与古印度的古老交通道路,第一次以"蜀身毒道"之名为世人所知。

　　《史记·西南夷列传》说:

及元狩元年，博望侯张骞使大夏来，言居大夏时见蜀布、邛竹杖，使问所从来，曰"从东南身毒国，可数千里，得蜀贾入市"。或闻邛西可二千里有身毒国。骞因盛言大夏在汉西南，慕中国，患匈奴隔其道，诚通蜀，身毒国道便近，有利无害。于是天子乃令王然于、柏始昌、吕越人等，使间出西夷西，指求身毒国。①

汉武帝经略西域的军事活动与张骞出使西域，开启了西汉王朝接触、认识天竺国与佛教的历程。《魏书·释老志》说：

汉武元狩中，遣霍去病讨匈奴，至皋兰，过延居，斩首大获。昆邪王杀休屠王，将其众五万来降。获其金人，帝以为大神，列于甘泉宫。金人率长丈余，不祭祀，但烧香礼拜而已。此则佛道流通之渐也。及开西域，遣张骞使大夏还，传其旁有身毒国，一名天竺，始闻有浮屠之教。②

张骞的发现，特别是他经略西南夷的建议受到重视，西汉王朝开拓西南疆域的政治、军事活动，从此拉开序幕。云南在统一多民族国家形成与发展中的价值意义，第一次被提升到国家发展的大格局中。值得注意的是，张骞出使西域时，正是印度佛教经历了孔雀王朝阿育王大力倡导、弘传之后，努力向东亚各地传播的时代，"蜀身毒道"的通达，对于联结中国西南与古印度，便利人员往来，

①〔汉〕司马迁撰，〔南朝宋〕裴骃集解，〔唐〕司马贞索隐，〔唐〕张守节正义：《史记》卷八六，中华书局，1959年，第2995—2996页。
②〔北齐〕魏收撰：《魏书》卷一一四，中华书局，1974年，第3025页。

沟通经济文化交流,促进佛教传播具有重要的作用 ①。

第二节　益州郡与汉代西南边疆治理

经过多年的经略,西汉王朝征服了西南夷地区。汉武帝元封二年(前 109),以滇国之地设置益州郡。《史记·西南夷列传》说:

> 上使王然于以越破及诛南夷兵威风喻滇王入朝⋯⋯元封二年,天子发巴蜀兵击灭劳浸、靡莫,以兵临滇⋯⋯滇王离难西南夷,举国降,请置吏入朝。于是以为益州郡,赐滇王王印,复长其民。②

益州郡的设立,使云南正式进入西汉王朝版图,成为统一多民族国家不可分割的组成部分。西汉益州郡下辖二十四县,郡治设于滇池县。二十四县名中有"云南县","云南"之名因此而来 ③。《汉书·地理志》称:

> 益州郡,(武帝元封二年开。)户八万一千九百四十六,口五十八万四百六十三。县二十四:滇池,双柏,同劳,铜濑,连

---

① "身毒国",《史记集解》说:徐广曰:字或作"竺"。《汉书》直曰"身毒",《史记》一本作"乾毒"。骃案:《汉书音义》曰"一名'天竺',则浮屠胡是也"。《史记索隐》亦持此说:"身音捐,毒音笃。一本作'乾毒'。"(《史记》卷一一六《西南夷列传》,第 2996 页)

② 《史记》卷一一六《西南夷列传》,第 2997 页。

③ 袁嘉谷《云南大事记》称:"益州郡二十四县中名有云南者,云南二字始此。"李元阳万历《云南通志》云:"元狩间,彩云现南中,云南名始此。《南诏野史》亦有此说。"参见《新纂云南通志》(一),第 44 页。

然,俞元,收靡,谷昌,秦臧,邪龙,味,昆泽,叶榆,律高,不韦,云南,嶲唐,弄栋,比苏,贲古,毋椋,胜休,健伶,来唯。①

益州郡设立后不久,"复并昆明地",设立"益州郡西部都尉"。《华阳国志·南中志》说:"孝武帝时,通博南山,度兰仓水、耆溪,置嶲唐、不韦二县,徙南越相吕嘉子孙宗族实之……行人歌之曰:汉德广,开不宾。度博南,越兰津。渡兰仓,为他人。渡兰仓水以取哀牢地,哀牢转衰。"②嶲唐、不韦二县,其地域范围已经到达澜沧江以西的广袤区域,与古印度相连接。

益州郡的地理范围十分广阔,《后汉书·西南夷列传》就说:"滇王者,庄跃之后也。元封二年,武帝平之,以其地为益州郡,割牂柯、越嶲各数县配之。后数年,复并昆明地,皆以属之此郡。"③牂柯(史书亦作"牂柯")郡地在夜郎,越嶲郡地在嶲州,即今天贵州西部、云南东北部与四川西南部。"昆明地"即指昆明族群居住的洱海区域,也就是"益州郡西部都尉"所辖之地。由此可知益州郡的设置,并不完全局限于"滇国之地",而是经过适当的归并与组建而成。

益州郡是西汉王朝设置的十七个初郡之一,初郡"即其部落列置郡县",各部落"大者为郡、小者为县"。《汉书·武帝本纪》颜师古注:"凡言属国者,存其国号而属汉朝,故曰属国。"④"存其国号而属汉朝",封其土长为王,隶属于郡县,以其地置郡设县。初郡实

---

① 〔汉〕班固撰:《汉书》卷二八上《地理志上》,中华书局,1962年,第1601页。
② 《华阳国志校补图注》,第285页。
③ 〔南朝宋〕范晔撰,〔唐〕李贤等注:《后汉书》卷八六,中华书局,1965年,第2846页。
④ 《汉书》卷六,第177页。

行"以其故俗治"与"毋赋税"治策^①。郡县按当地部族旧有风俗和制度进行治理,不征收赋税。袁嘉谷《云南大事记二》说:"汉武开郡,李贤谓虽有官吏,仍以其君长为侯王,使主其种类,详见《后汉书》注。李元阳万历《云南通志》云:'守令治其人,酋长世其官,不相凌夺。'又云:'酋长安其封,汉、夷如左右手。'顾炎武《肇域志》云:'晋、宋、齐、梁、陈、隋,皆以守令治其人,酋长世其官,斯乃古滇真相。'"^②在这样的制度安排下,土著族群社会内部变化是渐进的。

另一方面,随着益州郡的设立,西汉王朝正式对今天的云南地区行使有效的行政统治,进入益州郡的军队、官吏与移民,把汉文化带入云南,由此开启了汉族与云南各民族之间交往、交流、交融的历史进程。

第三节　永昌郡与汉代西南边疆对外交通

东汉永平十二年(69),孝明帝置永昌郡。《后汉书·显宗孝明帝纪》说:"(永平)十二年春正月,益州徼外夷哀牢王相率内属,于是置永昌郡。"^③《后汉书·西南夷列传》记载此事时说:"永平十二年,哀牢王柳貌遣子率种人内属。……显宗以其地置哀牢、博南二县,割益州郡西部都尉所领六县,合为永昌郡。"^④永昌郡所辖八县为不韦(施甸)、嶲唐(保山)、比苏(云龙、兰坪)、云南(祥云、弥渡)、邪龙(巍山、漾鼻)、叶榆(大理、洱源、剑川、鹤庆)、哀牢(腾冲、龙陵)与博南(永平)。《华阳国志·南中志》称"其地东西三千里,

---

① 参见刘瑞:《汉代的初郡制度》,《唐都学刊》,2017年第2期。
② 《新纂云南通志》(一),第43页。
③ 《后汉书》卷二《显宗孝明帝纪》,第114页。
④ 《后汉书》卷八六《西南夷列传》,第2849页。

南北四千六百里",包括洱海区域及其以西澜沧江流域广袤的"哀牢之地"。《后汉书·郡国志》说:"永昌郡,明帝永平十二年分益州置。雒阳西七千二百六十里。八城,户二十三万一千八百九十七,口百八十九万七千三百四十四。"[1] 所谓"八城"即指八县治所,而二十三万户、一百八十九万人口的永昌郡,在东汉王朝一百零五个郡中,可称为大郡了[2]。

　　永昌郡的设置,是东汉王朝的盛事。班固《东都赋》云:"绥哀牢,开永昌,春王三朝,会同汉京。"[3] 从此而后,东汉王朝以永昌为西南重镇,招徕邻近诸国、各部。《华阳国志·南中志》说:"永昌有闽濮、鸠僚、僄、裸濮、身毒之民。"[4] "身毒之民"即是古印度人的称名。近年来在滇西地区保山、大理一带的汉晋时期砖室墓中,多出土高鼻深目的"胡人俑",这或许与"身毒之民"有关[5]。

　　汉代经由永昌郡通往国外的道路主要有两条:一是经过永昌、缅甸北部、印度到达西方,这就是张骞在大夏时所发现的"蜀身毒道"。《华阳国志·南中志》说永昌地区有"僄"与"身毒"之民,可能就是当时从事国际贸易的商人。另一条道路则经由永昌、缅甸南部出海,通往西方大秦等地。关于这条道路,成书于公元 1 世纪的希腊游记《爱利脱利亚海周游记》中已经有记载[6]。《三国志》说:"大秦国……又有水道通益州、永昌,故永昌出异物。前世但论有

① 《后汉书》志二三《郡国五》,第 3513 页。

② 参见方国瑜:《云南史料目录概说》第一册,第 16—19 页。

③ 《后汉书》卷四〇下《班彪传附班固传》,第 1364 页。

④ 《华阳国志校补图注》,第 285 页。

⑤ 大理州文物管理所:《云南大理市下关城北东汉纪年墓》,《考古》,1997 年第 4 期。

⑥ 张星烺:《中西交通史料汇编》卷一,中华书局,1977 年,第 35 页。

水道,不知有陆路。"①这是正史对于经由永昌郡出境,联结南亚、西亚、中亚交通路线的明确记载。

东汉时期,在原"西南夷"地区设置的益州郡、越巂郡、永昌郡、牂柯郡与犍为属国,使今天的云南地区完全融入中国大一统多民族国家②。

据《史记·西南夷列传》记载,西汉时期"西南夷"分为夜郎、滇、昆明、邛笮"四大群体"。东汉时期,族群进一步分化,"其地有上、下方夷",分为"山居"与"平坝居"两大群体③。

第四节　南中七郡与蜀汉时期的云南

西汉王朝在"西南夷"地区建立郡县的同时实行屯垦戍边政策,大量汉族人口迁移到云南,成为云南众多民族中的新成员④。原巴蜀地区通向西南夷的"南夷道"与"西夷道",以及由此经过滇池、洱海区域通向印度的"博南道"沿线,即今天四川西南通向贵州西部、云南东部、中部、西部的交通沿线,分布着大量汉文化色彩浓厚的"梁堆墓"。梁堆墓多数为砖室墓,其墓葬结构、出土器物、反映的葬俗都与同期内地同类墓葬相近,因此,梁堆墓是西汉中后期至两晋时期,汉族移民由蜀地进入西南夷的考古学证据。梁

---

① 〔晋〕陈寿撰,(南朝宋)裴松之注:《三国志》卷三〇《魏书·乌丸鲜卑东夷传》裴松之《注》引《魏略》,中华书局,1959年,第861页。
② 参见何耀华主编:《云南通史》第二卷,中国社会科学出版社,2011年,第25—31页。
③ 李东红、马丽娜:《坚守还是改变:中国西南古代民族研究"三大族系说"的多学科讨论》,《思想战线》,2019年第1期。
④ 林超民:《汉族移民与云南的统一》,《云南民族大学学报(哲学社会科学版)》,2005年第3期。

堆墓的主人是"南中大姓"[①]。梁堆墓之中,已经出土为数不少的佛教造像与莲花等符号[②]。

　　南中大姓主要是"寄籍变土著"的汉人移民,是汉武帝元封二年(前109)设置益州郡以来进入云南的汉族移民后裔的首领。他们有的是从内地迁入的豪强、大族的后裔,如吕不韦的后裔吕凯;一部分是内地王朝镇守郡县的官吏,因改朝换代,无法返回内地而世守云南,如蜀汉南中守将霍弋及其子孙[③]。南中大姓虽为汉人,但"虽学者亦半引《夷经》",出现了"以夷变夏"的"夷化"趋势,被称为"夷化了的汉人"。类似于春秋战国之际楚、越等国的诸侯王,面对"诸夏"时常以"蛮夷"自居,而在当地却标榜自己的华夏血脉,并经常炫耀内地祖籍。

　　与此同时,"酋长世其官"的土著族群首领中,也出现了"夷帅""夷王"或"叟帅"。所谓"夷帅"者,就是当地土著酋长。夷帅有的被任命为郡县官吏,有的则在郡县管辖之下,以"土长管土民"的方式,继续统治自己的部族。

　　"大姓"与"夷帅"互为婚姻,结为政治共同体。《华阳国志·南中志》说:"与夷为婚姻曰遑耶,与夷至厚者,谓之百世遑耶,恩若骨肉。"[④]南朝至初唐时期,内地王朝未能切实统治云南,从而出现了"大姓"与"夷帅"擅权南中、掌控云南的局面。

---

① 孙太初:《云南"梁堆"墓之研究》,《云南省博物馆建馆30周年纪念文集》,1981年。张增祺:《云南古代的汉民族及汉文化》,《中国西南民族考古》,云南人民出版社,1990年;《古代云南的"梁堆"墓及其族属新探》,《云南民族学院学报》,1989年第4期。

② 何志国、李莎:《从昭通东汉佛像看中国早期佛像的来源》,《民族艺术》,2008年第4期。

③ 方铁、方惠:《中国西南边疆开发史》,云南人民出版社,1997年,第89页。

④ 《华阳国志校补图注》,第247页。

东汉末至三国时期,称两汉时期的西南夷为"南中"。

东汉后期至蜀汉初年,南中设益州、牂牁、越巂、朱提、永昌等郡。东汉末年,南中各郡"大姓"乘天下动乱之机,把持郡县权力,他们与土著族群中的贵族"夷帅"相联结,成为左右南中政治发展的地方势力。蜀汉章武三年(223)刘备病亡,刘禅继立,南中大姓夷帅乘机群起反蜀,其中以益州郡雍闿、孟获、朱提郡与牂牁郡朱褒、越巂郡高定元势力最强,影响最大。南中大姓的反蜀活动,严重危及蜀汉的统治以及诸葛亮北伐中原的战略。

蜀汉建兴三年(225),诸葛亮兵分三路南征。《华阳国志·南中志》记载说:"建兴三年春,亮南征,自安上由水路入越巂,别遣马忠伐牂牁,李恢向益州。"[1]诸葛亮平定南中之后,及时调整政区建置。《三国志·蜀书·后主传》说:"三年春三月,丞相亮南征四郡,四郡皆平。改益州郡为建宁郡,分建宁、永昌为云南郡,又分建宁、牂牁为兴古郡。"同时以犍为属国改设朱提郡,形成建宁、云南、永昌、越巂、朱提、兴古"南中七郡",并设置"庲降都督"进行统领[2]。蜀汉设置的庲降都督,已经具备单独行政区的性质,为南北朝时期宁州的建立奠定了政治基础。

蜀汉南中七郡的族群分布情况,大概为滇(建宁郡)、叟(越巂郡)、昆明(云南郡)、哀牢(永昌郡)、僰(朱提郡)、句町(兴古郡)七大族群,同时出现了"汉夷""晋夷"等称谓,说明迁入西南夷的汉族移民已经有一定的规模。与两汉时期相比,族群称谓与分布有了新变化。"大姓"与"夷帅"成为蜀汉统治南中的主体力量[3]。

---

① 《华阳国志校补图注》,第241页。

② 《三国志》卷三三,第894页。

③ 参见尤中:《云南民族史》,云南大学出版社,1994年,第81页。

第五节　西晋宁州设治与南朝爨氏称霸南中

　　泰始七年(271),西晋王朝设置宁州,宁州为当时全国十九州之一,标志着云南第一次作为单独行政区,由中央王朝直接统治。《晋书·武帝纪》说:"(泰始七年八月,)分益州之南中四郡置宁州。"①《华阳国志·南中志》说:"宁州,晋泰始(六)〔七〕年初置,蜀之南中诸郡,庲降都督治也……以益州大,分南中四郡为宁州,(鲜于)婴为刺史。"②宁州设立后不久,建制被撤销,又归入益州,并设置南夷校尉,实行军事统治。而后,太安元年(302),"复置宁州,以李毅为刺史"③。西晋不仅在宁州设治上反复多变,在郡县设置上同样更置不断,先是将蜀汉以来的南中七郡改为宁州八郡,继而通过分、合与重新设置等措施,改宁州八郡为十六郡。

　　两汉以来在西南夷地区设置的郡县,是基于部落的设治,郡县首领实行的是流官与土长并存的政策,依照各部族"故俗"进行治理。西晋统治的一个半世纪中,政区变化不定,设治上的反复多变有其特定的历史根源,归纳起来无外乎两条:一是统治者分而治之的策略,二是地方势力消长分合,从而引起设治的更迭与变迁④。

　　西晋在云南的设治虽为世人诟病,但事实表明西晋王朝对云南地区实行的统治是深入的。《新纂云南通志》卷八五《金石考五》记载有晋武帝太熙元年(290)《云南太守碑》,云"晋云南太守

①〔唐〕房玄龄等撰:《晋书》卷三《武帝纪》,中华书局,1974年,第61页。
②《华阳国志校补图注》,第229、247页。
③《资治通鉴》卷八四《晋纪六》惠帝太安元年八月,第2670页。
④参见"云南各族古代史略"编写组:《云南各族古代史略》,云南人民出版社,1977年,第50—51页。

碑,文字残缺,其姓氏、名字、乡里皆不可考,略可见者尝为尚书令
史,察孝廉,除郎中,迁武阳令,从龙骧将军王濬征讨,迁云南太守,
年五十卒",并推断晋云南太守治云平,即云南县普棚等处①。考古
工作者在四川南部、贵州西部,云南昭通、陆良、昆明、姚安、大理、
保山等地发现的大批晋墓,墓砖上往往有晋代纪年铭文,其中多
有"太始"(泰始)、"太康"(泰康)年号与纪年②。云南及其邻近地
区,部分汉晋时期的梁堆墓、崖墓中发现了胡俑、莲花图案、佛像等
早期佛教遗迹,则证明汉晋时期,云南一直是内地与古印度交通的
"中间线",在早期南方佛教传播中处于关键区位③。

　　自晋永和三年(347)至萧梁太清二年(548),历东晋、刘宋、萧
齐、萧梁的二百年中,南朝任命的宁州刺史,到任者仅萧梁徐文盛
一人而已。二百年间,爨氏称霸南中④。紧接着,从北周大象二年
(580)遥授爨氏为刺史,至唐天宝初年任命爨守隅为南宁州都督,
爨氏被王朝任命为刺史、都督,又二百年⑤。

　　《南齐书》说:"宁州,镇建宁郡,本益州南中……蛮夷众多,齐
民甚少,诸爨、氏强族,恃远擅命,故数有土反之虞。"⑥东晋至初唐
四百年间,由于南北对峙、王朝更替带来的纷扰,云南与内地联系

————————

① 《新纂云南通志》(五),第94页。

② 杨德文:《云南大理市喜洲镇发现两座西晋纪年墓》,《考古》,1995年第
　3期。

③ 参见王海涛:《云南佛教史》,第76—83页。

④ 《三国志·蜀书·李恢传》:"李恢字德昂,建宁俞元人也。仕郡督邮,姑夫
　爨习为建伶令,有违犯之事,恢坐习免官。太守董和以习方土大姓,寝而不
　许。"(《三国志》卷四三,第1045页)

⑤ 参见方国瑜:《中国西南历史地理考释》上册,中华书局,1987年,第247—
　251页。

⑥ 〔梁〕萧子显撰:《南齐书》卷一五《州郡志下》,中华书局,1972年,第303页。

减少,两汉以来迁入云南的汉族移民,大多融入当地土著族群之中。在与汉族移民的接触与交往过程中,土著族群自身也发生了较大的分化,汉晋间云南原有的民族群体称谓,如僰、昆明、叟、叶榆等相继消失,出现了"白蛮""乌蛮"等新的族群名称。爨氏从"四姓五子"诸大姓中脱颖而出,雄冠宁州①。

任乃强认为,《华阳国志·南中志》所称霍戈"善参毗之礼"指的就是佛教信仰的礼俗。任先生说:"知魏晋世佛法尚未入蜀时,早期之印度佛法,即已流行于南中各阶层人物间……此其道故能自亚山(阿萨姆)至永昌,经滇、邛、夜郎之商道来矣。世只知明帝迎金人于西域,达摩由海道入东吴者,亦为陋矣。"② 任乃强是较早指出汉晋时期佛教由"蜀身毒道"传入中国西南的学者。

第六节 隋至初唐时期的云南

隋统一中国,爨氏称霸南中的局面依然没有改变。《隋书·梁睿传》记载,开皇年间,梁睿为益州总管,"剑南悉平……威振西川,夷、獠归附,唯南宁酋帅爨震恃远不宾"。梁睿因此两次上书隋文帝,称"南宁州,汉世牂柯之地,近代已来,分置兴古、云南、建宁、朱提四郡。户口殷众,金宝富饶,二河有骏马、明珠,益宁出盐井、犀角。晋太始七年(271),以益州旷远,分置宁州。至伪梁南宁州刺史徐文盛,被湘东征赴荆州,属东夏尚阻,未遑远略。土民

---

① 《华阳国志·南中志》记载,三国时期,建宁郡有焦、雍、娄、爨、孟、董、毛、李八姓。又说置五部都尉,号"四姓五子"。(《华阳国志校补图注》,第229—323页)

② 《华阳国志校补图注》,第325页。

爨瓒遂窃据一方,国家遥授刺史。其子震,相承至今"①。于是请略定南宁州。隋朝虽然享国日短,但依然在开皇初年,派遣韦世冲出兵征讨爨氏,在云南东部、中部设置恭州、协州与昆州②。开皇十七年(597),史万岁再次出兵云南。《隋书·史万岁传》叙述此事时说:"先是南宁夷爨翫来降,拜昆州刺史,既而复叛。遂以万岁为行军总管,率众击之。入自蜻蛉川,经弄栋,次小勃弄、大勃弄,至于南中⋯⋯渡西二河,入渠滥川,行千余里,破其三十余部,虏获男女二万余口。诸夷大惧,遣使请降。"③史万岁的军事活动,主要在洱海区域,虽然设治情况未明,但是史家认为,白崖张氏为云南郡大姓,张乐进求受封为"云南国诏西二河侯",应该就在此时。

初唐时期在云南的经营与设治,分为两大区域,一为南宁州地区,即隋代南宁州总管府的东、西爨地,也就是滇池及其以东地区,设南宁州都督府;另一区域为洱海地区,设置姚州都督府。

南宁州地区,于武德元年(618)开南中,置南宁、昆、恭等州,以爨翫之子爨宏达为昆州刺史。武德四年,设置南宁州总管府,又置南宁州都督府,以爨宏达为都督。到天宝初年,南宁州下辖三十六州。隋至初唐间,诸爨并起,彼此间相互攻伐,再也没有力量像他们的先祖那样,把爨地、爨区一统在手,独霸南中。

武则天圣历元年(698),王仁求之子王善宝为父立碑,这就是

①〔唐〕魏徵、令狐德棻撰:《隋书》卷三七《梁睿传》,中华书局,1973年,第1126页。

②《新唐书》卷二二二下《两爨蛮传》的记载大致相同:"有爨瓒者,据其地,延袤二千余里。土多骏马、犀、象、明珠。既死,子震翫分统其众。隋开皇初,遣使朝贡,命韦世冲以兵戍之,置恭州、协州、昆州。未几叛,史万岁击之,至西洱河、滇池而还。"(第6315页)

③《隋书》卷五三,第1354—1355页。

今天仍保存于昆明安宁市的《大周故河东州刺史之碑》（王仁求碑）。王善宝与他的父亲一样，在云南为官，任"南蛮郎将"，他的事迹见于《通典·边防》。《王仁求碑》叙述了初唐时期重要的历史事件，其碑额中部开凿的佛龛内雕刻的两尊佛像，是目前云南所见年代最早的唐代佛教造像。

初唐时期，唐朝开始经营洱海地区，主要军事、政治活动有：

武德四年（621）吉弘伟"至其国喻之"，接着韦仁寿"将兵五百人至西洱河，承置八州十七县，授其豪帅为牧宰"。

贞观二十二年（648）梁建方征讨松外诸蛮，"降者七十余部，户十万九千，署首领蒙和为县令"。"西洱河大首领杨同外、东洱河大首领杨敛、松外首领蒙羽皆入朝，授官袟。"

永徽三年（652）赵孝祖征白水蛮及大小勃弄；

显庆元年（656）西洱河大首领杨栋附显归附；

麟德元年（664）置姚州都督府，每年差募兵五百人镇守；

长寿三年（694）李知古出兵击西洱河蛮；

神龙三年（707）唐九征击姚州。

……①

到天宝初年，姚州都督府领有三十二州，其中有所谓"姚州羁縻十三州"。十三州见于《新唐书·地理志》，其中有"舍利州"②。"舍利州"之名当与佛教有关。另外见于记载的州，有蒙舍州、阳瓜州、越析州、浪穹州、邓赕州、双祝州、波州等。如此长时段、大规模的军事行动与设治，主要目标是控制洱海区域，进而疏通"西二河天竺道"，保持唐王朝由云南通往天竺的交通线。

---

① 参见《新唐书》卷二二二《南诏传》。
② 《新唐书》卷四三下《地理志七下》，第 1142 页。

唐朝对于云南实行的是羁縻府州制度,羁縻政区是在部族社会的基础上建立起来的,因此《新唐书·地理志》说:"西北诸蕃及蛮夷稍稍内属,即其部落列置州县。其大者为都督府,以其首领为都督、刺史,皆得世袭。虽贡赋版籍,多不上户部,然声教所暨,皆边州都督、都护所领,著于令式。"[1] 这是汉代以来"羁縻政策"的基本原则。部族有大有小,各自形成区域,作为政治区划的依据,所谓"大者为郡,小者为县"就是这个道理 [2]。因此,隋至初唐时期在云南设置的六十余州,较为直观地反映出当时族群分布的基本状况。

南朝至初唐时期,爨氏有东、西爨之分。《蛮书》卷四"名类"说:"西爨,白蛮也。东爨,乌蛮也。……在石城、昆川、曲轭、晋宁、喻献、安宁至龙和城,谓之西爨。在曲靖州、弥鹿川、升麻州,南至步头,谓之东爨。"西爨的地域即蜀汉时期建宁、兴古二郡,东爨地望则相当于蜀汉朱提郡 [3]。

东、西爨之分,是从所处的区域位置而论,而"西爨白蛮""东爨乌蛮"之说,主要是从文化与生计来区分的。"白蛮"与"乌蛮"不是族称,类似于"上方夷"与"下方夷"之别,是以生计、文化所区分的两大族群。经过南诏时期的发展与演变,白蛮、乌蛮分分合合,形成了不同的民族。

两爨之外,洱海区域还活动着"数十百部落"。梁建方《西洱河风土记》说:"其西洱河从嶲州西千五百里,其地有数十百部落。大者五、六百户,小者二、三百户。无大君长,有数十姓,以杨、李、赵、

---

[1]《新唐书》卷四三下《地理志七下》,第1119页。

[2] 参见方国瑜:《中国西南历史地理考释》上册,第271—277页。

[3]《云南志补注》,第47页。

董为名家。各据山川,不相役属。自云其先本汉人。有城郭村邑,弓矢矛铤。言语虽小讹舛,大略与中夏同。有文字,颇解阴阳历数。自夜郎、滇池以西皆云庄蹻之余种也。"①这里的数十百部落,既有白蛮,亦有乌蛮,其中就包括了"大勃弄蛮""小勃弄蛮""弄栋蛮""蜻蛉蛮""河蛮""云南国诏""渠敛赵(诏)""白水蛮",还有蒙嶲、越析、浪穹、邓赕、施浪、蒙舍等诏②。

李京《云南志略》有"初,蛮酋张氏名仁果,时当汉末,居蒙舍川……传三十三王,至乐进求,为蒙氏所灭"的记载③。这就是云南国诏、白子国与蒙舍诏"张蒙禅让"的历史故事与社会记忆。

第七节　南诏对西南边疆的统一与拓展

初唐时期,洱海区域世居当地的土著族群,发展出诸多具有复杂社会特征,被当地人称之为"诏"的部族组织。"诏"有大有小,其数量史书记载各异。《新唐书·南诏传》称:"夷语王为'诏'。其先渠帅有六,自号'六诏',曰蒙嶲诏、越析诏、浪穹诏、邆睒诏、施浪诏、蒙舍诏。"④樊绰《蛮书》则说"六诏又称八诏",分别是浪穹诏、邆赕诏、越析诏、施浪诏、蒙舍诏、蒙嶲诏、白崖诏与剑川诏⑤。《资治通鉴》又指六诏为蒙舍、蒙越、越析、浪穹、样备与越澹诏,并

---

① 方国瑜主编:《云南史料丛刊》第二卷,云南大学出版社,1998年,第218页。
② 《蛮书》卷四记载,由西洱河地区往北,有长裈蛮、裳人、施蛮、顺蛮、磨蛮;往南往西,则有扑子蛮,寻传蛮,裸蛮,望苴子蛮,黑齿、金齿、银齿、绣脚、绣面蛮,茫蛮;在邛部嶲州地域,则有粟栗两姓蛮,丰巴蛮等等。参见《云南志补注》,第47—68页。
③ 《大理行记校注　云南志略辑校》,第72页。
④ 《新唐书》卷二二二上《南诏传上》,第6267页。
⑤ 《云南志补注》,第29页。

说六诏"兵力相埒,莫能相壹。历代因之以分其势。蒙舍最在南,故谓之南诏"①。

隋至初唐时期在西洱河地区用兵,设置姚州都督府,到天宝初年领有三十二州。六诏之地多设为州,史籍所见者有云南国、西洱河、东洱河、蒙舍、阳瓜、越析、浪穹、邓赕、双祝及波州等。但是诸诏(州)在吐蕃与唐王朝之间,持两端者不在少数。《资治通鉴》说:"浪穹州蛮酋傍时昔等二十五部,先附吐蕃,至是来降;以傍时昔为浪穹州刺史,令统其众。"②而蒙舍诏在细奴逻时期,即入朝唐廷。第二代南诏王逻盛"开元二年(714),遣其相张建成入朝,玄宗厚礼之,赐浮屠像,云南始有佛书"③。第三代南诏王盛逻皮、第四代南诏王皮逻阁均"授特进,封台登郡王",接受唐朝的封赐④。

在唐王朝的扶持之下,南诏王皮逻阁于唐开元二十六年(738)"合六诏为一",统一了洱海区域,迁都太和城。皮逻阁被唐朝册封为"云南王",赐名"归义"。天宝六载(747)南诏增修太和城时,恰逢唐朝《金刚经》至,因此将太和城称为"金刚城"⑤。因此,考古学家们在太和城遗址发现"南诏官家寺庙建筑群"并不奇怪。

南诏统一洱海地区时,滇池区域及滇东地区,仍然处在诸爨的实际控制之下。"爨区"把唐朝的戎州都督府(治今四川宜宾)、越嶲都督府(治今四川西昌)、姚州都督府(治今云南楚雄姚安)和安南都护府(今越南北部)管辖的地区,从空间上分隔开来,唐朝急切希望强化对爨区的控制,疏通联结几大区域的交通线。

①《资治通鉴》卷二一四《唐纪三十》玄宗开元二十六年九月,第6836页。
②《资治通鉴》卷二〇四《唐纪二十》武后永昌元年五月,第6457页。
③《大理行记校注　云南志略辑校》,第73页。
④《新唐书》卷二二二上《南诏传上》,第6270页。
⑤尤中校注:《僰古通记浅述校注》,第35—41页。

　　天宝初年,剑南节度使章仇兼琼命越嶲都督竹灵倩,率众强行疏通由安南都护府通往滇池地区的"步头路",同时在安宁修筑城池,占据了那里的盐井,试图以控制交通路线和食盐供应,强化对爨区的统治。这一举措引起了爨部的联合反抗。南诏出兵爨区为唐朝证讨爨部,并乘平乱之机,把爨地并入名下,统一了东方爨区[①]。

　　南诏统一洱海区域后的半个世纪,采用"拓东、开南、镇西、宁北"的战略,东和诸爨、西开寻传、北破越嶲、西南通骠国,统一了两汉以来的西南夷地区,并将西部边境推进到汉代永昌郡徼外,拓展了中国西南疆域。《新唐书·南诏传》称南诏"东距爨,东南属交趾,西摩伽陀,西北与吐蕃接,南女王,西南骠,北抵益州,东北际黔、巫。王都羊苴咩城,别都曰善阐府"[②]。从细奴逻至阁逻凤,历五世、百年,南诏从弱小的地方部落,发展成为幅员辽阔、雄踞中国西南的民族政权。

　　唐天宝年间,南诏乘爨氏内讧据有爨地,并将二十万户"西爨白蛮"迁徙至滇西永昌一带。原来"散居林谷"的乌蛮,随之迁入西爨白蛮故地。这是南诏初期滇池地区与洱海区域居民之间大规模的族群迁徙活动,也是见于文献记载的云南历史上最大规模的族群迁徙事件[③]。而南诏对于五诏及其他部族人口的迁徙,不止于

---

① 参见《云南志补注》,第47—48页。

② 《新唐书》卷二二二上《南诏传上》,第6267页。

③ 《蛮书》卷四说:"阁罗凤遣昆川城使杨牟利以兵围胁西爨,徙西爨白蛮二十万户于永昌城。乌蛮以语言不通,多散林谷,故不得徙。是后自曲州、靖州、石城、升麻川、昆川南至龙和城以来,荡然兵荒矣。日用子孙,今并在永昌城界内。乌蛮种类复振,后徙居西爨故地。今与南诏世为婚姻之家。"(《云南志补注》,第48—49页)

此,各部落人口迁徙的基本情况,《蛮书》有详细记载。大规模的部族人口迁徙,加速了南诏辖境内各部族之间的接触、交流,有力地推进了多元部族的一体化进程。随着此进程的深入,佛教逐渐成为南诏主体族群的全民信仰。

南诏西部边境为"西摩伽陀,西南骠"。《旧唐书·骠国传》称:"骠国,在永昌故郡南二千余里,去上都一万四千里。其国境,东西三千里,南北三千五百里。东邻真腊国,西接东天竺国,南尽滇海,北通南诏些乐城界,东北拒阳苴哶城六千八百里。"①《新唐书·骠国传》则说:"骠……在永昌南二千里,去京师万四千里。东陆真腊,西接东天竺,西南堕和罗,南属海,北南诏。地长三千里,广五千里,东北衺长,属羊苴哶城……骠王……明天文、喜佛法。""南诏以兵强地接,常羁制之。"②南诏前期即疏通了通往骠国、天竺的通道。伯希和《交广印度两道考》说:"云南与缅甸之通道,在八世纪如在今日,皆以大理为起点,西至永昌,又西渡怒江至高黎贡山之诸葛城。至此分为二道:一道西南行至丽水,另是一道径向西行。"③

唐朝玄宗之后,历肃宗、代宗,德宗继位。南诏则进入了异牟寻时代。《旧唐书·南诏传》说,贞元九年(793)四月,异牟寻向唐朝派出三路使臣,分别从戎州、黔中、安南三路,经西川到达京师长安,向唐朝表达"归大国,永为藩臣"的决心。南诏使臣赵莫罗眉、杨大和坚、杨盛受到了唐德宗的接见和嘉许,德宗"赐牟寻诏书"。

---

① 〔后晋〕刘昫等撰:《旧唐书》卷一九七《骠国传》,中华书局,1975年,第5285页。"阳苴哶城"即"羊苴哶城"。

② 《新唐书》卷二二二下《骠国传》,第6306—6308页。

③ 〔法〕伯希和著,冯承钧译:《郑和下西洋考　交广印度两道考》,上海古籍出版社,2014年,第202页。

贞元十年,唐德宗册封异牟寻为"南诏王",颁赐"贞元册南诏印"及历书①。对此事件,樊绰《蛮书》《新唐书·南诏传》《资治通鉴》中都有或详或略的记载。我们在《贞元册南诏:过程、意义及影响研究——唐代中国西南边疆历史整体发展的新视角》一文中作过深入讨论②。

"贞元册封南诏"结束了天宝战争以来南诏与唐朝之间的紧张关系,谱写了唐代中国西南边疆国家进程的新篇章。唐朝对臣服诸邦,都实行"质子"制度。当时的高丽、渤海、南诏诸蕃都将王储及大臣之子送到长安作为人质,在唐朝宫廷中学习、生活甚至为官。如凤迦异就曾在长安为质。韦皋任剑南节度使后,异牟寻请求将南诏王子及大臣子弟送到成都剑南节度府为质,韦皋变"质子"制度为"留学"方式,在成都设立专门的学校,培养南诏王室及大臣子弟。《全唐文》卷七九五记载说:"又择群蛮子弟,聚于锦城。使习书算。业就辄去,复以他继,如此垂五十年,不绝其来。则其学于蜀者,不啻千百。"③五十年来,从成都学成而归的南诏子弟,成百上千,为唐文化在南诏的传播,特别是儒学在南诏的发展铺平了道路。

南诏前期,佛教在云南流传的证据已然明显。前已述及的王仁求碑,其碑额上雕刻七层宝塔并释迦、多宝二坐佛一龛④。天宝六

---

① 参见《旧唐书》卷一九七《南诏传》,第 5282—5283 页。

② 李东红:《贞元册南诏:过程、意义及影响研究——唐代中国西南边疆历史整体发展的新视角》,《云南师范大学学报(哲学社会科学版)》,2021 年第3 期。

③ 〔清〕董诰等编:《全唐文》,中华书局,1983 年,第 8334 页。

④ 杨延福:《访王仁求墓碑漫记》,《云南高校古籍整理研究》,1992 年,总第7 期。

载（747）南诏增修太和城,唐朝颁赐《金刚经》,因名太和城为"金刚城"①。天宝年间,"唐将南征",唐朝与南诏之间发生了"天宝之战",王弟阁陂和尚以国师身份,来往吐蕃与南诏之间②。《南诏德化碑》"阐三教,宾四门"之文,"三教"与"四门"相对,为唐人行文惯例。"三教"指儒、道、佛三家,而"四门"为"四门学"或"四门馆",专业教授五经文字。近年来在崅峏图城、太和城遗址发现的佛教遗迹与遗物,更加证明南诏早期佛教已经流行。

南诏后期,原来的哀牢、昆明、云南、弄栋、蜻蛉、河蛮等部族称名随之消失,就是唐代初期"乌蛮""白蛮"的界限也不复存在。唐僖宗乾符四年（877）,舜隆继立为南诏王,自号"大封人"。"封"就是"白","大封人"的称谓,标志着南诏统治下的多元部族,经过近一个世纪的相互依存、相互交流、相互促进、相互融合,形成一个在中国历史上产生重大影响的新的民族共同体——白族。林超民先生指出:不是哪一个民族建立了南诏,而是南诏在唐朝的支持下统一洱海地区,南诏政权的不断扩大与巩固,南诏统治下各部族的一体化,推动了洱海地区白族的形成③。这是对南诏"族属"问题"争议"的最佳回应。

南诏后期,第十三世王、中兴皇帝舜化贞"问儒释耆老之辈,通古辨今之流,崇入国起因之图,至安邦异俗之化",大臣王奉宗、张

---

① 参见尤中校注:《僰古通记浅述校注》,第41页。

② 参见《南诏德化碑》碑文、剑川石窟2号窟"阁逻凤议政图"。杨慎本《南诏野史》载,阁逻凤"遣弟阁陂和尚及子铎传、酋望赵俭邓、杨传磨侔等并子弟六十人献凯吐蕃。陂有神术,人马往来吐蕃,不过朝夕之顷"（《南诏野史会证》,第77页）。

③ 参见林超民:《白族形成问题新探》,《林超民文集》第二卷,云南人民出版社,2008年。

顺等依据当时所见《巍山起因》《西耳河记》《铁柱记》系列南诏国史资料，于中兴二年（898）完成了图文并茂、以文释图的《南诏图传》，叙述了"圣教初入邦国之原"，记录、展现了南诏初期天竺僧人在洱海地区传布佛教的历史故事①。

　　南诏从贞观二十三年（649）细奴逻时代，至开元二十二年（734）皮逻阁统一洱海区域，迁都太和城，用了近一个世纪。从统一洱海区域，进而统一西南边疆，雄踞中国西南，又经历一个半世纪，直至天复二年（902）为权臣郑氏所篡。

　　南诏历二百五十余年，其王族传承世次如下：

　　　　舍龙—龙伽独—细奴逻（1）—逻盛炎②（2）—炎阁（即位数日而亡）—盛逻皮（3）—皮逻阁（4）—阁逻凤（5）—凤迦异（未立先亡）—异牟寻（6）—寻阁劝（7）

　　　　—劝龙晟（8）

　　　　—劝利晟（9）

　　　　—劝丰祐（10）—世隆（11）—隆舜（12）—舜化贞（13）

　　第八世南诏王劝龙晟、第九世南诏王劝利晟、第十世南诏王劝丰祐，均为寻阁劝之子，为同一代。在前后两个半世纪的历史中，从细奴逻起算，南诏传国十一代，共十三世王。

────────────

① 〔唐南诏〕王奉宗、张顺等编修：《南诏图传》，原画现存日本京都友邻馆。参见李霖灿《南诏大理国新资料的综合研究》。

② 逻盛炎又称逻盛。逻盛炎、盛逻皮之"盛"字，有时又作"晟"；"逻"，也作"罗"。文献用字不定。

第八节　大理国历史发展

南诏政权崩溃之后,西南边疆的政局一时陷于混乱,郑氏大长和国(902—928)、赵氏大天兴国(928—929)、杨氏大义宁国(929—937)此伏彼起,竞相更迭。

唐昭宗天复二年(902),郑买嗣改元安国,并于安国七年铸佛万尊,送入普贤寺,为他杀绝蒙氏八百人忏悔。郑氏大长和国传三世,历二十六年。二世郑旻时,僧智照撰《封民三宝记》。后唐天成三年(928),大长和国三世郑隆亶为剑川节度使杨干贞所杀。杨干贞灭郑氏之后,先立赵善政为王,建国号大天兴,改元尊圣。八个月后,天成四年(929),杨干贞废赵氏自立,国号大义宁,改元先圣、大明。

后晋天福二年(937),通海节度段思平联合东方乌蛮三十七部,自滇池区域起兵,推翻杨干贞的统治,建立大理国,建元神武。云南地区经历了三个短暂小王朝的更替之后,终于迎来了大理国三百余年的长治久安。

段思平开创的大理国,从公元937年一直延续到公元1253年,历三百一十六年,成为与两宋王朝相始终的地方政权。在大理国历史发展中,有一个小插曲,即宋绍圣元年(1094)"国人废正明",立高升泰为国王,号大中国。两年后,即宋绍圣三年(1096),高升泰死,其子还政于段氏,史称"后理国"。因此《南诏野史》将大理国分为大理国、大中国与后理国三大时段。

大理国的疆域,与南诏中后期的疆域大致相当,《元史·地理志》记载如下:

元世祖征大理,凡收府八,善阐其一也,郡四,部三十有七。其地东至普安路之横山,西至缅地之江头城(杰沙)。凡三千九百里而远;南至临安路之鹿沧江(越南莱州),北至罗罗斯之大渡河,凡四千里而近。①

在宋、辽、金、西夏、大理国并存的政治格局中,大理国占有重要的一席。大理国继承了南诏政治制度与统治疆域,并把南诏文化推上了新的发展阶段。大理国的手工业生产、科技文化,甚至是佛教艺术,都达到了新的高度。

值得注意的是,段思平建立大理国的过程,充满了宗教色彩。首先是段思平的出生,是典型的"天命感生"神话。《白古通》《三灵庙记》等地方文献记载说,今大理喜洲一带,有一位老者,因无子嗣,常向神明祷告,希望有子孙相继。有一天,他的菜园内的梅子树上,忽然结出硕大非常的果子,后来果子坠地,化为一女子。老者喜不自禁,将女子抚养长大。女子后来过江触木有孕,生二子,长思平,次思良……②

段思平本人是位虔诚的佛教徒,"帝好佛,岁岁建寺,铸佛万尊"。由文献记载可知,段思平灭大义宁国之后,并没有诛杀杨干贞,而是"赦杨干贞罪,废为僧"。杨干贞是第一位"避位为僧"的国王。大理国段氏传二十二世,其中第二、八、九、十一、十三、十四、十五、十六、十七、二十世共十位国王,先后从国王的宝座上走向神坛,避位为僧③。这是佛王信仰最重要的证据。

---

① 《元史》卷六一《地理志四》,第1457页。
② 《南诏野史会证》,第207—208页。
③ 参见李东红、杨利美:《苍洱五百年》,第56—60页。

大理国时期,佛教成为国教。《大理行记》说:"此邦之人西去天竺为近,其俗多尚浮屠法。家无贫富,皆有佛堂;人不以老壮,手不释数珠。一岁之间,斋戒几半。"就连设官选士,也从僧道中选拔:"师僧有妻子,然往往读儒书,段氏而上有国家者设科选士,皆出此辈。""教童子多读佛书,少知六经。"[①] 全民信仰佛教,"以僧为官,以僧授学"成为大理国时期佛教社会化的普遍特征。

大理国从段思平起,至段兴智,共二十二世,历时三百一十六年,国王传承世次如下:

思平(1)—思英(2)—思良(3)—思聪(4)—素顺(5)—素英(6)—素廉(7)—素隆(8)—素真(9)—素兴(10)—思廉(11)—连义(12)—寿辉(13)—正明(14)—大中国高升泰—正淳(15)—正严(16)—正兴(17)—智兴(18)—智廉(19)—智祥(20)—祥兴(21)—兴智(22)

大理国天定元年(1252),当蒙古宪宗二年,七月,忽必烈率军南下,灭大理国而有其地。宪宗三年,大将兀良合台拔鄯阐,"诛其臣高祥,以段兴智主国事",元宪宗封段兴智为"摩诃罗嵯",令其管领八方,仍守其地,世袭总管。"摩诃罗嵯"即梵语 Mahārāja 的对音,是"大王"的意思,南诏蒙世隆以来,国王都称"摩诃罗嵯"。宪宗以旧号为封,有其深意。

《元史·世祖本纪》说:"十二月丙辰⋯⋯帝既入大理⋯⋯留大将兀良合带戍守,以刘时中为宣抚使,与段氏同安辑大理,遂班

---

① 《大理行记校注　云南志略辑校》,第22—23页。

师。"①《元史·信苴日传》记载："中统二年，信苴日入觐，世祖复赐虎符，诏领大理、善阐、威楚、统矢、会川、建昌、腾越等城，自各万户以下皆受其节制。"②蒙古灭大理之后，仍然非常倚重段氏，有元一代莫不如是。

从蒙古宪宗三年（1253），至明洪武十五年（1382），段氏总管共历十一代。《僰古通记浅述》说："段氏据大理，经五代、宋、辽、金之乱。人不知兵，其功德及人亦远矣！兴智失国，弟实复为总管，至段明，凡十一代……"③大理国三百余年的历史中，佛法兴盛，战事不多，以至于人不知兵，人民安乐，社会祥和，俨然南天佛国。大理国第十四代皇帝段正明盛德年间，由宫廷画师张胜温等绘制的《张胜温绘梵像卷》，总大理国佛教神佛之大成，描绘了大理国佛教信仰的神圣世界④。

从蒙古时期、元代，再到蒙古贵族退守大漠的北元时期的一百三十年间，蒙古与元朝统治者对云南进行了有效的治理，其间南诏大理以来佛教信仰传统，并没有发生根本性的改变。

---

① 《元史》卷四《世祖本纪一》，第 59—60 页。
② 《元史》卷一六六《信苴日传》，第 3910 页。屠寄《蒙兀儿史记》卷一一零录此传，并指出"旧传使归国在乙卯，献地图在丙辰，事实倒误"，说明此条史料中纪年有差错。
③ 尤中校注：《僰古通记浅述校注》，第 152 页。
④ 〔宋大理〕张胜温等绘：《张胜温绘梵像卷》，原画存中国台北故宫博物院。李霖灿：《南诏大理国新资料的综合研究》。

第五章　佛教传入的时空与路径

　　南诏大理国佛教的来源,涉及时间、空间、路径,甚至是宗派、神祇等诸多问题。1920—1940 年代,学术界开始关注、讨论这一话题,当时的结论是"滇之佛教,传闻于汉晋,兴隆于唐宋,昌于元,盛于明,而衰落于清纪"①。而对于佛教从何处传入云南,则有天竺道、吐蕃道、唐道"三路"之说。1990 年代以来,有研究者提出"中华佛教,源于印度,始于云南"的观点②。因此,云南佛教起源的研究,关涉到更为宏阔的学术议题,这就是云南是否为佛教最早传入中国之地,以及南诏大理佛教在唐宋时代中国佛教中的价值与意义是什么。

第一节　中国西南与古印度的联系

　　在本书第四章《南沼大理佛教的社会历史情境》中,我们通过张骞发现蜀身毒道、益州郡与永昌郡的建立等大事件的叙述,提出自周秦以来就存在一条经蜀川,过云南,直抵印度,沟通中国内地与印度的交通线。此道被张骞称为"蜀身毒道"。

---

① 《新纂云南通志》(五),第 476 页。
② 王海涛:《云南佛教史》,第 2 页。

　　自 1930 年代以来,有关中国西南地区与古代印度之间交通的相关考释、研究成果丰硕。季羡林认为,"中国"(China)一词,在梵文中源出 Cina,而 Cina 最早出自公元前 4 世纪成书的梵文经典《摩诃婆罗多》(Mahabharata)和政论集《政事论》(Arthashastra)①。与此相关联的研究结论是:这两部文献一直将中国人与居住在缅甸、西藏地区的克拉塔斯人(Kiartas)相提并论,说明古代印度人最早是通过东部的路线了解中国的②。

　　西汉武帝时,"通博南山,度兰仓水、耆溪,置嶲唐、不韦二县"③。东汉永平十二年(69),孝明帝置永昌郡④。东汉王朝依托永昌郡招徕邻近诸邦,见于文献记载的有:

> 　　(永元)六年春正月,永昌徼外夷遣使译献犀牛、大象。
>
> 　　(永元)九年春正月,永昌徼外蛮夷及掸国(缅甸)重译奉贡。
>
> 　　(永初元年三月)已卯,永昌徼外僬侥种夷贡献内属。
>
> 　　(永宁元年)十二月,永昌徼外掸国遣使贡献。

---

① 季羡林:《中国蚕丝输入印度问题的初步研究》,《中印文化关系史论丛》,人民出版社,1957 年,第 163—164 页。

② 〔印度〕Asthana Shashi, *Story and Archaeology of India's Contacts with other Counthies: From Earliest Times to300 B.C.*, p.154.Delhi:B.R. Publishing CorPoration,1976.

③ 《华阳国志校补图注》,第 285 页。

④ 《后汉书》卷八六《西南夷列传》记载:"永平十二年,哀牢王柳貌遣子率种人内属。其称邑王者七十七人,户五万一千八百九十,口五十五万三千七百一十一。西南去洛阳七千里,显宗以其地置哀牢、博南二县,割益州西部都尉所领六县,合为永昌郡。始通博南山,度兰仓水,行者苦之。歌曰:'汉德广,开不宾。度博南,越兰津。度兰仓,为它人。'"(第 2849 页)

永宁元年,西南夷掸国王献乐及幻人,能吐火,自支解,易牛马头。明年元会,作之于庭,安帝与群臣共观,大奇之。①

《三国志》对大秦幻人的幻术有记载:"大秦国……俗多奇幻,口中出火,自缚自解,跳十二丸巧妙。"并进一步指出:"大秦道既从海北陆通,又循海而南,与交趾七郡外夷比。又有水道通益州、永昌,故永昌出异物。前世但论有水道,不知有陆路,今其略如此。"②作者特别强调从永昌郡至大秦的陆路通道。任乃强《蜀布筇竹杖入大夏考》一文,旁征博引,以《后汉书》《三国志》《梁书》《通典》《大唐西域记》《大唐西域求法高僧传》《旧唐书》《新唐书》等众多文献,专论"永昌与亚山(阿萨姆)之间的中印上古通道"的路线及交通往来。任先生进一步指出,由伊洛瓦底江逆流而上,可至八莫或密支那,到达滇越、永昌,并认为汉安帝永宁元年掸国所献之大秦幻人,亦必由此道,经云南、巴蜀至京都洛阳③。

更进一步的观点是,"蜀身毒道"关系到中、印两大文明中心之间早期文化的交流,包括古代中国西南、缅甸和东天竺地区文化的发明和传播等论题。有学者指出,四川道教对古印度迦摩缕婆国(Kamarupa)金刚乘(Vajrayana)起源和发展有影响④,"滇人风

---

①《后汉书》卷四《和帝纪》,第 177、183 页;卷五《安帝纪》,第 207、231 页;卷五一《陈禅传》,第 1685 页。

②《三国志》卷三〇《魏书·乌丸鲜卑东夷传》裴松之《注》引《魏略》,第 860 页。

③ 参见《华阳国志校补图注》,第 323—328 页。

④ 参见童恩正:《古代中国南方与印度交通的考古学研究》,《考古》,1999 年第 4 期。

尚"则影响了佛教习俗①。这些都说明中、印早期文明之间的交流与交往是双向的。云南处于"蜀身毒道"的中间地带,在蜀川与天竺之间,发挥着特殊的作用。

第二节　西南地区早期佛教造像的发现

佛教传入与中国化过程中,"边地"的角色往往更为重要。中华人民共和国建立七十年来,中原以外各地区佛教考古蓬勃发展,大量的早期佛教遗迹、遗物、遗址被发现,凸显了周边地区在古代佛教文化传播、交流中的地缘优势。

《新纂云南通志·金石考》记载说:民国二十六年(1937),昭通城东八里曹家老包梁堆中,出土一件锥形石碑,碑四面刻文与画像,顶部有孔。分别刻画龟蛇、鹤、凤与"建初九年三月戊子造"铭文。碑高六寸五分,每边八寸五分②。

据调查,出土此"碑"的曹家老包梁堆墓中,曾发现铜佛像一座、摇钱树枝若干。佛像下有柄,恰可插入"碑"顶的孔中。时人推断此圆锥形"碑",实为佛像摇钱树座子,并提出"佛教传入中国,云南早已波及,或由印度经云南方入中国亦未可知,待以后继出古物证明"的推论。稍后不久的1940年代,与昭通相近的四川

---

① 窦休林"以中国西南地区某些民俗风尚,解释佛像某些形式的渊源",譬如从云南青铜时代使用海贝与印度、缅甸使用贝币、贯头衣与佛通肩衣、滇人"椎髻"发式与佛陀顶髻造型、滇人佩戴大耳环与佛教造像"两耳垂肩"形象、"纵目"习俗与佛陀"白毫相"关系等,指出西南风尚影响了印度佛教秣菟罗风格,并认为秣菟罗要早于犍陀罗。详见窦休林:《西南民俗与佛陀相好制的渊源》,《广西民族学院学报(哲学社会科学版)》,2002年第11期。

② 《新纂云南通志》(五)卷八一《金石考一》,第22—25页。

彭山汉墓中,出土了带佛像的摇钱树座,似乎与此相呼应 [1]。有研究者指出,"云南昭通曾出土一件红砂石摇钱树座,刻有'建初七年(82)三月戊子造'铭文,这是摇钱树最早的确切纪年" [2]。因此,我们认为将此"碑"释为带佛像的摇钱树座,是较为合理的解释。

1990 年,云南大理下关制药厂东汉熹平年间(172—178)砖室墓中,曾发现胡人吹箫俑一组七件及陶质莲花等器物 [3]。王海涛《云南佛教史》引证材料说,1980 年代保山汉庄汪官营蜀汉延熙十六年(253)墓,发现一件陶质胡僧头像。1984 年,昆明官渡区云山村晋墓内,墓室券顶中部方形砂石上,发现一朵浮雕十二瓣大莲花。莲瓣双重,红、黄、黑三色相间,花心有红色莲子,属于石刻莲花藻井。1989 年,在昆明市官渡区又发现同类型砖室墓一座,其墓室券顶正中砂石上,同样雕刻三色莲花。云南曲靖汉墓亦发现莲花刻石。上述莲花形象,被不少学者解读为与佛教造像同等重要的早期佛教符号 [4]。

1997 年,在陆良三堆子村发现梁堆墓,墓室券顶中央四方形封顶石上,雕刻精美的藻井图案,中间为二十四瓣莲花浮雕图案,莲花周围由日、月、三足鸟、神仙、飞天、龙、鱼、北斗七星等图案围绕。整个藻井布局严谨,线条流畅,技法娴熟,是一件非常成熟、刻意而为的作品。发掘报告认为,此中的莲花与飞天形象,是"佛教艺术

---

[1] 参见高文、王建纬:《摇钱树和摇钱树座考》,《四川文物》1998 年 6 期;何志国:《南京博物院藏彭山陶座佛像考》,《东南文化》,2013 年 5 期。

[2] 何志国:《蜀汉文物青铜"摇钱树"是怎么来的》,中国考古网,2017 年 2 月 3 日

[3] 大理州文物管理所:《云南大理市下关城北东汉纪年墓》,《考古》,1997 年第 4 期。李朝真:《云南大理东汉墓中发现的胡俑》,《东南文化》,1991 年第 6 期。

[4] 参见王海涛:《云南佛教史》,第 76—83 页。

特征的图案"①。

　　1998 年,考古工作人员清理了晋宁县(今昆明市晋宁区)古城汉营新村梁堆墓两座,一为石室墓,一为砖室墓。石室墓的券顶中央,是特制的正方形藻井石,内刻画莲花及缠枝纹图案。墓门及四壁石块上均有刻字题记,西壁题刻"大元十六年岁在辛卯十月下□己丑造",北壁题刻"□□□六年岁在辛卯,□□□询送主□造",墓门石额枋刻"大元十六年岁在辛卯十月下□造之"与"守门吏先缢其人猛勇也"则较为清晰。晋代墓葬中"太"字常作"大",如"太始"又作"大始""泰始","太康"作"大康""泰康"等均习见于云南梁堆墓纪年铭文,因此"大元"即"太元"应无疑义,是东晋孝武帝年号,"大元十六年"当公元 391 年②。论者以为缠枝纹环绕莲花图案,与佛教有关。

　　2000 年,云南省考古研究所对水富县楼坝二十五座崖墓的清理中,出土了八十件陶人俑,其中男俑五十四件,女俑二十六件,分为杂技俑、乐舞俑、书生俑、家勤俑等等。最特别的是编号为 WGSM :7 的一件俑(图 5—1),原报告称其"双膝跪地状,头大,戴一锥形高帽饰。发为卷发,面部五官清晰,作闭目状。高鼻、细颈,着圆领衫和百褶宽袖服,双手于胸前似握一物"。此俑为"泥质灰陶,残高 21.6CM,厚 7.6CM,宽 12.4CM"③。这件陶俑,应该属于早期佛陀造像。如果不是臆断与过度解读的话,所谓"双膝跪地状",

---

① 支云华:《陆良三堆子村发现一座南北朝时期墓葬》,《云南文物》,1997 年第 2 期。

② 晋宁县文物管理所:《晋宁县古城汉营新村梁堆墓清理简报》,《云南文物》 2007 年第 1 期。

③ 云南省文物考古研究所编:《云南考古报告集》之二,云南科技出版社,2006 年,第 121、123 页。

图5—1　水富县楼台坝崖墓早期佛陀造像示意图

应是莲花跏趺坐的交脚坐势；"卷发"即是肉髻；"圆领衫和百褶宽袖服"是典型的水波涟漪纹僧衣；而头大、高鼻、五官清晰端正、双目微闭的形象，正是佛陀造像的基本特征。云南省博物馆编《妙香秘境》一书，将此像称为"目前云南发现的最早佛像"[1]，有研究者称其为"最早的中国陶佛像"[2]。

　　更多早期佛教造像的考古发现，来自四川、重庆、贵州等与"蜀身毒道"相关的西南各省区市。据罗二虎统计，截至 2001 年，在西南地区的十二处出土地点共发现早期佛像三十二尊[3]。段玉明则详细罗列了四川、重庆、贵州等地早期佛像出土情况[4]。它们包括乐山麻浩崖墓中的佛像石雕、乐山柿子湾墓中的佛雕、绵阳何家山 1 号

① 云南省博物馆编：《妙香秘境：云南佛教艺术展》，云南民族出版社，2018 年，第 1 页。

② 何志国、李莎：《从昭通东汉佛像看中国早期佛像的来源》，《民族艺术》，2008年第 4 期。

③ 罗二虎：《论中国西南地区早期佛像》，《考古》，2005 年第 6 期。

④ 段玉明：《从出土文物看巴蜀早期佛教》，《四川文物》，2008 年第 3 期。

墓青铜摇钱树上的五身佛像、什白果村东汉墓画像砖上的佛塔、彭山 166 号崖墓陶摇钱树座上的佛像,以及重庆忠县涂井崖墓摇钱树上的佛像①,等等。

　　1950 年代,贵州省文物部门在贵州西部清镇、平坝等地发掘了二十八座汉墓,并在清镇 11 号汉墓内发现"铜人像"一件,还出土摇钱树残件若干。当时的发掘报告,并未将出土人像、摇钱树与早期佛教造像相关联②。半个多世纪之后,经罗二虎辨认,确认出土"铜人像"是早期佛教造像,而贵州省博物馆收藏的该墓葬出土摇钱树杆与树枝上的两尊早期佛像,仍然清晰可见,可知东汉末年佛教艺术和佛像已传入今天的贵州西部。其传入的路线,即是"蜀身毒道"。佛像传入贵州地区的途径有二,一为四川,二为云南,而且以四川的可能性为大③。事实上,明代贵州单独设省之前,今贵州西部地区即夜郎故地,一直以来与云南为一体。秦汉时期是"西南夷"中的"南夷",汉代设治之后,此区域与云南东部、东北部及四川南部同属于牂牁郡与朱提郡。"蜀身毒道",由蜀地南下,分为"南夷道"与"西夷道"进入今天的云南,经滇(滇池)、昆明(洱海)、哀牢(保山)出境,到达身毒(印度)。因此,贵州西部汉墓中出土的佛像,很可能是由"身毒国"而来,而且是经云南传入的。任乃强

<hr>

① 参见李复华、曹丹:《乐山汉代崖墓石刻》,《文物》,1956 年第 5 期;俞伟超:《东汉佛教图像考》,《文物》,1980 年第 5 期;何志国:《四川绵阳何家山 1 号东汉崖墓清理简报》,《文物》,1991 年第 3 期;谢志成:《四川汉代画像砖上的佛塔画像》,《四川文物》,1987 年第 4 期;南京博物院:《四川彭山汉代崖墓》,文物出版社,1991 年,第 37 页;赵殿增、袁曙光:《四川忠县铜佛像及铜摇钱树研究》,《东南文化》,1991 年第 5 期。
② 贵州省博物馆:《贵州清镇平坝汉墓发掘报告》,《考古学报》,1959 年第 1 期。
③ 罗二虎:《略论贵州清镇汉墓出土的早期佛像》,《四川文物》,2001 年第 2 期。

先生在《华阳国志校注》中说得很明白①。

罗二虎指出，中国南方早期佛像，大多出土于墓葬之中，与丧葬活动关系密切。从佛像在墓葬中的位置判断，它并非是作为人们顶礼膜拜的宗教偶像，而更可能是作为仙境的一种标志，寓意墓主已步入仙境天国。西南地区的早期佛像在年代上最早（东汉晚期到三国蜀汉前期），造型也与南亚早期的佛像接近，因此，它们很可能代表了中国内陆（相对于新疆等地而言）最早阶段的典型佛像②。

2017年11月至2018年2月，陕西省汉中市东汉中晚期砖室墓（M15）出土摇钱树一座，经修复，树干共分五节，每节铸造一尊佛像。佛像头顶有高肉髻，头后有椭圆形顶光，佛像圆眼，面部丰腴，衣纹清晰，左手拳握，右手掌心向外部使用无畏印，双腿盘曲，呈结跏趺坐。树干上有纵横交错的五层枝叶，其题材有凤鸟、钱形枝叶、凤鸟玉璧、猴等，其中位于第五层枝叶正中的璧与佛像图案虽然略微残破，但是对照以往出土的佛像枝叶，其形象依稀可见，佛像额中施加白毫相，睁眼，高髻，有两个同心圆组成的圆形项光，由于残破，无法辨认其衣服和手势，仅推测其为结跏趺坐。佛两侧各站立两个人，头戴尖顶帽，大眼，高鼻。小人抬头向上似乎在仰视佛像。戴尖帽小人手执莲花藤，佛像两侧以莲花状树叶装饰，树叶顶部各有一朵莲花，花瓣为八瓣，佛与莲花以及戴尖顶帽的小人均与蔓草之属连接。陕西省考古研究院田亚岐认为："从墓葬习俗上来讲，东汉时期摇钱树流行于西南地区，被认为是吉祥物，也称为'神树'，它的意义就是为进一步研究古代随着秦岭蜀道的开通，

---

① 参见《华阳国志校补图注》，第285—290页。
② 罗二虎：《论中国西南地区早期佛像》，《考古》，2005年第6期。

我国西南地区和中原地区文化交流与传播,提供了一个重要的佐证。"①

　　汉中市东汉砖室墓中发现的带佛像的摇钱树透露出几个重要信息,一是"蜀身毒道"向北,对接的是"秦岭蜀道",因此汉代由关中京畿地区,向南经"秦岭蜀道"到达成都平原,然后由成都沿"西夷道"与"南夷道"进入西南夷地区,经滇池区域、洱海区域,再向西出境,到达印度,这就是"蜀身毒道"。第二,关中地区东汉墓中的早期佛教造像,是由南方随着摇钱树传播而来的,这是西南地区和中原地区文化交流与传播的产物。

　　云南、四川、贵州等地东汉末年佛教造像及相关符号、器物的发现,已引起了国内外学术界的注意②。相当多的学者认为,佛教传入中国,除了传统的北路外,可能还存在着另一条"南道"。佛教很可能由往返于中国西南部与印度之间古商道上的旅行者或香客们传入,而且时间早于北路③。任乃强说:"永昌一路,西通印度,为三千年前蜀国商人所开,印度之佛教徒亦随之以入于我国之滇僰民族地区。永昌西界有'蜀贾入市'见于《史记·大宛列传》与《汉书·西域传》。印度商人与各民族部落(闽濮、鸠僚、僄、裸濮),皆来交接商品于此。此永昌有'身毒之民'也。"④

　　1990年代,阮荣春"早期佛教造像南传系统"研究认为,佛教

---

① 庞乐:《宝鸡郭家崖墓地出土摇钱树已成功修复 见证两千年前秦岭蜀道两端文化交流》,西安新闻网,2020年9月12日。

② 参见阮荣春:《"早期佛教造像南传系统"研究概说》,《东南文化》,1991年第3—4期。

③ 童恩正:《古代中国南方与印度交通的考古学研究》,《考古》,1999年第4期。

④ 《华阳国志校补图注》,第290页。

造像先兴于南方,后盛于北方,而且在公元 3 世纪前后即存在一条由"中天竺"至长江流域的佛教文化传播线。佛教从中天竺传入云南,进入四川,沿长江进入中国内地,再至日本[①]。而前述云南、四川、贵州发现的早期佛教遗迹,被认为是佛教沿着这条古道传入的重要证据。

第三节　佛教入滇时间的讨论

1930 年代开始,夏光南、徐嘉瑞、陈垣、方国瑜、向达、罗庸诸先生着手讨论"佛教何时入滇"问题。而 1980 年代以来,佛教入滇时间问题再一次引起热烈讨论,成为云南乃至中国佛教研究的热点问题。

一、佛教汉代入滇的证据

袁嘉谷《滇南释教论》中说:"若夫译经之后,则绥哀牢、开永昌、度博南、正崇重浮图之明帝时也。"[②] 很显然,云南佛教"东汉传入说"一直流行。《新纂云南通志》对汉代入滇说进行"辨妄",认为不可稽考,佛教东汉入滇"仅是一种主观猜测"。

1920 年代,法国人伯希和(Paul Pelliot)《牟子考》指出:"当纪元一世纪时,云南及缅甸之通道,二世纪时交州南海之通道,亦得为佛法输入所必经。"[③] 此论有力支持了"佛教汉代入滇说"。王海涛以汉晋时期云南墓葬中已经出现佛教莲花图案及胡俑等证

---

① 阮荣春:《早期佛教造像的南传系统》,《东南文化》,1990 年第 1—3 期。

② 袁嘉谷:《滇南释教论》,《卧雪堂文集》卷二二,云南崇文印书馆(石印本),1924 年。

③ 冯承钧:《西域南海史地考证论丛》第一卷第五编,第 161 页。

据,提出"中华佛教源于印度,始于云南"的观点,引发学界关注①。

如前所述,东汉永昌郡的西界已达今缅甸伊洛瓦底江流域②,因此,《华阳国志》说"身毒国,蜀之西南,今永昌郡(徼外)是也","永昌有闽濮、鸠僚、僄、裸濮、身毒之民"③。有研究者指出,《华阳国志》永昌郡哀牢人"以桐华布覆亡人,然后服之,乃卖与人"的风俗,来自佛教用布"覆亡人然后服之"习惯。而《三国志·吴书·陆逊传》载黄武三年(224)陆逊破刘备军,被斩首的蜀将中有胡王沙摩柯,疑似永昌郡之身毒民入仕于蜀者④。此说与任乃强"佛教汉代由印度入滇,继而传到蜀川"的观点相类。任乃强还有一个重要的解读与发现,这就是《华阳国志·南中志》霍弋"善参毗之礼",说的就是礼佛。任先生说:"参毗之礼,盖佛教密法之一种仪式,其佛称毗卢佛,不曰释迦,由印缅传入南中甚早,宾僰之人最信奉之……西汉时,已远达川北地区……"⑤

有研究者指出,两汉时期,北方中原地区并不见得有大规模的佛像建造活动,因此,西南地区早期佛像并不是通过中原南传而来,而是通过蜀身毒道从印度直接传入⑥。

从目前的考古发现与研究进展来看,"佛教汉代入滇"的材料在不断地发现与累积之中。尽管材料还不足以令人完全信服,但联想到即便在东汉王朝内部,佛教初传之时,也是信者寥寥,记载渺渺,证据少少的事实,也许有一天,"佛教汉代入滇"之说,或将为

---

① 王海涛:《云南佛教史·导论》,第2页。
② 方国瑜:《中国西南历史地理考释》上册,第214页。
③《华阳国志校补图注》,第285页。
④ 方国瑜:《云南与印度缅甸之古代交通》,《西南边疆》,1941年第12期。
⑤《华阳国志校补图注》,第247—249页。
⑥ 汤洪:《"峨眉"语源考》,《复旦学报(社会科学版)》,2017年第6期。

多数人所接受。

二、多数人认可佛教"初唐入滇说"

南诏佛教兴于初唐。唐代道宣《道宣律师感通录》记载,唐乾封二年(667)佛法已经流行于西洱河地区。蜀川地区的佛像,是由西洱河地区传入的①。李玉珉认为这是有关佛教传入云南年代最早的文献史料。7世纪上半叶佛教流行于云南,应该是本土化的传统认知。这方面的材料并非孤证,梵僧在细奴逻时代到南诏传播佛教的故事,见于《南诏图传》。考古发现更进一步支撑南诏佛教兴于初唐的观点:巍山峣屹图城南诏早期寺庙中,出土三百余件佛教造像,多数造像为南诏时期的遗物,但部分造像的时代要早于南诏。

杨延福对王仁求碑进行考察后指出,此碑立于武周圣历元年(698),碑额上的佛教造像(图5—2),是初唐时期云南"有佛法"最重要的证据②。大理崇圣寺千寻塔一说"贞观尉迟敬德监造",一说"唐开元元年癸丑,南诏请唐匠恭韬、徽义重造"③。综合文献及考古发现,六诏之际,即公元7世纪初叶的唐代早期,佛教流行于云南的证据已经很多了④。

当然,主张佛教中唐、晚唐入滇者亦不乏其人。黄惠焜《佛教中唐入滇考》认为:"大体说来,云南于中唐以前广信巫鬼,不见佛

---

① 〔唐〕道宣:《道宣律师感通录》卷下,《大正藏》,第52册,第436—436页。
② 杨延福:《访王仁求墓碑漫记》,《云南高校古籍整理研究》,1992年,总第7期,第32页。
③ 万历《云南通志》,第1146、1152页。
④ 参见李东红:《白族佛教密宗阿吒力教派研究》,第13—32页。

图5—2　王仁求碑佛教造像

教","佛教之传入南诏,上限应在中唐丰祐年间"[1]。杨益清在《南诏佛教源流浅识》与《南诏时期佛教源流的认识与探讨》等论著中,鲜明主张南诏初期并无佛教的观点[2]。刘长久说:"佛教传入南诏,当在中唐,至劝丰祐时大盛。"[3]

　　佛教何时传入云南,参与讨论的学者较多,由于所依据的材料大多类似,在观点上的各执一词,多出于理解的偏差。1990年代峣屴图城南诏寺庙佛教造像的发现,特别是2020年太和城南诏早期

① 黄惠焜:《佛教中唐入滇考》,《云南社会科学》,1982年第6期。
② 杨益清:《南诏佛教源流浅识》,南诏史研究学会编印:《南诏史论丛》第一册;
　《南诏时期佛教源流的认识与探讨》,蓝吉富等著:《云南大理佛教论文集》。
③ 刘长久:《佛教入滇考略》,凤凰网"华人佛教",2013年11月5日。

"官家寺庙建筑群"遗址的发掘,证明初唐时期不只是"佛教入滇",因为此时佛法已经很兴盛了。

第四节　佛教入滇的路线

如前所述,佛教传入南诏,无非就是天竺、唐朝与吐蕃三条路线,这与《南诏图传》"圣教兴行,其来有上,或从胡梵而至,或于蕃汉而来"的说法相符。

一、佛教最早从天竺传入云南

前已述及中国西南与古代印度之间的交通源远流长,至迟在公元前4世纪末,"蜀身毒道"即已开通①。正如陈茜所说,川滇缅印间的古道,是自古以来经济和文化交流活动的大通道。汉代以来,佛教由此道传入云南,继而传到四川的证据越来越明显。南诏大理国时期,通过此道更为频繁地与天竺、婆罗门、大秦相联系②。

初唐时期由蜀川入天竺之道通行,前已引证《新唐书·南诏传》记载,贞观年间,嶲州都督刘伯英上书,请"讨松外蛮",并说"西二河天竺道可通也"。初唐时期的《南方记》,其"叙录"今保留在唐代义净所著《大唐西域求法高僧传》卷上"蜀川牂牁道"条注文中。为了使问题更加明了和透彻,这里不妨将注文引述如下:

牂牁者,南楚之西南夷人种类,亦地名也。即五府管内数

----

① 方国瑜:《中国西南历史地理考释》上册,第7页。
② 参见陈茜:《川滇印古道初考》,《中国社会科学》,1981年第1期。

州皆是也,在益蜀之南。今因传中说往昔有二十余人从蜀川出牂柯往天竺得达,因有此说,遂检寻《括地志》及诸地理书、《南方记》等,说此往五天路径,若从蜀川南出,经余姚(姚州)、越巂、不喜(不韦)、永昌等邑,古号哀牢王,汉朝始慕化,后改为身毒国,隋王之称也。此国本先祖龙之种胤也,今并属南蛮(南诏),北接互羌,杂居之西,过此蛮界,即入土蕃国之南界。西越数重高山峻岭,涉历川谷,凡经三数千里,过土蕃界,更度雪山,南脚即入东天竺东南界迦摩缕波国,其次近南三摩呾吒国、呵利鸡罗国及耽摩立底国等。此山路与天竺至近,险阻难行,是大唐与五天陆路之捷径也,仍须及时。盛夏热瘴毒虫,不可行履,遇者难以全身。秋多风雨,水泛又不可行。冬虽无毒,积雪冱寒,又难登陟。唯有正、二、三月乃是过时,乃须译解数种蛮夷语言,兼赍买道之货,仗土人引道,展转问津,即必得达也。山险无路,难知通塞,乃为当来求法巡礼者故作此说,以晓未闻也。①

我们在此前的研究中引用过这条史料,指出《南方记》文字不多,但却是"为当来求法巡礼者故,作说以晓未闻",即为那些求法、巡礼的僧侣,指明由蜀川经云南,至五天竺的路径。"蜀、滇、天竺"之道中的僧侣往返,绝非推测,更非妄言。天竺僧人沿此道不仅进入洱海区域,而且还到达了川西平原。这段文字当中,"盛夏热瘴毒虫不可行履,遇者难以全身;秋多风雨,水泛又不可行。冬虽无毒,积雪冱寒,又难登涉;唯有正、二、三月乃是过时"的描写,尤其

---

① 〔唐〕义净撰,王邦维校注:《大唐西域求法高僧传校注》,第106—107页。

精当^①。南诏往来于此道上的"河赕贾客"作有《河赕贾客歌》，其辞云："冬时欲归来，高黎共上雪；秋夏欲归来，无那穹赕热；春时欲归来，囊中络赂绝。"^② 与前引文字所说的意境几乎相同，足证《南方记》所言非虚。

《蛮书》卷一〇说：

> 骠国在蛮永昌城南七十五日程，阁罗凤所通也……俗尚廉耻，人性和善少言，重佛法……行必持扇，贵家妇女，皆三人五人在傍持扇……西去舍利城二十日程。……据佛经，舍利城，中天竺国也。近城有沙山，不生草木。《恒河经》云，沙山中过，然则骠国疑东天竺也。蛮贼太和六年劫掠骠国，虏其众三千余人，隶配柘东，令之自给。今子孙亦食鱼虫之类，是其种末也。咸通四年（863）正月六日寅时，有一胡僧，裸形，手持一仗，束白绢，进退为步，在安南罗城南面。本使蔡袭当时以弓飞箭当胸，中此设法胡僧，众蛮扶舁归营幕。城内将士，无不鼓噪。^③

对本条史料，此前多注意到"咸通四年正月六日寅时，有一胡僧，裸形，手持一仗，束白绢，进退为步，在安南罗城南面"一句，但并没有对整段文字作连贯的思考，其实这段话的意思是，阁逻凤时期，南诏把信仰佛教的骠国居民三千余人，从骠国迁往拓东城居住。到了一百多年后的劝丰祐时代，虽然"今子孙亦食鱼虫之类"，但仍然是佛教徒，咸通四年（863）在安南罗城南面作法的胡僧，即

① 李东红：《白族佛教密宗阿叱力教派研究》，第14—18页。
②《云南志补注》，第20页。
③《云南志补注》，第128—129页。

来自此族群。要不作此解读,此条文字史料就很难讲得通了。

初唐时期,"蜀身毒道"被称为"西二河天竺道"。玄奘《大唐西域记》卷一〇载:"迦摩缕波国(梵文 Kāmarūpa,今印度阿萨姆邦西部)……境接西南夷,故其人类蛮僚矣。详问土僧,可两月行,入蜀西南之境。"[①]贾耽《记天竺道》更详细记载了这条古道的里程、路线与地理环境。

自 1980 年代以来,学术界将此道誉为"西南丝绸之路"或者"南方陆上丝绸之路",并作深入研究与讨论[②]。王韵《唐代南方丝绸之路与中印佛教文化交流》对唐代印度高僧经由此道入云南、四川弘法,以及内地高僧经由此道赴西天求法事迹,有较多的讨论[③]。我们认为,最早传入南诏的佛教宗派,是由此道传入洱海区域的印度佛教密宗[④]。

二、汉地、吐蕃佛教对南诏大理佛教有重要影响

公元 6 世纪初叶,唐王朝对云南的经营重心由滇池区域移向西北部时,在洱海区域与吐蕃势力相遇。洱海区域的"六诏"及河蛮等互不统属的部落,相互兼并,争雄称长,往往依附吐蕃为后援,与唐朝争锋。维持唐王朝对西洱河地区的统领与管治,削弱吐蕃

---

① 〔唐〕玄奘、〔唐〕辩机原著,季羡林等校注:《大唐西域记校注》,中华书局,1985 年,第 799 页。

② 如徐治、王清华:《南方陆上丝绸路》,云南民族出版社,1987 年;伍加伦、江玉祥主编:《古代西南丝绸之路研究》,四川大学出版社,1990 年;"南方丝绸之路文化论"编写组编:《南方丝绸之路文化论》,云南民族出版社,1991 年。

③ 王韵:《唐代南方丝绸之路与中印佛教文化交流》,《中华文化论坛》,2015 年第 4 期。

④ 参见李东红:《从阿叱力教派出发:问题与范式的讨论》,《世界宗教研究》,2016 年第 4 期。

的渗透与影响,成为李氏王朝经营西南边疆的头等要务。唐朝实行"以夷制夷"的政策,积极扶植地理上距离吐蕃最远、在"六诏之南"的蒙舍诏,以对抗西洱河地区的各大部族。唐朝与吐蕃力量的介入,打破了洱海区域原有的力量平衡,各诏为了获得进一步生存与发展的机会,在唐朝与吐蕃两大势力之间周旋。洱海以北的大部分地区,实际上处于吐蕃的控制之下[①]。就在这样的形势中,唐朝佛教,以及吐蕃佛教随着政治、军事力量的深入,开始进入洱海区域。

　　云南地方文献中,记载了唐代佛教传入南诏的史料。譬如李京《云南志略》中记载:"盛逻皮立,是为太宗王。开元二年(714)遣其相张建成入朝,玄宗厚礼之,赐浮屠像,云南始有佛书。"[②]有的学者认为这是汉地佛教进入云南的开端[③]。

　　吐蕃与南诏关系多见于史籍记载。历史上,松赞干布统一吐蕃之后,以梵文为基础创制藏文,大力弘传佛教,同时南下洱海区域,与唐王朝争夺该区域各个部族(诏)力量。天宝年间南诏与吐蕃结为"兄弟之国",天宝十一载(752)南诏建元赞普钟。《南诏德化碑》说:"赞普仁明,赐为兄弟之国。天宝十一载正月一日,于邓川册诏为赞普钟蒙国大诏,改年号为赞普钟元年。"[④]《新唐书·南诏传》亦载:"(阁罗凤)北臣吐蕃,吐蕃以为弟,夷谓弟'钟',故称

---

① 李东红、杨利美:《苍洱五百年》,第11—12页。

②《大理行记校注　云南志略辑校》,第72—73页。

③ 参见侯冲:《南诏大理国的佛教》,《佛学研究》,2001年第10期。

④ 目前所见,《南诏德化碑》碑文最早著录于明代邹应龙、李元阳编纂的万历《云南通志》卷一五《艺文志》。此后,清代王昶《金石萃编》与阮福《滇南古金石录》均有抄录。清代以来考释碑文者较多,如道光《云南通志》,还有近代学人袁嘉谷、李根源、方国瑜等。参见《新纂云南通志》(五),第113—138页。

'赞普钟'，给金印，号'东帝'。"① 吐蕃对南诏的影响，可以从贞元年间南诏"弃吐蕃归唐"事件中窥其大概。

《新唐书·南诏传》记载：

> ……节度使韦皋抚诸蛮有威惠，诸蛮颇得异牟寻语，白于皋，时贞元四年也。皋乃遣谍者遗书，吐蕃疑之，因责大臣子为质，异牟寻愈怨。后五年，乃决策遣使者三人异道同趣成都，遗皋帛书曰……
>
> 且赠皋黄金、丹砂。皋护送使者京师，使者奏异牟寻请归天子，为唐藩辅。献金，示顺革；丹，赤心也。德宗嘉之，赐以诏书，命皋遣谍往觇。
>
> 皋令其属崔佐时至羊苴咩城。时吐蕃使者多在，阴戒佐时衣牂柯使者服以入。佐时曰："我乃唐使者，安得从小夷服？"异牟寻夜迎之，设立陈燎，佐时即宣天子意，异牟寻内畏吐蕃，顾左右失色，流涕再拜受命。②

此事亦见于《南诏野史》③。有观点认为，吐蕃朗达玛灭佛后，寺院被毁，许多僧人被迫流亡，一部分僧人进入到今尼泊尔境内，

---

① 《新唐书》卷二二二上《南诏传上》，第 6271 页。
② 《新唐书》卷二二二上《南诏传上》，第 6272—6274 页。
③ 《南诏野史》记载："郑回因说寻归唐，寻以为然，皋遣谍者致书于唐，吐蕃知而疑之，乃责南诏大臣为质。寻愈怨。于是决计归唐。皋以闻，德宗乃命皋作书以谕寻。是年四月，吐蕃破蜀，来征兵，寻谢绝之。贞元五年，寻遣乌蛮大鬼主苴梦冲、两林都大鬼主苴那时聘于皋，因入朝。皋遣其属崔佐时报之。时吐蕃使数十人先在，佐时至，寻令更衣入。佐时不可，曰'天朝大使，岂衣夷衣？'寻不得已，夜迎之。佐时至，大宣召旨，令寻斩蕃使，去其所立之号。寻遂与佐时盟于点苍山下。"（《南诏野史会证》，第 85 页）

另外一部分很可能流落到了南诏①。因此,《南诏图传·文字卷》"保和二年乙巳岁,有西域和尚菩立陀诃来到我京都云:吾西域莲花生部尊阿嵯耶观音,从蕃国中行化至汝大封民国,如今何在"之语,是吐蕃佛教影响南诏的证据。

三、"异源同流"是南诏大理佛教的本质

徐嘉瑞说:"南诏佛教输入路线一为印度,二为中原内地,三为缅甸,四为西藏。"② 邱宣充认为,云南佛教与中土、印度都有关系,但汉传佛教早于印度密教传入洱海区域③。王海涛则认为,滇密的初传路线有两条:一曰天竺道,即汉张骞所谓"蜀身毒道"的西南部分;一曰吐蕃道。两条道的终端都在古天竺。天竺道传来了大黑天神,吐蕃道传来了观音和毗沙门④。因此,学术界普遍的看法是:南诏大理国佛教,并非只有单一的来源,而是多种途径、多个来源。当它们进入南诏之后,在"外来文化嵌入"所必需的本土化进程中,诸宗各派相互影响,彼此融合,逐渐发展出地域性突出的南诏大理佛教。

---

① 明初传抄南诏大理国时期阿叱力教派《吉祥喜金刚自受主戒律》为"大理国弘福律院下月泉户内抄写,帝师堂下住持辣麻贡葛巴,受主万代恩耳,通圆流传"等题记。帝师堂住持"辣麻"贡葛巴,很显然是藏传佛教的高僧。其他论述参见王海涛:《云南佛教史》,第46—58页。
② 徐嘉瑞:《大理古代文化史》,云南人民出版社,2005年,第260页。
③ 邱宣充:《论云南佛教与汉传佛教、印度佛教的关系》,中国社会科学网,2014年8月19日。
④ 王海涛:《云南佛教史》,第116页。

第六章 南诏大理社会的佛教化

南诏王室的转轮王信仰传统,大理国皇帝的"舍身入寺"制度,以及大姓名家与主体居民的普遍信仰佛教,是南诏大理社会各领域深受佛教影响的具体体现。在此情势下,统治者采用"以僧为官""以僧为相""以僧授学"的官员选拔与教育模式,积极推行以佛法教化人民的治世政策,最终形成南诏大理社会生活的佛教化。

第一节 南诏王室的转轮王信仰

南诏国王与佛教的关系,可以追溯到六诏时期蒙舍诏细奴逻时代。《南诏图传》的主题包括两个部分,一是梵僧"授记"细奴逻,南诏立国的故事,事实上讲的是南诏建国信仰,或者说是佛王信仰的故事。二是"摩诃罗嵯"蒙隆舜成就"转轮王"的灌顶仪式,即摩诃罗嵯转轮王骠信蒙隆昊(隆舜)、中兴皇帝(舜化贞)礼拜阿嵯耶观音,进行转轮王灌顶仪式的画面。从题记可知,中兴皇帝的父王隆舜即是转轮王,说明南诏已经形成以灌顶仪式成就转轮王的传统[1]。

---

[1] 参见古正美:《从天王传统到佛王传统:中国中世佛教治国意识形态研究》第九章《南诏大理的佛教建国信仰》。

从佛教史的视角来观察,阿育王(King Aśoka)以"转轮王""法王"的面貌统治印度,由此发明了世俗世界中的国王以"转轮圣王"身份治理国家、教化人民的模式,这就是"佛教转轮王传统"或"佛法教化传统"。古正美认为,在佛教发展史上,凡是大乘佛教发展的地方,就有帝王施行佛教治国的现象。在密教的信仰里,因转轮王与佛或菩萨同身之故,以佛教治国的帝王,便能以转轮王或菩萨的姿态或形象统治天下。"转轮王即是佛或菩萨"的信仰,就是密教佛王信仰的基本特征[①]。

南诏大理佛教的繁荣与发展,无论从转轮圣王治国、全民化信仰,还是社会、政治、文化的普遍佛教化,无不体现了"佛教治世"与"佛法教化"的特征。

《南诏图传·文字卷》说"中兴皇帝问儒释耆老之辈、通古辨今之流,崇入国起因之图,致安邦异俗之化",他首先获得的知识,是"梵僧授记、南诏立国"的佛教神话与"国史"记忆。"受命于观音"这是南诏佛教建国信仰最有力的说明,在佛教信仰视域下,它是南诏建国合法性的根基所系。

2020年发掘的太和城"南诏官家寺庙建筑群"遗址,为南诏第四世国王皮逻阁(728—748年在位)、第五世国王阁逻凤(748—779年在位)时期,即唐开元、天宝、大历年间的遗存。其中出土"官家舍利"有字瓦、纪年有字瓦,若干寺庙院落建筑遗址、佛塔基址、佛像、经幢、火葬罐等大量与佛教相关的遗址、遗迹与遗物,表明南诏统一洱海区域的初期,南诏王室已经深度信仰佛教[②]。

[①] 古正美:《从天王传统到佛王传统:中国中世佛教治国意识形态研究·导论》。
[②] 参见严勇:《云南大理发现南诏时期官家寺庙建筑群》,新华网,2021年1月13日。

《僰古通记浅述》有"封五岳四渎,施五事"的记载,"五事"为:
"第一,劝民每家供佛一堂,诵念佛经,手拈佛珠,口念佛号;第二,
劝民每岁正、五、九月持斋,禁宰牲畜;第三,劝民间读汉书,行孝悌
忠信、礼义廉耻之事;第四,谕民生子三朝,赐名衣衣,先覆于犬以
厌其光,以保其命;第五,谕民戌日祭祖,以其日麒麟、凤凰、金鸡、
玉犬四曾供帝释水,不守地狱门户,亡魂出故地。"① 《僰古通纪浅
述》称以上事件发生在奇王细奴逻之时,但《南诏野史》等其他文
献,认为当在异牟寻时代。不管如何,在南诏早期,由国王颁布敕
令,劝民礼佛敬佛,应该是事实。

《南诏图传·文字卷》还说,"保和昭德皇帝,绍兴三宝,广济四
生,遵崇敬仰建国圣源阿嵯耶观音","武宣皇帝摩诃罗嵯,钦崇像
教,大启真宗"。如果我们结合史料记载,把上述话语进一步展开
讨论,就会清楚"文字卷"所述及的南诏诸王中的保和皇帝即是第
十世南诏王劝丰祐(823—859年在位),丰祐以赞陀崛多为国师,
重修崇圣寺与三塔,敬造佛像,讲经说法② 。《僰古通记浅述》记载:
"天启五年甲子五月,改段宗牓清平官。史波曼佛堂成,求清平官
兼备国史。法王子赵文奇撰碑,额曰'清平段氏纪功招提塔铭'。
先是,元妃师母贤者厌世富贵而慕清静,削发为尼,法名慧海。建
太和慈恩寺,用银五千,造银佛一堂,敬奉于王宫,命清平官赵文
奇制四经译,就椒岭额开四季道场,高置一法座,讲《金刚》《般若
经》,三公群臣皆在会听法。……建永昌卧佛寺,佛长一丈六尺。"③
《南诏图传·文字卷》中"建国圣源阿嵯耶观音"的出现,表明佛教

① 尤中校注:《僰古通记浅述校注》,第 25—26 页。
②《南诏野史会证》,第 130—133 页。
③ 尤中校注:《僰古通记浅述校注》,第 62、65 页。

建国信仰的核心是观音佛王信仰，"建国圣源观音"即"阿嵯耶观音"。在《张胜温绘梵像卷》中，此"建国圣源观音"，同时呈现为"梵僧观音"形象，这是因为修莲花部法门的僧人，往往有与观音同身的体验，而《南诏图传》《张胜温绘梵像卷》中"梵僧"头冠中或头顶上化现阿嵯耶观音像张惟忠，就是"梵僧"与"阿嵯耶观音"同体的表征，也是"建国圣源观音"有时为阿嵯耶观音，有时称梵僧观音的缘故①。

史载第十一世南诏王蒙世隆，唐宣宗己卯大中十三年（859）即位。《新唐书·南诏传》说："天子数遣使至其境，酋龙不肯拜，使者遂绝。（高）骈以其俗尚浮屠法，故遣浮屠僧景仙摄使往，酋龙与其下迎谒且拜，乃定盟而还。"② 由此可知世隆之时，佛法昌盛。史称蒙世隆"以四方八表，夷民臣服，皆感佛维持，于是建大寺八百，谓之蓝若；小寺三千，谓之伽蓝，遍于云南境中，家知户到，皆以敬佛为首务"③。蒙世隆还建造了大量的宝器、重器，譬如所铸建极大铜钟"钟极大，径可丈余，而厚及尺，其声闻可八十里"④，铜钟上的图像分上下两层，上层为六波罗蜜，即金刚波罗蜜、智宝波罗蜜、大轮波罗蜜、妙法波罗蜜、胜业波罗蜜与慧响波罗蜜；下层刻增长天王、大梵天王、广目天王、多闻天王、天主帝释、持国天王像，并有"维建极十二年岁辛卯三月丁未朔廿四日午建铸"题记⑤。

---

① 参见古正美：《从天王传统到佛王传统：中国中世佛教治国意识形态研究》第九章《南诏大理的佛教建国信仰》。
② 《新唐书》卷二二二中《南诏传下》，第6290页。因为唐人避讳"世"字，称蒙世隆（龙）为"酋龙"。
③ 尤中校注：《僰古通记浅述校注》，第79页。
④ 〔明〕徐弘祖著，朱惠荣校注：《徐霞客游记校注》，云南人民出版社，1985年，第992页。
⑤ 《新纂云南通志》（五），第149页。

建极十二年为唐懿宗咸通十二年(871)。此建极大钟一直保存至近代。

《南诏图传》所称的"武宣皇帝"为第十二世南诏国王蒙隆舜,他于唐僖宗乾符四年(877)即位。隆舜法号"摩诃罗嵯"(Mahārāja),即梵语"大王"之义,也是转轮王的称号[①]。前已述及《南诏图传》内有摩诃罗嵯土轮王、骠信蒙隆昊法像。"土轮王"即是"转轮王"。蒙隆昊即蒙隆舜。隆舜改元贞明、嵯耶、承智、大同,改国号为"大封民国"。所谓"嵯耶",就是"阿嵯耶"(Acāryā)的简称,来自对"建国圣源阿嵯耶观音"的膜拜。史籍记载,隆舜"以黄金八百两铸文殊、普贤二像,敬于崇圣寺……用金铸观音一百八像,散诸里巷,俾各敬之"[②]。此种大力造像,喻民礼佛敬佛的举措,就是典型以佛治国策略。

第十三世南诏王舜化贞,史称"舜化贞即位东京,建元中兴,称孝哀帝"。正是这位舜化贞"问圣教入邦国之源",敕命臣属寻找"圣源",才有了《南诏图传》的诞生。"图传"把圣教入邦的时间追溯至南诏开国之初的细奴逻时代,甚至将更早的"祭柱"与"张蒙禅让"故事,也归入观音佛王信仰中。《南诏图传》整合了当时官方历史文献、民间传说中的佛教建国信仰,并将其文字化与图像化,成为南诏佛教建国信仰的官方文本。而《白古通》与《白国因由》把南诏佛教建国的源头,追溯至阿育王时代,把金马碧鸡神话、南诏祖源神话与阿育王信仰相连接;以"佛祖在西洱河证佛法"神话,把南诏佛教的缘起连接到佛祖。以佛教信仰而言,这样的祖谱

---

① 古正美:《贵霜佛教政治传统与大乘佛教》,允晨文化出版社,1993年,第106—108页。

② 尤中校注:《僰古通记浅述校注》,第81—82页。

与法系,不仅具备了正当性与合法性,还具备无比高贵的品格。

第二节　大理国王者舍身入寺

如上所论,南诏后期,国王(皇帝)以佛王称号与形象出现,用佛教治世已属常态。而大长和国郑买嗣,建普照明寺,铸佛一万尊送寺中供养。段思平打败大义宁国杨干贞,建立大理国之后,"赦杨干贞罪,废为僧",开创了"王者出家"的传统①。

南诏大理国古本经卷中年代较早的写本《仁王护国般若波罗蜜多经》与《护国司南钞》等,正是南诏大理佛王信仰的经典依据。《张胜温绘梵像卷》第115开描绘的是"大圣三界转轮王众",转轮王信仰,也是大理国佛教信仰的根本。大理国三百余年的历史中,段氏国王传二十二世,其中出家为僧者达十位之众。

首位禅位为僧的国王,是第二世国王段思英。史载"思英,后晋出帝甲辰开运元年即位。明年,为出帝开运二年,改元文经。帝母杨氏桂仙娘殁而为神,屡著灵应,封为榆城宣惠国母。是年,帝叔思良争位,废帝为僧,法名宏修大师。在位一年,叔思良立"②。

第二位禅位为僧的大理国王,是第八世国王段素隆。《南诏野史》载"素隆,宋真宗壬戌乾兴元年(1022)即位。明年,改元明通。仁宗丙寅天圣四年(1026),素隆禅位为僧,在位四年,侄素贞立"③。李京《云南志略》称其"在位五年,禅位为僧"④。

---

① 《南诏野史会证》,第210页。
② 《南诏野史会证》,第224页。又见于尤中校注:《僰古通记浅述校注》,第100页。
③ 《南诏野史会证》,第235页。
④ 《大理行记校注　云南志略辑校》,第80页。

第三位禅位为僧的大理国王，是第九世国王段素贞。史载"素贞，宋仁宗丙寅天圣四年（1026）即位。明年，改元正治。仁宗辛巳庆历元年（1041），素贞禅位为僧，在位十五年，孙素兴立"①。

第四位禅位为僧的大理国王，是第十一世国王段思廉。《僰古通记浅述》记载："思廉，宋仁宗甲申庆历四年（1044）即位。明年，改元保安，又改元正安、正德、保德。皇祐四年，广南府侬智高叛，改年号启历。宋命狄青平之。智高走大理，思廉杀之，函首送京。嘉祐八年（1063），命岳侯高智升伐杨允贤，克之，赐白崖和甸地方。甲辰，升智升为鄯阐侯。乙卯五月，禅位为僧。"②

第五位禅位为僧的大理国王，是第十三世国王段寿辉。史载"宋元丰三年（1080）立，改元太明。日月交晦，星辰昼见。辉因天变禅位。伪号上明皇帝"③。

第六位禅位为僧的大理国王，是第十四世国王段正明。《僰古通记浅述》说"寿辉……为上明皇帝……禅位与保定皇帝名正明，改元保定，又改建安。宋哲宗元祐六年，改元天祐。四年，禅位为僧。在位十三年"④。《南诏野史》说，宋哲宗绍圣元年（1094），"人心归高氏，群臣请立鄯阐侯高升泰为君，正明遂禅位为僧，而段氏中绝矣"⑤。升泰立，国号大中国，改年号上治，历二年而亡，子孙不敢继位，复归段氏。

第七位禅位为僧的大理国王，是第十五世国王段正淳。史载"宋绍圣三年（1096），受高氏禅，即位，号后理国，改元天授，又改开

---

① 《南诏野史会证》，第237页。
② 《僰古通记浅述校注》，第105页。
③ 《南诏野史会证》，第251页。
④ 《僰古通记浅述校注》，第107页。
⑤ 《南诏野史会证》，第253页。

明、天正等号,以高泰明为相,赦差役,修楚雄城……禅位为僧"①。
遣使入宋求经籍,得六十九家以归。正淳在位十三年,避位为僧②。

第八位禅位为僧的大理国王,是第十六世国王段正严。《南诏野史》载:"和誉(段正严),宋徽宗戊子大观二年(1108)即位。明年,改元日新。又改元文治、永嘉、保天、广运……王老,因诸子内争外叛,禅位为僧,在位三十九年,子正兴立。"③

第九位禅位为僧的大理国王,是第十七世国王段正兴。《南诏野史》说:"正兴,南宋高宗丁卯绍兴十七年(1147)即位。明年,改元永贞,又改元大宝、龙兴、盛明、建德……孝宗壬辰乾道八年(1172)四月,重雾,十六日方开。正兴禅位为僧,在位二十五年,子智兴立。"④

我们多次提到的美国圣地亚哥美术馆藏阿嵯耶观音像,即是段正兴为其子段易长生、段易长兴所造。方国瑜说:"崇圣寺塔内佛像,先后被盗。所知流入美国者有六尊,其中之一,为大理国后期段正兴时所造,在背上有铭文可考,且知为崇圣寺塔内故物。"⑤因此不少"传世阿嵯耶观音像"原来应该是供奉在崇圣寺等重要寺庙之中。

第十位禅位为僧的大理国王,是第二十世国王段智祥。史载"智祥,南宋宁宗乙丑开禧元年(1205)即位。明年,改元天开。又改元天辅、仁寿。征三十七蛮部,至寻甸,平,河水绝流。理宗丁酉嘉熙元年,封高隆鄁阐王,以高泰祥为相国,以光日为演习。举贤

①《南诏野史会证》,第268页。
②《僰古通记浅述校注》,第108—109页。
③《南诏野史会证》,第274—275页。
④《南诏野史会证》,第283页。
⑤方国瑜:《云南史料目录概说》第三册,第895页。

育才,时和年丰,称治国焉。理宗戊戌嘉熙二年(1238),智祥禅位为僧,在位三十三年。子祥兴立"①。

有论者认为,此种出家为僧不同于一般人出家为僧。因为国君退位后仍享有丰厚的财富和较高的待遇,有时还参预国事②。然而,如果没有佛教转轮圣王思想基础,没有"佛即王、王即佛"的佛教信仰意识,就不可能出现如此之多的"帝僧"。

此外,大理国还有封高僧为帝的传统,如《高生福墓志》有"天子追册忠节克明果行义帝"之文,并说追封高生福为义帝是"礼也"③。《南诏野史·段智兴传》:"贞明遂据鹤庆,号明国公,伪谥义地威天聪明仁帝。"④倪蜕《滇云历年传》有"追尊为帝,殊不可解"之语⑤。《新纂云南通志》则说:"段氏封其臣为帝,近于不伦。"⑥因为封为"帝"的高生福、高贞明均曾任国公,当时的大理国实际上掌握在高氏一门,高氏因此号称国主。"国公"往生后被追封为"义帝"与"仁帝",是对其生前"国主""行实"的确认。此种谥法的社会根源,则是南诏大理佛王信仰的思想基础。即为帝者可以退位为僧,为僧者往生时可受封为帝,这是佛教治国最好的例证了。

① 《南诏野史会证》,第306—307页。
② 李向平:《信仰论政治的历史建构及其意义—云南南诏大理国时期的佛教与王权关系》,《佛学研究》,2013年第1期。
③ 《新纂云南通志》(五),第208页。
④ 《南诏野史会证》,第301页。
⑤ 〔清〕倪蜕辑:《滇云历年传》,李埏点校,云南大学出版社,1992年,第182页。
⑥ 《新纂云南通志》(五),第205—209页。

第三节　豪门权贵以皈依佛法为风尚

史籍记载,南诏第五世国王阁逻凤之弟为阁陂和尚[①]。第十世南诏王劝丰祐的母亲出家为尼,"王母出家,改名惠海。太和二年,用银五千,铸佛一堂"[②]。劝丰祐还将妹妹越英公主,嫁给梵僧赞陀崛多[③]。第十一世南诏王蒙世隆,其母段氏笃信佛教,今四川西昌白塔寺(景净寺)便是蒙世隆母子所建[④]。

豪门权贵高氏家族为僧者更是不胜枚举。南诏以来,高氏一族,世代为大理相国,先后任此职者有十二人,其中高泰运、高量成、高阿育、高踰城隆四人退位为僧[⑤]。高氏大德高僧辈出,祥云水目寺皎渊禅师即是表率。渊公是"故相国高泰明之曾孙、政国公明量之孙、护法公量成之子",为高氏名门望族子弟。而高氏子孙,往往以佛号为名,其名号有"观音系"与"踰城系"之分。书中我们引用的资料表明,"中圀公"高泰明,不仅为大宋使者造《维摩诘经》祈福,还主持修缮崇圣寺千寻塔,修建楚州兴宝寺。

名家大姓虔心捐建寺庙,敬铸法像或巨钟大鼓亦是彼时的风尚。如《故溪氏谥曰襄行宣德履戒大师墓志并叙》说,其祖上在"长和之世,安国之时……奏以□□所铸丈六妙音之像……今圣像闲安,群生蒙福者",而且"省财用而多创佛乘,菲饮食而致敬尊

---

① 《南诏野史会证》,第 75—77 页。
② 《南诏野史会证》,第 134 页。
③ 《僰古通记浅述校注》,第 71 页。
④ 《南诏野史会证》,第 148—166 页。
⑤ 《南诏野史会证》,第 267—268 页。

上"，尽心供养佛法①。《故通海府都督张兴参□□墓志铭并序》称其祖上"铸巨镛镇未□穆□寺"，则曾为佛寺铸大钟。张兴在大理国后期任通海都督②。

蒙氏、董氏、段氏、高氏、杨氏、李氏等名家大姓子弟，往往舍弃高官厚禄，出家为僧；王室、大姓子弟之中，出家为僧者众多，大德高僧云集。不恋红尘爱佛门，演变为仕宦出家的社会风尚③。名家大姓出家为僧的相关史料非常丰富，我们将在"佛教宗派""历代高僧""以佛号为名"等篇章中引证与讨论，这里不再引述。

第四节　礼敬僧人

一、拜高僧为国师

史籍记载了历代南诏王以密教大师为国师的材料，譬如《僰古通记浅述》说："晟罗皮立，以张俭成为国老，以杨法律和尚为国师。"④ 相关的材料还有：阁逻凤"天宝七年（载），主继位，以段俭魏（忠国）为清平官，大苴巅为国老，买嗟罗贤者为国师。贤者乃西天第五祖商那和修化身"⑤。劝龙晟以李贤者为国师⑥；劝丰祐"迎西方摩伽陀国僧赞陀崛多为国师"；蒙世隆"以赵乐铎为国老，宗保

① 方龄贵、王云：《大理五华楼新出元碑选录并考释》，第5—8页。
② 李波：《通海博物馆藏大理国火葬墓纪年碑浅析》，《文物鉴定与鉴赏》，2016年第6期。
③ 李东红：《从地方一族到国家公民："白族模式"在中国民族建构中的意义》，《思想战线》，2014年第1期。
④《僰古通记浅述校注》，第32页。
⑤《僰古通记浅述校注》，第42页。
⑥《僰古通记浅述校注》，第58页。

师为国师,改年号曰建极,自号景庄皇帝"。隆舜"以杨良佐为国老,赵波罗为国师"①。

《故宝瓶长老墓志铭》说:宝瓶长老的始祖杨法律,贞观年间被梵僧观音摄授为灌顶阿叱力。其祖"大容",被蒙氏孝桓王尊为灌顶国师,赐金兰法衣②。由资料可知,南诏的密教法师阿阇梨灌顶,既有成就僧阶、晋级的教内灌顶仪轨,同时作为"王者之师",能为国王灌顶,成就转轮圣王登基。就像印度阿阇梨那样,具有为人间转轮圣王灌顶的权威。这就是碑铭中常出现"摸顶蒙氏以主斯土"的意义。

根据《董氏族谱碑》的记载,南诏大理时期,仅董氏一门为国师者就达十人,因此董氏宗祠又称为"金銮宝刹"与"国师府"③。而南诏大理阿叱力大姓的碑刻铭文、家谱世系材料中,往往有祖先被蒙、段封为国师的记载,譬如《彦昌赵公墓碑铭》说:"其先……仕蒙朝,官至演习,即其始祖也。而祖讳永,字波罗者,道宏德厚,建荡山寺,蒙主敦请为师。厥后以嗣以绩者,犹瓜瓞之绵绵也。"④则不仅被"蒙主敦请为师",其后嗣还可以"世袭"不断。

史料所见为"国师"与"国老"并列,说明二者同是南诏王身边的长老,是南诏政权内具有崇高威望、握有重要实权的人物。

李京《云南志略》说:"晟罗皮立,是为太宗王。开元二年,遣其相张建成入朝,玄宗厚礼之,赐浮图像,云南始有佛书。"⑤张建

---

① 《僰古通记浅述校注》,第62、76、81页。
② 杨世钰、赵寅松主编:《大理丛书·金石篇》卷一,第328—330页。
③ 董国胜、董沛涓:《大理凤仪北汤天董氏族谱整理及研究》,《大理文化》,2006年第5期。
④ 杨世钰、赵寅松主编:《大理丛书·金石篇》卷一,第260页。
⑤ 参见《大理行记校注　方南志略辑校》,第73页。

成即张俭成,《僰古通记浅述》说张建成是南诏"国老",但李京称其为"相"。"国老"即"国相"之说与两《唐书》之《南诏传》"清平官,犹唐之宰相"不相符。

《礼记·王制》"国老"条说:"有虞氏养国老于上庠,养庶老于下庠。夏后氏养国老于东序,养庶老于西序。殷人养国老于右学,养庶老于左学。周人养国老于东胶,养庶老于虞庠,虞庠在国之西郊。""皆学名也。异者,四代相变耳,或上西,或上东,或贵在国,或贵在郊。"孔颖达疏注说"国老者,国之卿大夫之致仕者"[1]。则国老的本意,应为掌教之官,所以孔子被尊称为国老。国老亦用于称年老退休的"致仕之卿大夫"。

《僰古通记浅述》记载威成王"尊祀孔子,爰尊父命而建文庙"[2]。因此我们推测南诏"国老"之设,其起因与内地相同,应为掌文教之官,而非致仕的卿大夫,更不是宰相。《云南志略》称国老张建成为相,不知为何?资料显示,南诏的国老制度,一直延续到蒙世隆、隆舜时代,而此时"犹唐之宰相"者,是清平官。

二、用师僧教授子弟、从僧人中选拔官员

南诏大理国的人才培养与选拔制度,与其佛教治世思想相关,与内地唐、宋王朝有较大的差异。中原王朝的庙学,教授者为颐德硕儒,学习者为儒生,教学内容为儒学典章,参加科举应试者是儒生,考题出自儒家典籍。南诏大理国的教育,教授者为释儒、师僧,学习的是佛典、道书与儒经,参加科举考试的多为僧人[3]。史籍记

---

① 〔清〕阮元校刻:《十三经注疏》,中华书局,1980年,第1346页。

② 《僰古通记浅述校注》,第32页。

③ 李东红:《白族文化史上的"释儒"》,《云南民族学院学报(哲学社会科学版)》,1996年第3期。

载,南诏大理形成了"师僧教童子"的教育制度与"以僧为官""用僧为相"的官员选拔制度。因此元代《大理路兴举学校记》说,"中国学校,在在皆有,云南西陲,俗通天竺,徒事释氏之书,虽有设科取士,未得其正"①。有关南诏大理"以僧为官""以僧为相""以僧为师"的材料较多,此处列举若干条如下:

李京《云南志略》:

> 佛教甚盛。戒律精严者名得道,俗甚重之。有家室者名师僧,教童子多读佛书,少知六经者;段氏而上,选官置吏皆出此。②

郭松年《大理行记》:

> 师僧有妻子,然往往读儒书,段氏而上有国家者,设科选士皆出此辈。③

《滇考》:

> 大理国颇设科取士,皆以僧、道读儒书者充之。④

《南诏野史》:

> 段氏有国,亦开科取士,所取悉僧道读儒书者,以僧道为

①　杨世钰、赵寅松主编:《大理丛书·金石篇》卷一,第98—100页。
②　《大理行记校注　云南志略辑校》,第87页。
③　《大理行记校注　云南志略辑校》,第23页。
④　方国瑜主编:《云南史料丛刊》第一一卷,第56页。

官,属亦以佛法为治。称之佛国,亦未始不可。故其民咸知佛法,易于治理,而不尚军旅。①

《滇云历年传》:

> 太宗雍熙三年(986),段素英立,改元广明,又改明应、明圣、明德、明治。真宗景德元年(1004),段素英敕:述《传灯录》,开科取士,定制以僧道读儒书者应举。②

由上所引可知,南诏大理国的科举考试,参加考试的大多数是僧人,这种既修佛法,又通儒学的僧人称为"释儒"。"释儒"者,即"读儒书,行孝悌忠信,礼义廉耻之事","其流则释,其学则儒"的佛教密宗阿叱力僧,是随着佛教密宗传入洱海区域后出现的一个社会阶层③。

师僧"教童子多读佛书,少知六经"的教育模式,推动了知识阶层的佛教化,"以释设教"的教育传统持续了五百年。元代在云南普遍建立庙学,实行"以儒设教"的政策之后,南诏大理国以来

---

① 《南诏野史会证》,第 261 页。
② 〔清〕倪蜕辑:《滇云历年传》,第 165 页。
③ 李东红:《白族文化史上的"释儒"》,《云南民族学院学报(哲学社会科学版)》,1993 年第 3 期;《白族火葬墓的几个问题》,《思想战线》,1991 年第 6 期。正如《佛教大辞典》所言:"释儒互相渗透,佛教得儒教而广,儒教得佛教而深。南诏大理国佛教徒除读佛经之外,亦读儒书;设坛讲佛经,亦讲'三纲五常',因此民间把阿叱力僧称为'儒僧',表示密教阿叱力僧受儒家思想的深刻影响。"(任继愈主编:《佛教大辞典》,江苏古籍出版社,2002 年 12 月,第 1336 页)

的教育模式才发生深刻的变革①。

"以僧、道读儒书者应举""用僧为相""用释儒为官"的官员选拔制度,使南诏大理国"以佛教治世"的统治方略得以实现。由于"设科选士"均出自"释儒",释儒阶层在南诏大理国影响最为广泛,这就使他们的宗教活动得到了王室的支持,进而影响政治生活。他们活跃于宗教活动、政治参与、军事行动、文化艺术创造、人才培养,甚至是经济领域。南诏大理社会生活的佛教化,与它实行的佛教化教育制度与官员选拔制度,互为因果,彼此影响。

三、给予僧人崇高的荣誉

南诏大理时期对佛教的管理,通常任命各种僧官管理僧务,同时给予高僧大德崇高荣誉与嘉奖,形成全社会礼佛敬僧的制度保障与社会风尚。

(一)册封僧官。南诏大理国设立僧伽管理机构、册封僧官,形成完备的佛事管理制度,这一传统甚至保持到元代段氏总管时期。《故居士杨公墓志铭》说:

> 公讳胜,字愈之,乃太和蒙郡人也。曾祖大阿左梨,讳日,精通秘密教,蒙氏时为僧官。祖讳典,父讳保,继祖业,永为世

①南诏大理国以来形成的"释儒文化"在元代开始变迁,人才培养已经不再遵循"师僧教童子多读佛书,少知六经"的模式,而是以"师儒"教授儒家经典。人才选拔的标准—设科选士,开始从"释儒为官"转变为以"儒生为官"。《元史·忽辛传》说,在忽辛任内,云南"诸郡县遍立学校,虽爨僰亦遣子入学"就是有力的说明。

用。感应之效,不可析举。①

"蒙氏时为僧官",说明南诏时期有僧官之制。"继祖业,永为世用",则是阿叱力世家大族,僧官之职,有可能是"世官其职"的土长继袭模式。

大理国《故溪氏谥曰襄行宜德履戒大师墓志并叙》说:

> 厥先出自长和之世,安国之时,撰□百药,为医疗济成业。洞究仙丹神述,名显德归。术著脉决要书,布行后代。时安国遭公主之疾,命疗应愈,勤立功,大赍,褒财物之□焉。继补阇梨之职……智以德年俱迈,业行双勋,利贞皇帝补和尚以赐紫泥之书,大公护赏白衣以□备彩之黼……道隆皇帝隆恩,赏以黄绣手披之级,让国公隆流惠备□□。②

大长和国时期,溪氏的祖先因治愈公主之疾,立功而"继补阇梨之职","阇梨"是职衔、官名。"利贞皇帝补和尚以赐紫泥之书",即利贞皇帝下诏封其为"和尚"。说明大长和、大理国有僧官制度,而"阿阇梨""和尚"既是封号,又是僧官与职衔。

《故善士杨公同妻赵氏墓志铭》说:

> 厥先祖号宝峰者,蒙诏请为僧官,修德行道,为国弭炎捍患,号曰□赞明德亦面大阿左梨师。迨及曾祖讳兴、讳海,亦习显密通瑜伽教,段氏请为僧官,纷与口粮。③

---

① 杨世钰、赵寅松主编:《大理丛书·金石篇》卷一,第252—253页。
② 杨世钰、赵寅松主编:《大理丛书·金石篇》卷一,第97页。
③ 杨世钰、赵寅松主编:《大理丛书·金石篇》卷一,第446页。

此碑所载杨氏先祖，由南诏至大理，均为僧官，世官其职。
《故大师白氏墓碑铭并序》称：

> 大师姓白氏，讳长善，家世勋行，具有谱录，其宗出于楚平
> 王……和原为医长……大师和原之八世孙……道隆十二年，
> 高通袭姚州节度……以师为姚州僧长。①

此碑碑文，叙述白氏谱系出自楚平王之后；记录白氏为医僧，
任医长；记述了蒙古平定大理前后若干重要史实。这里引文所重
者为"姚州僧长"之职，说明大理国时期，各节度均设僧长之职，管
理僧人事务。

（二）封赐法号、法物。南诏大理时期，对高僧大德常封赐法
号，给予僧衔，同时授赠法物，以示尊敬与褒奖。高僧荣膺法号、法
物的材料较多。

史籍记载，南诏高僧杨道清"精研内典，密操苦行，蒙氏册为显
密圆通大义法师"②。"蒙氏册封"属于南诏官方的封赐行为。北汤
天古本经卷《大般若经》题记内，有"大理圆大阿左梨赵泰升"之名
号，以"大理圆"冠名的封号，显然为王室、朝廷所赐③。

北汤天《董氏族谱碑》有阿左、阿左梨、大法师等封号十二人。
"阿左"为"阿左梨"的简称，它与"大法师"一样，是南诏大理以来
赐予阿叱力僧人的法号、封号④。

---

① 方龄贵、王云：《大理五华楼新出元碑选录并考释》，第 19—23 页。
② 方国瑜主编：《云南史料丛刊》第二卷，第 632—633 页。
③ 参见杨世钰、赵寅松主编《大理丛书·大藏经篇》卷二，第 438 页。
④ 董国胜、董沛涓：《大理凤仪北汤天董氏族谱整理及研究》，《大理文化》2006
　年第 5 期。

在南诏大理国时期，封赐国师、大师称号或职衔时，往往赏赐"金襕法衣""黄绣手披""白衣"，有时还会"赐紫泥之书"。譬如：

大理国《兴宝寺德化铭》题铭为"皇都崇圣寺粉团侍郎赏米黄绣手披释儒才照僧录阇梨杨才照奉命撰"①，此题铭既有"皇都崇圣寺粉团侍郎赏米黄绣手披释儒才照"，又有"僧录阇梨杨才照"。"才照"两现于同一题铭之中，前者应该是世俗的官衔与荣誉，后者为僧衔，很可能是僧官之称。此处的"赏米黄绣手披"，显然象征崇高荣誉的法物。

前引《故溪氏谥曰襄行宜德履戒大师墓志并叙》有"道隆皇帝"与"让国公"给溪氏一门"赐紫泥之书、赏白衣、黄绣手披之级"②。大理国《皎渊塔碑铭》为"金襕杜隆义雕书"，《大理国彦贲赵兴明为亡母造尊胜幢》是"梵咒师金襕僧杨长生书"③。此二碑书者有"金襕"称衔。《故理阳寨长官司案牍段珷墓志铭并序》叙述其谱系时说："讳珷，七世祖观音海，配乃大高氏贵□□□之女……段珷之母法名妙湛，是道白金襕赵胜之裔，大师讳长之女。"这里述及"道白金襕"，还有"大师"之称④。《故宝瓶长老墓志铭》则说宝瓶长老之先祖，蒙氏孝桓王尊其为灌顶国师，赐金襕法衣，有"金襕而降族逾荣"之句，说明"金襕"为时人所重⑤。《追为亡人大师李珠庆神道》说："鼻祖讳胜，宗说兼备，才德光时，理朝赐号李白金襕。"⑥此处的"金襕"则是理朝（大理国）赐予的名号。

①《新纂云南通志》（五），第196页。
② 杨世钰、赵寅松主编：《大理丛书·金石篇》卷一，第97页。
③ 孙太初：《大理国彦贲赵兴明为亡母造尊胜幢跋》，《考古》，1963年第6期。
④ 方龄贵、王云：《大理五华楼新出元碑选录并考释》，第41—43页。
⑤ 杨世钰、赵寅松主编：《大理丛书·金石篇》卷一，第328—330页。
⑥ 方龄贵、王云：《大理五华楼新出元碑选录并考释》，第56页。

　　我们发现,南诏大理封赐国师、大师名号,往往与赐紫衣、金襕、手披等法物相关,即国师、大师者常常获赐金襕或紫衣。而且有的国师、大师又常常以金襕、紫衣为名号(职衔)。什么是金襕,什么又是紫衣呢?《元故先生杨俊墓志铭》说:"先生名俊,字方英,姓杨氏,西珥史城人。其先有若萌者,蒙朝谥之以大师,赐金兰法衣。"① 万历《云南通志》卷一三"楚雄府仙释"条称:"李阿召,大理人。居七局村,所蓄有黑牛,饮于池中,肥泽异常,阿召因踪迹得卤泉,遂报蒙召,始开黑井。官之,不受,但求为僧,赐紫袈裟。井民立祠祀之。"② "蒙朝谥之以大师,赐金兰法衣",还有"但求为僧,赐紫袈裟"两条史料,讲得非常清楚:金兰(襕)者,法衣也;紫衣者,紫袈裟也。《古尊宿语录》卷二有"世尊传金襕外,别传何法"之语。因此,"金襕"就是佛教僧尼的金色袈裟,也是佛教法嗣的标识,是高僧大德身份认同与符号象征,这就是南诏大理在封赐国师、大师时通常赏赐金襕的原因。《蛮书》说南诏"其纺丝入朱紫以为上服""贵绯紫两色,得紫后有大功则得锦"③,《新唐书·南诏传》则有"尚绛紫,有功加锦"之说,因此"法(隆舜)年少……衣绛紫锦屬,镂金带"④。可见南诏的文化习惯中,以紫衣为上,而金襕则是"锦上添花",更为贵重与高尚。"金襕法衣""白金襕",以及"赐紫衣""紫袈裟"的不同说法,说明赏赐法物等级有差。

　　《宋史·礼志》记载,"景德二年(1005),始令枢密三司使副、学士复赴百官斋会,少卿、监、刺史以上及近职一子赐恩,僧道则赐

---

① 杨世钰、赵寅松主编:《大理丛书·金石篇》卷一,第225页。

② 万历《云南通志》,第1203页。

③《云南志补注》,第100、115页。

④《新唐书》卷二二二中《南诏传下》,第6291页。

紫衣、师号,禁屠,辍刑”①。则“赐紫衣”之俗,不独为南诏大理所有,亦流行于内地。

那么什么又是“手披”呢?《兴宝寺德化铭》的作者,既是僧官,同时也是“赏米黄绣手披”,而《故溪氏谥曰襄行宜德履戒大师墓志并叙》有“赏白衣、黄绣手披之级”,白衣当为“白金襕”,黄绣手披又是何意?《说文解字》说“披,从旁持曰披。从手、皮声”,“披”指覆盖或搭在肩背上。《佛学大辞典》说:披者,挂袈裟通覆两肩也,所谓通肩是②。因此,我们推测“手披”应该是南诏大理时期赏赐给国师、大师的僧人服饰之一,或许就是常见于南诏大理佛教造像上飘扬的帔巾。

(三)加封谥号。《高生福墓志并序》说,“天子追册为忠节克明果行义帝”,这是大理国皇帝对“忠义臣”高生福的谥号。而《大理国渊公塔之碑铭并序》称“帝命礼号塔曰实际,谥曰顿觉禅师”,《故溪氏谥曰襄行宜德履戒大师墓志并叙》则有道隆皇帝谥号“襄行宜德履戒大师”之说③。道隆皇帝,又称天定皇帝,即大理国最后一位皇帝段兴智。此处所引三条史料,均是由皇帝为高僧封赐谥号的材料,为大理国特殊礼制。

南诏大理时期对僧人的谥号较多,以“大师”“大法师”“大阿左梨”等为常见,譬如《故神功梵德大阿左梨赵道宗墓碑》中的“玄通秘法大阿左梨”(赵泰)、“传印大阿左梨”(赵隆)、“神功梵德大阿左梨”(赵道宗)与“泰宽直善大阿左梨”(赵祥)④。在此四大名号中,“玄通秘法”“传印”“神功梵德”与“泰宽直善”之称,即为

---

① 《宋史》卷一一二《礼志十五》,第 2672 页。
② 丁福保编:《佛学大辞典》,文物出版社,2015 年,第 1132 页。
③ 杨世钰、赵寅松主编:《大理丛书·金石篇》卷一,第 88、91、97 页。
④ 方龄贵、王云:《大理五华楼新出元碑选录并考释》,第 52—55 页。

谥号,是对其人生平的"盖棺定论"。可以看出这些谥号多与大师们的佛学修为、德行修养、僧阶等相关。

按中国古代政治礼仪,有一定身份与地位的人去世之后,须依其生前行迹,给予相应谥号。谥法始于西周中叶,《逸周书·谥法解》有周公制谥的记载,天子及诸侯辞世之后,由卿大夫议定谥号。贵族大臣去世后定谥,由朝廷赐予。后世民间亦有谥号之行。前述所引材料,多数为南诏大理国王室赐予,是对当世高僧的尊崇与表彰。

第五节　以佛法教化人民

南诏时期,细奴逻、异牟寻、劝丰祐三代国王都有教民礼佛、敬佛的圣谕。大理国时期,全民信仰佛教的民风民俗,多见于文献记载。郭松年《大理行记》说:"此邦之人,西去天竺为近,其俗多尚浮屠法。家无贫富,皆有佛堂;人不以老壮,手不释数珠;一岁之间,斋戒几半……"①此段文字所指,并非仅指今天的大理地区。此前我们曾提及,《大理行记》又称《云南纪行》,本书所记所指,为郭松年游历的大理国故地。郭松年于元初来到云南,上距蒙古平大理国不足四十年,从他所见到的情形中,仍可窥见大理国时期的社会面貌。方国瑜说:"松年此行,周历云南、白崖、赵州、龙尾关、大理等地,记其山川、风俗、物产、社会生活诸端,虽简略而确切。时距元兵入大理约三十年,然当在大理段氏时已大都如此;所见段氏三百年中,纪录社会生活之作甚少,可从此文所记,推知段氏时

---

① 《大理行记校注　云南志略辑校》,第22—23页。

之情况,尤为难得史料也。"① 李京《云南志略》亦记载说:"佛教甚盛……民俗,家无贫富皆有佛堂,一岁之中斋戒几半。"② 很显然,李京著《云南志略》时,看到了郭松年的《大理行记》。

明代谢肇淛《滇略》卷四《俗略》说:

> 世传苍洱之间,在天竺为妙香国。观音大士数居其地,唐永徽四年(653)大士再至,教人捐佩刀,读儒书,讲明忠孝、五常之性。故其老人皆手捻念珠,家无贫富,皆有佛堂,一岁之中,斋戒居半……

> 叶榆以西,接壤天竺国,故自唐、宋以来,崇奉释教日盛一日。朔、望则裹饭袖香入寺,礼佛饭僧,俗云"信三宝家,永为和合"。点苍、鸡足、九鼎之间,缁徒云集,搭挂兰若,金碧辉映相望;豪族乡绅,财物不以治第施贫,而尽畀为檀林梵宇之费……至于土官,桀鹜奸命,一遇缁流,无不膜拜顶礼,舍资如流。③

景泰《云南图经志书》卷一《云南府风俗》说:"旧《志》云,僰人无问贫富,家有佛堂,老幼手不释数珠。一岁之间,斋戒几半,朔望则裹饭袖香入寺,礼佛饭僧。其僧有二种,居山寺者曰净戒,居家室者曰阿叱力,事佛甚谨。"而卷五《大理府风俗》说:"其尚浮屠……大抵与云南府同。"④ 南诏大理以来礼佛敬佛为首务的民情

① 方国瑜:《云南史料目录概说》第一册,第246—247页。
② 《大理行记校注　云南志略辑校》,第87页。
③ 方国瑜主编:《云南史料丛刊》第六卷,云南大学出版社,2000年,第699—700页。
④ 方国瑜主编:《云南史料丛刊》第六卷,第4页、第76页。

风俗,一直延续到元、明时期。

第六节　南诏大理社会佛教化的渊源

中古时期,佛教主导了中国的政治、宗教、艺术、文学及思想活动,并成为当时的"显学"。中国历史上,皇帝信奉佛教始于汉明帝。《资治通鉴》卷四五《汉纪》记载:

> 初,帝闻西域有神,其名曰佛,因遣使之天竺求其道,得其书及沙门以来。其书大抵以虚无为宗,贵慈悲不杀;以为人死,精神不灭,随复受形;生时所行善恶,皆有报应,故所贵修炼精神,以至为佛。善为宏阔胜大之言,以劝诱愚俗。精于其道者,号曰沙门。于是中国始传其术,图其形像,而王公贵人,独楚王英最先好之。①

东汉末,帝王开始信奉佛教。《资治通鉴》说:"自永平以来,臣民虽有习浮屠术者,而天子未之好;至帝(桓帝),始笃好之,常躬自祷祠,由是其法浸盛。"②桓帝、灵帝时期,佛教已然流行于宫廷之中。

国王、皇帝出家为僧的现象,大致始于南北朝时期梁武帝萧衍。史籍记载,梁武帝"六入同泰寺",其中三次舍身出家,三次讲经说法:

---

① 《资治通鉴》卷四五《汉纪三七》明帝永平八年十月,第 1447 页。
② 《资治通鉴》卷五五《汉纪四七》桓帝延熹九年五月,第 1793 页。

（大通元年［527］三月）初,上作同泰寺,又开大通门以对之,取其反语相协,上晨夕幸寺,皆出入是门。辛未,上幸寺舍身;甲戌,还宫,大赦,改元。①

（中大通元年,529）九月,癸巳,上幸同泰寺,设四部无遮大会。上释御服,持法衣,行清净大舍,以便省为房,素床瓦器,乘小车,私人执役。甲子,升讲堂法座,为四部大众开《涅槃经》题。癸卯,群臣以钱一亿万祈白三宝,奉赎皇帝菩萨,僧众默许。乙巳,百辟诣寺东门,奉表请还临宸极,三请,乃许。上三答书,前后并称“顿首”。②

（中大通元年）冬,十月,己酉,上又设四部无遮大会,道、俗五万余人。会毕,上御金辂还宫,御太极殿,大赦,改元。③

（中大通三年）冬,十月,己酉,上幸同泰寺,升法坐,讲《涅槃经》,七日而罢。④

（大中通五年,正月）癸未,上幸同泰寺,讲《般若经》,七日而罢,会者数万人。⑤

（太清元年,547）三月,庚子,上幸同泰寺,舍身如大通故事……丙子,群臣奉赎。丁亥,上还宫,大赦,改元,如大通故事。⑥

---

① 《资治通鉴》卷一五一《梁纪七》高祖武皇帝大通元年三月,第4723页。
② 《资治通鉴》卷一五三《梁纪九》高祖武皇帝中大通元年九月,第4768—4769页。
③ 《资治通鉴》卷一五三《梁纪九》高祖武皇帝中大通元年十月,第4770页。
④ 《资治通鉴》卷一五五《梁纪十一》高祖武皇帝中大通三年十月,第4814页。
⑤ 《资治通鉴》卷一五六《梁纪十二》高祖武皇帝中大通五年正月,第4832页。
⑥ 《资治通鉴》卷一六○《梁纪十六》高祖武皇帝太清元年三月,第4951页。

"奉赎皇帝菩萨"之语,正说明了梁武帝即菩萨,与菩萨同体;设四部无遮大会,讲经说法,以佛法教化人民,是典型的佛王、转轮王信仰。

梁武帝萧衍舍身入寺的事迹,亦见于《梁书》《隋书》等史籍中。皇帝三次舍身、三次躬身说法,使佛教的地位得到极大提升,佛教信仰深入南朝社会。

此后,历代帝王信佛、事佛者日渐增多,如唐朝历代皇帝奉迎法门寺佛骨,续开龙门石窟等等。宋太宗曾说"浮屠氏之教有裨政治",宋真宗亦有"道、释二门,有助世教"之言[①]。南诏大理国时期,王者皆信佛教,年号、名号都深受佛教影响,如国王称摩诃罗嵯、易长,年号有嵯耶、大宝等等。如前所列,大理国有十位皇帝禅位为僧,这在中国历史上是极少出现的,但并没有资料表明南诏大理国皇帝,既是政治领袖又是宗教领袖,合理的解释就是:南诏大理具有深刻的佛王传统,是典型的转轮王信仰。

---

① 〔宋〕李焘撰:《续资治通鉴长编》,中华书局,1992 年,第 554、1419 页。

第七章　佛教宗派与历代高僧

　　南诏大理以佛教治国,五百年间佛教繁衍发达,宗派不止一脉,但何派为始? 哪一派影响最深远? 各宗派之间的关系怎样?高僧大德行实如何? 回答这些问题是困难的,因为貌似繁盛的南诏大理佛教,缺少基本的宗派传承谱系史料,鲜有寺院祖谱、法脉志记;而佛教传记如《封民三宝记》与《传灯录》等,人们只知其名,不见其文,以致诸多讨论缺乏明确的证据与说服力。这里所能引为讨论的材料,多数来自南诏大理文物,主要是藏外文献与考古发现。

第一节　印度密教与阿叱力教派

一、从天竺到南诏

　　天竺佛教传统中,受印度教影响,阿育王之后,大乘佛教出现密教化。公元6世纪,以南天竺金刚顶派为代表,流行瑜伽观想法,形成了印度密教(佛教密宗)。印度密教形成后不久的7世纪初,即由南天竺传入洱海地区①。根据《南诏图传》记载,密教是在

———————

① 参见李东红:《白族佛教密宗阿叱力教派研究》,第1—5页。

细奴逻时代,由一位无名的"梵僧"从天竺传入南诏的。因此有学者认为,《南诏图传》是南天竺密教金刚顶派瑜伽法传入南诏的真实历史记忆。

印度密教由梵僧传入洱海地区时,行法显圣的是阿嵯耶观音。"阿嵯耶"译自梵文 Acāryā,在印度密教里是能够为人传法、灌顶的上师。由于翻译时所采用的汉字不同而出现了数十种写法,如"阿阇梨""阇梨""阿左梨""阿拶哩""阿祇梨"及"阿遮梨耶"等。关于 Acāryā 的不同译写问题,方国瑜、古正美等都有深入的考释,此前我们也做过专题讨论①。阿叱力既是佛教密宗的宗派,称阿叱力教派;同时也是此教派高僧大师的专名,指阿叱力僧人,有时竟成为僧人的名字,如王左梨等。

二、南诏"密宗四祖"

《张胜温绘梵像卷》第55—58开为"南诏密宗四祖像",其题铭为第55开"摩诃罗嵯"、第56开"赞陀崛多"、第57开"沙门□□"与第58开"梵僧观世音菩萨"(图7—1)。

第55开"摩诃罗嵯"是第十二世南诏王隆舜,在画卷上他右膝跪地(半跏正坐),赤裸上身,双手合什,神态安详,是转轮圣王的形象。第56开所绘"赞陀崛多"神僧,坐像前有侍者与神犬,还有金刚铃、金刚杵、杯盘、白螺四种密宗法器,赞陀崛多是典型的天竺僧人形象,是从印度到南诏传播佛教密宗的梵僧。第57开"沙门□□",因题记缺失而不能作深入的考释。第58开"梵僧观世音菩萨",形象与《南诏图传》中的梵僧吻合,而像前的铜鼓、侍者、供养

---

① 方国瑜:《云南佛教阿叱力派二、三事》,《滇史论丛》第一辑。古正美:《从天王传统到佛王传统:中国中世佛教治国意识形态研究》第九章《南诏大理的佛教建国信仰》。

图7—1　《张胜温绘梵像卷》南诏密宗四祖像

人等,均再现《南诏图传》的情境。这就是说,此梵僧观世音菩萨,即是《南诏图传》中的梵僧观音。

三、阿叱力教派的传承

除《张胜温绘梵像卷》中的"南诏密宗四祖像"之外,地方社会记忆,包括地方文献、金石碑铭,还有民间传说之中,有一些涉及天竺密教传承与谱系的资料。《故考大阿拶哩段公墓志铭》记载道:

夫西竺有姓名曰阿拶哩,是毘卢遮那族,姓婆罗门,从梵天口中而生,教习秘密大道。唐贞观己丑年(629),观音大士自乾竺来,率领段道超、杨法律等二十五姓之僧伦,开化此方,流传密印,译咒翻经,上以阴翊王度,下以福祐人民。迨至南诏蒙氏奇王之朝,大兴密教,封赠法号,开建五密坛场,为君之师。王重法,以公主之女甥妻之。承续助道,和光同境,受灌顶之师也。粤若段氏大和尚者,乃道超之宗裔也,一传至段和

尚羌时,有五德,为观音坛之教主。羌生政,政生善,世居大理
邓川之上邑,皆修秘密法门,世不乏人。善生忠,字玄悟,戒行
精严,道德高隆,本州郡守段知州请为守护僧首,命写唐梵之
经咒,号曰"才德教海五密阇梨"。忠生祥,印公之考也,生二
男,长曰成、次曰生,即公也。自幼聪敏,受业于喜洲杨大姓
法师兴学,经文广览,密术精通,存者祈福禳灾,亡者咸蒙济
度。配乃杨氏名门之女,曰圆,生五男,曰海、曰俊、曰嵩、曰
顺、□□□□先卒,绍袭宗风,勤修德业,有二女,长曰修,适
董保,次曰□□□□孙宗好义,瓜瓞连绵,皆公之阴德所致也。
公生于洪武□□□,享寿四十二岁,卒于永乐二十三年十一月
二十七日,葬于□□□□东麓之祖茔。一日,长男段海抱状诣
造修堂,泣血而告曰:吾父□□□十余年而墓石无□,愿征一
言,以华其行,愿勿辞。余惟人□□□间,莫非重德兴孝之道,
此君子一步亡先行也。遂按状,乃□□□西天王派,大姓曰
僧。源流悠久,代代相承。段家胄出,邓睒弥兴。德声□达,
戒行冰清。东麓地美,松木清深。安茔卜筑,勒碑刻铭。永垂
不朽,千载题名。时景泰二年(1451)岁在辛未冬良日,孝男
段观音海等立,石匠杨永刊。①

逝者段生,卒于明代"永乐二十三年",享寿四十二岁,则他应
生于洪武十五年(1382)。问题是永乐年号仅有二十二年(1424),
永乐二十二年八月即改元洪熙。此处言"永乐二十三年"显然有
错。实际的情况可能是仁宗朱高炽于永乐二十二年八月登基,改
元洪熙,不到一年(洪熙元年五月)即薨,然后宣宗朱瞻基继位,改

① 赵寅松主编:《白族文化研究(2003)》,第128—129页。

元宣德。洪熙年号,使用不及一年。因此,在地方纪年中出现错载的情况。

碑文称段生之祖段道超为南诏蒙氏奇王(细奴逻)时人,是跟随梵僧观音学习佛法的阿叱力。其宗裔段大和尚以下,共六世,谱系清晰,即段和尚羌传政,政传善,善传忠,忠传祥,祥传生。以一世二十五年计,六世约为一百五十年。如果从永乐年间回溯一个半世纪,则时间回到大理国晚期。也就是说,此段氏阿叱力一脉,其谱系为:观音大士(贞观己丑)—段道超(蒙氏奇王时)—段氏大和尚(大理国后期)—段和尚羌—政—善—忠—祥—生—海。

南诏大理以来最著名的阿叱力世家,当数大理凤仪北汤天董氏。《董氏族谱碑》记载了董氏一门从南诏至当代四十三代谱系,此族谱最早由明代永乐年间的董贤修纂,彼时董贤为董氏第二十四代;后经清代光绪年间、民国甚至近代不断增修而至第四十三代。北汤天董氏族谱,时间跨度一千三百年,是南诏大理以来佛教密宗阿叱力世家最完整的谱系。其中自南诏至元初,董氏一门为国师者达十人,有大阿叱力、大法师等封号者五十三人[①]。

阿叱力僧人"摸顶蒙氏以主斯土","阿嵯耶观音"成为大理段氏"建国圣源观世音",阿叱力高僧往往被封为国师。由此可见阿叱力教派在南诏大理的影响与地位。

南诏大理古本经卷《大般若经》背面《太和龙关赵氏族谱》称"蒙晟罗时,天竺人摩伽陀,阐瑜伽教,传大理阿左梨辈,而赵氏与

---

① 董国胜、董沛涓:《大理凤仪北汤天董氏族谱整理及研究》,《大理文化》,2006年第5期。

焉"①。万历《云南通志》卷一三说："摩伽陀，天竺人，蒙氏时卓锡于
腾冲长洞山，阐瑜伽教，演秘密法，祈祷必应，至今云南土著僧名阿
叱力者，皆服其教。"②这说明南诏大理的阿叱力教，源自天竺梵僧
所传印度佛教密教(非印度教之密教)，当印度佛教(密教)在南诏
本土化之后，"土著僧阿叱力"成长起来，由南诏大理一直传承至元
明时期，甚至近代。

四、阿叱力教派研究

方国瑜最早关注到阿叱力教派。1940 年代，方先生在《新纂
云南通志·金石考十》中说："瑜尝考蒙、段时代云南佛教之阿阇梨
僧，即密宗以佛号取名，亦可为证。"并就"自高、段以后三字为名
者，多一姓一名参以佛号"的情况进行梳理与讨论③。1980 年代，方
先生发表《云南佛教阿叱力派二三事》一文，首次以"云南佛教阿
叱力派"来称此佛教新宗派。张旭《佛教在南诏、大理国的盛行与
白族文化的兴起》中，称此宗派为"大理佛教密宗"。1980 年代后
期，黄心川先生关注到云南的密教问题，并带领研究生黄夏年、吕
建福等到云南拜访张旭先生，调研密教遗迹与民间信仰现状，"滇
密"之说由此而起。鉴于密宗教派多以信奉它的民族来命名的惯
例，我们在此前的研究中将其称为"白族佛教密宗阿叱力教派"④。
2016 年，第三届中国密教会议上，有学者提出"白传密教"的观

---

① 杨世钰、赵寅松主编：《大理丛书·大藏经篇》卷二，第 357 页。侯冲《大理
　国写经研究》有题记录文。
② 万历《云南通志》，第 1194 页。
③ 《新纂云南通志》(五)，第 209—210 页。
④ 阿叱力教派是印度佛教密宗传入洱海区域之后，与当地土著族群固有信仰
　相融合，形成的佛教密宗新宗派。参见李东红：《从阿叱力教派出发：问题
　与范式的讨论》，《世界宗教研究》2016 年第 4 期。

点①。近年来,学术界关注阿叱力教派的人士在增多,古正美、吕建福、张泽洪、李向平均有专门的研究与讨论。多数学者认为,"梵僧"不止一位,但都是真实历史人物,"梵僧故事"是天竺僧人在南诏传教的真实社会记忆。

第二节　汉传佛教与南诏大理佛教宗派

汉传佛教进入南诏大理的史料,最早见诸开元二年(714)南诏王盛逻皮派遣张建成入朝唐廷,唐玄宗赐浮屠像、佛书的记载②。盛逻皮为第三代南诏王,则汉传佛教在南诏早期即已传入。此后,南诏与唐,大理国与宋之间佛教交流,多见于《新唐书》《宋史》等史籍。《宋史·兵志》说,乾道九年,大理人李观音得等二十二人至横山寨求市马时,求购佛典、儒书③。近年来,在敦煌榆林窟第19窟,发现"大礼平定四年"僧康光、白惠登、刘添敬、刘克敬四人"清信重佛弟子""巡礼诸贤圣迤"墨书题记(图7—2)。论者以为这是大理国僧人赴内地"礼佛朝圣"的实例④。题记共三行,右行,行书,文字如下:

> 大礼平定四年四月初八日清信重佛弟子四人
> 巡礼诸贤圣迤僧康光白惠登
> 男弟子刘添敬刘克敬

---

① 参见吕建福主编:《白传密教研究》,中国社会科学出版社,2020年。
② 《大理行记校注　云南志略辑校》,第72—73页。
③ 《宋史》卷一九八《兵志十二》,第4956页。
④ 参见张伯元:《安西榆林窟》,第219页;陆离:《安西榆林窟第19窟大礼平定四年题记考》,《敦煌研究》,2011年第1期。

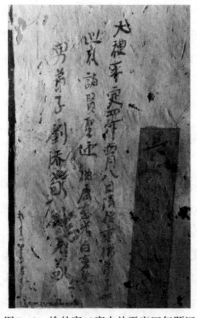

图7—2　榆林窟19窟大礼平定四年题记

段鹏考证"平定"为"安定"之误，则平定四年当为安定四年（1198），其时为大理国第十八世皇帝段智兴（利贞皇帝，1172—1200年在位）时代。"清信士""清信弟子"之称多见于敦煌写经题记之中，指受过三皈五戒的僧人[1]。"巡礼诸贤圣迊"，此处之"迊"，不能作"迎"字解，应读为"zā"，有围绕、圆满之意。"诸贤圣迊"当释为"诸佛菩萨"或"诸圣列仙"，"巡礼诸贤圣迊"就是礼拜诸佛菩萨的朝圣行为，而不是迎请诸神佛的意思，因为"巡礼"是僧人远行他方礼拜寺庙、圣迹的朝圣活动[2]。

一、中土禅宗的传入

禅宗源于印度，形成于中土，始于菩提达摩，盛于六祖慧能，中晚唐之后成为汉传佛教的主流。禅宗以心性立论，禅定是主要的修行方式。禅宗初祖菩提达摩下传慧可、僧璨、道信，至唐代五祖弘忍开东山法门，其弟子神秀、慧能等南北演化，禅宗发展到一个

---

① 丁福保编：《佛学大辞典》，第1638页。
② 蓝吉富主编：《中华佛教百科全书》，中华佛教百科文献基金会（台南），1994年，第102页。

由隐至显的重要时期,受到唐王室重视①。这一时期,禅宗出现了南、北宗之争,南宗逐渐获得正统地位,北宗衰落②。

《张胜温绘梵像卷》第42开至50开,绘中土禅宗谱系:

尊者迦叶(42)→尊者阿难(43)→达摩大师(44)→慧可大师(45)→僧璨大师(46)→道信大师(47)→宏忍大师(48)→慧能大师(49)→神会大师(50)

从51开至54开,接续南诏大理禅宗法系(图7—3):

图7—3　《张胜温绘梵像卷》南诏大理禅宗法系

和尚张惟忠(51)→贤者买纯嵯(52)→纯陀大师(53)→

---

① 参见任继愈主编:《宗教词典》,上海辞书出版社,1981年,第1053页。

② 参见陈利民:《唐代禅宗传法世系嵩山碑刻稽考》,《中原文物》,2016年第4期。

法光和尚（54）

在禅宗的传承法系中,达摩为禅宗祖师,菏泽派则为南宗六祖神会所创。云南地方史志有"张惟忠,承荷泽之派,为云南五祖之宗"的记载。张惟忠"传六祖下荷泽之派"可证明他为禅宗菏泽派弟子①。他是南诏大理"禅宗五祖"中的初祖。《张胜温绘梵像卷》"释迦佛会"中,位于释迦佛之后的前四位僧人,李霖灿考证为云南禅宗祖师张惟忠、李成眉、纯陀与法光②。

由此可见禅宗在云南的传承,始于南诏。南诏禅宗祖师,被认为是张惟忠,其人为大理张氏,传教时间不详。二祖贤者买纯嵯,三祖称为"纯陀",史无记载。四祖为法光和尚,亦未见于史籍。此处仅现"四祖"像,如按"五祖"之说,则不知第五祖为哪位大德高僧?

乾隆皇帝命丁观鹏对《张胜温绘梵像卷》进行"订正",绘制《法界源流图》时,将画卷中的第51—57开所绘和尚张惟忠、贤者买□嵯、纯陀大师、法光和尚、摩诃罗嵯、赞陀崛多和尚、沙门□□等七位南诏大理高僧删去。正如李霖灿所言,由于他们是"乡土人物",鲜为人知,但惟其如此,此七位高僧才是南诏大理佛教法系的重要人物。

此外,祥云水目山《皎渊塔之碑铭并序》记载:"□达磨西来之□,祖祖相传,灯灯起焰。自汉暨于南国,代不失人……其家谱宗系者,自观音传于施氏,施氏传于道悟国师,道悟传于玄凝,玄凝传

---

① 张惟忠的材料,见于万历《云南通志》卷一三及《滇释记》,但文字不多,信息量少。除知道其人为"承荷泽之派"之外,"余行无考"。"荷泽",也作"菏泽"。

② 李霖灿:《南诏大理国新资料的综合研究》。李玉珉:《梵像卷释迦佛会、罗汉及祖师像之研究》,《中国艺术文物讨论会论文集·绘画》,第212页。

于公,公之族子有慧辩追踪景行,公器之,因传焉。"① "施氏"是南诏时期禅师施头陀。万历《云南通志》卷一三《寺观志·大理府仙释》载:"施头陀,因禅得悟,不废礼诵,宗家以为得观音圆通心印,施传道悟,再传玄凝。"② 不少学者认为皎渊为禅宗法师,皎渊的传承,揭示了大理国禅宗法嗣:观音—施氏—道悟—玄凝—皎渊—慧辩③。

二、汉传佛教其他宗派的传播

剑川石窟第 12 号窟天启十一年(850)题记有"敬造弥勒仏、阿弥陀仏"④ 之语,有论者因此认为净土宗在南诏中期已具备信仰基础。元代《重修大胜寺碑铭并序》说:古滇居民"慕善斋洁,茹苦食淡,手捻菩提珠,口诵阿弥陀者,比比皆然"⑤。南诏大理国古本佛经中,有《佛说阎罗王授记四众逆修生七往生净土经》写本⑥。此种"持珠念佛""把斋吃素""口诵阿弥陀"与"往生净土"的习俗,是南诏大理流行净土信仰的反映。

《张胜温绘梵像卷》第 39—41 开"南无释迦牟尼佛会",以"一佛二弟子"为核心,释迦牟尼居中说法,阿难、迦叶尊者左右护持。文殊、普贤二菩萨居前,二天王在外侧侍立,还有诸多僧众、天神。

---

① 《新纂云南通志》(五),第 201—202 页。杨延福:《〈祥云水目山渊公碑〉略述》,《大理师专学报》,1998 年第 1 期。

② 万历《云南通志》卷一三《寺观志》,第 1173 页。

③ 也有不少学者认为所谓"达磨西来之□,祖祖相传,灯灯起焰",是指由天竺僧人所传的密教,皎渊为阿叱力僧人。

④ "仏"即"佛",为武则天所造新字,本书引用时保留原字。

⑤ 参见杨世钰、赵寅松主编:《大理丛书·金石篇》第一卷,第 169—170 页。

⑥ 侯冲:《大理国写经研究》,汪宁生主编:《民族学报》第四辑,民族出版社,2006 年。

"南无释迦牟尼佛会"被认为是依据《华严经》绘制的。剑川石钟山石窟第 4 号窟,雕刻"华严三圣"造像,毗卢遮那佛坐像居中,文殊菩萨骑青狮居左,普贤菩萨骑白象在右,而阿难、迦叶两弟子居后侧 [1]。此外,中华人民共和国建立以来发现的南诏大理国以来古本佛经中,既有《大方广佛华严经》,又有释澄观撰《大方广佛华严经疏》。《大理丛书·大藏经篇》第四、五两卷,影印了十七件大理国至元明时期的《大方广佛华严经》写本与刻本 [2]。而以"华严"为名者,亦不乏其人,前述写经之中,即有名称"董华严宝"者。不少研究者认为,华严宗是南诏大理佛教中的一个重要宗派 [3]。

　　另外,大理国写经中有《维摩诘经》[4],《张胜温绘梵像卷》第13—22 开为"天龙八部图",其中画有"白难陀龙王"与"难陀龙王",而《法华经·序品》对"难陀""白难陀"二龙王描述颇多,且将二龙王作为龙王之首。第 59—62 开"维摩诘经变"中体现了"问疾品"的画面,满面愁容俯视众生的维摩诘画像,与剑川石窟第5 窟维摩诘愁苦的面容如出一辙 [5]。维摩诘经与造像在南诏大理佛教文物中屡次出现,表明天台宗彼时在云南有一定的影响。而南诏大理佛教寺院中,有以"法华寺"为名者,如安宁法华寺。寺中还有大理国时期的石窟造像,这里或许曾是南诏大理天台宗的主要道场。

---

① 李东红、杨利美:《苍洱五百年》,第 204—205 页。
② 影印本见杨世钰、赵寅松主编:《大理丛书·大藏经篇》卷四、卷五。
③ 杨学政:《云南宗教史》,云南人民出版社,1999 年版,第 46 页。
④ 李霖灿:《南诏大理国新资料的综合研究》,第 70 页。
⑤ 骆玉梅:《〈宋时大理国描工张胜温画梵像〉中的南诏大理国佛教宗派研究》,云南大学硕士学位论文,2013 年。

第三节　吐蕃与南诏大理佛教

南诏大理国与吐蕃关系密切，联系广泛，两地在政治上、经济上相互影响，在佛教中的影响亦见于文献记载。《新唐书·南诏传》记载："阁罗凤……北臣吐蕃，吐蕃以为弟，夷谓弟'钟'，故称'赞普钟'，给金印，号'东帝'。"[①]有观点认为，朗达玛灭佛后，寺院被毁，许多僧人被迫流亡，其中就有一部分僧人从吐蕃进入南诏。因此，《南诏图传·文字卷》有"保和二年乙巳岁，有西域和尚菩立陀诃来到我京都云：吾西域莲花生部尊阿嵯耶观音，从蕃国中行化至汝大封民国，如今何在"之语。

在敦煌诸多藏文写卷中，编号为 P.T.1287 的卷子（图 7—4），其主要内容为吐蕃赞普传记。其中的三篇传记，即赤都松、赤德祖赞与赤松德赞三位赞普传记的内容与南诏有关[②]。这三位赞普在位时间分别是公元 676—704 年、704—754 年，以及 755—797 年，这一百多年的时间正是南诏与吐蕃关系发展的重要时期[③]，也是吐蕃佛教"前弘期"的重要发展阶段，南诏与吐蕃的交往，其中的佛教影响自不待言。

有关吐蕃佛教，特别是藏传佛教影响南诏大理的证据，主要来自大理国时期。大理凤仪北汤天法藏寺南诏大理国写经中，有藏文本《药师琉璃光如来本愿功德经》[④]。有研究者指出，藏传佛教的

---

① 《新唐书》卷二二二上《南诏传上》，第 6271 页。
② 敦煌古藏文写卷 P.T.1287 卷照片由马德教授提供，谨申谢忱。
③ 参见赵心愚：《从 P.T.1287 卷的一篇传记看南诏与吐蕃结盟后的关系》，《历史研究》，2011 年第 4 期。
④ 影印本见杨世钰、赵寅松主编：《大理丛书·大藏经篇》卷三。

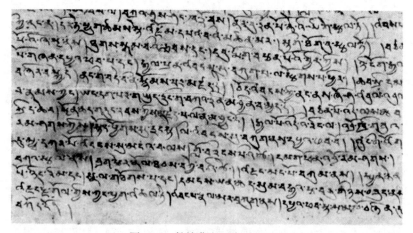

图7—4　敦煌藏文写卷P.T.1287

释迦牟尼佛像大多是面相方圆,螺发高髻,着红色袈裟,袒右胸,肤色多为黄色,结印,呈跏趺坐像或半跏趺坐像,而《张胜温绘梵像卷》第9开所画佛像,正是穿着红色僧袍,袒露右胸;第77开佛像,着红色袈裟,袒右胸,结印立于须弥座之上;第83开题"南无逾城世尊佛",佛像结印盘坐于须弥座上。这几开图画的佛像,皆红色袈裟、袒胸,与藏传佛教中佛陀的绘画风格十分接近。同时,画卷中还出现了金刚杵、法铃、三叉股、弓箭、矛翼等藏传佛教的典型器物①。剑川石窟第7窟"甘露观音"旁有藏文偈颂,译为汉文是"将世间受无边苦难的众生,从痛苦深渊中拯救出来,是佛!当把你的尊容刻在岩壁上时,恳求佛的保佑,把我等福薄的罪恶众生,从苦难中解救出来吧!吉祥!"②吕建福认为,南诏大理流行的无上瑜

① 参见骆玉梅:《〈宋时大理国描工张胜温画梵像〉中的南诏大理国佛教宗派研究》,云南大学硕士学位论文,2013年。

② 陈兆复:《剑川石窟—古代白族人民杰出的艺术创造》,《中央民族学院学报》,1978年第4期。

伽密,或许与受无上瑜伽部影响的藏传佛教宁玛派有关①。

从南诏大理佛教宗派流传情况看,既有天竺密教,也有汉传佛教,还有吐蕃(藏传)佛教的影响,在阿叱力教派流行的同时,还有佛教其他宗派的传播与发展。但是无论如何必须确认这样的基本事实:南诏大理国时期,佛教密宗阿叱力教派是主流,是占有支配地位的佛教宗派。

从整体论角度来看,过分夸大阿叱力教派之外佛教诸宗的影响,或将各宗派"按学理"从整体中"抓取出来",将南诏大理佛教打个支离破碎,分个一二三四、东南西北,则有悖于南诏大理佛教信仰的基本事实。按照中国宗教的特点,别说是佛教内部各宗派难分难舍,即便是儒释道三家,亦倡导同源同道,三教神佛甚至在同一大殿内、同一神坛上共浴香火,接受信众的供养。

第四节　南诏高僧

在本章第一个问题中,我们讨论了南诏大理佛教的宗派,其中不少史料涉及具体的人与事,材料表明,南诏大理时期,高僧大师辈出,代不乏贤。清康熙年间,圆鼎编成《滇释记》②,收录法原一则,共录历代云南高僧二百四十九人。从《滇释记》可以看到,南诏大理时期,佛教僧人最早活跃于洱海区域与澜沧江流域,继而遍及其他地区。

---

① 吕建福:《中国密教史》,中国社会科学出版社,1995 年,第 451 页。亦可参见刘立千:《藏传佛教的宁玛派》,《中国藏学》,1993 年第 1 期。
② 收入方国瑜主编:《云南史料丛刊》第八卷,云南大学出版社,2001 年。

一、梵僧观音

根据《南诏图传》记载，"梵僧"是最早进入南诏传播佛教的印度神僧，其形象特征为深目高鼻，美髯丰颐，头戴莲花冠，身披袈裟，拄杖、托钵、脚着布履，牵一只白犬随身。

《南诏图传》描绘了梵僧授记、南诏立国，以及梵僧深入民间，感化民众的佛教神话。大理国时期，在剑川石窟中，有大理国盛德四年等若干梵僧造像。《张胜温绘梵像卷》第58开为"梵僧观世音菩萨"（图7—5）。据李家瑞考证，与《新唐书·西天竺传》所载天竺人的形象完全吻合，可以说，梵僧观音造像即是最早进入南诏传

图7—5　《张胜温绘梵像卷》梵僧观音

布佛教密宗的天竺僧人形象[1]。王海涛称初传印度佛教于南诏的高僧为"始祖梵僧"，以别于之后更多进入南诏大理的天竺僧人[2]。综合各种史料推断，早期梵僧的活动时间，应是细奴逻时代，即公元7世纪初期。梵僧开启了天竺僧人进入南诏传播佛法的一个时代。

---

[1] 参见李东红：《大理地区男性观音造像的演变：兼论佛教密宗的白族化过程》，《思想战线》，1992年第6期。

[2] 参见王海涛：《云南佛教史》，第115页。

二、菩立陀诃

《南诏图传·文字卷》说:"保和二年乙巳岁,有西域和尚菩立陀诃来至我京都云:'吾西域莲花部尊阿嵯耶观音从蕃国中行化至汝大封民国,如今何在?'语讫,经于七日,终于上元莲宇。我大封民始知阿嵯耶来至此也。"古正美解释道,这段文字的意思是,修印度莲花部观音法门的得道者阿嵯耶观音菩立陀诃,从吐蕃来到南诏传法。菩立陀诃是第一位有确切姓名的西域僧人。我们由此得知他的法号为"阿嵯耶观音"。我们在前面已经讨论过,"阿嵯耶"即"阿阇梨",是印度密教中的大师。因此,菩立陀诃也可以称为阿嵯耶观音。这是南天竺密教金刚顶派(金刚乘)、瑜伽法传入南诏的真实历史记忆①。

三、阁陂和尚

阁陂和尚的形象,见于剑川石窟第2号窟"阁逻凤议政图"。窟中主像王者右侧的坐僧像,被认为是阁陂和尚的法像。此像身披袈裟,左手持念珠,像后立有一曲柄伞,像前有侍者持净瓶。造像形象尊贵,地位崇高。《南诏野史》记载:"天宝十年(载),遣弟阁陂和尚及子铎传、酋望赵佺邓、杨传磨牟等,并子弟六十人献恺吐蕃。陂有神术,人马往来吐蕃,不过朝夕之顷。"②从文献记载来看,包括阁陂和尚在内的"南诏七师",是梵僧、阿嵯耶观音的弟子,属第一代土著阿叱力僧人。

---

① 参见古正美:《从天王传统到佛王传统:中国中世佛教治国意识形态研究》,第九章《南诏大理国的佛教建国信仰》,第439页。
②《南诏野史会证》,第77页。

四、杨法律与南诏七师

杨法律是梵僧弟子,云南阿叱力教派的始祖之一,他是天竺人或有天竺血统的僧人,是南诏佛教传播、发展历史上的重要人物。石钟健《滇西考古报告》录有《故考大阿拶哩段公墓志铭》,其文载:

> 唐贞观己丑年,观音大士自乾竺来,率领段道超、杨法律等贰拾伍姓之僧伦,开化此方,流传密印。译咒翻经,上以阴翊王度,下以福佑人民……迨至南诏蒙氏奇王之朝,大兴密教,封赠法号,开建五密坛场,为君之师。①

万历《云南通志》卷一三"大理府仙释"条说:

> 杨法律、董奖疋、蒙阁陂、杨畔富、段道超五人,并能役使鬼神,召致风雨,降龙制水,救灾禳疫。与张子辰、罗逻倚皆西天竺人,先后为南诏蒙氏礼致,教其国人,号曰七师。②

说明杨法律等南诏僧人,与梵僧关系密切,他们之中有的来自天竺,有的可能是梵僧的弟子。贞观己丑年(629)密教僧人自天竺来,率领杨法律等"开化此方,流传密印""译咒翻经""大兴密教""开建五密坛场"等语,明白无误地说明了他们所传的是天竺密教,而时间在初唐。有资料表明,不少天竺僧人进入南诏传播佛教,参与南诏的文化和经济活动。这些天竺僧人中,有的还与南诏

---

① 赵寅松主编:《白族文化研究(2003)》,第104页。
② 《新纂云南通志》(五),第1172页。

的土著婚配生子,繁衍后代,融合到土著族群之中①。

考古发现的火葬墓碑铭中,多有记载"南诏七师"传承与谱系的材料②。

五、李成眉

有关李成眉的记载,多见于《僰古通记浅述》《南诏野史》等地方文献。南诏第九代王劝龙晟以李贤者为国师,而崇圣寺、景净寺、慧光寺的修缮,似乎都与他有关。有的观点认为,《张胜温绘梵像卷》第52开的贤者买纯嵯,就是此位"贤者李成眉",并说他是"云南禅宗五祖"之一。《滇释记》说:

> 圣僧李成眉贤者,中天竺人。受般若多罗之后,长庆间（821—824）游化至大理。大弘祖道,时南诏昭成王礼为国师,乃建崇圣寺。寺基方一里,塔高三百尺,时王嵯巅为钦督官,塔寺殿庑成,王问曰"殿中三像,以何为中尊?"众未及对,贤者厉声曰"中尊是我"。王怒其不逊,流之南甸,未几坐化。甸人瘗之,冢时有光,后生灵芝一朵,大如伞盖。有盗者窃其骨,乃金锁骨也。遂货之,商人购造佛像,其光如故。王闻而异之,赎取其骨,即奉崇圣寺,以作中尊脏腹。《志》曰"贤者乃西天三祖商那和修之应身也"③。

从上述材料看,李成眉是一位密教大师,将其释为云南禅宗祖

---

① 段炳昌:《天竺僧人与南诏土著白族的婚配融合》,《思想战线》,1997年第2期。

② 参见方龄贵、王云:《大理五华楼新出元碑选录并考释》。

③ 方国瑜主编:《云南史料丛刊》第八卷,第82页。

师,并非妥当之说。

六、禅陀子

禅陀子的材料,较详者见于《滇释记》,其文云:"禅陀子,西域人也。天宝间随李贤者游化至大理,时贤者建崇圣寺,命师诣西天画祇园精舍图。师朝去暮回,以图呈贤者。贤者曰:'还将得灵鹫山图么?'师曰:'将得来。'贤者曰:'在甚么处?'师乃绕贤者一匝而出。寺成,欲造大士像,未就。师于城野遍募铜斤,随获,随见沟井,便投其中。后忽夜骤雨,旦起视之,遍寺皆流铜屑,遂用鼓铸立像,高二十四尺。像成,余铜铸小像一千尊。像如吴道子所画,细腰跣足。时像放光,弥覆三日夜。至今春夏之际,每现光云,世传雨铜观音也。"[①]

李元阳《崇圣寺重器可宝者》中,列有雨铜观音像。此像一直保存在崇圣寺中,直至1950年代被毁。"细腰跣足",是阿嵯耶观音的基本特征。

七、赞陀崛多

《滇释记》说:"赞陀崛多,又名室利达多,西域人也。自摩伽陀国来,又号摩伽陀,游化诸国,至鹤庆,乃结庵峰顶山……建玄化寺……又于腾越州住锡宝峰山、长洞山二处,阐瑜伽法,传阿叱力教。"[②]《僰古通记浅述》说:"劝丰祐,唐穆宗长庆四年甲辰(824)四月初二继位,改元保和。以赵文奇为国老,迎西方摩伽陀国僧人赞陀崛多为国师。赞陀崛多为瑜伽教主,其师利达多先

---

① 方国瑜主编:《云南史料丛刊》第八卷,第82页。
② 方国瑜主编:《云南史料丛刊》第八卷,第82页。

入爨国。"①赞陀崛多主要活动时间为第十一世南诏王劝丰祐时期，他在鹤庆、腾越、宜良建寺，推行毗荼之法（火葬）②，翻译《大灌顶仪轨》③。他的名号、事迹多次出现于南诏时期的记载中，而他的神异故事，在《爨古通纪浅述》《南诏野史》以及万历《云南通志》等地方文献中多有记载，《张胜温绘梵像卷》第56开有赞陀崛多像（图7—1）。

云南地方文献中的"西域""西天""乾陀罗""鹤拓"通常指的是天竺，即古印度④。《旧唐书·天竺国传》说："天竺国，即汉之身毒国。或曰婆罗门地也……其中分为五天竺：其一曰中天竺，二曰东天竺，三曰南天竺，四曰西天竺，五曰北天竺。""五天竺所属之国数十。"⑤《新唐书·南诏传》记载南诏疆界为"东距爨，东南属交趾，西摩伽陀，西北与吐蕃接，南女王，西南骠，北抵益州，东北际黔、巫"⑥。南诏西界连接"摩伽陀国"。而摩伽陀、婆罗门等国都是"五天竺所属国"，所以《蛮书》"南诏连接诸蕃国"中，有大秦婆罗门国、小秦波罗门国、迦摩缕波国等"天竺属国"就是很自然的事了。

《滇释记》说赞陀崛多"自摩伽陀国来，又号摩伽陀"。万历《云南通志》卷一三《永昌府·仙释》亦称："摩伽陀，天竺人。蒙氏时卓锡于腾冲长洞山，阐瑜伽教，演秘密法，祈祷必应，至今云南土

①《爨古通记浅述校注》，第62页。

②《爨古通记浅述校注》，第72页。

③南诏大理国写经中，《大灌顶仪轨》为"大理摩伽国三藏译"，论者以为此"摩伽国"，即摩伽陀国，"大理摩伽国三藏"，即是从摩伽陀国来到大理的"梵僧"。

④李家瑞：《南诏以来来云南的天竺僧人》，《学术研究》，1962年第1期。

⑤《旧唐书》卷一九八《天竺国传》，第5306、5308页。

⑥《新唐书》卷二二二上《南诏传上》，第6267页。

僧名阿叱力者皆服其教。"① 赞陀崛多的事迹,多见于南诏各地。今四川凉山地区的博什瓦黑石刻中有一躯梵僧像,李绍明认为应是赞陀崛多②。见于文献记载的天竺僧人,最早者为赞陀崛多的师傅利达多(万历《云南通志》),还有普立陀诃(《南诏图传》)、菩提波巴(《纪古滇说集》)、禅陀子(《滇释记》)、白胡僧与南诏七师(万历《云南通志》),等等。古正美认为,佛教传说在某种程度上有传达史实的功能,因为佛教意识形态这种治国之术,常被视为国家机密,根本不能明说或记录于史料,因此神话传说及民间地方文献如《白国因由》,反而是我们理解南诏大理实行佛教治世内容及其状况的重要材料③。

八、和尚张惟忠

《张胜温绘梵像卷》第 51 开有和尚张惟忠像,位列神会大师之后,他开启了南诏大理本土佛教法系。《滇释记》载:"荆州惟忠禅师,大理张氏子,乃传六祖下荷泽之派,建法滇中,余行无考。"④ 万历《云南通志》记载说,张惟中,得达摩西来之旨,承菏泽之派,为云南五祖之宗⑤。张惟忠即惟忠禅师,又号南印,是菏泽神会的再传弟子⑥。由张惟忠可知南诏时期禅宗已然流传。

---

① 万历《云南通志》,第 1194 页。
② 李绍明:《凉山博什瓦黑南诏大理石刻中"梵僧"画像考》,《思想战线》,1988年 2 期。
③ 参见古正美:《从天王传统到佛王传统:中国中世佛教治国意识形态研究》第九章《南诏大理的佛教建国信仰》。
④ 方国瑜主编:《云南史料丛刊》第八卷,第 83 页。
⑤ 万历《云南通志》,第 1172—1173 页。
⑥ 参见李玉珉:《梵像卷释迦会、罗汉及祖师像之研究》,《中国艺术文物讨论会论文集·绘画》,第 212 页。

九、买顺禅师

《张胜温绘梵像卷》第 52 开和尚张惟忠之下,有"贤者买□嵯"。《滇释记》载:"买顺禅师,叶榆人,少从李成眉者剃染,屡有省发。贤者语师曰:'佛法心宗,传震旦数世矣,汝可往秉承。'……师遍历参承,咸蒙印可,六祖之道传云南,自师为始。"[①]可知买顺禅师所学所传亦为"六祖之道"的禅宗法系。

十、玄凝法师

万历《云南通志》卷一三《寺观志》载:"施头陀因禅得悟,不废礼诵,宗家以为得观音圆通心印,施传道悟,几再传玄凝。""道悟国师,以定慧为禅家所宗。""玄凝宗师,日以写经为课,笔法尝如神助,挥洒须臾,便能累纸。坐化之日,计其平生手书藏经,多至万卷。玄凝传凝真。""凝真,以道行闻,自施头陀至真,皆住崇圣寺。"[②]其传承法系为施头陀—道悟—玄凝—凝真,而且是常住崇圣寺。

十一、赵波罗

万历《云南通志》卷一三《寺观志·大理府仙释》记载说:"南诏景庄王时,居荡山波罗岩修禅观。建荡山寺,落成,欲南诏宫内世尊像安镇,以白诏,犹豫未决。是夜,像乘空而来,诏异之,遂留像寺中。像去之夜,有神僧李选佲者,闻天乐声,起诵神咒,见空中坠二金刚像,达曙,人始寻知大像到寺,而金刚为选佲所留。"[③]赵波

① 方国瑜主编:《云南史料丛刊》第八卷,第 83 页。
② 万历《云南通志》,第 1173 页。
③ 万历《云南通志》,第 1171 页。

罗,是南诏时期的密僧,"波罗"之名,源自南诏大理"一姓一名一佛号"的起名习俗。

十二、摩诃罗嵯

摩诃罗嵯即第十二世南诏王隆舜,又名隆昊、法尧,年号嵯耶,谥号武宣皇帝。在位期间崇信佛法,尤其崇拜阿嵯耶观音。年号中的"嵯耶"来自"阿嵯耶"(Acāryā)观音的名号。古正美说,隆舜的名号"摩诃罗嵯"(Mahārāja)为"大王"的意思,是印度大王的称号。贵霜王在使用佛教转轮王时,也使用印度"大王"的名号,作为其说明自己为转轮王的一种称号。于阗王在使用佛教转轮王制治国时,也使用印度"大王"(Mahārāja)及波斯"王中之王"(Rāyatirāja)的称号称呼自己。隆舜以转轮王自居,因而称号为"摩诃罗嵯土轮王"。

按密教经文及文献,以佛教治国的帝王,都以灌顶的仪式登上"转轮王位"或"佛王"位。《南诏图传》中的隆舜,没有戴冠梳髻,上身赤裸,下围一块"围裙",赤脚,两手合什,面向阿嵯耶观音。此图像就是隆舜登转轮王位和观音佛王位的灌顶仪式图像。而《南诏图传》第七化"嵯耶九年丁巳岁,圣驾淋盆"所称的"淋盆",说的就是"以水灌顶"。以转轮王之名,以及观音面貌统治世间的帝王,就是观音佛王治世的特征 [1]。摩诃罗嵯的形象,多次出现在《南诏图传》与《张胜温绘梵像卷》之中。摩诃罗嵯隆舜,就是一位法王、僧王。

---

[1] 参见古正美:《从天王传统到佛王传统:中国中世佛教治国意识形态研究》第九章《南诏大理的佛教建国信仰》。

第五节　大理国高僧

进入大理国时期,有关高僧、大师的文献记载增多。碑刻铭文之中多述及以董氏、段氏、高氏、李氏为代表的世家大族笃信佛教,国王大姓出家为僧的情况。因此,高僧多出自世家大族,是大理国佛教信仰的一大特点。

一、董氏阿叱力世家

大理凤仪董氏是佛教密宗阿叱力世家,世泽绵长,高僧辈出,历代都有被封为国师者。以北汤天《董氏族谱碑》所列,从一世祖到第三十四世祖,有宗教封号者共五十三人。其中称国师者十人,都纲司十七人,法官十四人,其他如阿左、大法师等封号共十二人[①]。"国师"在南诏大理时期既为最高佛教领袖,又是参议朝政的重臣;"都纲司"为明代府级衙门中的僧官,而"法官"为州、县级僧官。"阿左"为"阿左梨"的简称,与"大法师"一样,是南诏大理以来阿叱力高僧的封号。族谱碑中记载的赵州董氏一门阿叱力的封号如下:

　　一世祖　董伽逻尤　阴阳燮理仙术神功天童国师(南诏王劝丰祐时国师)
　　二世祖　董三廓　慧光王
　　四世祖　董眉聚　无量神功国师

---

① 董国胜、董沛涓:《大理凤仪北汤天董氏族谱整理及研究》,《大理文化》,2006年第5期。

　　九世祖　董普明　神功济世护国国师（即董伽逻，段思平时国师）

　　十世祖　董明祥　神验如日卫国国师

　　十一世祖　董详义　梵业崇广育国国师

　　十二世祖　董祥福　补天神验佐国圣师

　　　　　　　董义明　神通妙化卫国真人

　　十四世祖　董明连　道弘济世保合国师

　　十五世祖　董连福　享天帝之凤历大阿左

　　　　　　　董连义　道济无方通天国师

　　十八世祖　董明寿　凝心妙理恩联门师

　　二十世祖　董森　五密栋梁大神通

　　二十一世祖　董有福　钵莲列水大法师

　　二十三世祖　董量　开国元勋顺应国师（元初）

　　　　　　　　董护　法通显密镇魔大阿左（元初）

　　有关大理凤仪密宗阿叱力世家董氏的记载，除此《董氏族谱碑》之外，还有《董氏本音图略叙碑》。两碑对董氏一脉的来源，多为佛教祖源叙述。其中述及始祖董伽逻尤，曾为第七世南诏王劝丰祐的国师。大理国段思平封其九世祖董普明为国师，而第十八世董明寿，于天开皇帝（段智兴）时在崇圣寺求雨。此《董氏本音图略叙碑》涉及诸多南诏大理历史中的纪年与重大事件，对于了解南诏大理佛教的发展具有重要价值。此前对《董氏族谱碑》与《董氏本音图略叙碑》的研究，多从世俗"家谱"的视角去讨论，较少于佛教法系传承、法王信仰等层面理解与阐释。对于史料奇缺的南诏大理佛教来说，上述两碑无疑具有更广泛的价值与意义，尤其是将此二碑与发现于此地的南诏大理古本经卷，以及法藏寺历史等结合起来综合考察,其史料价值就显得更为重要了。

二、段氏"帝僧"

段氏"帝僧"始于"清凉弘修大师",即大理国第二世国王段思英。《滇释记》说:"清凉弘修大师,大理段氏裔,名思英,即文经王也。乃神武文武王之子。为世子时,随王入寺。问寺僧曰:'佛是何方人?'僧曰:'西天。'又曰:'西天在何处?'僧曰:'佛生处。'问曰:'这里霫?'僧曰:'佛住处。'便微笑。遂深念苦功,不乐于世,请为僧,王未许。乃嗣位,未几,即让与叔思良,便为剃度,大获解悟,了证宗乘。号清凉弘修大师。"[1]《南诏野史》说:"思英,后晋出帝甲辰开运元年即位。明年,为出帝开运二年,改元文经。帝母杨氏桂仙娘殁而为神,屡著灵应,封为榆城宣惠圣国母。是年,帝叔思良争位,废帝为僧,法名宏修大师。在位一年,叔思良立。"[2]

此前已列举了大理国二十二世国王中退位为僧的十位的资料,他们的事迹,多见于《僰古通记浅述》、诸本《南诏野史》,以及《滇释记》等地方文献[3]。因为南诏大理帝王具有佛王信仰传统,认为自己是"神、我合一"的转轮圣王,退位为僧之后,仍然具有佛王的身份。这才是"帝僧"传统的思想根源和信仰基础。

---

① 方国瑜主编:《云南史料丛刊》第八卷,第 85 页。

② 《南诏野史会证》,第 224 页。又见于尤中校注:《僰古通记浅述校注》,第 100 页。

③ 《滇载记》说:"段氏据云南三百五十年,僭二十四位。中有禅位为僧者七。曰文经、曰秉义、曰存德、曰保定、曰文定、曰宣仁、曰正康。第六代昭明王,述有《传灯录》,续其云南之禅正云。"实际上,大理国传二十二世三百一十六年,出家为僧的皇帝为十人。而由"《传灯录》续其云南之禅正"之说可知,此《传灯录》为记载南诏佛教法嗣传承之书。

三、高氏禅师

（一）净妙澄禅师。《滇释记》记载："净妙澄禅师，滇池人，姓高氏，袭大理段氏国公，因读《楞严经》，至见扰离见、见不能及处，有省，遂叩玄凝禅师，获大解悟，即为剃染，并嗣法。后游中州，叩黄龙慧南禅师，问农家自有同风事。如何是同风事南？良久，澄曰'怎么？'则起动和尚去也，南曰'灵利人难得师'。礼拜，遂辞归，开水目山。段氏为建梵刹，乃赠净妙之号焉。"①

（二）皎渊禅师。皎渊生平事迹最早见于《大理国渊公塔之碑铭并序》，碑铭说，渊公号智元，字皎渊，号顿学禅师。"故相国高泰明之曾孙、政国公明量之孙、护法公量成之子也。"其佛教法嗣宗系，"自观音传于施氏，施氏传于道悟国师，道悟传于玄凝，玄凝传于公。公之族子有慧，追踪景行，唯嗅薝卜而尝醍醐者，公器之，因传焉。帝命礼号塔曰'实际'，谥曰顿学禅师"②。碑文有"利贞皇叔"之称，利贞皇帝即大理国第十八世皇帝段智兴，利贞为其年号之一③。

《滇释记·皎渊本月禅师传》称："高氏子，袭大理段氏国公。因问济禅师：'如何免得生死？'济云：'把将生死来。'师拟议，济以扇打棹一下，即有省，遂祝发，乃为法嗣，因住水目山，广道诸方，朝野尊仰。后寂日，如众书偈曰：'诸法因缘生，我说是因缘。因缘

---

① 方国瑜主编：《云南史料丛刊》第八卷，第86页。
② 《大理国渊公塔之碑铭并序》，楚州赵佶撰，天开十六年庚辰岁（1220）八月十王日立，苏难陀智书。碑铭二千二百余字，最早著录于清代王昶著《金石萃编》卷一六〇，清代各本《云南通志·金石考》均载碑文。
③ 《宋史》卷一九八《兵志十二》称："乾道九年，大理人李观音得等二十二人至横山寨求市马……出一文书，称利贞二年十二月。"（第4956页）

尽故灭,我作如是说。'掷笔而逝,塔于本山。"[1]

关于渊公的宗系,杨延福认为不论从哪方面看,他应属于佛教密宗。因为碑文中有"□达磨西来之□,祖祖相传,灯灯起焰",这不是指禅宗初祖的菩提达摩,而应是《宋高僧传·善无畏传》的达摩掬多。所谓"有达摩掬多者,掌定门之秘钥,佩如来之密印……畏投身接足,奉为本师……后乃授畏总持瑜伽三密教",瑜伽密教才是渊公所奉的宗派法系[2]。《新纂云南通志》也认为,渊公年二十岁即已出家,但他却"有孙子",只能说明渊公出家前,已经成家生子,抑或为阿叱力僧人,则"师僧有妻子"亦属正常[3]。渊公是"禅师",抑或是"大密法师",尚不能确证。

《渊公碑》洋洋洒洒二千余言,对渊公的法脉亦有叙述,称"号智元,字皎渊,号顿觉禅师",而对其世俗谱系尤其明确,碑文中渊公之曾祖(高泰明)、祖(高明量)、父母(高量成、段易长顺)乃至皇帝舅舅(利贞)均有记述,惟独不书渊公世俗名讳。

四、李氏法师

(一)李庆珠大师。李氏为南诏大理大姓,据《大师李庆珠神道碑》记载,李氏鼻祖李胜,宗说兼备,才德光时,大理国赐号"李白金襕"。其高祖父讳宗,法名智宝,圆寂于崇圣寺上方。曾祖父李升,研精绘画之事,兀马八合师很器重他,命其绘画。祖父李正,号"依仁游艺济众大师"。父李珠"洞明释儒之奥义,手画华严等经论",赐号为"玄机拔萃明德大师"。李氏一门阿叱力的传承是:李胜(李白金襕法师)—李宗(智宝法师)—李升(大师)—李正(依

---

[1]《滇释记》又称皎渊为本月禅师,是普济庆光禅师的法嗣弟子。
[2] 杨延福:《祥云水目山〈渊公碑〉略述》,《大理师专学报》,1998年第1期。
[3]《新纂云南通志》(五),第201—205页。

仁游艺济众大师）—李珠（玄机拔萃明德大师）—李庆珠（大师）。可以看出,李氏六代均为释儒,先后被大理国王与元朝大理段氏总管赐以各种法号①。这里很重要的信息是,南诏大理以来,大量佛画就出自"研精绘画之事""洞明释儒之奥义,手画华严等经论"的高僧之手。由此追溯南诏大理时期"奉敕"绘制《南诏图传》与《张胜温绘梵像卷》的王奉宗、张胜温之辈,必定是"研精绘画之事"的大德高僧,才有可能成为技艺精湛的高水平宫廷画师。

（二）雄辩法师。据《大元洪镜雄辩法师大寂塔铭》记载,雄辩法师生于鄯阐城,姓李氏。少事国师杨子云,为上足弟子。元世祖破大理第二年,法师到内地巡法从师达二十五年。《滇释记》说:

> 所更事者四师,皆当世大德,最后登班集之堂,嗣坛主之法,其学大备。乃喟然叹曰:"佛法之种子,不绝于世。矫矫龙象,岂择地而行,吾其南归。"遂诣坛主,以其言告于帝师,乃为玺书以赐之,曰:洪镜师具大猛志。而归其国,国人号雄辩法师焉。
>
> 师解僰人之言为书,其书盛传,习者益众。时梁王为云南王,以天属之尊,事师甚严。师之行,以惠为本,众人归之,意缺如也。后师逝于大德五年十一月初九日,世寿七十有三,僧腊四十有七。其寂时现有五色舍利并他异甚众。奉塔于玉案山阳。②

《滇释记》所载录自邛竹寺《大元洪镜雄辩法师大寂塔铭》碑

---

① 参见方龄贵、王云:《大理五华楼新出元碑选录并考释》,第56—59页。
② 方国瑜主编:《云南史料丛刊》第八卷,第87页。

文。依据碑文记载,雄辩法师生于大理国段智祥天辅三年,即宋理宗绍定二年(1229)[①]。

按照宣德九年(1434)郭文撰《重建玉案山邛竹禅寺记》所述:"初,滇人所奉皆西域密教,初无禅讲宗也。前元既一,南诏鄯阐人有雄辩法师者,以奥学宏器,归自中华,始倡讲宗于兹寺,滇之缁衣俊秀者,翕然从之,而其道日振,自是名蓝巨刹,弥布遐迩,南诏之有僧,宗师实启之也。"[②] 此论将雄辩法师奉为滇南禅宗第一师,则是另一种观点了。碑文中"滇人所奉皆西域密教"之语,则体现了元、明时期对于南诏大理佛教的基本认识。

以上所述,为南诏大理佛教宗派与大德、高僧基本情况,由此可见南诏大理佛法之盛。但另一方面,由于资料缺乏,或者是资料简约,很多高僧大师只有一个不太确定的法号,其余无从考证,因此对南诏大理佛教的宗派与高僧大德,很难进行全面的梳理与呈现。

---

① 参见《新纂云南通志》(五),第 239—240 页。
②《新纂云南通志》(五),第 240 页。

第八章　本土化佛教灵山圣迹与神话传说

伯希和《交广印度两道考》说:"越南半岛印度化之民族,咸有在其地建设一新印度之习惯,曾将印度地名移植于其国内,有时将本地之名梵化,有时竟以印度之名名之。"[①] "印度化地名"之说,其实源于佛教的灵山圣地,因为灵山圣地,往往与诸佛菩萨以及佛教史上其他重要人物相关联。陈金华认为,在佛教世界里,印度总是被置于宇宙的中心,其他国度则为边鄙之地,为了克服"边地情结",于是就出现了对佛教圣迹与祖谱的构建,从而使本土成为佛国的中心。这样的现象,普遍存在于印度之外的东亚各地[②]。因此,本土化的佛教灵山圣迹与神话传说,是基于佛教信仰的乡土社会记忆,是佛教完全融入南诏大理地方社会的重要标志[③]。

---

① 〔法〕伯希和(Paul Pelliot)著,冯承钧译:《郑和下西洋考　交广印度两道考》,第193—194页。

② 参见陈金华:《东亚佛教中的"边地情结":论圣地及祖谱的建构》,《佛学研究》,2012年,总第21期。

③ Li Donghong, *The Influence of Indian Buddhism on Bai Identification and Understanding of Their Origins as a People*, Asian Ethnicity, Vol. 10, Issue 1, 2009.Routledge.

第一节　南诏大理与天竺妙香国

南诏大理以来,云南出现了诸多天竺地名,如乾陀罗、鸡足山、灵鹫峰、毕钵罗窟等,不一而足。而相关文献记载与民间传说,亦往往将这些地名与佛教信仰相连接,奕代相传,形成社会记忆与历史篇章。

《新唐书·南诏传》说:"南诏,或曰鹤拓,曰龙尾,曰苴咩,曰阳剑。"[①] 此说亦见于《资治通鉴》《五代会要》《册府元龟》等文献。可知南诏称"鹤拓"由来已久。方国瑜说,鹤拓之名,于义无征,以古音与方言证之,鹤拓当即 Gandhāra 之对译。Gandhāra 又译作乾陀罗、健陀罗,是古天竺十六国之一。丁福保引述慧琳《一切经音义》等文献说:乾陀罗国,乾陀是香,罗曰遍也。言遍此国内多生香气之花,故名香遍国[②]。因此,鹤拓、乾陀罗是梵音 Gandhāra 的汉语音译,而妙香国则是梵语 Gandhāra 之中文意译名。南诏大理称鹤拓、乾陀罗、妙香国,是把 Gandhāra 之名移植到云南。后世的梵文文献仍以乾陀罗称云南,就是例证[③]。

释圆鼎《滇释记》称"妙香,即今大理也,亦曰鹤拓"。《滇略》卷四有"世传苍洱之间,在天竺为妙香国"之说。《滇略》卷一○"鹤拓平土"故事说:

　　　苍洱旧为泽国,有一老僧自西方来……凿河尾,泄水之半,是为天生桥……当水初泄时,林薮蔽翳,人莫敢入。有二

---

① 《新唐书》卷二二二上《南诏传上》,第 6267 页。
② 丁福保编:《佛学大辞典》,第 1689—1690 页。
③ 参见方国瑜著,林超民主编:《方国瑜文集》第二辑,第 183—186 页。

鹤，日从河岸行，人尾其迹，始得平土以居，故大理又名鹤拓。[①]

下关镇洱海出水口旁边，"天生桥"遗迹尚存；大理古城南门外，"双鹤桥"至今通行。可知观音开辟大理的佛教神话，以"鹤拓平土"的地方传说，植根于乡土社会记忆之中。

方国瑜说，大理称鹤拓、称妙香，出自梵语，即借印度"乾陀罗"名名之，正如伯希和所说"印度地名之移置"。可证唐咸通、乾符间云南梵化之深，苍洱境有鸡足山、灵鹫峰、毕钵罗窟诸境，都是"假托之名"[②]。方先生之论，可谓考释清晰，说理明白。

第二节　佛祖证佛法于西洱河

西洱河即洱海，此处"西洱河"专指大理苍山洱海之间的地域。相对于《南诏图传》与《白古通》而言，《白国因由》形成了更具佛教建国信仰特色、更具南诏大理本土佛教神话特点的文本。《白国因由》开篇就说：

> 释迦如来将心宗传迦叶，付金缕衣以待弥勒出世。入寂时遗嘱云："我涅槃百年后，有白饭王孙裔阿育王者，集成教法，收我舍利。"后迦毗逻国生阿育王。既长，见释迦遗语，会同当日闻经听法之天龙八部，护法神祇集成教法。王将正果乃造塔于天上、人间、龙宫、海藏，供养佛之舍利。一日，王与师优波毱多点视其塔，至白国阳南村造塔所，乃问师曰："此国

---

① 方国瑜主编：《云南史料丛刊》第六卷，第 699、789 页。
② 方国瑜著，林超民主编：《方国瑜文集》第二辑，第 185—186 页。

山青(清)水秀,有何灵迹?"师曰:"此处古称灵鹫山,释迦如来为法勇菩萨时,观音为常提菩萨时,在此地修行。常提菩萨求法殷勤,法勇菩萨将无上菩提心宗在此尽传。后来,观音菩萨当来此处。去惟建国,王可令太子镇此地。"王有三子,遂封孟季于鄯阐,封仲子骠信苴于白国。王乃升焰光天告天王曰:"乞遣天宫尊而贤者下降白国,神助吾子,镇国治民。"遂与师同往碧溪山入寂焉。骠信苴号神明天子,即五百神王也。传至十七代孙仁果,汉诸葛入滇赐与姓张。至三十六代孙张乐进求朝觐,上封云南镇守将军。唐贞观二年,天师观星奏曰:"西南有王者起,"上命访之,有细奴逻者出,遂为白国王。①

"此处古称灵鹫山,释迦如来为法勇菩萨时,观音为常提菩萨时,在此地修行。常提菩萨求法殷勤,法勇菩萨将无上菩提心宗在此尽传。后来,观音菩萨当来此处。"这段文字把南诏大理佛教的祖谱上续至佛祖,即将佛教建国信仰经由阿育王溯源至佛陀。释迦如来证佛法于西洱河,说明南诏大理佛教为佛祖亲传躬授,西洱河为佛祖修行、讲经说法的圣地。按佛教传统,佛教宗派的祖谱叙事中,某一法系的正统性取决于它是否能追溯至佛祖。所谓传法谱系其实是一个回溯性的创造,它见证了本土佛教为建立自身谱系所开展的一系列活动②。古正美说,《白国因由》所记载的南诏大理建国传说,并不完全是神话,而是南诏大理使用的佛教治国方略的始源及内容。南诏大理的史家,不仅将其记载在《白国因由》及

---

① 〔清〕寂裕刊刻:《白国因由》,大理白族自治州文化局编:《南诏大理历史文化丛书》第一辑,巴蜀书社,1998年,第1—2页。
② 参见陈金华:《东亚佛教中的"边地情结":论圣地及祖谱的建构》,《佛学研究》,2012年,总第21期。

《僰古通记浅述》等作品中，也用图画的方式记载在《南诏图传》及《张胜温绘梵像卷》之内①。从佛教意识形态来理解，这样的回溯是必要的，也是成功的。

第三节　迦叶尊者入定大理鸡足山

史家考证，明清云南地方志乘如正德《云南志》、万历《云南通志》与天启《滇志》，徐霞客《鸡足山志略》、释大错《鸡足山志》、范承勋《鸡足山志》与高奣映《鸡足山志》，以及李元阳《放光寺记》、谢东山《游鸡足山记》、毕日澍《苍洱小记》诸书，皆有迦叶尊者入定大理鸡足山之说②。

正德《云南志》卷三《大理府》记载：

> 九曲山在宾川州，去洱河东百余里，峰峦攒簇，状若莲花，九盘而上，又名九重岩。上有石洞，人莫能通。相传此山乃迦叶授金兰入定之所。③

天启《滇志》卷三《地理志第一》云：

> 迦叶门，俗呼华首门，在州鸡足山顶，迦叶波入定之处。④

---

① 古正美：《从天王传统到佛王传统：中国中世佛教治国意识形态研究》第九章《南诏大理国的佛教建国信仰》，第449页。

② 参见方国瑜：《云南佛教原始之谬说》与《云南与印度缅甸之古代交通》，林超民主编：《方国瑜文集》第二、四辑。

③ 方国瑜主编：《云南史料丛刊》第六卷，第136页。

④ 天启《滇志》，第144页。

高奣映《鸡足山志》卷一说：

> 《郡志》曰：鸡足山在宾川州西北一百里，一顶三支，宛如鸡足，故名。又名九曲岩。佛刹禅栖，不可胜记。世传佛大弟子迦叶波守佛衣于此以待弥勒。上有石门，曰华首，即其入定处也。①

方国瑜《云南佛教原始之谬说》一文，搜罗历代有关迦叶尊者入定鸡足山事迹的文献，引文与考说甚详。文中征引西晋安法钦译《阿育王传》卷四说："尊者迦叶，至鸡足山三岳中，坐草敷上。踟跌而坐，作是念言：我今此身着佛所与粪扫衣，自持己钵，乃至弥勒，令不朽坏。"还有南朝萧梁伽婆译《阿育王经》卷七、北魏吉迦夜译《付法因缘经》卷一、法显《佛国记》都很明确地指出迦叶入定鸡足山在中天竺。鸡足山的具体位置，为王舍城南，距菩提树南十余里之处。此外，义净《大唐西域求法高僧传》卷上载："（那烂陀寺）西南向大觉，正南尊足山，并可七驿。"尊足山即鸡足山也。宋代僧人继业《西域行程》载："摩迦提国，南百里，有孤山，名鸡足三峰，云迦叶入定地。"②

《大唐西域记》卷九《摩揭陀国下》对鸡足山的记载更详：

> 呿播陀山（唐言鸡足），亦谓窭卢播陀山（唐言尊足），高峦岹无极，深壑洞无涯，山麓溪涧，乔林罗谷，岗岑岭嶂，繁草被

---

① 〔清〕高奣映著，侯冲、段晓林点校：《〈鸡足山志〉点校》，中国书籍出版社，2005年，第43页。
② 方国瑜著，林超民主编：《方国瑜文集》第二辑，第510页。

岩。峻起三峰，傍挺绝崿，气将天接，形与云同。其后尊者大迦叶波居中寂灭，不敢指言，故云尊足。①

以上所引文献，均指明迦叶尊者入定之处，为中天竺鸡足山。

迦叶尊者入定大理鸡足山的事迹，与天竺鸡足山为迦叶尊者入定之所的传说完全相同。这是佛教神话移植南诏大理、天竺灵山圣地在云南本土化的典型案例。鸡足山作为迦叶尊者道场，与普陀山是观音菩萨道场、九华山为地藏菩萨道场、峨眉山是普贤菩萨道场、五台山属文殊菩萨道场一样，在中国佛教信仰中被普遍接受。

第四节　阿育王与九隆神话

《华阳国志·南中志》有"九隆神话"，其文如下：

> 永昌郡，古哀牢国。哀牢，山名也。其先有一妇人，名沙壶，依哀牢山下居，以捕鱼自给。忽于水中触一沈木，遂感而有娠。度十月，产子男十人。后沈木化为龙，出谓沙壶曰："若为我生子，今在乎？"而九子惊走。惟一小子不能去，陪龙坐，龙就而舐之。沙壶与言语，以龙与陪坐，因名曰元隆，犹汉言陪坐也。沙壶将元隆居龙山下。元隆长大，才武。后九兄曰："元隆能与龙言，而黠，有智天所贵也。"共推以为王。时哀牢山下，复有一夫一妇产十女，元隆兄弟妻之。由是始有人民。皆象之，衣皆著十尾，臂、胫刻纹。元隆死，世世相继，分置小

---

① 《大唐西域记校注》，第705—706页。

王，往往邑居，散在溪谷。绝域荒外，山川阻深，生民以来，未尝通中国也。南中昆明祖之，故诸葛亮为其图谱也。①

西南夷民族祖源叙事中，九隆神话最为普遍。此神话在汉晋时期即开始流行，首见于东汉杨终《哀牢传》②，此后记载于《华阳国志·南中志》与《后汉书·西南夷列传》。九隆神话是西南夷本土祖源神话之一。"哀牢系"族群的后裔，至今多自称为九隆之后。

佛教传入之后，九隆神话的文本，出现了明显的变化。元人张道宗《纪古滇说集》记载：

哀牢国永昌郡也，其先有郡人蒙迦独，妻摩梨羌，名沙壹，居于牢山。蒙迦独尝捕鱼为生，后死牢山水中，不获其尸。妻沙壹往哭于此，忽见一木浮触而来，旁边漂沉，离水面少许，妇坐其上，平稳不动。明日视之，见水沉触如旧，遂尝浣絮其上，若有感，因怀妊，十月孕，生九子，复产一子，共男十人。同母一日行往池边，询问其父。母指曰：死此池中矣。语未毕，见沉木化为龙出水上。沙壹与子忽闻龙语曰："若为我生子，今俱何在？"九子见龙惊走，独一小子不能去，母固留之。此子背龙而坐，龙因舐之，就唤其名曰：习农乐。母因见子背龙而坐，乃鸟语谓背为九，谓坐为隆，因其名池曰九隆。习农乐长成，有神异。每有天乐奏于其家，凤凰栖于树，有五色花开，四时常有神人护卫相随。诸兄见有此异，又能为父所舐而与名，

––––––––––––

① 《华阳国志校补图志》，第284—285页。
② 参见王叔武编著：《云南古佚书钞（增订本）》，第1—4页。

遂共推以为王,主哀牢山。下哀牢山又有一人唤奴波息者夫妇,复生十女子,因与习农乐兄弟皆娶以为妻。奴波息见习农乐有神异,遂重爱之,而家大旺。邻有禾岁和者,嫉欲害之,习农乐奉母夜奔巍山之野,躬亲稼穑,修德惟勤,教民耕种。其九弟兄有妻,后渐相滋长,种人皆刻画其身,象龙文,衣着尾。习农乐在于巍山之野,主其民,咸尊让也。有梵僧续旧缘,自天竺国来乞食于家,习农乐同室人细密觉者,勤供于家。而饷夫耕,前则见前僧先在耕所坐向。问其言,僧曰:汝夫妇虽主哀牢,勤耕稼穑,后以王兹土者无穷也。语毕腾空而去,乃知是观音大士也。复化为老人,自铸其像,留示其后,今阿嵯观音像者是也。大将军张乐进求后来求会诸首,合祭于铁柱,凤凰飞上习农乐之左肩,乐进求等惊异,尚其有圣德,遂逊位其哀牢王,孙名奇嘉者,以蒙号国也。①

万历《云南通志》卷一七所载文本,则又与《纪古滇说集》有所差异:

　　九隆氏之先有蒙迦独者,一曰低牟苴,阿育王第三子骠苴低之子也。分土于永昌,其妻摩莉羌,名沙壹,世居哀牢山下。蒙迦独尝捕鱼,死哀牢山水中,不获尸。沙壹往哭于此,见一木浮而来,妇坐其上,甚安。明日往视之,触木如故。遂尝浣絮其上,若有感,因妊,产十子。一日,往池边,忽浮木化为龙,语曰:"若为我生子,今悉何在?"众子惊走,惟季子不能走,背龙而坐,龙因舐其背。其母鸟语,谓背为"九",谓坐为"隆"。

---

① 方国瑜主编:《云南史料丛刊》第二卷,第655—656页。

遂名九隆。其十子:一曰眉附罗,二曰牟苴兼,三曰牟苴诺,四曰牟苴酬,五曰牟苴笃,六曰牟苴托,七曰牟苴林,八曰牟苴颂,九曰牟苴闪,十即九隆也。九隆长而黠智,尝有天乐奏、凤凰栖、五色花开之祥,众遂推为酋长。时哀牢山下有奴波息者生十女,九隆兄弟娶之,厥后种类蔓延,各相分据溪谷,是为六诏之始也。[①]

《纪古滇说集》的内容,指明“九隆就是习农乐”(细奴逻),而且梵僧传国授记,是续阿育王封子苍洱之“旧缘”。万历《云南通志》则称蒙迦独为天竺阿育王第三子骠苴低之子,死后化为龙,其妻沙壹,触木感生,产子十人,以九隆为王,世世相继,为六诏之始。与《华阳国志》文本相比,植入了阿育王祖源,把原来不显身、没露名的“九隆之父”明确为蒙迦独,而九隆就是习农乐(细奴逻)。这里不仅把本土祖源叙事的九隆神话与阿育王信仰相连接,还把“梵僧授记,南诏立国”的神话与九隆神话相连接,形成了佛教建国信仰版本的“阿育王九隆神话”。这种文本的演化与发展,到《白国因由》更加完备。

阿育王神话植入到九隆神话之后,把南诏建国历史追溯至阿育王,凸显了南诏诸王的神圣与权威。因为阿育王是佛教史上著名的转轮圣王,作为阿育王之后的南诏王,自然就具有了转轮王、法王与佛王的身份了。南诏立国,就是“天命所授”了。从佛教法系来说,这样的祖谱,根正苗红,其合法性是不容置疑的。

---

① 万历《云南通志》,第 1536—1537 页。

第五节　阿育王与金马碧鸡神话

元人张道宗《纪古滇说集》还有"金马碧鸡"神话,具备佛教神话的意义,其文云:

> 西天竺亦有国曰摩耶提,乃王也,是净梵王摩耶之后裔也。摩耶提名阿育,生三子,其名也,长曰福邦,次曰弘德,季曰至德。三子俱健勇,因父阿育王有神骥一匹,身高八尺,红鬃赤尾,毛有金色,三子共争之,王莫能决。乃曰:三子皆一也,与一则偏一,而不爱于二也。乃命左右曰,将我神骥纵驰而去,有能追获者主之,乃一纵直奔东向而去。三子各领部众相与追逐,其季子至德先至滇之东山,而获其神骥,就名其东山以为金马山。长子福邦续至滇池之西山,闻季子已获其马,停憩于西山之麓,忽有碧凤呈祥,后误目山曰碧鸡。次子弘德后至滇之北野,各主之不回。①

此神话多见于元、明、清三代云南地方志乘,如万历《云南通志》卷一六说:

> 邈古之初,西海有阿育国,其王能登云上天,娶天女,生三子,长曰福邦、次曰弘德、季曰至德。封长、季二子于金马、碧鸡,俾分主其地。次子封于苍洱之间。阿育俗奉佛教,恶杀,不茹荤腥,日食白饭,人称为白饭王,是为白国之鼻祖也。②

---

① 方国瑜主编:《云南史料丛刊》第二卷,第653页。
② 万历《云南通志》,第1496页。

　　金马碧鸡神话,是云南最古老的神话,在两《汉书》中均有记载。《后汉书·西南夷列传》有"青蛉县禺同山有碧鸡金马,光景时时出见"之文①,《汉书·郊祀志》称"宣帝即位……或言益州有金马碧鸡之神,可醮祭而致,于是遣谏大夫王褒使节而求之"②,说明该神话早在汉晋时期即已为内地王朝所熟悉。《南诏野史》有"贞元十九年,王(异牟寻)封云南金马、碧鸡二山之神为景帝"之语③,则证明南诏时期,对金马、碧鸡有封神、致郊祭的礼仪。佛教传入云南以后,将阿育王神话融入金马碧鸡本土神话之中,使二者融为一体,难以区分。

第六节　观音建国信仰

一、观音幻化与张蒙兴替

　　万历《云南通志》记载:"有九隆之裔曰细农逻者,耕于巍山,数有祥异,社会之日,众祭铜柱,柱顶故有金铸鸟,鸟忽飞集农逻肩上,众骇异,以为天意有属,白国主张乐进求因以国让之,农逻自立为奇王。"④此神话文本最早见于《南诏图传》"文字卷"第一化:

> 　　《铁柱记》云:初,三赕白大首领将军张乐尽求并兴宗王等九人,共祭天于铁柱侧,主鸟从铁柱上飞憩兴宗王之臂上焉。张乐尽求自此已后,益加惊讶。兴宗王乃忆,"此吾家中

①《后汉书》卷八六《西南夷列传》,第2852页。
②《汉书》卷二五下《郊祀志下》,第1250页。
③《南诏野史会证》,第89页。
④ 万历《云南通志》,第1497页。

之主鸟也"。始自忻悦。此鸟憩兴宗王家,经一十一月后乃化矣。又有一犬,白首黑身(号为龙犬),生于奇王之家也。瑞花两树,生于舍隅,四时常发(俗云橙花),其二鸟每栖息此树焉。又,圣人梵僧未至前三日,有一黄鸟来至奇王家(即鹰子也)。又于兴宗王之时,先出一士,号曰"各群矣",着锦服,披虎皮,手把白旗,教以用兵。次出一士,号曰"罗傍",着锦衣。此二士共佐兴宗王统治国政。其罗傍遇梵僧,以乞书教,即封氏之书也。后有天兵十二骑来助兴宗王,隐显有期,初期住于十二日,再期住于六日,后期住于三日。从此兵强国盛,辟土开疆。此亦阿嵯耶之化也。①

"张蒙兴替"是云南历史上的重大事件,李京《云南志略》说:"初,蛮酋张氏名仁果,时当汉末,居蒙舍川,在诸部之南,故曰南诏。诏,汉语国君也。传三十三王,至乐进求,为蒙氏所灭。"②《南诏野史》说:"汉武帝乃册封仁果为王,号白子国……又十五世至龙佑那,武侯南征,次白崖,以佑那为酋长,赐姓张氏,仍统其民,号建宁国……传三十二世至张乐进求,唐太宗乙酉贞观二十三年封为首领大将军,后见蒙舍川细奴罗有奇相,遂妻以女,逊国与之。奴逻自称奇嘉王,建号大蒙国,又称南诏。"③"主鸟从铁柱上飞憩兴宗王之臂上",说明的是权力的转移,即从白子国到蒙舍诏兴起,"张蒙禅让"是通过"妻女逊国"的形式实现的。而《南诏图传》则将此列为"观音七化"中的第一化,因此张乐进求逊位,南诏立国,是

①〔唐〕王奉宗等撰:《南诏图传·文字卷》,李霖灿:《南诏大理国新资料的综合研究》图版贰,第41页。

②《大理行记校注　云南志略辑校》,第71—72页。

③《南诏野史会证》,第22—25页。

"阿嵯耶观音之化也"。

二、观音建国神话

"观音七化"来自《张氏国史》《巍山起因》《西洱河记》《铁柱记》等南诏国史资料,由此可以推知此神话产生和流传的时期,当在公元 8 世纪甚至更早。可见"梵僧授记、南诏立国"故事,是南诏社会的本土记忆,也是云南佛教神话的核心内容。

"观音七化"演变为"观音十八化"的时间,不晚于大理国,因为"十八化"首见于《白古通》,而《白古通》成书于大理国时期甚至更早①。《白国因由》中的观音十八化故事基于《白古通》,是对《南诏图传》的拓展。"观音伏罗刹"故事,就是故事文本增加的主要内容之一。此故事在元、明、清三代云南地方志乘如《滇载记》《僰古通记浅述》《白国因由》之中均有记载,而以《白国因由》一书记载的最为详尽。

观音伏罗刹的文本,见于《白国因由》者如下:

> 观音初入大理国示现第一:隋末唐初,罗刹久据大理,人民苦受其害。自唐贞观三年癸丑,得观音大士从西天来至五台峰而下,化作一老人至村,探访罗刹及罗刹希老张敬事实。村中人民一见老人如见父母,无不敬爱,备将剜人眼、食人肉种种虐害人民事,从头告知老人。老人乃慰众曰:"罗刹父子数将尽,尔等不日安乐,慎勿忧惧,然不可轻露此言,露之恐招其害。"众答曰:"但得彼父子数尽,虽不敢过望,惟求混度余年耳。"老人遂于圣元寺前趺跏而坐。手内忽现珠宝,并有二

---

① 参见王叔武编著:《云南古佚书钞(增订本)》,第 52 页。

童子侍立,一人手执如意,一人捧圆镜,前现白象鼻吐莲花,左有犬鹿,右有黄马。村人负斋供奉老人,老人弹指说法开示众人。村中男妇愈加恭敬,如儿女依从父母,朝夕奉教,不忍相舍。五台峰之佛出场即观音化现处,至今屡放祥光。

观音化现显示罗刹第二:观音大士探知张敬是阿育王之后,张仁果之裔,为罗刹希老。此时罗刹为害,张敬亦无之奈何,但当日与罗刹来往者,惟张敬一人。观音遂化为一梵僧住于其家。知张敬与罗刹厚交,便于引进故也。张敬见观音温柔慈善,甚敬爱之。旬日之后,进言于罗刹曰:"我家来一梵僧,自西天来,容貌端好,语言殊妙,真为可敬。今欲他往,我再三留之。"罗刹闻而欢悦,即令张敬引来相会。一见梵僧,心生敬爱,款待甚恭。凡出入起居不肯相离,即以人眼人肉为供。梵僧曰:"我受净戒不食此物,如食之即为犯戒,他日受无量苦报。"罗刹闻说,善念忽生,乃曰:"长者至我家,不食我饮食,我心不安,欲与我要何物,我当如命。"僧曰:"我出家人要个甚么?若王相爱,只乞赐安乐处地方一块,结茅居之,不识王意如何?"罗刹曰:"如此则不难,但不知要得多少来的?"僧曰:"只要我的袈裟一铺,我的犬跳四步就足矣。"罗刹乃笑曰:"太少了!太少了!任意去!任意去!"梵僧遂作礼而致谢之。

观音乞罗刹立券第三:罗刹既慨然以地许观音,则未识观音大士通力。越数日乃告罗刹曰:"昨承大王悯僧远来,慨然赐地,若是据占,恐招王怒,以我自思,求立一券以为定准,方敢以袈裟铺之,白犬跳之,可永为遵守也。"罗刹曰:"长者太过于小心矣,袈裟一铺,犬跳四步之地,无多地方,我既与之矣,长者何必多疑。"罗刹虽如此言,是袈裟未铺,犬未跳,而以为少也、小也。观音恐铺之、跳之,罗刹不允,因此再三求其立券而后已。又转求张敬曰："前承在中作美,王既赐地,僧以为无券则难免后日之反悔,僧心不安,乞再代恳赐券为凭。"敬又奉其言,复与罗刹曰："前蒙大王赐梵僧地,吾信以为王无悔矣。独异梵僧以为不立与他地券,则无凭据,不敢占地,恳王立与一券。"罗刹曰："梵僧既然过虑,立券不难。"于是观音即延罗刹父子,请主人张敬,并张乐进求、无姓和尚、董、尹、赵等十七人,十二青兵,同至上鸡邑村合会寺。料理石砚、石笔、石桌至海东,将券书于石壁上,今存其迹。

观音诱罗刹盟誓第四:观音与罗刹立券后,回合会寺,将石砚、石笔送与灵昭文帝。今石砚、石笔在上鸡邑村西合会寺之北,石桌送在杨波远(村),今石桌见在杨波远村上。斯时观音告主人张敬曰:"券虽已立,然恐罗刹之心叵测,不为万全之图不可。我愿彼父子对众立誓,才为定准。"敬答曰:"罗刹父子心果然叵测,诚不可不令盟誓也。"于是婉告之曰:"蒙大王赐梵僧地,此大王厚恩矣。既已立券,而我知梵僧小心过疑,欲再求大王立盟,诚为远虑也。"罗刹笑曰:"梵僧何必如此过虑?"敬曰:"自我思之,既蒙大王赐地,又与立券,诚属实心,何妨再与立盟,使他无疑,足见大王爱梵僧之德意。"罗刹信之,遂往榆城西苍山下,对众立盟曰:"天地圣贤,护法鬼神在上,我父子对众立盟,送地与梵僧,任其袈裟一铺、白犬四跳。此外梵僧不得复求,我父子不得反悔,如有反悔,我父子堕落阴山,永不见天日,护法天神作证。"梵僧合掌称赞。今教场西大石板者,即罗刹盟誓处,今人于此解结焉。

观音展衣得国第五:罗刹随观音至海东,观山清水秀,见石窟鱼窝,十分欢悦,乃凭张敬,并建国皇帝大护法等,遂令灵昭文帝秉笔,将券书于石壁之上。回至海西,又对众盟誓已。

罗刹父子以为些小地方，不以为意，只知与梵僧亲洽相忘于尔我，又何尝计较地界之多寡与得失也。时刻聆受开示，皆忘其食人肉、剜人眼，渐生善念，若有不复为恶之状。此时人民咸相谓曰："美哉，罗刹父子得梵僧劝化，不复为恶矣。"父呼其子，兄唤其弟，俱向前感谢梵僧，并建国皇帝灵昭皇帝之威力，有来奉酒馔者，又有来献茶饭者，梵僧慰众曰："好矣，尔等大王父子为善了，自从今日后，不复为恶，食人肉、剜人眼了，尔等安乐之日至矣。各自向善务业，不必猜疑，还如前日之为害也。"村中人民皆唯唯作谢而去。于是观音对众将袈裟一铺，覆满苍洱之境；白犬四跳，占尽两关之地。罗刹一见大惊，拍掌悔恨。此时有五百青兵并天龙八部在云端拥护，大作鉴证，而罗刹父子悔恨不及矣。

观音引罗刹入石舍第六：罗刹见梵僧将袈裟一铺，尽将大理境内遍覆；白犬跳四步，自西山到东山，上关到下关。罗刹父子怆惶失色，乃曰："了了，我国土人民，悉为梵僧有矣。"欲要反悔，则券已立，誓已盟，众人之前，自觉羞耻。乃自悔当日误听张敬之言，错与梵僧交接往来。于是，父子私相语曰："张敬受我父子深恩，反陷我国土，即那僧阳为浑厚，阴为诡诈，愚弄我父子，并吞我地界。"虽怀忿憾，不敢反言，乃善告梵僧曰："我国土人民尽属长老有矣，使我父子无居止之地，奈何？"僧曰："此亦不难也，我别有天堂胜境，请王居之。"即以上阳溪涧内碌瓮摩出一洞，化为金楼宝殿。白玉为阶，黄金为地。化螺蛳为人眼，化水为酒，化沙为食，美味、珍馐、器具种种俱备，将罗刹父子引入于内。罗刹父子见之曰："此境界胜于我旧时国土也。"僧曰："此处王如不愿，仍将大王所赐我之地相还。"罗刹曰："此处极安乐，无不愿者，只求长老将我眷属移来，尽归于此。"僧着护法神兵将伊家眷属尽移于内,以神通用一巨石塞其洞门,僧变作黄蜂而出。罗刹惊吐其舌,僧令铁匠李子行以铁汁浇之,又造塔镇于洞上,使伊父子永不能出。此观音神通广大,罗刹恶业当终也。[①]

清代康熙年间,大理圣源寺僧寂裕刊印《白国因由》时,在其序言中有一段话,常被后人引用,其文曰:

> 菩萨累劫救护此处,盖有十八化云,备载《僰古通》。逐段原由,原是僰语。但僰字难认,故译僰音为汉语,俾阅者一目了然,虽未见《僰古通》,而大概不外于斯。[②]

当我们细品《白国因由》文本时,能体味到字里行间的"地方性"。譬如"观音化现显示罗刹第二"梵僧与罗刹对话:僧曰:"我出家人要个甚么?若王相爱,只乞赐安乐处地方一块,结茅居之,不识王意如何?"罗刹曰:"如此则不难,但不知要得多少来的?""观音乞罗刹立券第三"文字中有"料理石砚、石笔、石桌至海东,将券书于石壁上"之句。"观音引罗刹入石舍第六"中,罗刹想要反悔,"则券已立,誓已盟……乃自悔当日误听张敬之言,错与梵僧交接往来"等等。

这里的"要个甚么""不知要得多少来的?""料理""交接往来"之语,既像明清小说中的言语,更是大理地方语言习惯。读者能够明显地体会到《白国因由》确实是从"僰语"翻译而来,由此深

---

① 大理白族自治州文化局编:《南诏大理历史文化丛书》第一辑,第199页。
② 大理白族自治州文化局编:《南诏大理历史文化丛书》第一辑,第22页。

信寂裕所称"逐段原由,原是僰语。但僰字难认,故译僰音为汉语,俾阅者一目了然"之说并非虚言妄语。

其实"罗刹"本是印度教中的恶魔,又称罗刹婆、罗刹娑等。女罗刹称为罗叉私。相传罗刹本为印度土著的族名,雅利安人侵入古印度,征服当地土著之后,将罗刹演变成魔鬼与邪恶的代名词。据说罗刹常作犬形、秃鹫或其他鸟形,可与人为夫妻、兄弟,残害人命,有的则以人肉为食。男罗刹为黑身、朱发、碧眼;女罗刹为美女。佛教传入南诏之时,天竺僧人将罗刹神话移入,以罗刹代表本土宗教中的"鬼主""耆老",观音代表佛教,并编织了观音收服罗刹的神话以象征佛教征服巫教,佛法战胜巫术。

"观音七化"到"观音十八化"文本的演变,仍然围绕《南诏图传》"观音幻化、南诏立国"的母题展开,增加的核心内容为"佛祖在西洱河证如来位""迦叶入定鸡足山""观音服罗刹""阿育王封子于苍洱",以及观音救劫等,可以说是《南诏图传》的"前传"与"后传"[1],它将阿育王信仰与南诏大理本土神话相连接,并溯源至佛祖,形成完整的佛教观音佛王信仰神话,成为古正美先生所称"佛王信仰"的典范案例[2]。

---

[1] 参见王叔武编著:《云南古佚书钞(增订本)》,第56—72页。

[2]《白国因由》中的十八化如下:观音初出大理国示现第一,观音化身显示罗刹第二,观音乞罗刹立券第三,观音诱罗刹盟誓第四,观音展衣得国第五,观音引罗刹入石舍第六,天生细奴逻主白国第七,茉莉羌送子与黄龙第八,波经背幼主移居蒙舍观音授记第九,观音雕像遗爱第十,观音口授《方广经》辞张敬入寂第十一,普哩降观音第十二,观音利人民化普哩第十三,观音化白夷反邪归正第十四,观音以神通化二苍人第十五,观音累世行化救劫第十六,大杨明追段思平观音救护第十七,段思平讨大杨明观音指路第十八。参见〔清〕寂裕刊刻:《白国因由》,大理白族自治州文化局编:《南诏大理历史文化丛书》第一辑。(转下页)

　　观音伏罗刹神话中，梵僧"袈裟一铺，白犬四跳"的神话，与基督教"牛皮圈地"传说有异曲同工之妙。"牛皮圈地"传说产生于古罗马时期逖多（Dido）用"牛皮圈地"建立迦太基城的传说，曾经流行于古罗马①。《埃涅阿斯纪》记载说："据传说，腓尼基人向利比亚本地人用低价购买一张牛皮能覆盖的土地，约定后，把牛皮裁成细条，连接起来，圈了一大片土地。"② "牛皮圈地"传说远不止发生在古罗马，也不止发生在宗教领域。由此可知，"观音伏罗刹"与"牛皮圈地"一样具有普遍意义，即此类神话的母题，是外来文化本土化的策略叙事。

第七节　　"大灵土主"大黑天神的传说

　　王升《大灵庙碑记》说："蒙氏威成王尊信摩诃迦罗大黑天神，始立庙，肖像祀之，其灵赫然。世祖以之载在祀典。至今滇人无问远迩，遇水旱疾病，祷之无不应者。神主盟誓烛幽明，昔有阴为不

　　（接上页）　　观音神话很多，如观音负石阻兵，《白国因由》观音累世行化救劫第十六说："又至宋时，兵入大理。观音化作一老媪负石阻之。官兵行至感通寺下，见一老妇用草索（绳）背大石。兵见而问曰：'汝老妇，如何背此大石？'答曰：'我年老不过背小的，你还不见年幼男子背的更大。'兵乃闻言而相语曰：'老妇之力尚且如是，若年幼男子必不可挡。'乃缩然自退。"（《白国因由》，第18—19页）胡蔚《南诏野史》、雍正《云南通志》均载其事。除地方志资料以外，在白族民间流传也极为广泛。今大理古城南四公里处的观音塘，为滇西名刹，四时香客不断，堂内有"大石庵"，盛传庵内的大石，就是当年观音背负的那一块。

① 参见〔古罗马〕阿庇安（Appian）著，谢德风译：《罗马史》（上卷），商务印书馆，1995年，第191页。

② 〔古罗马〕维吉尔（Virgil）著，杨周翰译：《埃涅阿斯纪》，译林出版社，1999年，第13—14页。

善而阳誓于庙者,是日暴卒于庙庭,亦愿治者之所嘉赖也。"[1] 按惯例,官方志乘均不收载民间祀祠,更不会将其"载在祀典"[2]。元世祖将"大灵庙"与"摩诃迦罗大黑天神"载入祀典,给予它"官祀"的礼遇,可知大黑天神信仰对于南诏大理社会的深远意义。

民间流传的大黑天神神话是这样的:

> 玉皇大帝听了耳目神的谎报,以为大理的民众很坏,便命大黑天神到民间散布瘟疫,要让生灵死去一半。天神奉命下至大理湾桥一带,看见一位妇人身背七十多岁的老婆婆,后面跟着一个六七岁的小孩。天神问妇人,为何背婆婆而不背小孩? 妇人说:"孝敬婆婆是人子的本分,小孩可以走路,并无妨害。"天神想,这么好的百姓,怎能横遭涂炭,他不忍心将瘟疫散布人间,而是自己吞下瘟疫符章,舍身救民。大黑天神昏死过去,倒在路旁,全身发黑。他以自己的牺牲换取了千万人的性命和安宁。[3]

大黑天神成为明辨善恶,是非分明,舍身救民的英雄。百姓知闻此事,便将这位舍身为民的天神奉为本主。

南诏大理以来,云南信仰的大黑天神,具有三重身份,所谓在天为天神,在庙为伽蓝,在寺为本主。大黑天神的形象,基本呈现为高大威猛,周身青黑,三头六臂,系人头骷髅璎珞,全身缠绕着毒蛇的怖畏天王相。这位面恶心善的天神受到广泛的崇拜。

---

① 《新纂云南通志》(五),第281—282页。
② 参见方国瑜主编:《云南史料丛刊》第六卷,第3页。
③ 云南省民间文学集成办公室编:《白族神话传说集成》,中国民间文艺出版社,1986年,第147页。

　　大黑天神来自印度,梵语称为摩诃迦罗(Mahākāla),在印度教和婆罗门教中,大黑天神被认为是大自在天(湿婆)的化身,属毁灭之神,同时也是再生之神、苦行之神及舞蹈之神。在古印度《梵书》《奥义书》及《往事书》中,记载着他曾吞下乳海中的毒液,以致颈项被烧青的神话。在印度密教里,大黑天神是密教最高本尊摩诃毗卢遮那佛(大日如来)的化身,专门降服各种各样的魔鬼,是密教的护法神。由此可见,南诏大理以来流传的大黑天神舍身救民的神话,源自印度密教。换句话说,南诏大理流行的大黑天神神话故事,同样是佛教神话的本土化文本。

　　南诏大理时期的石窟寺、石刻与绘画艺术之中,都有大黑天神的形象。风仪北汤天法藏寺大理国写经有《大黑天神及白姐圣妃仪赞》,这是南诏大理国大黑天神信仰的经典依据[1]。张道宗《纪古滇说集》有言:"厥后威成王诚乐立,始塑大灵土主天神圣像,曰摩诃迦罗。筑滇之城,以摩诃迦罗神像立庙以镇……创庙中城而奉之……于是大灵赫赫,以保黎民,风调雨顺,干戈止息。"[2]

　　《新纂云南通志·金石考》说:"今云南各地多有土主庙,塑像各不相同,其来历亦各有传说,盖各有一地之神也。惟摩诃迦罗……土人祀之,后以为土主,而附会之说起,然于传说,亦知与佛教有关也。"[3]

　　总之,天竺僧人为弘传佛法,将佛经中的神话故事,附丽于他们栖游之地,经常用印度佛教中的灵山圣水,移植于别地。此种情形,不仅在南洋,而且在云南亦属常见[4]。而陈金华认为,佛教灵山

---

① 影印本见杨世钰、赵寅松主编:《大理丛书·大藏经篇》卷一。

② 方国瑜主编:《云南史料丛刊》第二卷,第658页。

③《新纂云南通志》(五),第281—282页。

④ 参见方国瑜:《云南佛教原始之谬说》,林超民主编:《方国瑜文集》第二辑。

圣地，就是佛教的神圣空间，是与佛陀、众多菩萨以及佛教大师们有所关联的所在。佛教起源于印度，通过中亚扩展到整个东亚，在这一过程中，数不胜数的圣地在不同的文化背景下持续地被创造出来，某些在印度最为神圣的地点在亚洲其他地方被复制。但是，这种复制或再现不是简单的移植，它包含了复杂的文化调节和发明[①]。前述南诏大理以来本土佛教灵山圣迹的出现，佛教神话与本土神话的融合，正是这样的例证。

灵山与圣迹、神话和传说，跨越民族、语言与文化，在佛教本土化过程中不断在地化，融入本土文化之中。佛教传入云南，特别是经过南诏大理时期的发展，佛教神话与传说已然融于云南地方文化之中，二者难分难舍。

除上述所列的神话传说与灵山圣地之外，云南还流传着牟伽陀开辟鹤庆、观音开辟凤羽坝、五十石、观音补天、观音老母卖黄鳝等神话，既有观音开辟某地的"开辟神话"，也有观音降妖除魔、为民除害的内容。

由此可以看到，佛教传入南诏大理以来，以观音幻化为核心的神话体系，进入到当地土著神话之中，产生了以"观音七化""观音十八化"为代表的佛教神话。而佛传故事、佛本生故事与当地土著祖源神话相结合，出现了佛教版的南诏大理祖源叙事。天竺的灵山圣迹也移到南诏大理，使云南成为"乾陀罗"，大理变成"妙香国"。

佛教神话与传说，从佛教信仰者的视域来说，是真实的历史与事件；从宗教学的学术观来说，它是宗教的世界观，是佛教对

---

① 参见陈金华：《东亚佛教中的"边地情结"：论圣地及祖谱的建构》，《佛学研究》，2012年，总第21期。

于自然、社会、人事的解读或诠释。作为研究工作者,我们对佛教神话传说的研究与探讨,对于相关材料的客观陈述,并不意味着我们亦持相同的世界观,或者相信、支持材料中所呈现的理论与观点。

第九章　以佛号为名

南诏大理以来，"其时俗尚佛教，人名多冠以佛号"。"一姓一名一佛号"的"四字姓名"，成为自寺僧至民间普遍流行的起名方式①。带佛号的姓名常引人关注，它被认为是南诏大理佛教文化的基本特点之一。事实上，以佛号起名的风俗在中国历史上并不少见，它是魏晋以来佛教影响下特有的文化习惯。

第一节　文献记载

所谓"四字姓名"，即姓名之中第一个字为姓氏，中间夹佛号、佛经名或佛家术语为通名，最后一个字为本名，形成"姓氏＋佛号＋名字"的姓名结构。此种起名方式在南诏后期，特别是大理国时期颇为流行，元、明时期仍然保留此种风习②。宋代的史料之中，多有大理国四字姓名的记述，如《宋史》《建炎以来朝野杂记》与《桂海虞衡志》中。范成大《桂海虞衡志·志蛮》记载：

① 〔清〕王崧撰，〔清〕杜允中注：《道光云南志钞》，刘景毛点校，李春龙审订，云南省社会科学院编：《云南文献》1995 年第 2 期，第 305 页。有学者将"佛号名"称为"冠姓三字名"，有的称为"三字名"，我们认为称"四字姓名"较为妥当。参见李东红、杨利美：《苍洱五百年》，第 156 页。
② 参见《新纂云南通志》（五），第 209—210 页。

乾道中癸巳（1173）冬，忽有大理人李观音得、董六斤黑、张般若师率以三字名，凡三十六人至横山寨议市马……其人皆有礼仪，擎诵经书，碧纸金银字相间。邕人得其《大悲经》，称为坦绰赵般若宗祈禳目疾而书。坦绰、酋望、清平官皆其官名也。①

李观音得、董六斤黑、张般若师、赵般若宗等四字姓名中，既有"坦绰赵般若宗"这样的高官，也有"李观音得"与"张般若师"等普通人。

大理国《高姬碑》称逝者高姬"名高金仙贵，天下相君高妙音护之女，母建德皇女段易长顺。翰林郎李大日贤内寝也"②。高姬为皇亲国戚，地位显赫。他们名字中的"金仙""妙音""易长""大日"都是佛、菩萨相关的名号。

近代以来，学术界开始关注、研究此种独特的起名方式。1940年代，《新纂云南通志》第一次搜罗历代地方文献、金石碑铭之中"一姓一名参以佛号"材料，讨论四字姓名的来源与意义③，开启了"佛号名"研究的学术之门。

第二节　主要佛号名考释

南诏大理以来的佛教文献、文物中，带佛号的四字姓名材料较多，我们将其中的一部分摘录出来进行考释与讨论。

---

① 《桂海虞衡志辑佚校注》，第 267—268 页。
② 大理市博物馆：《大理市收集的四方大理国末期的碑刻》，《考古》，1987 年第 9 期。
③ 参见《新纂云南通志》（五），第 210 页。

一、大日

《大理国高姬墓志铭》之中有"李大日贤"之名，其人是墓主高姬的夫婿，官至大理国翰林学士、谏议大夫[1]。"大日"是梵文 Mahâvairocana 的意译，又作"光明遍照""大日遍照"，音译作"摩诃毗卢遮那"，为密教供奉的本尊与最上根本佛，是"五方佛"中尊、释迦牟尼的法身佛。《大日经》为密宗要典之一。南诏大理佛教造像，特别是佛部造像中，大日如来的造像较多，如剑川石窟第六号窟中间"一佛二弟子"，即是大日如来与阿难、迦叶二弟子像。而大理国地藏寺经幢，则是以大日如来为中心的尊胜塔幢。千寻塔等南诏大理佛塔出土一百多件佛教造像，以五方佛造像居多。上海博物馆藏大理国盛明二年（1163）大日遍照鎏金铜像，有"敬造大日遍照祈福"的造像题记，是南诏大理信仰、供养大日佛的最好说明。

二、观音

我们在上一节即引用了《宋史》乾道九年"李观音得"等入宋的记载。在各种史料中，以观音为名者较多，譬如大理国《皎渊塔碑铭》有"高观音政"等四字名。大理国地藏寺经幢"造幢记"有"高观音明"[2]。大理国高氏，以观音为名者，被称为"观音系"[3]。观音信仰特别兴盛，是南诏大理佛教信仰的本色。古正美认为，观音信仰发达的原因是观音佛王信仰，这是南诏大理佛教与其他地区

---

① 大理市博物馆：《大理市收集的四方大理国末期的碑刻》，《考古》，1987 年第 9 期。

② 参见《新纂云南通志》（五），第 201—205、180—184 页。

③ 参见方国瑜：《高氏世袭事迹》，林超民主编：《方国瑜文集》第二辑。

佛教最大的区别①。方国瑜先生曾系统搜罗、整理了以观音为名者
的资料，至今仍然是佛号名研究的基本史料之一②。田怀清的统计
数据显示，大理国至元明时期，以"观音"为名者多达一百四十人
之众③。文物部门在维修崇圣寺千寻塔时发现七十八尊菩萨像，其
中就有五十八尊是观音造像，这些观音像呈男相和天女像两种。
在《张胜温绘梵像卷》中，观音的造像有三种，一种是天女像，一种
是男相，一种是男身女相。有观点认为，大理地区对观音的信仰，
胜过对佛陀的崇拜④。南诏大理男性观音信仰传统，一直保存至近
代⑤。有关观音的神话与故事，从《南诏图传》"观音七化"发展到
《白国因由》"观音十八化"，成为南诏大理以来云南地方社会的核
心文化记忆之一。

三、踰城（逾城）

　　大理国时期，以"踰城（逾城）"为名者众多，高氏一门更甚，方
国瑜因此称高氏有"观音派"与"踰城派"之别，两派在大理国后
期为争夺相位，争斗不已⑥。资料所见以踰城（逾城）为名者，《滇云

---

① 参见古正美：《从天王传统到佛王传统：中世中国佛教意识形态治国研究》
　第九章《南诏大理国的佛教建国信仰》。

② 如张洪《平缅录》之《腾越州志》卷八有"朱观音保"，《土官底簿·北胜州同
　知》有"章观音奴""章观音海"，鹤庆知府之女名为"高观音圆"。相关材料
　详见《新纂云南通志》（五），第196—201页。

③ 田怀清：《宋、元、明时期的白族人名与佛教》，《云南民族学院学报（哲学社会
　科学版）》，2002年第1期。

④ 李玉珉：《张胜温〈梵像卷〉之观音研究》，《台湾东吴大学艺术史集刊》，1987
　年，第15期。

⑤ 李东红：《大理地区男性观音造像的演变：兼论佛教密宗的白族化过程》，
　《思想战线》，1992年6月期。

⑥ 方国瑜：《高氏世袭事迹》，林超民主编：《方国瑜文集》第二辑。

历年传》有"高踰城隆"①,《兴宝寺德化铭》有"大理园上公高踰城光",这位建造兴宝寺的"上公"高踰城光,其高祖为大中国王高升泰,曾祖高泰明,祖高明清,考高踰城生②。仅此即知有高踰城生、高踰城光父子以"踰城"为名。《张胜温绘梵像卷》第83开画的是"南无逾城世尊佛"。方龄贵、王云《大理五华楼新出元碑选录并考释》一书中,由碑刻目录即可检阅到"董逾城福""张逾城端""杨逾城实""杨逾城珮""李逾城连""段逾城顺""赵逾城公""张逾城盛"等名号③。洱源还发现"赵渝城寿"之名④。

踰城(逾城)之称,源于佛传故事中的"夜半踰(逾)城"或称"踰(逾)城出家"。《大唐西域记》卷六《四国》说:劫比罗伐窣堵国"城东南隅有一精舍,中作太子乘白马凌虚之像,是逾城处也。城四门外各有精舍,中作老、病、死人、沙门之像,是太子游观,睹相增怀,深厌尘俗,于此感悟,命仆回驾"⑤。东汉昙果、康孟祥、竺大力译《修行本起经》,三国吴支谦译《佛说太子瑞应本起经》,西晋竺法护译《普曜经》,南朝宋求那跋陀罗译《过去现在因果经》、释宝云译《佛本行经》,隋代阇那崛多译《佛本行集经》等都涉及佛传典故,包含太子逾城故事。佛教经典中,涉及释迦牟尼一生事迹的典籍数量很多,而夜半逾城是其主题之一。

信奉佛教的南亚、东南亚、东亚各地也都流传着夜半逾城的故事,并有二月八太子会,还有诸多雕刻、壁画、唐卡等"夜半逾城"

---

① 〔清〕倪蜕辑:《滇云历年传》,第183页。

② 参见《新纂云南通志》(五),第196—201页。

③ 方龄贵、王云:《大理五华楼新出元碑选录并考释》,第1—3页。

④ 田怀清:《宋元明时期的白族人名与佛教》,《云南民族学院学报(哲学社会科学版)》,2002年第1期。

⑤ 《大唐西域记校注》,第513页。

图像。敦煌遗书 S.1441《二月八日文》之二,对二月初八"行象"活动有记载。《修行本起经》的"出家品"作为经变画,较完整地体现在敦煌莫高窟第 278 窟隋代"夜半逾城"图与第 329 窟唐代"夜半逾城"壁画中 ①。

明代《滇略》卷四记载:"二月八日,各郡有迎佛之会,多于寺中舁游城市,长幼云集聚观,或焚香膜拜,翌日送归。句甸诸邑,以是日祈丰稔,各社装演往事,走马戴竿,若迎春然,三日乃止。"② 云南剑川至今流传的农历二月初八太子会,僧俗大众高抬佛像巡游全城街衢及东南西北四门,纪念"太子逾城之月,天王捧足之辰"的释迦太子"出家日",这是南诏大理佛教信仰的"遗产"③。

四、梵僧

崇圣寺千寻塔第七层造像题记有"杨梵僧婢"的题名④。"梵僧"是南诏大理佛教中特有的名号,是指来自印度的天竺僧人。梵僧又称"建国梵僧观世音",是南诏大理佛教建国信仰的源头。"梵僧"之称,首见于《南诏图传》"文字卷"开篇"其罗傍遇梵僧,以乞

---

① 黄征、吴伟:《敦煌愿文集》,岳麓书社,1995 年,第 33 页。
② 方国瑜主编:《云南史料丛刊》第六卷,第 697 页。
③ 马德、段鹏:《敦煌行城与剑川太子会及其历史传承关系初探》,《敦煌研究》,2014 年第 5 期。
④ 造像题记全文为:"南赡部洲,大明国云南大理府太和县德政坊,在城法华寺□居住,奉佛造像僧阿叱力李祥瑞、助道杨氏观音坚,男李永锦,男李彦桃,男妇杨氏梵僧婢,女妙音善缘姐,同信士张清洎家善大大等,崇圣寺塔内观世音菩萨一尊供奉,上报四恩,下济三有,伏愿承观音妙力,尽万劫之罪根,千生业障□□,百福庄严而成就。愿保家道兴隆,子孙昌盛,万事随心,祈谋如愿,追亡人显考李药师祥、弟李四寿,显妣赵氏观音锦、妻杨氏秋玉之灵,承伏良因,超生佛地。大明成化元年之春正月良日造。"(姜怀英、邱宣充:《大理崇圣寺三塔》,第 91—92 页)

书教，即封氏之书也"等语。《南诏图传》的母题是"梵僧授记、南诏立国"。越来越多的学者认为，《南诏图传》中梵僧显化故事，是基于梵僧传教南诏大理国的历史真实而创作的，是观音佛王传统进入南诏的佛教历史画卷①。剑川石窟第 10 号窟的"梵僧"造像、《张胜温绘梵像卷》第 58 开"梵僧观音"等等，都是典型的梵僧像，描绘的是进入南诏传播佛教的天竺僧人形象。到了明代，仍然有"梵僧观音"造像流传②。说明南诏大理佛教，一直延续至明代。换句话说，从梵僧造像传统来判断，元明时期的阿叱力教派，与南诏大理时期的阿叱力教派是一脉相承的。

五、易长

"易长"之称来自佛经，有易养易长，寿命绵长之意。大理国第十八世国王段政兴以易长为名，称段易长③。其子有"段易长生"与"段易长兴"，其女为"段易长顺"④。《张胜温绘梵像卷》第 100 开所绘观音像，题名为"易长观世音菩萨"。从造像特点判断，此易长观世音即为阿嵯耶观音。

据《叶衣观自在菩萨经》记载："又法，若国王男女难长难养，或短寿，疾病缠眠（绵），寝食不安，皆由宿业囚缘生恶宿直，或数被五曜，陵逼本宿，令身不安。则于所居之处，用牛黄或纸或素，上书

---

① 张泽洪：《梵僧传教与社会记忆—南诏大理国梵僧研究》，《世界宗教文化》，2020 年第 2 期。

② 参见李东红：《大理地区男性观音造像的演变：兼论佛教密宗的白族化过程》，《思想战线》，1992 年 6 期。

③《南诏野史会证》，第 283 页。

④ 参见李霖灿：《南诏大理国新资料的综合研究》图版贰，第 70—72 页；孙太初：《大理国彦贲赵兴明为亡母造尊胜墓幢跋》，《考古》，1963 年第 6 期；汪宁生：《云南考古》，第 257—258 页。

二十八大药叉将真言,帖四壁上……唯愿二十八大药叉将并诸眷属,各住本方护持,守护某甲,令除灾祸、不祥、疾病、夭寿,获得色力增长,聪慧威肃,端严具足,易养易长,寿命长远。"[1] 大理国《佛说长寿命经》发愿文有"慈云阴下,四百四病而不侵;智炬光中,三毒三灾而除净。祛疾病于他方,求禄命以延长"等语[2]。"易养易长"与"得长寿命",既容易成长,又能禄命久长,就是"易长"的含义[3]。

六、迦罗

迦罗又写为伽罗,是梵文 Mahākāla 音译的略称,意为大黑天神。唐一行所译《大毗卢遮那成佛经疏》说:"所谓大黑神也,毗卢遮那以降伏三世法门,欲除彼故,化作大黑神,过于彼无量示现。"[4] 说明大黑天神即是毗卢遮那化现的愤怒身。《一切经音义》说:"摩诃迦罗……八臂,身青黑云色,二手怀中横把一三戟叉;右第二手捉一青羖羊,左手第二手捉一饿鬼头髻;右第三手把剑,左第三手执褐咤迦,梵语也,是一髑髅幢也;后二手各于肩上共张一白象皮,如披势。以毒蛇贯穿髑髅以为璎珞,虎牙上出,作大愤怒形,雷电烟火以为威光。身形极大,足下有一地神女天,以两手承足者也。"[5]

佛经描绘的大黑天神形象,常见于南诏大理佛教造像与神话,譬如剑川石窟第 6 窟的护法天王与第 15 窟的大黑天神,《张胜温

---

[1]〔唐〕不空译:《叶衣观自在菩萨经》,《大正藏》,第 20 册,第 449 页。

[2] 影印本见杨世钰、赵寅松主编:《大理丛书·大藏经篇》卷二。

[3] 侯冲:《大理国写经研究》,汪宁生主编:《民族学报》第四辑,第 38 页。

[4]〔唐〕一行译:《大毗卢遮那成佛经疏》,《大正藏》,第 39 册,第 687 页。

[5]〔唐〕慧琳:《一切经音义》,《大正藏》,第 54 册,第 366 页。

绘梵像卷》第 124 开"大圣大黑天神"像。1956 年，凤仪北汤天法藏寺发现《大方广圆觉修多罗了义经》，背面有大理国写本《大黑天神及白姐圣妃仪赞》一卷[①]。凤仪北汤天《董氏族谱碑》记载，董氏始祖为"董伽罗尤"，即以"迦罗"为名，其人是第五代南诏王阁逻凤的国师[②]。

滇池区域与洱海周边的佛教寺庙内，佛堂之上，诸佛菩萨侧旁，通常供奉大黑天神像，这是历史上云南佛教大黑天神信仰的孑遗。大理地区本主庙中多供有"伽蓝本主"，则是佛教护法神化身为本主神祇的例证。以"迦罗"为名，既与大黑天神信仰有关，也与大日如来信仰有关。

七、波罗

《蛮书》卷一〇记载"贞元册封南诏"之事，当唐朝册封使团行至龙尾关时，有"南诏妹李波罗诺"将细（良）马十匹，出城五里相迎的记载[③]。此处所称南诏，是第六代南诏王异牟寻，说明异牟寻的妹妹、南诏国公主即以"波罗"为名。此外，《僰古通记浅述·蒙氏世家谱》记载，南诏王蒙隆舜继位，以杨良佐为国老，赵波罗为国师[④]。元代人名中有段波罗实、赵波罗等[⑤]。明代大理喜洲火葬墓志铭文中，多有"波罗"之名，如《彦昌赵公墓碑铭》有"祖讳永，字波罗者，道宏德厚，建荡山寺，蒙主敦请为师"。与"彦昌"碑系属同

---

① 影印本见杨世钰、赵寅松主编：《大理丛书·大藏经篇》卷一。

② 董国胜、董沛涓：《大理凤仪北汤天董氏族谱整理及研究》，《大理文化》，2006年第 5 期。

③ 《云南志补注》，第 136 页。

④ 《僰古通记浅述校注》，第 81 页。

⑤ 田怀清：《宋、元、明时期的白族人名与佛教》，《云南民族学院学报（哲社版）》，2002 年第 1 期。

族的《大理弘圭赵公墓志铭》，有大致相同的祖源叙述，其碑说赵氏"择居榆城，其后有铎鞞者，仕蒙朝为演习，今即宰辅也。传至永，法号波罗者，酷好金仙氏之道，勤修行能，建荡山寺，阐扬本教，蒙主尊礼为师"[1]。可知"波罗"为高僧之法号。

考诸佛典，波罗为波罗蜜的简称，是梵文 Pāramitā 的音译。良贲《仁王护国般若波罗蜜经疏》说："波罗者，梵语也，此云彼岸。"波罗蜜有究竟、彼岸等含义。南诏建极十二年（871）铜钟，上层铸金刚、智宝、大轮、妙法、胜业、慧响六波罗蜜像。而南诏大理国古本佛教经卷中，有南诏高僧玄鉴撰，源自《仁王护国般若波罗蜜多经》的《护国司南钞》，还有较多《金刚般若波罗蜜经》写本。可见"波罗"与"波罗蜜"之称，在南诏大理佛教中流传甚广。

八、婆罗

四字名中有陈婆罗乂、尹婆罗婢等称名。弘圭山元代《故正直恭谦和尚墓铭并序》说："乾竺婆罗门僧，求佛而在家者。"《杨宗碑》称"公讳宗，喜郡寺下婆罗门僧□也，蒙氏之时始祖以秘密教名于世，尊以为师……孝桓王（异牟寻）称其号曰宣峰，统领诸僧"[2]。明正统十二年（1447）《处士陇西郡李氏讳土公禾墓志》为"古生三交轩婆罗门杜祥篆盖书丹"[3]。古生是大理白族村寨，"三交轩"是密宗阿叱力教派坛会的名称。此处所述之"乾竺婆罗门""婆罗门僧"，并非指婆罗门教，而是"求佛而在家者"，是佛教僧人，碑铭之中表达的意思是清楚的。"婆罗门"的另一层含义应

---

① 杨世钰、赵寅松主编：《大理丛书·金石篇》卷一，第 260、280 页。

② "中国少数民族社会历史调查资料丛刊"修订编辑委员会云南编写组：《白族社会历史调查（四）》，民族出版社，2009 年。

③ 杨世钰、赵寅松主编：《大理丛书·金石篇》卷一，第 356—357 页。

该是《旧唐书》"天竺国,汉身毒国,或曰婆罗门地也"所指,婆罗门就是天竺国[①]。天竺婆罗门,是把相同含义的两个词连用,犹如皇帝骠信的用法,是南诏大理以来的行文习惯。

特别要说明的是,南诏大理佛教中多出现"婆罗门"的说法,与"乾陀罗""摩伽陀"等称谓的意义是相同的,均指西天、天竺。有研究者从"婆罗门"一词论证南诏大理流行天竺婆罗门教,其实是对相关材料的误读与曲解。

九、阿育

大理国后期,高氏专权,世袭相国,段智祥天开七年至二十一年(1211—1225),高阿育为中国公,其后继为高踰城隆[②]。南诏大理佛教信仰中,阿育王信仰是其佛教祖源信仰,同时也是佛王信仰的核心理念。"阿育王封子滇池苍洱"神话是南诏大理佛教信仰的主要神话之一,在民间有深远的影响。把"圣源"回溯至阿育王,并由此上溯至佛祖,是佛教建国信仰的基本逻辑。大理很多古塔,如弘圣寺塔、佛图寺塔等都被称为阿育王塔。

十、随求

凤仪北汤天《董氏族谱碑》有"董随求铭"的称名,大理弘圣寺出土塔砖,模印陀罗尼经咒名称及真言,其中就有《随求佛母心咒》[③]。

"随求"又称大随求,梵名 Mahā-pratisāraḥ,音译作摩诃钵罗

---

① 《旧唐书》卷一九八《天竺国传》,第 5306 页。
② 《南诏野史会证》,第 286 页。
③ 云南大理白族自治州文物管理所:《云南大理弘圣寺塔清理报告》,《考古学集刊》第八集。

底萨落,为观音菩萨的变身,略称随求菩萨,密号与愿金刚,是密教胎藏界曼荼罗观音大随求菩萨之一。因为此菩萨常随众生之愿求而施予,被称为"大随求"。佛经中有《普遍光明焰鬘清净炽盛如意宝印心无能胜大明王大随求陀罗尼经》《佛说随求即得大自在陀罗尼神咒经》。敦煌写经中有较多的《大随求咒》,出土文物中多有发现,如1944年冯汉骥在成都发现的《印本陀罗尼经咒》[①],1975年西安冶金厂出土唐代纸本雕版印刷《佛说随求即得大自在陀罗尼神咒经》等[②]。以"随求"为名,就是信仰胎藏界曼荼罗行法。

十一、舍利

《元史·信苴日传》有称"舍利畏"者。"舍利"为梵文 sarira 音译,意译为"骨身",为佛、高僧修行所成之宝物。《金光明经》卷四"舍身品"说:"舍利者,是戒、定、慧之所熏修,甚难可得,最上福田。""是舍利者,即是无量六波罗蜜功德所重。"因为象征着"遗教不灭",并具有灵验性,佛陀舍利就成为佛门传世的圣物。《大智度论》卷五九说:"供养佛舍利,乃至如芥子许,其福报无边。"[③]早期安奉佛祖舍利之所,梵名称为 Sarira-Stupa,即舍利宝塔。南诏大理国时期,建塔造寺成为佛教信仰的重要实践活动,崇圣寺三塔就是例证。新近发现的太和城南诏早期寺庙建筑遗址中,出土"官家舍利"有字瓦,还有佛塔的塔基遗址。《张胜温绘梵像卷》第81开绘"舍利宝塔"经幢。《蛮书》卷五说:"大釐城……东南十余里

---

① 冯汉骥:《记唐印本陀罗尼经咒的发现》,《文物参考资料》,1957年第5期。
② 安家瑶、冯孝堂:《西安沣西出土的唐印本梵文陀罗尼经咒》,《考古》,1998年第5期。
③ 〔后秦〕鸠摩罗什译:《大智度论》卷五九,《大正藏》,第25册,第480页。

有舍利水城,在洱河中流岛上,四面临水。"① 此处所称"舍利",则为南诏官家常住的寺庙,城因寺名,故名舍利水城。"舍利"之称,习见于南诏大理时期的文献、文物碑铭之中。

十二、天王、天神、诸天

剑川石窟第 8 窟盛德四年(1179)造像题记中有"□天王员"题铭、第 10 窟造像题记有"杨天王秀"②。大理喜洲弘圭山"大理圀彦贲赵兴明为亡母造尊胜墓幢"有"杨天王长"四字名。凤仪法藏寺明代刊印的《华严经题记》有"陈天神寿"题名③。大理千寻塔佛像题记中有"杨诸天伦"④,等等。《无量寿经会疏》称:"幽有天神,记其条科,无毫厘差。故云'克识'。识音志,即志也。""天神"梵语称 devatâ,为梵天、帝释等一切天众的总称。佛教有六道二十四诸天,在佛教造像中,经常出现的诸天像有帝释天、大梵天、四大天王、大黑天、吉祥天、大辩才天、大自在天等。天王、天神、诸天信仰,在南诏大理国佛陀世界里占有突出地位,因此金刚、天龙八部、天主帝释造像最为发达,如《张胜温绘梵像卷》中的"四大金刚""八大龙王"与"天主帝释众",昆明地藏寺经幢上的"八大龙王"与"四大天王",南诏建极铜钟上的"六波罗蜜"与"四大天王",石窟寺与石刻造像之中大黑天神与多闻天王等。

---

① 《云南志补注》,第 72 页。

② 李东红、杨利美:《苍洱五百年》,第 171、192—193 页。

③ 孙太初:《大理国彦贲赵兴明为亡母造尊胜墓幢跋》,《考古》,1963 年第 6 期。

④ 姜怀英、邱宣充:《大理崇圣寺三塔》,第 92 页。

十三、金刚

凤仪北汤天《董氏族谱碑》有"董金刚田"[①],北汤天原藏《佛说长寿命经》卷末题记有"董金刚梁"[②]。下关《重修龙王庙碑》有"赵金刚宝"[③]。南诏大理写经中,有较多的写本《金刚般若波罗蜜经》;金刚部造像在南诏大理佛教中最为发达,南诏大理时期的石窟、绘画中,金刚力士作为护法神屡屡出现;而金刚杵、金刚铃等法器,更为常见。

金刚为佛和菩萨的愤怒身。金刚来自《梨俱吠陀》,是因陀罗的武器,称 vájra。《佛说宝积三昧文殊师利菩萨问法身经》卷一说:"佛问:何谓金刚,答言无能截断者,以故名曰金刚。佛不可议,诸法亦不可议,以是为金刚。"研究者认为,大理国《诸佛菩萨金刚等启请仪轨》"三部启请"中的金刚部诸神,就是南诏大理金刚部造像的经典依据[④]。

十四、圆通

凤仪北汤天原藏大理国写经《佛说长寿命经》,卷末题记有"董圆通鼎"题铭[⑤]。圆通为佛家术语,《楞严经》卷五有云:"阿难及诸大众,蒙佛开示,慧觉圆通,得无疑惑。"[⑥]张道宗《纪古滇说集》,万

① 董国胜、董沛涓:《大理凤仪北汤天董氏族谱整理及研究》,《大理文化》,2006年第5期。

② 杨世钰、赵寅松主编:《大理丛书·大藏经篇》卷二,第330页。

③ 孙太初:《大理国彦贲赵兴明为亡母造尊胜墓幢跋》,《考古》,1963年第6期。

④ 黄璜:《〈诸佛菩萨金刚等启请〉与唐代不空所传经轨的比较研究》,《古籍整理研究学刊》,2017年第6期。

⑤ 杨世钰、赵寅松主编:《大理丛书·大藏经篇》卷二,第330页。

⑥〔唐〕般剌蜜帝译:《楞严经》,《大正藏》第19册,第128页。

历《云南通志》卷一三均记载,南诏高僧杨道清"精研内典,密操苦行",被南诏册封为"显密圆通大义法师"。昆明"圆通寺"则为南诏古寺。在南诏大理国高僧中,"释儒圆通""显密圆通"一类的称号较为多见。

十五、妙音

崇圣寺千寻塔佛像造像题记有"杨妙音姐"四字姓名①。《大理国高姬墓志铭》有"高妙音护"之名,其人是中国公、相国②。"妙音"梵名 sarasvatī,《大日经疏》十五说："妙音是天名也,《金光明》云'大辩才'天女,大辩谓后也。我出声胜百千梵声,故得名也。""妙音"即妙音天、辩才天。《法华经》"妙音菩萨品"说,妙音菩萨又称狮子吼菩萨,以美妙殊绝的音声遍吼十方世界,弘扬佛法。妙音菩萨是文殊菩萨的化现之身。

十六、三宝

大理佛图寺塔出土《寺庙地租账目》中有以"三宝"为名号的人名。"三宝"即佛、法、僧,信仰佛教就是皈依三宝。南诏王劝丰祐曾下旨"劝民虔敬三宝,恭诵三皈"。《南诏图传》"文字卷"说："保和昭德皇帝,绍兴三宝,广济四生,遵崇敬仰建国圣源阿嵯耶观音。"三宝之称,普遍流行,以三宝为名,即见起名者信仰之虔诚。

十七、延寿

"延寿"为宋法贤译《延寿妙门陀罗尼经》的略称。佛在普提

---

① 姜怀英、邱宣充:《大理崇圣寺三塔》,第 91—92 页。
② 孙太初:《大理国彦贲赵兴明为亡母造尊胜墓幢跋》,《考古》,1963 年第 6 期。

道场时，应金刚手菩萨之请，宣说延寿妙门陀罗尼。大理国《佛说长寿命经》发愿文有"求禄命以延长"之语，亦有"延寿"之意[①]。而"易长"之名，与此有相通之处。直至近代，白族社会中以"延寿""宽寿"为名者较多。

十八、玄化

南诏大理佛号名中有"陈玄化顺""赵玄化奴"等。万历《云南通志》卷一三"习仪僧纲司玄化寺，在府治南半里，昔蒙氏因梵僧赞陀崛多卓锡通水，遂建此寺"[②]。《滇云历年传》有"丰祐保和二年（825）建立鄯阐王宫，僧赞陀建玄化寺于鹤庆，王嵯巅建大理崇圣寺"的记载。鹤庆至今有玄化寺。

"玄化"有佛陀教化之意，指佛法的至德教化，宋人程辉编有《佛教西来玄化应运略录》[③]。

十九、吉祥

《腾冲寸氏宗谱》中有"董吉祥"题铭，"吉祥"是梵文 Lakṣmī 的意译，原为婆罗门教的幸福与财富女神，是佛教护法"天龙八部"之一，称吉祥天女。佛经中有《吉祥陀罗尼经》，而《大日经疏》对于吉祥的解释为"梵云落吃涩弭，Lakṣmī 意为吉相，或名俱相，亦是喜嘉庆义、吉祥庆义"[④]。因此，"吉祥"有护法神、陀罗尼神咒或吉祥相三种来源，含义包括佛教天神、佛经与神咒。

---

① 影印本见杨世钰、赵寅松主编：《大理丛书·大藏经篇》卷二。
② 万历《云南通志》，第 1213 页。
③〔宋〕程辉编：《佛教西来玄化应运略录》，《大正藏》，第 17 册经疏部，编号：No.1794。
④〔唐〕善无畏等译：《大日经疏》卷八，《大正藏》，第 39 册，第 364 页。

二十、般若

般若是梵语 prajñā 的音译,意思是智慧,佛家所称能消除"无明"的"智慧"。《大智度论》卷四三说:"般若者,秦言智慧。一切诸智慧中,最为第一,无上无比无等,更无胜者。"[①]佛教大藏经中有相当一部分属于弘扬"般若"思想的般若系经典。中国历史上,将精通佛教经、律、论的三藏法师,如姚秦时期的鸠摩罗什法师、唐代玄奘法师等,尊称为般若师[②]。

南诏大理经卷中有为数不少的《金刚般若波罗蜜经》写本。而以"般若"为名者,多见诸文献史料与金石碑刻铭文。譬如范成大《桂海虞衡志·志蛮》乾道九年(1173)大理国人入宋的记载中,有"张般若师""赵般若宗"等姓名[③]。《妙应兰若塔记》有"杨般若祐",《故大理路差库大使董踚城福墓志铭》有"般若寿",《张公圹志》有"张般若山"[④]。

二十一、药师

凤仪北汤天法藏寺发现的经卷中,明代写本《法华经》有"董药师贤,男华严宝为法界有情造"题记。大理崇圣寺千寻塔造像题记中,有"李药师锦"四字姓名[⑤]。"药师"出自药师佛、《药师经》,《张胜温绘梵像卷》有"药师琉璃光佛会"图、"药师佛"与"药师琉璃光佛十二大愿"图,南诏大理以来古本经卷中有《佛说灌顶药师

---

① 《大正藏》,第 25 册,第 372 页。

② 丁福保编:《佛学大辞典》,第 1523 页。

③ 《桂海虞衡志辑佚校注》,第 267 页。

④ 杨世钰、赵寅松主编:《大理丛书·大藏经篇》卷一,第 107、163、248 页。

⑤ 姜怀英、邱宣充:《大理崇圣寺三塔》,第 91—92 页。

疏》写本,还有藏文写本《药师琉璃光如来本愿功德经》等,昆明地藏寺大理国经幢有多躯药师佛造像。

二十二、摩诃罗嵯

"摩诃罗嵯"是梵语 Mahara-jah 的译音,是"大王"的意思。

第十二世南诏王蒙隆舜,是一位虔诚佛教徒、高僧、佛王,因此以"摩诃罗嵯"为名。从蒙隆舜起,直至大理国的末代皇帝段智兴,均以"摩诃罗嵯"为名号。具体而言,《南诏图传》中有"摩诃罗嵯土轮王"蒙隆昊礼拜阿嵯耶观音的形象。蒙古宪宗二年,忽必烈率军南下征大理,国王段兴智出降,大理国灭亡。宪宗封段兴智为"摩诃罗嵯",令其管领八方,仍守其地,世袭总管[①]。元宪宗所封"摩诃罗嵯",显然是大王之意。

二十三、左梨、叱力

"左梨""叱力"为阿左梨、阿叱力的简称。万历《云南通志》记载:"王左梨,南诏时秘僧,以功行称。点苍玉局峰月望夜则天乐自空冉冉而下,诏谓左梨曰:'孤闻此乐甚美,安从得之?'对云:'臣能取之。'至日,作法预候其地,天乐果至。鸡鸣时,但见群鹤翔空,遗有玉琵琶、龙吟筝、竹笛、方响之器,世上不得其音,贮之内藏。"同书记载:"赵叱力者,呈庄人,尝捕龙祈雨,龙怒,两山欲合将倾,赵制之益力,龙乃伏。赵与龙立券,刻之涧壁,互相保护。"[②]

"左梨"即是"阿左梨",也就是阿阇梨、阿嵯耶、阿叱力。文

---

① 《元史》卷一六六《信苴日传》,第 3910 页。
② 万历《云南通志》,第 1171—1172 页。

献记载表明,公元 8 至 12 世纪的五百年间,在印度密教金刚乘中出现了八十四位获得证悟的 Acāryā,即能够为人传法、灌顶的密教上师、大师、阿阇梨①。印度密教传入中国之后,由于翻译时所采用的汉字不同而出现了数十种写法,如"阿嵯耶""阿阇梨""阇梨""阿左梨""阿捘哩""阿祇梨"及"阿遮梨耶"等②。在南诏大理以来以佛号命名的名字、官衔中,有称阿阇梨、阿叱力、阿左梨等数十种同音异写的称名。唐释慧琳撰《一切经音义》卷一三说:"阿遮利耶,梵语也。唐曰轨范师,或云受教师。"辽代僧人希麟撰《续一切经音义》卷四说:"阿阇梨,梵语也。或曰阿遮梨,或曰阿左梨,此曰轨范师,谓以轨则仪范,依法教授弟子。"《佛说瑜伽大教王经》"三摩地品第四"称,阿阇梨观想不同的种子字,变成大智,大智又化为八大明王③。因此,阿阇梨又称阿叱力,南诏大理国多指佛教密宗的修行者与传法者。

大理国写经《大般若经》题记有"大理圀大阿左梨赵泰升……大师段清奇",经卷背面有"灌顶阿左梨释智生为法界有情敬造"朱印④。杨延福《法藏寺古经卷清理杂记》说:大理国写经残卷《通用启请议轨》卷末题"□师阿左梨王德彰",名下画一花押。可知大理国通用"阿左梨"一词⑤。由是可知,阿阇梨、阿左梨之称多见于南

---

① 薛克翘:《关于印度佛教金刚乘八十四悉陀》,《东南亚南亚研究》,2011 年第 3 期。

② 参见古正美:《从天王传统到佛王传统:中国中世纪佛教治国意识形态研究》第九章《南诏大理的佛教建国信仰》。

③〔宋〕法贤译:《佛说瑜伽大教王经》卷二,《大正藏》,第 18 册,第 566—567 页。

④ 杨世钰、赵寅松主编《大理丛书·大藏经篇》卷二,第 439 页。

⑤ 杨延福:《法藏寺古经卷清理杂记》,《南诏史论丛》第一册。

诏大理时期,涉及南诏大理国官衔、僧官制度①。它可能是职衔,也可以是带佛号的姓名。

此外,史料中还有佛(寸佛佑、寸佛保)、弥陀(王弥陀姐)、释迦(杨释迦宝、杨释迦)②、法华、大藏、华严、难陀等名号,如凤仪北汤天《董氏族谱碑》有"董法华镛""董大藏林""董药师贤""董华严宝"等等③。而《皎渊塔碑记》为"苏难陀智"书④。通海发现的火葬墓碑铭内,有"杨妙明生"之名⑤。

以上所列举的佛号名,可以说是洋洋大观。我们有理由相信,随着考古发现与文献整理的不断深入,历代碑刻铭文与文献之中,还可以找到更多"四字姓名"材料。

第三节　佛号名的相关研究

1940 年代,方国瑜因腾冲《白王碑》中有"李观音庆"之名,开始关注"佛号名"。方先生搜罗地方文献中相关四字姓名材料,深入考究,首次提出"自段高以后三字为名者,多一姓一名参以佛号"的结论,并认为"在明代设卫所之前,云南土族奉佛教者惟白子,用佛号为名者亦多白子"⑥,把"佛号名"与大理国段氏、高氏联系起

①　参见汪宁生:《云南考古》,第 173—178 页。
②　田怀清:《宋、元、明时期的白族人名与佛教》,《云南民族学院学报(哲社版)》,2002 年第 1 期。
③　董国胜、董沛涓:《大理凤仪北汤天董氏族谱整理及研究》,《大理文化》,2006年第 5 期。
④　《新纂云南通志》(五),第 203 页。
⑤　李波:《通海博物馆藏大理国火葬墓纪年碑浅析》,《文物鉴定与鉴赏》,2016年第 6 期。
⑥　《新纂云南通志》(五),第 209—210 页。

来，与白族联系起来，可谓真知灼见。

1980 年代以来，张锡禄《白族姓名初探》一文，涉及佛号名问题①。我们在《苍洱五百年》中，用"以佛的名义起名"为题，对此作了专门讨论②。田怀清搜罗金石碑刻、文献史料、家谱族谱等，罗列"白族冠姓三字名中带有佛号人名"材料，对其数量、分布地域，特别是佛号名称的内涵进行梳理与讨论。根据田怀清的研究，白族佛号名产生于大理国初期，消亡于明末清初，大致流行了七百余年。截至 2000 年的资料，可统计的云南古代带佛号的人名共三百三十三人。其中大理国时期三十八人，元代八十七人，明代二百零五人。从统计数据看，起佛号名者，明代多于元代，而元代多于大理国，南诏时期则不多见。实际上，这是资料保留、发现、搜集所带来的结果，远非历史的真实。

目前所见佛号名，涉及的佛号有观音、踰城（逾城）、药师、般若、金刚、大日、天王、文殊、妙音、易长、随求、法华、华严、三宝、难陀、圆通、诸天、天神、普贤、梵僧、和尚、焰慧、普法、大藏、延寿、舍利、玄化、佛、吉祥、弥陀、释迦、迦罗、波罗、婆罗、阿育、金仙、文宣、左梨、摩诃罗嵯等三十余种③。涉及佛、菩萨、金刚、力士、天神等尊号、佛典名称、佛家术语、佛教人物、佛教故事与灵山圣迹等等，起"佛号名"者上至国王皇帝，下及寻常百姓，无高低贵贱之分。

佛号名以"四字姓名"为常见，而像"张药师王明""李妙音善缘姐"之类的五、六字姓名亦非罕见。四字名在南诏早期就已流行，最有名者当数"张乐进求"，而《南诏德化碑》题铭中，有"王

---

① 张锡禄：《白族姓名初探》，《民族学研究》第五辑，1983 年。
② 李东红、杨利美：《苍洱五百年》，第 156—158 页。
③ 田怀清：《宋元明时期的白族人名与佛教》，《云南民族学院学报（哲学社会科学版）》，2002 年第 1 期。

宗罗铎""赵农细利"等八人。《旧唐书·南诏传》说,贞元九年（793）,异牟寻向唐朝派出三路使臣入长安,南诏使臣赵莫罗眉、杨大和坚、杨盛受到了唐德宗的接见和嘉许,德宗"赐牟寻诏书"[1]。对此事件,《蛮书》《新唐书·南诏传》《资治通鉴》都有记载。张乐进求、杨邓四罗、赵农细利、赵莫罗眉、杨大和坚、董六斤黑、张文宣彦等虽为四字姓名,却不一定与佛教有关。《蛮书》中的南诏王异牟寻之妹李波罗诺之"波罗",则显然来自佛典。这是南诏早期已经起佛号"四字姓名"的真实案例。

第四节　南诏大理佛号名的意义

名字的重要性自不待言,《论语》有"名正则言顺、事利"之说。对于佛教徒而言,起一个佛号名是件大事情。南诏大理时期,全民信仰佛教,虔诚的信徒均诵持佛典,观想法相,修持与崇奉神祇同体合一的法门,因此以本尊或相关佛典、术语为己名。以凤仪北汤天董氏阿叱力世家来说,其一世祖为第五代南诏王阁逻凤的国师,起名"董伽罗尤",其后嗣名字中有佛号者包括伽罗、金刚、善积、法华、文殊、随求、焰慧、大藏、普法等[2]。可以推知,南诏大理国佛教信仰的兴盛,以致上启国王、皇帝,下及普通信众都以佛号为名。从目前的材料判断,南诏大理佛教中的佛号名,异牟寻时代已经流行,与南诏佛教流传的历史是一致的。

---

[1]《旧唐书》卷一九七《南诏传》,第5282—5283页。

[2] 具体情况是:一世祖董伽罗尤,二十五世祖董金刚寿、董善积勋、董金刚梁、董法华铺,二十六世祖董文殊福、董金刚田、董随求铭、董随求宝,二十七世祖董焰慧智、董大藏林、董普法照等,共十二人有佛号名字。董国胜、董沛涓:《大理凤仪北汤天董氏族谱整理及研究》,《大理文化》,2006年第5期。

昆明"北元"宣光五年"文殊奴神识经幢"铭文说:"□□路达鲁花赤文殊奴,甘肃省居住唐兀人氏,宣光五年八月十三日过亡,宣光七年二月□十日坐□□子妻。"此铭文中的"唐兀"即"党项",是随蒙古南下云南的色目人种之一。文殊奴为西夏后裔,西夏崇佛,以佛号为名的习俗与南诏大理类似①。

更进一步说,魏晋南北朝时期,以佛号为名的习俗,在南朝颇为流行,《资治通鉴》中所见的佛号人名,有穆舍利(卷一七〇《陈纪四》)、魏僧伽(卷一七〇《陈纪四》)、司马消难(卷一七四《陈纪八》)、萧摩诃(卷一七五《陈纪九》)等。由此可见,以佛号为名,流行以佛号起名的习俗或者姓名制度,是佛教信仰对社会文化影响的表征之一,是佛教信仰民俗化的产物。

总之,南诏大理佛教,以号称阿叱力的密教金刚乘最有影响,流行瑜伽秘密修行方法,即修行者与观想的神祇合二为一,奉行"神我合一""神我同体"的信仰。"本尊与自身无异"的瑜伽修行法门,就是南诏大理佛教信众中流行"佛号名"的思想基础。

---

① 参见《新纂云南通志》(五),第 298—302 页。

第十章　佛教化的丧葬习俗

宋人笔记"自释氏火化之说起,于是死而焚尸者,所在皆然"之文,常为学界引用,以此诠释在佛教"戒火自焚"主张之下,唐宋社会普遍流行火葬的缘故①。南诏大理时期,由于全民信仰佛教,自王室至民间普遍实行火葬。

第一节　文献记载中的南诏大理火葬习俗

南诏大理以来的文献中多有火葬的记载,《蛮书》卷八"蛮夷风俗"说:

> 西爨及白蛮死后,三日内埋殡,依汉法为墓。稍富室广栽杉松。蒙舍及诸乌蛮不墓葬,凡死后三日焚尸,其余灰烬,掩以土壤,唯收两耳。南诏家则贮以金瓶,又重以银为函盛之,深藏别室,四时将出祭之。其余家或铜瓶、铁瓶盛耳藏之也。②

---

① 〔宋〕洪迈:《容斋续笔》,孔凡礼点校,中华书局,2005 年,第 381 页。此条史料,最早见于《容斋续笔》,后来被收入永亨《搜采异闻录》。见〔宋〕祝穆:《古今事文类聚》,书目文献出版社,1991 年,第 559 页。
② 《云南志补注》,第 118 页。

木芹认为,这段史料说明,六诏时期,洱海区域乌蛮与白蛮实行不同的葬法。南诏统一之后,由于普遍信仰佛教,主体居民都实行火葬[1]。赵吕甫认为,云南火葬墓遗址中出土铜、铁火葬罐,还有绿釉罐、大小套罐等,足证《蛮书》所记为实际情况[2]。

关于南诏火葬的明确记载,见于《僰古通记浅述》如下叙述:

> 保和年中,赞陀崛多独坐,有乌鸦向国师鸣三。师自知母归于西天,哭泣,令妻亦哭。妻曰:"不见棺尸不下泪,我何泣焉?"师遣四方鬼王,伺其弟出母丧于陀林,昏而不知之际,偷取母尸自西天到家。妻乃信而哭啼。葬于弘圭山,依九节茶毗之法,请六师开六道,往生诸佛光明天。取阿皮罗下火,用金箔贴骨为"紫金骨"。自此僰人效之,但遇亲丧,悉化葬之,谓此也。[3]

这段文字说得非常明白,天竺高僧赞陀崛多,将"九节茶毗之法"引入南诏,从此往后,僰人效之,实行火葬。

有关记载多见于元、明时期的地方文献,而大理国至元、明时期的金石碑铭中,特别是火葬墓碑、幢墓铭资料中相关记载更多,我们略举数例,以概其貌:

李京《云南志略·诸夷风俗·白人》:

> 人死,浴尸,束缚令坐,棺如方柜。击铜鼓送丧,以剪发为

---

① 《云南志补注》,第118页。
② 《云南志校释》,第297页。
③ 《僰古通记浅述校注》,第72页。

孝,哭声如歌而不哀。既焚,盛骨而葬。[1]

《元史·赛典赤传》记云南风俗:

亲死则火之,不为丧祭。[2]

《故大理路差库大使董踰城福墓志铭》:

火化于安乐寺之前,□□男善趋丧泣血,敛骨而归,葬大理城南之祖茔。[3]

景泰《云南图经志书》卷一"云南府风俗":

死则浴尸,束缚置方棺中,或坐或侧卧,以布方幅,令有室僧名阿叱力者,书梵咒八字其上曰"地水风火,常乐我净"而饰以五彩,覆之于棺,不问僧俗,皆送之野而焚之。或五日,或七日,收骨贮瓶中,择日而葬之。

景泰《云南图经志书》卷四"镇南州风俗":

境内僰人,风俗大抵与云南府同……人死则置于中堂,请阿叱力僧遍咒之三日,焚于野,取其骨,贴以金箔,书梵咒其

---

①《大理行记校注　云南志略辑校》,第88页。
②《元史》卷一二五《赛典赤赡思丁传》,第3065页。
③杨世钰、赵寅松主编:《大理丛书·金石篇》卷一,第163页。

上,以磁瓶盛而瘗之。①

相关文献记载还有不少,如万历《云南通志》记全省风俗"葬用火化"时说,"按杜氏《通典》云:古者送死于中野,衣之以薪,而瘗其骨。然则此亦古俗也,未为害义。今则以法律之,不复火化矣"②,记载明代革新葬法,禁止火化的艰难历史过程,隐喻火葬习俗源远流长,一时难以废止。上述文献资料表明,南诏大理以来,直至明代中期,云南多数地区流行火葬习俗。

第二节　火葬墓考古发现

一、曲靖珠街八塔台火葬墓群

曲靖珠街八塔台墓地,分布着从南诏大理国至元明时期的火葬墓。根据《云南曲靖珠街八塔台古墓群发掘简报》③（以下简称《发掘简报》）的描述,1978 年 12 月至 1982 年 12 月间,考古工作人员对八塔台二号堆的古墓群进行了六次发掘,在九米深的文化层中,由上而下,共发掘唐末至明初的火葬墓三百零四座,春秋至东汉前期的土坑墓三百四十座。火葬墓分布在距地表深 1.5 米以上的地层中,叠压和打破了前面各时期的墓葬,而火葬墓本身也有一些打破关系。整个墓地的火葬墓分为三期:

第一期。出土的火葬罐(Ⅰ型,图 10—1),高耸的宝塔形盖纽,半球形罐盖上饰莲瓣形附加堆纹一周。罐身双腹,平底,下腹

---

① 方国瑜主编:《云南史料丛刊》第六卷,第 4、64 页。
② 万历《云南通志》,第 65 页。
③ 王大道:《云南曲靖珠街八塔台古墓群发掘简报》,《云南考古文集》。

无莲瓣,罐里有内罐(子母罐)。罐下有
束腰须弥器座。整个火葬罐呈现"喇
嘛塔"造型,古朴雅致,少数火葬罐器
表施绿釉。

　　第二期。出土火葬罐(Ⅱ型)形态
与第一期(Ⅰ型)基本相同,区别在于
二期下腹多有莲瓣装饰,一般无底座。

　　第三期。出土火葬罐(Ⅲ型),无高
耸的器盖与宝顶、卷沿、短颈、鼓腹、平
底,还有大理国至明代的钱币等物。火
候高,罐身外挂青黄釉。

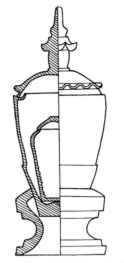

图10—1　八塔台出土Ⅰ型
火葬罐示意图

　　出土Ⅱ型火葬罐的火葬墓,随
葬"咸平元宝""天禧通宝""天圣元
宝""政和元宝"等北宋钱币,还有"为善最乐"北宋铜镜。另外,
此类火葬罐的造型,与崇圣寺千寻塔出土大理国塔模、剑川石钟山
石窟所刻塔像相同。综合考察,出土Ⅱ型火葬罐的火葬墓,其时代
为大理国时期。从叠压与打破关系推断,出土Ⅰ型火葬罐的火葬
墓,其时代为南诏晚期至大理国初期,出土Ⅲ型火葬罐的火葬墓,
上限为大理国,下限至明代。因此,八塔台火葬墓群,是由南诏晚
期开始,连续使用至明代的墓地,在文化上具有连续性。

　　《发掘简报》认为,Ⅰ型、Ⅱ型罐为典型的"仿佛塔"形制,与佛
教的流行密切相关:"南诏大理佛教盛行,为统治者提倡,为百姓所
笃信,其丧葬礼俗也必然染上浓厚的佛教色彩。"仿塔形制的Ⅰ、Ⅱ
型火葬罐在南诏晚期产生,并流行于南诏大理是很自然的事。

　　三百零四座火葬墓中有六十八座墓的火葬罐(内罐)及罐盖、
墓主的骨骸上有朱书梵文、金箔与符篆。火葬罐内的放置方式是:

罐内底部放铜片(龟形)、海贝或者铜镜,上面再放置墓主人的骸骨
与骨灰。骨骸贴金箔,写朱书梵文种字。骨骸上放置料珠、铜(铁)
片。罐外的墓坑中放置铁钉。还有一种情况,就是没有葬具,骨骸
直接放置在墓坑内,用一块梵文砖覆盖。

《发掘简报》对发掘现场的描述、呈现,断代与分期,以及火葬
习俗与佛教信仰关系的讨论较为系统、清晰,堪称南诏大理国以来
火葬墓发掘与研究的典范。当然,也有遗憾的地方,那就是火葬墓
的墓室结构与建造方法没有交待清楚,是把火葬罐直接放到土坑
之中,还是在土坑内,以砖、石构筑墓室,再将火葬罐放置其中? 此
外火葬墓是否有墓碑、幢也没有作进一步的交待。

二、楚雄莲花山火葬墓地

民国时期,楚雄城北莲花山后冈有一处火葬墓地,1935 年,张
希鲁等人在墓群中发现大理国火葬墓幢《高生福墓志铭》,并将其
移至楚雄中学内。此幢后来为云南省博物馆收藏。中华人民共和
国建立后,考古工作者对莲花山后冈火葬墓遗迹进行考古调查,证
明此处为延续时间较长的火葬墓地①。墓地中发现的《高生福墓志
铭》著录于《新纂云南通志·金石考》,碑文如下:

> 　　□□□□忠义臣谥曰忠节克明果行义帝墓志并序
> 金□□□□光国大师
> 　　夫易道以否泰翻覆,天道以日月明晦。大□之道,孰不
> 以天地日月,否泰一命哉! 故自命以观之,物之盛衰,人之穷
> 达,皆造阴阳之常数。推之□御而不夺名,在于忠义而已。于

---

① 参见汪宁生:《云南考古》,第 178—180 页。

此有人焉，高公之谓呼？公姓高氏，讳生福，太祖邦安贤帝高智升，高祖鄯阐岳侯高升祥，曾祖□□□牧高祥坚，祖高坚成，考高成生。公幼有昂霄耸壑之姿，拔萃出类之材，杀身成仁之志，颖锐常作□□天下太平。据会要以观□□□□□公用为谋主，至于公甚□，兹居蛮貊以适时变，而死生契阔，共禄穷人。迢递汉川之头，发如雪变；飘泊夷山之外，生若浮云。尝胆同危，一十有六年矣。嗟夫！道之□□□废，世不得以措手，则剥□□□既复厥辟，则大事已就。功既成矣，乃随赤松子游焉，留之不得也。享年六十有九，于仁寿四年十月廿三日奄疾，薨于硪碌故第。越翼日火化山麓，卜宅兆而安厝，天子追册"忠节克明果行义帝"，礼也。于戏！亡镜之悲，岂独于唐帝；祸国之哭，不翅于□□。愁结云昏，流潸沾□，□□烟而月晓，□翻飞焉。目之则衷肠郁结，未尝不恋慕焉。厥子□露凄怀，过期不除，封树已毕，求志其墓。公之言行志节，恭友孝悌，备在史籍，□□□今但举其□□□□□□□□序。

　　大人之□，□□□模。功既成矣，庶将去乎。

　　云川哽咽，山鸟鸣呼。试观天下，如公之无。①

《高生福墓志铭》刻于火葬墓幢之上，幢由整石雕刻而成，顶部作伏虎形，有座，四面刻文，部分文字浸漫难辨。"仁寿"为大理国段智祥年号，仁寿四年为宋理宗绍定三年（1230）。碑铭原著录于《新纂云南通志》，李士厚、张希鲁、方国瑜诸先生有题跋，汪宁

---

① 《新纂云南通志》（五），第205页。

生《云南考古》录文并作考释①。高生福其人虽然不见于记录，但墓志铭文叙其家世说，"太祖安邦贤帝高智升，高祖鄯善侯升祥，曾祖□□□牧高祥坚，祖高坚成，考高成生"，其世系为：智升—升祥—祥坚—坚成—成生—生福。作为高氏名门大姓之后，高生福生前有大功于段氏，死后被封为"义帝"。我们注意到碑文称"仁寿四年十月廿三日奄疾，薨于硵碌故第"，"薨逝"之说，只用于帝王。史家有"段氏封其臣为帝，近于不伦"的疑问，但段氏时"封其臣为帝"者，仅三见，且全为高氏，一为"安邦贤帝"高智升，是因为其子高升泰曾为大中国皇帝而被追封。而高贞明与高生福，生前皆曾为"国公"，并有"匡正社稷之功"，逝后被追谥为"义地威天聪明仁帝"与"忠节克明果行义帝"。前面已经指出，段氏追谥权臣为"仁帝"与"义帝"，与高氏"国主"的地位与影响有关，但根源出自佛王信仰思想。

我们这里要特别说明的是，身为"义帝"的高生福，同样实行火葬，而且其火葬习俗、火葬墓幢并没有非常特别的地方。

三、腾冲城南茶厂火葬墓地

位于怒江以西的腾冲市，境内遍布南诏大理以来的火葬墓遗迹，以县城坝子四周宝峰山麓、来凤山麓、西山坝最为密集，岗峨山麓、石牌、关坡脚、和顺后山也有大片火葬墓群。1980年代，城南茶厂火葬墓地，曾发现一通方形火葬墓幢（图10—2），宝顶上雕二蟠龙，柱身正面中间开一龛，内雕四臂尊胜佛母像，龛外左右两侧刻八行汉文墓志铭，行字不等，右行，行书，多数文字已残漫不可识。

---

① 参见《新纂云南通志》（五），第205—209页；方国瑜：《云南史料目录概说》第三册，第957页；汪宁生：《云南考古》，第178—180页。

幢身其余部分刻梵文经咒。
汉字墓志铭可辨识者如下：

> 大理圝公□太保
> □□,□□□烈女史梅
> 风□,□□之其人未
> □□□□,十七年腊月
> 廿五日为亲捐躯火化南
> 栅祭□□□□火□诗曰
> 花姿□。①

"大理圝公"为大理国后
期(后理国)高氏还政于段之
后,段氏封赐高氏相国的尊
号。而大理国国王使用的年

图10—2　腾冲大理国史梅风墓幢示意图

号中,纪年超过十七年者,只有段智祥的"天开"年号。"中圝公"
与"十七年"相联系,可知此墓幢为大理国后期段智祥天开年间的
遗物。天开十七年为宋宁宗嘉定十四年(1221)。

　　1998年,文物部门在腾冲来凤山东麓,清理火葬墓一百六十五
座,出土一批火葬罐、随葬品、墓盖石及墓室砖瓦券。其中有大理
国"大宝八年"(1156)砖券一块,"嘉会□年"瓦券一块,还有元
代"大德六年"(1302)、"至正十八年"(1358)瓦券各一块。出土
的火葬罐有铜、陶、瓷三种质地,套罐(子母罐)居多,随葬器中多见
海贝,特别是银、铜片制成的"法轮""莲花""卍"符、符箓铜片、

---

① 吕蕴琪:《腾冲火葬墓及重要遗物》,《云南文物》,1988年,总第23期。

朱书梵文经咒铜片、木质金刚杵,还有水晶、琥珀、玛瑙、手镯、针、挖耳、眉夹,瓷碗、碟、盘、铁斧、锄、矛、勺、杯、瓶、水盂,龟板、药材,泥质彩绘人俑等。墓主骨骸大都有朱书梵文,贴金箔,有的用麻、毛或棉织品包裹骨骸。也有部分墓无随葬品,骨骸不书梵文,不贴金箔①。

《元史·地理志》说:"腾冲府,在永昌之西,即越睒地。唐置羁縻郡。蒙氏九世孙异牟寻取越睒,逐诸蛮有其地,为软化府。其后白蛮徙居之,改腾冲府。元宪宗三年,府酋高救内附。至元十一年,改藤越州,又立藤越县。十四年,改腾冲府。二十五年,罢州县,府如故。"②南诏以来,腾冲为白蛮的主要聚居地,同时也是高氏领地。所以李京《云南志略》说"中庆、威楚、大理、永昌皆僰人,今转为白人矣"③。方国瑜说,大理国高升泰之子高泰运为腾冲演习,传至高救降元。早年李根源在腾冲发现"白王坟",虽然墓铭仅存"白王"与"李观音庆"诸字,但李先生说,"墓之四周围以圆石,似旧建有屋宇者。后面去白王墓约十数步,另有一墓,式亦略同"④。可见墓葬遗存不少,基地规模不小。

四、大理喜洲弘圭山火葬墓群

大理喜洲弘圭山墓地,延续时间长,规模宏大。孙太初说:"大理县喜州西隅的弘圭山,元、明以来白族火葬墓以数千计,丰碑短碣,密如春笋。1959 年 7 月,我和云南省博物馆董昌和、杨福两同

---

① 参见李正、彭华:《腾冲火葬墓考古获重要发现》,《云南文物》,1999 年第 1 期。
②《元史》卷六一《地理志四》,第 1480 页。
③《大理行记校注　云南志略辑校》,第 86 页。
④《新纂云南通志》(五),第 209—210 页。

志到此拓碑,于山腰东北见此幢半埋土中,仅露顶部,觇其形制,与元、明幢式稍异。掘出后,剔去苔藓,文字显露,乃大理国元亨十一年所造。"[1] 这就是大理国彦贲赵兴明为其亡母敬造的陀罗尼经幢(赵女娘塚石),是大理国火葬墓遗存。

墓幢作扁方柱形,顶部为莲花状宝顶,中段为幢身,分正、阴两面。正面上半部刻墓志铭,下半部分刻四臂尊胜佛母像,碑阴刻梵文《佛顶尊胜陀罗尼经》(图10—3)。墓幢现存云南省博物馆。造像碑铭为:

> 大理圆□□揄郡彦贲赵兴明,追为慈妣妇人女娘,敬造尊胜一幢。妇人女娘年得五十一岁,时郡事务三十年,则元亨十一年遇乙卯,三月六日辛卯迁化,四月十日己丑设五七斋镇幢,功毕。谨记。梵咒师金襕僧杨长生书,杨天王长雕。

图10—3　弘圭山赵兴明之母墓幢(局部)

---

[1] 孙太初:《大理国彦贲赵兴明为亡母造尊胜幢跋》,《考古》,1963年第6期。

"元亨"为大理国段智祥年号,元亨十一年当宋宁宗庆元元年(1195)。"彦贲"为大理国官员名号,通海大理国火葬墓碑之中多次出现"彦贲"之称,因此我们将在下文"通海大理国火葬墓群"中加以探讨。雕刻墓幢的杨天王长,是典型的"佛号名",本书第九章《以佛号为名》中有专题讨论。同样,我们在本书第六章《南诏大理社会的佛教化》曾指出,"金襕"就是"金襕法衣",指僧衣、法衣。"赐金襕""赐紫衣"都是对大德高僧的赏赐与褒奖,是礼佛敬僧的表征①。

五、大理五华楼旧址火葬墓碑

五华楼是南诏大理时期著名建筑,《元史·地理志》说:"(羊苴咩城)城中有五花(华)楼,唐大中十年,南诏王券丰佑所建,楼方五里,高百尺,上可容万人。世祖征大理时,驻兵楼前。至元三年,尝赐金重修焉。"②张道宗《纪古滇说集》说:"唐大中十年,王建五华楼,以会西南夷十六国大君长。楼方广五里,高百尺,上可容万人。昭成王保和五年已建完也。"③《僰古通记浅述》记载:"天启八年丁卯,唐宣宗立,改元大中。十年己巳,建五华楼。"④明刘文徵天启《滇志》卷三《地理志》亦载:"五华楼址,在府城中央,唐大中时南诏丰祐建,以会西南夷十六国。方广五里,高百尺,上可容万余

---

① 孙太初则认为,"金襕"之制应源于唐宋时代的儒服。因为《集韵》有"衣与裳相连曰襕"之言,《新唐书·车服志》则说"士人以棠苎襕衫为上服"。详说见孙太初:《大理国彦贲赵兴明为亡母造尊胜幢跋》,《考古》,1963年第6期。

② 《元史》卷六一《地理志四》,第1479页。

③ 方国瑜主编:《云南史料丛刊》第二卷,第661页。

④ 《僰古通记浅述校注》,第70页。

人。元世祖征大理,驻师其下。至正间重修,国初兵燹始废。"①

史籍记载,元世祖立碑于五华楼前,而世祖所立之碑,即《元世祖平云南碑》,至今保留在羊苴咩城遗址内,由此可以想见南诏大理时期五华楼的位置。洪武十五年(1382),明军攻克大理,大理卫指挥使周能,奉命按府城规制,就地取材修筑新城,并在城中重置五华楼。1972 年,大理县在拆除五华楼旧址时,发现一批大理国至元代的火葬墓碑幢。可以肯定,它们是明初新筑大理府城之际,从大理城附近的火葬墓地上移来的,是旧时火葬墓遗物②。这里仅列举其中三通大理国时期的墓碑:

(一)大理国高姬碑:大理五华楼新出宋元碑刻中,有"大理圀故高姬碑"(仁寿五年,1238 年)。碑文部分残漫,大体可识读者如下:

> 大理圀故高姬墓铭碑
>
> 谏议大夫敕赐紫大师杨俊升撰
>
> 文言曰,坤至柔而动也刚,至静而德芳,后得主而有常,含万物而化光者,其高姬之谓乎。姬,大高氏,讳金仙贵,天下相君高妙音护之女,母建德皇女段易长顺,翰林郎李大日之贤内寝也。姿过合浦,少溢照车之光;质孕兰田,长发联城之莹。厘隆宫室,心规帝乙归妹之文;术延台阁,志虑齐姜济晋之术。□□而光庶蘪;谦谦以涉大川。动应承宜,同荇菜之生沼;朝暮不爽,类鸤鸠之在桑,妇节妇功,门不入于□利;女工女史,闺无旷于庶官。备危急则安而可迁,培胜刹则□而能敬。黄

---

① 天启《滇志》,第 142 页。

② 参见方龄贵、王云:《大理五华楼新出元碑选录并考释·前言》,第 1—3 页。

裳元吉,色不过于所天;牝马利贞,建允谐于应地。乱世风雨,
不□□□之音;邪佞雪霜,孰变……(以上为正面碑文)

　　僧于往踪月□□□□,早脱□□,故伴生悲于昼夜,化生
苦于□□□□□,仁寿五年五月二十八日,丹桂伤风,至六月
九日……春秋四十有六……(以上为背面碑文)

碑铭称高姬“名高金仙贵,天下相君高妙音护之女,母建德皇
女段易长顺。翰林郎李大日贤内寝也”,足见高姬地位显赫。以高
姬之身份,葬俗为火葬,虽有墓志铭,但不饰繁盛,只立坟田。

高姬之母为大理国建德皇帝段政兴的女儿,名段易长顺,与段
易长生、段易长兴系出同辈。高姬的夫君李大日贤,是谏议大夫、
翰林郎,可知大理国官制有仿于中原王朝之处。有学者认为,高
姬之父高妙音护,即是高观音隆之子高观音妙,他曾居“中国公”
之位[①]。

碑铭中的“仁寿五年”为高姬卒年。仁寿为大理国第二十世
皇帝段智祥年号之一,仁寿五年当宋理宗端平二年(1235)。因此,
高姬生活的时代,是大理国段正兴、段兴智、段智祥三朝。

(二)杨俊升碑。无巧不成书,1972年大理城五华楼旧址的火
葬墓碑中,“高姬碑”的撰文者杨俊升的墓碑,与高姬碑同时被发
现。碑铭为“衡鉴君国谏议大夫杨俊升,谥曰释龟儒镜圆悟囿师释
照明碑”,碑的背面刻有二十九行梵文经咒。引人注目的是,此题
铭中“衡鉴君国谏议大夫杨俊升”与“释龟儒镜圆悟囿师释照明”
对举的书写方式。“谏议大夫”是官名,因此用的是俗家姓名杨俊

---

① 参见大理市博物馆:《大理市收集的四方大理国末期的碑刻》,《考古》,1987
　年第9期。

升;"圆悟闳师"是僧衔,所用名讳为佛号释照明。"衡鉴君国"与
"释龟儒镜",应该是谥号。这是"以僧为官"的典范案例。论者皆
以为,此碑亡主杨俊升,既是谏议大夫,又是释子,又是儒生,其职、
衔、佛号都与"高姬墓碑"的撰者相同,应是同一个人。他生活的
时代,与高姬相同①。

特别要指出的是,像"谏议大夫""圆悟闳师"此等身份的高
官、大儒、高僧,其葬俗为火葬,而墓碑显得十分简约,与其他墓碑
几乎没有差别。

(三)溪智和尚碑。五华楼旧址还发现另一通重要的大理国时
期火葬墓碑《溪智墓铭碑》。碑铭叙述溪智家世生平,背面刻梵文、
汉文题铭及梵文《佛说般若波罗蜜多心经》。墓志铭如下:

故溪氏谥曰襄行宜德履戒大师墓志并叙,逸士司直述

夫士人居世道有四焉:一曰行事敬,二曰道德勳,三曰亲
亲和,四曰友友信。昔闻其论矣,今见其人焉。其人若何? 溪
氏当矣。溪其姓,智其名。厥先出自长和之世,安国之时。撰
□百药,为医疗济成业,洞究仙丹神术,名显德尊,述著脉诀要
书,布行后代。时安国遭公主之疾,命疗应愈效之功,大赏褒
财物之□焉。继补阇黎之职,□可功熙宜□,德裕后昆,去盛
□之谏封,就郭几之安处。□□德帝朝,孙□全方赞于昌言。
奏以□□所铸丈六妙音之像,绩未立而道在□□,今皇上设创
千座俾圣之恭建,可就而构兹栋宇,上听许诺,庶允□□也。
今圣像闲安,群生蒙福者,职是之力也。其子讳保,保生大,大

---

① 参见大理市博物馆:《大理市收集的四方大理国末期的碑刻》,《考古》,1987
年第9期。

生隆,隆生智,智以德年俱迈,业行双懃,利贞皇补和尚以赐紫泥之书,大公护赏白衣以□□彩之黼。家牒行状,乃杨文伯明俊之述词;德业懃广,则苏神□□之墨迹者,即其考也。及于师,继承祖父,罔坠厥宗,磨炼艺能,培成其器。务以慎终如始,修术以克己度人,言可寡尤,行可寡悔,如此行事,是为敬欤!择邻择安,尚仁尚诚,向善□迁化□惠及□以□厥行,不遑宁居,懃以夜寐夙兴,何暇安息,如此进德,是为懃欤!父子慈孝,不废人之大伦,兄友弟恭,允得天之常性。外以婚姻既睦,内以□□安宁,承积善之休,成富家之吉。如此亲亲,是为和欤!素履攸往,中孚厥宗,省财用而多创佛乘,菲饮食而致敬尊上,伦亲急之所用。曰故余求朋友,配□□□□□□□,如此友友,是为信欤!□兹事德亲友之四绪,是敔厥身;务此敬、勋、和、信之四端,不坠于地。由是道隆皇帝降恩,赏以黄绣手披之级。让圉公隆流惠赐,□□同□源之资□佛事之典而□□□之斡蛊不□□力潜运□□明于光阴(下缺)①

碑阴刻汉文《佛说般若波罗蜜多心经》。

据碑文可知,溪氏一族出自南诏,兴于大长和国之时,终大理国之世,为显贵世家大族。碑文述及逝者溪智,其先人“述著脉决要书”,治愈安国公主之疾而“继补阇黎”之职。所谓“长和之世,安国之时”即郑氏大长和国时期。《僰古通记浅述》记载:“圣明文武威德桓皇帝,即郑买嗣,更名昶,唐西泸令郑回七世孙。唐昭宗

---

① 大理市博物馆:《大理市收集的四方大理国末期的碑刻》,《考古》,1987年第9期。

天复二年七月篡蒙国,年三十二。改元安国,国号大长和。"① 郑氏大长和国传三世,历二十六年(902—928)。溪智本人则"以德年俱迈,行业双勋","利贞皇帝补和尚以赐紫泥之书","道隆皇帝隆恩,赏以黄绣手披之级"。利贞皇帝段智兴,为大理国第十八代皇帝(1172—1200年在位),《南诏野史》载:段智兴"以宋孝宗乾道八年立,改元五,曰:利贞、盛德、嘉会、元亨、安定"②。"道隆皇帝"段祥兴,是大理国第二十一世皇帝(1238—1251在位)。《南诏野史》说:"祥兴,南宋理宗戊戌嘉熙二年(1238)即位,明年,改元道隆。……理宗辛亥淳祐十一年(1251)祥兴卒,在位十三年。子兴智立。"③

"省财用而多创佛乘,菲饮食而致敬尊上",务敬、勋、和、信四端,说明溪氏是典型的"通释习儒"之士,是"释儒""师僧",是阿阇梨世家。溪氏有"家牒行状",说明大理国世家大族,都有家谱族谱。从墓志可知其谱系为:溪保—溪大—溪隆—溪智。更重要的是溪氏行医济世,祖上"述著脉诀要书",还治好大长和国安国公主的病,是医术世家。溪智"业行双憨""修术以克己度人"而受到道隆皇帝的褒奖,死后又谥"药行育德履戒大师",是一位医术高明的阿叱力。此碑是南诏大理国时期有关医药、医僧的重要资料。汪宁生据此认为,南诏大理国时期,阿叱力僧人确能识药治病,不徒以法术眩世④。

文中的"大公护"即高妙音护(高观音妙),"让圀公隆"为高观音隆,都是大理国晚期的重臣。碑述及溪氏祖上"请铸丈六妙音

---

①《僰古通记浅述校注》,第91页。

②《南诏野史会证》,第299页。

③《南诏野史会证》,第325—326页。

④ 参见汪宁生:《云南考古》,第261—262页。

之像",并称"圣像闲安,群生蒙福",似与崇圣寺雨铜观音相关。而"赐紫泥""赏白衣""赏黄绣手披之级"等,都是南诏大理赏赐、褒奖僧人的通行做法。

六、西昌火葬墓遗存

南诏大理时期,在今四川西昌一带,先后设置会川都督与建昌府①。《元史·地理志四》记载说:"建昌路,本古越嶲地,唐初设中都督府,治越嶲。至德中,没于吐蕃。贞元中复之。懿宗时,蒙诏立城曰建昌府,以乌、白二蛮实之。"②由于建昌府的重要区位,南诏大理非常重视对此区域的经营。南诏王室在此建造佛寺、刻石造像。建昌府故地火葬墓遗存较多,发现的火葬墓碑幢,带有大理国纪年者不少。

1980年代,在西昌市老西门外被称为"三坡"的地方,发现一座大理国时期的火葬墓。墓碑上刻有铭文如下:

> 大理囻建昌城西河军□□,地段有胜杂囻言□□□□,便将□□布燮回到□山□,证佛果,年有五十二谢世□,盛德二年丁酉正月十一日,谨记。③

三坡附近,还发现一件大理国时期火葬墓碑残件。碑的正面中间开一小龛,内雕跏趺坐佛像,像两旁刻汉文,可识者有"维皇大理建昌……讳□娶天水郡……□永同记□道隆"等,背面刻发愿文,可识者有"当紫金光聚破幽……愿囚星相毫……七重林下香

① 参见方国瑜:《中国西南历史地理考释》上册,第495—499页。
②《元史》卷六一《地理志四》,第1471页。
③ 黄承宗:《四川西昌三坡火葬墓调查记》,《考古》,1983年第3期。

风……池中莲花"等语①。

此外,西昌北山白骨塔火葬墓地,亦有所发现②。

上述两件大理国纪年火葬墓,前者有"盛德二年丁酉(1177)正月十一日"纪年,"盛德"为大理国段智兴年号,"盛德二年丁酉"的干支纪年,则为考证大理国年号、纪年提供了明确的判断依据。后者提及"道隆(皇帝)",指大理国第二十一世皇帝(1238—1251在位)。两块墓碑上分别书写"大理圀建昌城"与"维皇大理建昌",更加证实它们是大理国遗物。"布燮"为南诏大理官名,而墓碑上"天水郡"郡望等"祖籍故地",为大理国碑铭中所习见,我们将在下节"通海大理国火葬墓群"中将以讨论。

在唐宋时期,今天的西昌地区是南诏大理国通往内地的重镇,区位十分重要,南诏大理或设节度,或置督府,委大将重臣镇守,因此这一区域保存了较多南诏大理文化遗迹遗物。

七、通海大理国火葬墓群

1970年代以来,在云南南部的南诏大理时期通海都督、通海郡故地,陆续发现、发掘了大批火葬墓及火葬墓遗迹、遗物。

1974年,石屏县小亭子火葬墓地,发现"大埋圀冯青山之墓"③。1980年代以来,在澄江、泸西、蒙自、石屏、个旧、建水等地相继发现火葬墓遗存④。

---

① 黄承宗:《西昌发现一方大理国时期刻石》,《文物》,1987年第4期。

② 参见黄承宗:《西昌发现古代火葬墓》,《考古》,1984年第5期。

③ 参见汪宁生:《云南考古》,第252—253页。

④ 参见苏伏涛、王国辉、洪家智:《云南澄江县发现火葬墓》,《考古》,1991年第9期;云南省文物考古研究所、红河州文物管理所、泸西县文化馆:《云南泸西县和尚塔火葬墓的清理》,《考古》,2001年第12期;云南省文物(转下页)

图10—4 大理国通海□□墓碑

2013 年 6 月，在通海县的白塔心、大新村发现大理国火葬墓群，出土一批墓碑（图 10—4）。三十余件墓志铭有大理国年号、年数、干支纪年，或刻有"大理圀""通海郡""通海府""秀山郡"等文字，部分碑志铭记载了墓主的祖籍地与生平。墓葬主要反映了大理国前期的火葬习俗与佛教信仰，是南诏大理国佛教考古的重大发现之一。

现根据黄德荣、吴华、王建昌《通海大理国火葬墓纪年碑研究》与李波《通海博物馆藏大理国火葬墓纪年碑浅析》两文，以及《通海白塔心墓地发掘资料》发表的材料，将其中部分火葬墓碑铭纂录于后，以为进一步讨论的基础史料①。

（一）火葬墓碑、铭举例

1. 通海府都督张兴墓志铭碑。2010 年从白塔心村出土、收集，碑身基本完整，呈长方形，质地为红砂石。碑高九十七厘米，宽

（接上页）考古研究所、红河州文物管理所、蒙自县文物管理所：《蒙自瓦渣地墓地发掘报告》，《云南考古报告集》之二；苏伏涛：《石屏发现青花火葬罐》，《云南文物》，1985 年，总第 16 期；万杨、杨帆、黄磊、杨葛、王之嘉：《云南个旧市石榴坝墓地第二次发掘报告》，《南方民族考古》，2018 年第 1 期；李永生：《建水发现大面积火葬墓群》，《中国文物报》1998 年 2 月 15 日。
① 参见黄德荣、吴华、王建昌：《通海大理国火葬墓纪年碑研究》，《大理民族文化研究论丛》第五辑；李波：《通海博物馆藏大理国火葬墓纪年碑浅析》，《文物鉴定与鉴赏》，2016 年第 6 期；云南省文物考古研究所、玉溪市文物管理所、通海县文物管理所、江川区文物管理所编印：《通海白塔心墓地发掘资料》（2017）。

三十七厘米,厚十三厘米。碑正面中间部分经过打磨,用以刻写墓志铭。其他部分则未经打磨,显得粗糙与随意。该碑共刻有九行文字。碑文如下:

> 故通海府都督张兴参□□墓志铭并序
>
> 都督姓张,名兴,通海府人也。其世祖曰□,玄祖曰□,曾祖曰懽,祖曰鉴,父曰裱,皆一府之豪也。□祥特盛。其功业名望,近者见,远者呼,□待言也。铸巨镛镇未□穆□寺,□□祥之子也。少以孝□,连□其勋戚乡里,莫□□,其□人至方,□□□事府制风□,有文□节以忠,于奉国以威哉。伏□其所白,仁终则孝老,杨□之颂也,□道隆十一年八月五日□于家,□□年□□□□□□,葬于□府□□□子立石□墓,诣□国儒林门□□文□刊之□李□□。铭曰:楚关之山,□□渺茫兮;南海之隰,道路辽长兮;□□□□□,五子高风兮;斯人之名,百载逾昌兮。①

墓主为"通海府都督张兴",铭文中述及"道隆十一年"。"道隆"为大理国段祥兴的年号,道隆十一年为宋淳祐九年(1249),则张兴为大理国后期的通海都督。

张兴为通海府人,碑铭载其世祖、玄祖名讳,至其曾祖懽、祖鉴、父裱"皆一府之豪也",可知张门一脉,至张兴已逾六代,所谓"五世其昌"亦不能言其脉络。碑铭中有"铸巨镛镇未□穆□寺",则张氏家族曾为佛寺铸大钟。此碑对于研究大理国时期通海府、

---

① 李波:《通海博物馆藏大理国火葬墓纪年碑浅析》,《文物鉴定与鉴赏》,2016年第6期。

通海都督的沿革,官员火葬习俗具有重要价值。

2. 末好之碑。墓碑不规整,为简单敲击而成,碑的上半部刻行书三行,是为碑志铭,其书右行,碑文如下:

　　岁次

　　陇西氏慈母末好之碑

　　天兴元年十一月廿九日立

碑中"天兴元年"的年号与纪年,有观点认为是金哀宗完颜守绪天兴元年(1232),这是没有道理的。大理国纪年中,绝少使用内地王朝纪年,更不用说辽、金王朝的纪年了[1]。因此,此"天兴"只有三种可能,一是赵善政于后唐明宗天成三年(928)称帝,改元尊圣,次年改元天应,因此"天兴"为"天应"之误[2];第二种可能是大天兴国祚日短,当时的人以国号"天兴"纪年;第三种可能,就是大理国时期,还有天兴年号,不为史籍所载。因此"天兴"纪年的讨论与进一步研究,有待新资料的发现。

3. 王永海墓碑。碑保存较完整,碑文共三行,中间一行字体较大,楷书,左右两行字体较小。左书,从左至右为:

　　　　□□明应元年岁次丙午六月六日身死

---

[1] 大理国僧人传抄内地经卷《金刚般若波罗蜜经》中有"绍兴丁巳"(1137)一例,属于原文内容,并非用于大理国纪年。

[2]《僰古通记浅述》记载:"赵善政为大天兴国。善政仕郑氏,为清平官,一日途行,天落石于前,石裂,有红字'善政为天子'。于是,干贞杀恭惠而立善政……善政僭称惠康皇帝。后唐明宗天成三年(928)即位,改元尊圣,次年改元天应,改国号'大天兴'。六月,杨干贞废之而自立。善政在位十月。"(《僰古通记浅述校注》,第95页)

弟子王永海墓

九日就火,至九月廿四日立墓谨记

"弟子王永海墓"六字居中,字体明显大于左右两行。"明应"为大理国段素英的年号,明应元年为宋真宗景德三年(1006)。这里的"弟子"显然是信佛者、佛子,而"九日就火",指的是火化。

4. 何观音保墓碑。碑作束腰形,粗红砂石质,高七十七厘米,宽三十五至三十九厘米,碑仅作粗略加工,正面刻碑文五行,右书,铭文可辨识如下:

大理圀通海郡芳讳彦贲何观音保者,颜容端直,志意柔和,年限七十有五,仲夏月亡之碑。清高勇白势英才,艺拯□□□甲兮。诗曰:□□□□□□□,哀哉逝水去何方。

墓碑以"大理圀通海郡"冠名,当然是大理国时期的墓葬。墓主"芳讳"何观音保,是佛号名,其职衔为"彦贲",这是大理国官衔。而此处称"通海郡彦贲",则可知大理国所辖各郡,亦设彦贲之职。

5. 杨氏保大之碑。碑残,部分碑文缺失。铭文左书,行书,现存铭文四行如下:

□□通海郡杨氏保大之碑

□□先君,万载千秋已别离

□魂没处,可怜风扫为流云

□□年丙辰一十二月七日墓志

　　碑中有"通海郡"之称，还有"丙辰一十二月七日"纪年。《元史·地理志》"临安路"记载："唐隶黔州，天宝末没于南诏。蒙氏立都督府二，其一曰通海郡，段氏改为秀山郡，阿僰部蛮居之。"①通海郡之设，始于南诏，大理国相沿。因此，碑铭所涉通海郡，可能为南诏时期，亦可能为大理国时期。南诏年号中涉及丙辰干支纪年的共有三个：南诏阁逻凤长寿八年（776）、南诏劝丰祐保和十三年（836）、隆舜嵯耶八年（896）。大理国年号中涉及丙辰干支纪年的共有五个：段思聪广德三年（956）、段素廉明启七年（1016）、段廉义上德元年（1076）、段正严保天八年（1136）、段智兴元亨十二年（1196）。目前不能确定为何时，然其为南诏大理火葬墓遗物则是肯定的。

　　6. 丁卯碑。碑铭可辨识者为"大理圆通海郡□□□□□，诗云，位敦三宝六亲忠□□□□，天年六十七之凸丁卯□□□"。此碑中的"丁卯年"在大理国时期曾经五次出现，分别为第四世皇帝段思聪广德十四年（967）②，第九世皇帝段素真正治元年（1027）③，第十四世皇帝段正明建安五年（1087）④，第十六世皇帝段正严广运十年（1147）⑤，第二十世皇帝段智祥天开三年

①《元史》卷六一《地理志四》，第1476页。
②〔明〕杨慎撰：《滇载记》："思聪以后周广顺三年立，改元三：曰明德、广德、圣龙。"（方国瑜主编《云南史料丛刊》第四卷，第760页）
③胡蔚本《南诏野史》："素贞，宋仁宗丙寅天圣四年即位，明年，改元正治。仁宗辛巳庆历元年，素贞禅位为僧，在位十五年，孙素光立。"（《南诏野史会证》，第237页）
④胡蔚本《南诏野史》记载："正明，宋神宗辛酉元丰四年即位。明年，改元保定；又改元建安、天祐。宋哲宗甲戌绍圣元年，明在位十三年，为君不振，人心归高氏。群臣请立第阐侯高升泰为君，正明遂禅位为僧，而段氏中绝矣。"（《南诏野史会证》，第253页）
⑤杨慎撰：《滇载记》："正严，以宋徽宗大观二年立。四十年，改元四：曰日新、永嘉、保天、广运。避位为僧，传子正兴，死，伪谥宪宗。"（方国瑜（转下页）

（1207）[①]。不论如何，此碑为大理国时期的火葬墓碑是没有疑问的。碑铭中的"位敦三宝，六亲忠□"，即敬三宝，忠六亲，就是"读佛书，行孝悌忠信"的"释儒"。

7. 释行忍墓碑。此碑是通海出土的火葬墓碑中墓志铭文字较多、保存最完整的一件。碑文共九行，右书、行书、行字不等，多至二十三字，少至六字，碑铭如下：

> 大理圀秀山郡入道毗居释行忍、讳贵仙墓志
> 夫旦终夜代，苟圆穹之常谋；出有入无，则道流之景行。我沙弥尼者，天行运至物化终时，归于无何之乡，辞于火宅之里。其为人也，盛家立德，寓志关雎，协于方类之月，崇于乡党之光，于是厌荣苦行，落发寻真，进德而夙夜惟寅，为善而涓日不乏。若乃不立碑铭，后嗣何观？揖能文之儒流，阐仁风之来里，诗曰：关雎协义此元传，落发寻真入道流；不幸一朝同逝水，树碑立德兴千秋。

碑铭保存完整，共一百六十三字，碑文的内容，是叙述大理国秀山郡法名释行忍，世俗名为贵仙的"沙弥尼"，即女僧人的生平与墓志。贵仙者，是"入道毗居"的僧人，在她出家之前，协和家室，德行乡党，后来落发寻真，出家修行。"归于无何之乡，辞于火宅之

（接上页）主编《云南史料丛刊》第四卷，第761页）《滇云历年传》亦载："段正严立，改元日新，又改元文治、永嘉、保天、广运。"（〔清〕倪蜕辑：《滇云历年传》，第177页）

① 胡蔚本《南诏野史》："智祥，南宋宁宗乙丑开禧元年（1205）即位。明年，改元天开。又改元天辅、仁寿。在位三十三年。子祥兴立。"（《南诏野史会证》，第307页）

里",即脱离苦海,往生极乐之义。墓碑铭文,用语多引道书之语,譬如"出有入无""无何之乡",又讲逝者"盛家立德",溯其"仁风"之渊源①,释儒道圆通,文意深长,这是南诏大理墓志碑铭文学的一大特色。

碑铭以"大理圀秀山郡"起首,前已述及《元史·地理志》"临安路"有"南诏置通海郡都督府,大理段氏改为通海节度,寻改为秀山郡,又复为通海郡"之叙,史家考证"秀山郡"为大理国后期所置。则通海火葬墓碑中凡有"秀山郡"之称者,当为大理国晚期之遗存。

8. 释通允和尚合葬墓碑。墓碑铭文为六行,右书,碑铭如下:

　　秀山郡故弘农氏谥曰释通允和尚碑
　　生来笃信在群先世土功勋善绩全
　　直往西方安妙刹福彰百代子孙贤
　　肯岁次丁未孟春下旬二十二日立碑
　　故杨踰城杏、杨妙明生碑
　　丁未年正月十六日终

很显然,这是释通允和尚与杨踰城杏、杨妙明生的合葬墓碑铭。"释通允和尚"是谥号,不知法名为何,俗名为何。而杨踰城杏、杨妙明生,则是大理国通行的佛号姓名。

按照南诏大理僧人墓志往往同时署谥号与世俗名讳的习惯,此墓主应为"杨踰城杏"与"杨妙明生"两人,其中一人(很可能是

---

① 以上所述,见《云笈七签》卷一〇四:"或与众仙,策空驾虚,出有入无,分形散影,处处游集。"(〔宋〕张君房编:《云笈七签》,李永晟点校,中华书局,第2247页)

杨妙明生）谥号为"释通允和尚"。因为是夫妻墓，碑铭才会出现"福彰百代子孙贤"之句，这是南诏大理时期"师僧有妻子"的基本特点。

碑文中有"丁未年"纪年，即丁未年正月十六日终，丁未孟春下旬二十二日立碑，两次提到丁未年。考大理国使用过的丁未干支共五次，即段思良至治二年（947）、段素英明应年间（1007）、段思廉正德年间（1067）、段正严永嘉六年（1127）、段智兴元亨三年（1187）[1]。如前所述，秀山郡为大理国后期所置，此碑当为大理国晚期的墓葬，即段正严或段智兴时代的遗存。

9. 大师张文宣彦墓碑。碑铭共三行，中间一行写墓主名讳，字体稍大，右行记墓主卒年，左行记其享年。具体文字如下：

　　　　昔甲子年五月廿三日终
　　　　故秀山郡大师张文宣彦碑
　　　　享年七十五卒于□宅

碑中有"甲子年五月廿三日"纪年。大理国时期使用过甲子干支的共五次：段思聪广德十一年（964）、段素隆明通二年（1024）、段正明建安二年（1084）、段正严广运七年（1144）与段智廉元寿四年（1204）。秀山郡为大理国晚期所置，则此碑当为段正严广运七年或段智廉元寿年间遗物。此碑墓主称"大师"，名讳为"张文宣彦"，大师为密教阿叱力僧，又称师僧，而"张文宣彦"四字姓名中，"文宣"之称，应来自唐玄宗封孔子为"文宣王"的典故，此处"大师

---

① 李波：《通海博物馆藏大理国火葬墓纪年碑浅析》，《文物鉴定与鉴赏》，2016年第 6 期。

文宣"当作"释儒"理解。南诏大理佛教有所谓"其流则释,其学则儒"之称,因此以文宣为名,亦属佛号名的形式之一。

　　10. 苏意海墓碑(图10—5)。墓碑体量较小,不规整,碑上刻碑文四行,为左书行书。墓主名讳字体较大,四句赞语字体较小,刻写潦草。录文如下:

> 大理國通海郡彦贲苏意海
> 塔志
> 哀哉良士号才贤　　何事偏逢俊逝渊
> 精魂不知何处去　　收骸立塔置坟田

图10—5　大理国通海郡彦贲苏意海墓碑

此碑虽然没有纪年,但通海郡为南诏所设,大理国沿袭,"彦贲"为大理国官衔。碑称"大理國通海郡彦贲",一是说明此碑为大理国时期的火葬墓碑,二是明确了在大理国治下的地方行政机构中,同样设"彦贲"之职。碑铭不称"墓志"而称"塔志",并写有"精魂不知何处去,收骸立塔置坟田"之语,这正是大理国火葬"立塔置坟"的意义所在。此碑中的"国"字,并非武后所创"圀"字,而用

"國"字，与其他大理国墓碑中的用字不同。

11. 真得、芳保合葬碑。为夫妻合葬墓碑，保存较完好，碑铭四行，右书，铭文为：

　　文治七年六月十三日亡□

　　陇西氏弍男真得之碑

　　弘浓氏妇人芳保之墓

　　岁御辛丑十一月廿八日立

此碑有几处可说者，第一，碑为夫妻合葬墓碑。前两行"文治七年六月十三日亡□ / 陇西氏弍男真得之碑"，是指丈夫去世时间；后两行"弘浓氏妇人芳保之墓 / 岁御辛丑十一月廿八日立"，说的是妻子芳保死后立碑的时间。此种在同一块墓碑上分行刻写夫妻名讳的做法，仅见于通海墓地。第二，墓主人夫妻双方，男方为"陇西氏"，女方为"弘浓氏"，则逝者祖籍地或者是祖源地，皆非大理国地望，其中缘由，本节随后有专门讨论。

12. 众全墓碑。2009 年出土于白塔心村，碑残，现存碑铭五行，中间一行字体较大，每行九至十一字不等，碑铭文为：

　　受气癸卯之眚　　七七余四华穷

　　武略兼于大众　　立功名以荣家

　　落阳氏慈孝众全之碑

　　贞勋礼义生知　　静烟尘以报圜

　　辞亲癸卯之年　　甲辰季冬立塚

此碑只有"癸卯"与"甲辰"两个干支纪年。以甲辰纪年推算，大理国共出现五次，但最有可能者，黄德荣认为当属大理国后期段思廉政德三年（1064）或者段正严永嘉三年（1124）中的一个。癸卯早甲辰一年，可知墓主当年身亡，第二年季冬（十二月）下葬。这是否为当时的习俗，值得探讨。墓主冠"落阳氏"之籍，"落阳"即"洛阳"的异写。而"武略兼于大众　立功名以荣家""静烟尘以报圆"等语，可知逝者为武将，并曾立下安邦定国之功。

13. 提意墓碑。2008 年出土于白塔心村，碑身厚重，正面平整，保存较好，墓志共五行，右书，中间一行字体稍大于左右四行，碑铭如下：

居世未久倏忽　保天六载五九一而皈
眉嫩春柳之纤　攘三从以孝顺于六亲
弘浓娇女落阳贤妇禅提意之碑
发腻秋蝉臧薄　彰四德以调和于九族
□□□□日乃　甲寅大皓三二而亡逝

此碑铭中间一行"弘浓娇女落阳贤妇禅提意之碑"列墓主名讳，左右两侧合起来为一首四句诗赞。逝者名为禅提意，"三二而亡逝"，则此墓主早亡，祖籍为"弘浓"即弘农，而所嫁夫家为"落阳"即洛阳人氏。说明此墓主及其夫家，均有由外迁入的祖源记忆，或即是历史事实。而碑铭中的"攘三从以孝顺于六亲""彰四德以调和于九族"，所谓"三从四德""六亲九族"是儒家思想的核心理念。参照通海发现的其他墓碑所载"保天七年乙卯岁"的纪年，可知保天六年岁逢甲寅（1134），因此碑铭中的"保天六载"与"甲寅"为同一年。

（二）通海火葬墓碑若干问题讨论

通海发现的三十余通大理国火葬墓碑，基本放置于墓坑内，而非立于地表。碑质多为就地取材的青灰、红褐色砂石层岩，制作粗糙，只在正面稍做打磨，用于刻字，背面多数未做加工，碑的形状规格不一。早期墓碑有被

图10—6　通海火葬墓出土梵文经咒火葬罐

后期重复使用的现象。碑文直书，字体以行书为主，少数为楷书，既有左书，也有右书。碑文格式多数刻三行，内容为墓主名讳、生卒年月、立碑时间等，碑上没有撰文、书丹、刻工的名字[①]。墓葬中有模印梵文经咒的火葬罐（图10—6）。

更重要的是，这些墓碑虽然破碎、粗糙、不规整，但文字却保留得较为完好。因为墓葬情况不明，我们无法推断"碎碑"是当时的葬俗，还是仅因工艺简单所致。

无论如何，这是大理国纪年文物最集中的发现，不少墓碑碑铭内涵丰富，对于南诏大理国文化研究具有独特的意义与价值：

一是为订正、完善大理国纪年提供了前所未有的新资料。三十九件大理国火葬墓纪年碑，记录着大理国九位皇帝的十四个年号，它们是至治、明应、明启、明通、保安、建安、天祐、明开、文安、日新、文治、保天、广运、永贞，其中至治、明启、明通、建安、天祐、明

---

① 参见李波：《通海博物馆藏大理国火葬墓纪年碑浅析》，《文物鉴定与鉴赏》，2016年第6期。

开、文安、日新和永贞九个年号，系首次发现，是迄今为止发现大理国纪年新材料最多的一次[①]。

二是名字中有“何观音保”“杨踰城杏”“杨妙明生”“王踰城□”“张文宣彦”佛号名，说明大理国前期，佛号起名方式已然流行。

三是两见“彦贲”之称，即“大理国通海郡彦贲苏意海”与“大理国通海郡芳讳彦贲何观音保”两通碑铭。“彦贲”为大理国职衔，此前曾见于大理喜洲弘圭山“大理国彦贲赵兴明为亡母造尊胜幢”，还有《太华山杜昌海墓幢》“杜昌海者，昔大理国彦贲杜青之八世孙也”的记载。大理国与三十七部《石城会盟碑》[②]、《宋史・大理传》、《宋会要辑稿》、张知甫《可书》均记载大理国官员领彦贲衔者入宋的事件，如南宋张知甫《可书》记载：“绍兴丙辰夏（1136），大理国遣使杨贤明彦贲赐色秀礼衣，金装剑，新侍内官副使王兴臣、蒲甘国遣使俄托桑摩可菩，进表两匣，及寄信藤织两个，并系大理国王封号。金银书《金刚经》三卷，金书《大威德经》三卷。”[③]明确说“彦贲”为大理国官员[④]。此处称“大理国通海郡彦贲”，则大理国下辖诸郡亦有“彦贲”之设置。这是第一次看到地方设置彦贲的资料，诚为可贵。

四是墓主的籍贯，多数冠有来自北方的祖籍地，如甘肃陇西、

---

① 另有至元十九年（1282）、至正壬辰年（1352）、至正十二年（1352）等元代年号。

② 参见孙太初：《大理国彦贲赵兴明为亡母造尊胜幢跋》，《考古》，1963年第6期。

③ 饶宗颐：《饶宗颐东方学论集》，第363页。

④ 方国瑜：《云南史料目录概说》第三册“太华山杜昌海墓幢”，第1102—1103页。

天水、武威，山西弘农、太原，河南洛阳、清河、南阳，山东琅琊，还有京兆郡等。这种情况，并非实指墓主由北方而来，而是追溯祖籍。南诏大理多有此种习惯，而通海火葬墓地特别突出。黄德荣说"这些碑的主人并非都是直接从天水、陇西、弘农、南阳等地迁徙而来，当是他们的先辈来自上述地区"。因此，墓碑的开头都称之为"天水氏""弘农氏""陇西氏""清河氏"等，表明他们的祖籍，这种现象在大理地区的元明火葬墓中时有所见[①]。

五是此次墓碑碑铭多次述及通海都督、通海府、通海郡、建水郡称名，涉及"通海都督""通海郡"与"秀山郡"的建置沿革问题[②]。

从地望来说，上述发现火葬墓遗迹的地区，自南诏大理国以来，属于通海都督、通海节度管辖的地域。而从西南边疆发展史来看，以通海为中心的云南南部地区，一直是南诏大理国的核心管辖区域。《元史·地理志》"临安路"记载："蒙氏立都督府二，其一曰通海郡，段氏改为秀山郡，阿僰部蛮居之。元宪宗六年内附，以本部为万户。至元八年改为南路，十三年又改为临安路。领县二（河西、蒙自）、千户一（舍资）、州三（建水、石平、宁州）。州领二县（通海、嶍峨）。"[③]元明两代志书有关"临安路"的记载内容大致相仿，

---

① 参见黄德荣、吴华、王建昌：《通海大理国火葬墓纪年碑研究》，《大理民族文化研究论丛》第五辑。

② 五通墓碑有通海郡：《苏意海墓碑》（大理国通海郡）、《杨保大碑》（□□通海郡）、《丁卯碑》（大理国通海郡）、《高□墓碑》（大理国通海郡）、《何观音保碑》（通海郡）、《大理国通海□□墓碑》（大理国通海□□），《通海府都督张兴墓志铭》（通海府）。四通碑提到"秀山郡"：《何观音保碑》（大理国秀山郡）、《释行忍碑》（大理国秀山郡）、《秀山郡释通允和尚合葬墓碑》（秀山郡）、《秀山郡大师张文宣彦碑》（秀山郡）。

③ 《元史》卷六一《地理志四》，第 1476 页。

表明自南诏大理以来,以通海为中心的云南南部地区,形成了一个共同发展的区域。

南诏通海都督的空间范畴不见记录,其地理空间虽不能确说,且境界时有出入,但是以明代临安府所领四州、四县及八长官司之地,为南诏通海都督辖境,是可信的。南诏通海都督所辖地域广阔,北与拓东节度相连,南与安南都护相接,西与开南节度为邻,东至特磨道、邕管一带。大理国时期相同①。

《明史·地理志》"临安府"记载说:"元临安路,洪武十五年正月为府。领州六,县五,长官司九,北距布政司四百二十里。"具体而言,"六州"指建水州、石屏州、阿迷州、宁州、宁远州、新化州,"五县"为通海县、河西县、嶍峨县、蒙自县、新平县,"九长官司"分别为纳楼茶甸长官司、教化三部长官司、王弄山长官司、亏容甸长官司、溪处甸长官司、思佗甸长官司、左能寨长官司、落恐甸长官司、安南长官司②。

明代《寰宇通志》卷一一二"临安府"说:"南诏于此置通海郡都督府,大理段氏改为通海节度,寻改为秀山郡,又复为通海郡。后诸酋相侵夺,或属于矢,或属阿㸞,或属鄯阐,李、董、张、王、赵五姓互为郡主。"③

建水、石屏、蒙自、通海诸地,自南诏以来,主要土著居民以"僰子"为主。这一区域,元初属于阿㸞部势力范围。元初分设州县。元《混一方舆胜览》"石屏州"说:"蒙氏为石坪邑。"《元史·地理

---

① 参见方国瑜:《中国西南历史地理考释》上册,第492—495页。

② 〔清〕张廷玉等撰:《明史》卷四六《地理志七》"云南贵州",中华书局,1974年,第1175页。

③ 方国瑜主编:《云南史料丛刊》第七卷,云南大学出版社,2001年,第142—143页。

志四》"蒙自县"说："南诏时以赵氏镇守,至段氏,阿僰蛮居之。"[①]
景泰《云南图经志书》卷三"临安府"说："蒙氏为建水郡,又为通海郡,段氏为秀山郡,一名阿僰部。"[②]

与元代相比,明代的临安府,其建置由"县二、千户一、州三,州领二县",发展为"州六,县四,长官司九",地理范畴由通海向四周扩展与延伸,几乎囊括了"迤南"地区。

康熙《蒙自县志》记载："僰子,滇彝以之为首,蒙先时土著大半皆此类,其言语有二,与汉人语则汉,与同类语则彝,婚丧伏腊,读书成名均与汉同。蒙先鹿苑里(今县城)即其里,后以流寓入籍者日繁,同处遂无所区别。"民国三十六年(1947)蒙自县人口统计资料中仍然有两万多名"僰子"居住在县城一带[③]。

从南诏大理时期的通海都督、通海节度到明代临安府,经长时段的历史发展,在云南南部形成一个彼此相连的区域。以通海为中心的云南南部出现大量的大理国、元、明时期的火葬墓,与该区域历史发展过程,特别是族群活动情况相吻合。

八、剑川中科山火葬墓地

大理剑川中科山火葬墓地,是考古学界较早关注的南诏大理以来火葬墓遗迹之一。早在1940年代,万斯年就在这里进行了考古发掘[④]。1950年代,李家瑞、杨延福等先后对中科山进行调查[⑤]。

[①]《元史》卷六一《地理志四》,第1476页。

[②] 方国瑜主编:《云南史料丛刊》第六卷,第46页。

[③] 蒙自县志编纂委员会编:《蒙自县志》,中华书局,1995年,第132页。

[④] 万斯年:《云南剑川火葬墓的发掘》,《考古通讯》,1957年第1期。

[⑤] 参见李家瑞:《滇西白族的火葬墓概况》,《文物》,1960年第6期;杨延福:《云南剑川存在的墓葬及碑碣石幢等概况》,《文物参考资料》,1954年第8期。

图10—7　中科山火葬墓出土木牍示意图

1980年代,大理州文管所在中科山开展过一次考古发掘,出土包括龙泉窑青花大罐在内的一批精美火葬罐①。

2006年,大理州文管所、剑川县博物馆在中科山墓地开展新一轮考古挖掘工作,两次发掘共清理七十三座墓葬,其中火葬墓六十八座。

火葬墓墓圹呈圆形、椭圆形、不规则形土坑三种,是否有砌筑的墓圹,报告没有交待。墓葬基本为单人葬,坑中的火葬罐内,装骨灰、骨骸,骨骸上有朱书梵文。少数墓葬无葬具,随葬品有铜锁、铜勺、铁钉。出土大量火葬罐、木牍等。火葬罐上有朱书梵文、汉文及符咒(图10—7),汉文多为"追为亡人李宇神道""追为亡人李日春神道"之类的墓志铭。有的木牍上有神像与梵文真言,部分木牍上题写墨书汉文铭文。神像为墨画长袍立像,戴官帽,双手纳入袖内,作拱手状,持斧钺,画像中部题梵字。木牍多残断,铭文意义已不完整。可辨者有"青帝性子李宇慎迁子形之位,有非□□

---

① 参见大理州文管所、剑川县民族博物馆:《剑川中科山墓地探掘报告》,杨世钰、赵寅松主编:《大理丛书·考古文物篇》卷七,云南民族出版社,2009年。

大生人□□，白帝□□""中央黄帝性杨名元子形之位，有非□□莫主人者""黑帝性万名□子形之位，北方有非□□莫主人者，南方""香柏王分……田方……安莊甲……如律令""甲子己丑日墓中有呼生人""者柏人当"等。还有一块明嘉靖四十二年（1563）的买地券①。

发掘报告认为，中科山墓地的年代分为三期，第一期为南诏晚期至大理国时期；第二期为大理国至元末；第三期为明代到清初。从中科山墓地情况判断，火葬习俗延续时间长，时代特征突出。出土文物丰富，其中有大量反映火葬习俗的木牍神像铭文、买地券、朱书梵文神咒、汉文墓志等，还有元明时代的纪年，是研究、讨论火葬墓、火葬习俗的珍贵文物史料。对于中科山发掘、发现的大量内涵丰富的文物史料，需要从宗教学的角度加以考察、探讨、推断，以此深化学术界对火葬及南诏大理佛教信仰的认识。

譬如，出土木牍上的"中央黄帝性杨名元子形之位""青帝性李宇慎迁子形之位""白帝□□□□□□之位""赤帝□□□□□之位""黑帝性万名□子形之位""南帝"等铭文，很显然指"五帝"，即东方青帝、南方赤帝、西方白帝、北方黑帝与中央黄帝，而木牍上的神像，亦有"帝"者之风采。但中国宗教里的"五帝"有很多种解释：《周礼》有以六辂祭祀昊天上帝和东、南、西、北、中五方上帝的记载。五帝为昊天上帝、东方青帝太昊、南方炎帝、中央黄帝、西方白帝与北方黑帝。"五方上帝"分别配五行五色，金木水火土、白青玄赤黄②。在道教文献中，"五帝"又称"五老君"，《上清灵宝

① 参见大理州文管所、剑川县民族博物馆：《剑川中科山墓地探掘报告》，《大理丛书·考古文物篇》卷七。
② 参见许富宏：《汉初上帝信仰的演变及其原因》，《青海民族大学学报：社会科学版》，2008 年第 3 期。

大法》卷三九说：“五帝者，五方五炁之主。”《洞玄灵宝自然九・天生神章经注》卷上：“五帝在天为五行，在地为五岳，在人为五脏之神。”道教“五帝”有多种说法，“五帝”姓名字号各有不同。《太清金液神气经》卷中：“东方青帝姓产名并字慎迁，南方赤帝姓温名业字使卿，西方白帝姓赵名钟字元照，北方黑帝姓葛名贤字秋都，中央黄帝姓阳名次字元都。”很明显，由铭文而论，剑川中科山火葬墓中出土的木牍铭文，与《太清金液神气经》所指“五帝”名号最为接近。

木牍上的神像与铭文，如“甲子己丑日墓中有呼生人”“柏人当”等，则可与明代柳洪泉《三元总录》卷三“墓呼日诀”相对应：“亡人若犯墓呼日，所犯神来入墓辰，辰戌丑未为四墓，可用板砖厚一分，长是七寸人形相，朱书某方呼柏人，某方柏人可来应，依法镇之永无凶，月将但加死时行，掌上顺去墓中寻，亡人生相人何墓，须看呼唤那方人。”据中科山火葬墓内出土的木牍上的墨画神像、梵咒与名号判断，木牍属于“镇墓符”[①]。

中科山火葬墓出土的买地券，其文字与格式则与祥云出土大理国大宝五年（1153）《马氏二十四娘碑》（买地券）相类。

20世纪初，云南县（今祥云县）知事袁丕基先生，在任所发现了大理国大宝五年“马氏二十四娘地券碑”一通，碑额有“太上至圣”四字，其碑文如次：

> 维大宝五年，岁次壬戌十月一日乙酉朔，大汉国内侍省扶风郡，殁故亡人马氏二十四娘，年登六十四命终，魂归后土。用钱九万九千九百九拾贯九毫九厘，于地主武夷王边买得左

---

① 〔明〕柳洪泉撰：《三元总录》，郑同校，华龄出版社，2015年，第122页。

金吾街咸宁县北石乡石马保菖蒲观界地，名云峰岭下坤向地一面。上至青天，下及黄泉，东至甲乙麒麟，南至丙丁凤凰，西至庚辛章光，北至壬癸玉堂。阴阳和合，动顺四时，龙神守护，不逆五行。金、木、水、火、土并各相持。今日交券，应合四维。分付受领，百灵知见。一任生人兴功造墓，温葬马氏二十四娘。一力代温居，永为古记。愿买地内侍省扶风郡殁故亡人马氏二十四娘，券卖地主神仙武夷王，卖地主神仙张坚固，知见神仙李定度，证见领钱神仙东方朔，领钱神仙赤松子，量地神仙白鹤仙，书券积是东海鲤鱼仙，读券元是天上鹤。鹤上青天，鱼入深泉，岗山树木各有分林。神仙若问何处追寻，太上老君敕青诏书，急急如律令。

此碑最早著录于袁嘉谷《滇绎》卷二，《白族学研究》第五期刊登了陆家瑞《马氏二十四娘"地券碑"浅释》一文，我们在《云南大理地区的道教》一文中曾引用并作了深入的讨论。此"买地券"碑铭文保存完好，碑文中的"大汉国内侍省扶风郡"，是对逝者祖籍郡望的追忆或想象，此为南诏大理以来火葬墓碑铭的书写传统。因为碑铭保存完整，我们认为这篇买地券文，可作为南诏大理火葬墓买地券的"完本"来理解 [1]。

在南诏大理佛教密宗神祇里，"东南西北中"（五方）与"地水火风空"（五轮）、"金木水火土"（五行）、"黄白赤黑青"（五色）相对应，因此，南诏大理以来火葬墓中出现的"五帝"，并非单纯的道教神祇，亦非完全的冥神信仰中的"五方五帝"，而是佛教密宗信仰

---

① 参见李东红：《云南大理地区的道教》，林超民主编：《民族学通报》第一辑，云南大学出版社，2001 年。

思想与神祇的一部分。从"地水火风空五轮……其色黄白赤黑青。五轮即五智,观之而观成就,则自身即为五智如来"①之说可知,中科山火葬墓出土镇墓符、买地券等,体现的正是阿叱力教派杂糅诸教的丧葬文化习俗。

九、大理凤仪大丰乐火葬墓群

1988 年,大理市进行文物普查时,在凤仪镇大丰乐村发现火葬墓群。1993、1995 年云南省文物考古研究所及大理市博物馆先后两次对该墓地进行了发掘,清理火葬墓九百六十六座。墓坑分为圆形、椭圆形与方形三种,以方形坑为例,其方法是先从地表向下挖掘出一个方坑,用六块大理石板,构成方形石室,石室中放置火葬罐。构筑墓室的石板上刻画"常乐我净""地水风火"四神或八神并刻梵文真言。火葬罐有不同形制,罐盖作宝顶状,罐身上堆贴莲花纹、金刚杵、人物俑、十二生肖等佛教器物与符号。罐内装骨灰及骨骸,大块骨骸上写朱书梵文种字,贴金箔。随葬器少,主要有海贝。发掘报告认为,大丰乐火葬墓地,第一期为南诏晚期至大理国时期,第二期为大理国中晚期至元代,第三期时代为明代。火葬墓的内涵,体现了典型的佛教火葬习俗②。

非常重要的是,在这里发现了墓圹的开挖与墓室的砌筑方法,同时出土数量不少的、用于构筑墓圹的墓壁石板,石板上刻画"常乐我净""四门"与"地水风火""四执金刚"像及梵文真言、神咒,与文献记载完全吻合。

---

① 丁福保编:《佛学大辞典》,第 471 页。
② 闵锐、刘旭、段进明:《云南大理市凤仪镇大丰乐墓地的发掘》,《考古》,2001 年 12 期。

十、宜良孙家山火葬墓群

考古工作队在宜良县孙家山墓地发掘了九十一座火葬墓,墓葬多数为单人葬,少数为合葬墓(二人、三人、四人)。葬具内、外罐相套的情况为多,火葬罐多为陶质,部分为釉陶。其中"A型Ⅰ、Ⅱ两式外罐"带半球形盖,宝塔形盖顶,盖上有朱书梵文种字;罐身有莲花瓣,附加堆贴金刚杵、金刚铃等法器、十二生肖等纹饰。而"C型罐"外罐,罐盖上有法轮纹,罐身写朱书梵文,罐身下部堆贴五方神像。墓地出土的器物,有买地券、符箓铜片二十五件,木牍纪年买地券一件。

木牍纪年买地券,可识读文字如下:

□□岁次丁酉年十二月庚寅朔□□」□□为之人□□□□
姮神道墓□□」□□九千九百九十九□□□此黄天□□」
□□买得前□墓□□□□东有青龙西有白」虎南有朱雀北有
玄武上至苍天下□□」□□天地神明□保人张坚固李宝庆□□」
□□东王公西王母□□□□曹□□□人金主」□□飞上□□□
人入黄泉高山□□□□」

发掘报告根据陈垣《二十四史朔闰表》推断此"岁次丁酉年十二月庚寅朔",为元成宗元贞三年(1297),判定此买地券为元初的遗物。发掘报告认为,此木牍出土于第一期墓葬中,因此孙家山火葬墓,是元初至明代早期的遗迹①。

虽然此报告对于火葬墓墓室的砌筑、火葬罐内骨骸的安放没

---

① 参见云南省博物馆文物工作队、昆明市文物会:《云南宜良县孙家山火葬墓发掘简报》,《考古》,1993年第11期。

有系统报道,但从现有披露的材料看,孙家山火葬墓地,出土数量
较多的买地券,火葬罐上堆贴五方神像、十二生肖、法器,写朱书
梵文等,罐内盛装的墓主人骨骸上写朱书梵文,很显然是受到佛
教影响的火葬习俗遗存。而部分火葬罐有器座,半球形盖,宝珠
(塔)盖形顶,则与曲靖八塔台早期火葬墓出土火葬罐属同类。由
此我们推断,此墓地年代的上限,不应止于唯一的纪年材料"岁
次丁酉年十二月庚寅朔"(1297),很可能是大理国甚至更早。而
此处火葬墓地出现的多人合葬习俗,在其他火葬墓遗迹中并不
多见。

十一、禄丰火葬墓群

禄丰的火葬墓地较多,黑井镇石龙村后山有火葬墓四百余座。
考古调查与发掘发现了"泰定""至正""宣光"年号墓志,墓志铭
中间为法轮图案,有莲花、梵文种字,汉文"至正二十六年岁次丙
午十月十三日追为亡人周善神道"墓志。"泰定"是元代泰定皇帝
的年号(1324—1328);至正为元惠帝年号,至正二十六年为1366
年。"宣光"为北元年号,宣光九年相当于明洪武十二年(1379)。

墓葬无封土,以数十座为一群。墓坑构筑方式有三种:一种
为圆形土坑,直径和深度均在一米左右,中央置火葬罐,然后填土
掩埋。少数墓葬在罐口之上安放圆形石质墓志(墓幢)。第二种为
方形砖室坑,用青砖或石板在土坑内砌成宽、深约一米的方形墓
圹,中间放置火葬罐,上面覆盖石板,再用土掩埋。第三种,长方
形土坑,长约二米,宽一米,坑底有木炭,四周有烧成黑红色的石
块围住,中间安置焚化后的骸骨,再用土掩埋。火葬罐有狮纽盖、
莲叶形盖,罐身附贴十二生肖像,有朱书梵文、干支。部分陶罐带
座。禄丰火葬墓地,出土最多的火葬罐,是云南本地出产的青花

瓷罐[①]。

十二、鹤庆象眠山火葬墓地

地处滇西北的鹤庆县象眠山,是南诏大理国以来传统的火葬墓地,1940—1950年代,这里碑幢林立。石钟健曾至此调查,并在《滇西考古报告》中记录了部分象眠山火葬墓碑、幢铭文材料。1960—1970年代的几次建设工程,人们从这里就地取材,移走了大部分墓碑幢。

2004年至2005年,云南省文物考古部门组成考古队,对象眠山墓地进行发掘,共清理火葬墓两千三百六十七座。火葬墓坑一般为圆形或椭圆形,长50—100厘米,深60—120厘米。仅有少数墓葬用砖、石砌筑墓室,多数直接使用土坑埋葬。墓地发现大量炭灰及炭灰层,发掘报告认为这是"就地火化"的证据,说明多数逝者的遗体是在墓地火化的。

墓葬中出土的火葬罐,其年代最早者多为生活实用器,无任何佛教色彩装饰。在发展过程中,佛教色彩装饰逐渐繁盛甚至鼎盛,既而又逐渐简化、衰退。明末佛教色彩装饰手法已经淡出,清初火葬习俗才完全绝迹,被土坑墓葬俗所取代,一直延续至今[②]。

发掘报告所称的早期火葬墓使用生活器具作葬具(火葬罐)的做法,在其他火葬墓地中没有出现,由此可推知这部分火葬墓的年代应该更早,或许是南诏早期的遗迹。

---

① 郭季芳:《禄丰火葬墓及其青花瓷器》,《文物》,1984年第8期。

② 参见云南省文物考古研究所:《鹤庆象眠山墓地》,文物出版社,2009年。

第三节　火葬与火葬墓性质讨论

火葬是人类普遍存在的古老葬俗之一,有的火葬习俗不一定与佛教相关。唐宋以来,由于佛教流行,佛教徒遵从"戒火自焚"的主张,火葬逐渐在中国流行。唐代,把因信仰佛教而流行的火葬称为"荼毗""阇维""耶维""耶旬"等,这是由梵语 jhāpita 音译而来的称谓。

佛陀的父王净饭王病逝,烧身收骸,藏置金刚函内。《佛说净饭王涅槃经》说:"时火焚烧大王身已,尔时诸王,各各皆持五百瓶乳,用以灭火。火灭之后,竟共收骨,盛置金函,即于其上,便共起塔,悬缯幡盖及种种铃,供养塔庙。"[①]

《长阿含经》记载,佛陀涅槃前对阿难说:

> 汝欲葬我,先以香汤洗浴,用新劫贝周遍缠身,以五百张叠,次如缠之,内身金棺,灌以麻油毕,举金棺置于第二大铁椁中,旃檀香椁次重于外,积众名香厚衣其上,而阇维之。讫收舍利,于四街道起立塔庙,表刹悬幡,使诸国行人皆见佛塔,思慕如来法王道化,生获福利,死得上天。[②]

佛陀寂灭之后,在拘尸那城火化。摩揭陀国、毗舍离国与拘尸那城诸王收佛舍利,起塔供养。《佛行所赞》卷五《分舍利品第

---

① 〔宋〕沮渠京声译:《佛说净饭王涅槃经》,《大正藏》,第 14 册,第 783 页。
② 〔后秦〕佛陀耶舍、竺佛念译:《长阿含经》,中国佛教文化研究所点校,宗教文化出版社,1999 年,第 55—56 页。

二十八》叙述了佛祖寂灭后"八王分舍利"的故事：

> 彼诸力士众，奉事于舍利。
>
> 以胜妙香花，兴无上供养。
>
> 时七国诸王，承佛已灭度。
>
> 遣使诣力士，请求佛舍利。
>
> ……
>
> 八王起八塔，金瓶及灰碳。
>
> 如是阎浮提，始起于十塔。
>
> 举国诸士女，悉持宝花盖。
>
> 随塔而供养，庄严若金山。
>
> 种种诸伎乐，昼夜长赞叹。①

　　因此，对于佛教徒而言，火葬是必须遵从的佛祖遗教。中国佛教遗迹中，记载此故事的题材很多，如莫高窟唐代第 332 窟和 148 窟的《涅槃经变》中，就有火化佛陀棺柩，八王分舍利起塔供养的图像。

　　学术界早已关注南诏大理以来的火葬习俗与火葬墓遗产。1940 年代编纂《新纂云南通志》时，其《金石考》《宗教考》著录了云南各地发现的火葬墓金石碑铭，以及梵经、梵咒《陀罗尼》材料。当时，由于抗战烽火四起，内地学术机关、高校被迫南迁，大批学者云集南滇。他们利用假期、课余，在滇云大地开展考古调查。他们拓制拓片，抄录碑文，记录所行所为，编印调查报告。今天还能看到的，如郑天挺《大理访古日记》、石钟健《滇西考古报告》就是当

---

① 〔印度〕马鸣撰，〔北凉〕昙无谶译：《佛行所赞》，《大正藏》，第 4 册，第 54 页。

时学者们田野工作的重要成果。中华人民共和国建立后,对火葬墓的调查、发掘与研究持续开展。1950—1960年代,孙太初、万斯年、李家瑞开始火葬墓考古调查、发掘与研究。1972年,大理拆除原五华楼旧址时,发现数百通大理国至元代的火葬墓碑。王云、方龄贵两位先生组织人员制作拓本、抄录,编辑成《大理五华楼新发现宋元碑刻选录》(油印本,1980年),方龄贵在《云南文物》连载刊布相关成果,在《社会科学战线》上发表《大理五华楼元碑的发现及其史料价值》一文,对这批大理国至元代碑刻的重要意义与价值作了深入阐释。此次发现的宋元碑刻资料及研究成果,后来结集出版,为学界所重①。

　　火葬墓遗存是南诏大理佛教文化的重要遗迹,是佛教信仰的产物。遗憾的是,在1950—1970年代的研究中,很少有研究者注意到这种关联,仅有万斯年、徐萍芳提及佛教信仰与火葬习俗、火葬墓遗迹之间的联系。万斯年依据发掘所得资料说:"骨质之作绿色,当已经泡制,其泡制方法,不得而知。但必出于其民族僧侣之手。金箔及朱文,必示尊崇及超度之意。朱字当为僧侣所书,且与佛经中之文句有关,或系咒语之第一字。"②徐萍芳认为:"云南所发现的火葬墓骨灰罐的形制以及脑盖骨上所贴的赤金箔,和写的梵文咒语这一情况来看,亦系受佛教影响。"③我们在《白族火葬墓的几个问题》一文中从佛教信仰的视角,提出了如下的观点:火葬墓遗存及火葬习俗,与南诏大理国佛教信仰流行时代相当、流传地域相近、文化内涵相通,是典型的受佛教密宗

---

① 参见方龄贵、王云:《大理五华楼新出元碑选录并考释》。
② 万斯年:《云南剑川元代火葬墓之发掘》,《考古通讯》,1957年第1期。
③ 徐萍芳:《宋元时代的火葬》,《文物参考资料》,1956年9期。

影响的葬俗,与"氐羌族自古行火葬"有着本质的区别,不能混为一谈①。

我们认为,上述火葬墓遗迹是佛教流行的结果,是南诏大理佛教繁荣,佛教徒遵从佛祖教法,信仰"戒火自焚"葬俗的遗存。此种火葬方式,是南诏大理至元明时期云南火葬的通行方式,其程序是:

第一,逝者辞世之后,先浴尸束缚,置方棺中,由阿叱力僧诵经超度。

第二,送到野外以薪火焚化。焚化的地点,或在寺庙,或在墓地,或为专设的火化场。

第三,收骨骸,在骨骸上写朱书梵文种字、咒语,贴金箔,然后用麻线或棉布包裹骨骸,再安置于罐中。

第四,在墓地挖掘土坑墓穴,构筑墓室。

第五,择日将火葬罐归葬。

第六,立墓碑或墓幢。

火化与埋葬过程短则数日,长则数月甚至数年。整个过程由仪式专家阿叱力僧人主持。

正式发掘的几处火葬墓地,包括曲靖八塔台火葬墓群、剑川中科山火葬墓地、凤仪大丰乐火葬墓群、鹤庆象眼山火葬墓群等,从考古地层学、器物形制、出土器物组合综合判断,早期墓葬均指向南诏中晚期,中期墓葬为大理国时期,晚期延续到元明两代。我们所罗列的十二处墓地,诸如大理、通海、腾冲、西昌、个旧、石屏等,都出土有大理国纪年的墓志铭、纪年砖、买地券等文物。而元、明两代的火葬墓,几乎每一个年号都有发现。

---

① 李东红:《白族火葬墓的几个问题》,《思想战线》,1991 年第 1 期。

　　火葬墓遗迹,地表或立墓幢,或立墓碑,也有不立碑、幢,将墓志置于墓坑中的情况(图10—8)。所立的墓幢,分方形和圆形两种。墓幢的层数、多少不定,以三至七层为多。幢的最上部分作宝顶状,幢身凿有佛龛,内雕尊胜佛母像。幢身多刻梵文经咒、汉文墓志铭。简单的如"追为亡人□□□神道"。

　　墓碑为长方形,竖立于底座之上。碑额分半圆形与方形两种,额中部一般凿有佛龛,内雕四臂尊胜佛母像,四周刻梵文五字或七字真言,或金刚杵等法器。碑身刻有汉文墓志铭与梵文经咒。梵文经咒以《佛顶尊胜陀罗尼经》为多。

　　不少墓志铭叙述及逝者生平家世,内容涉及南诏大理历史、佛教源流、佛教义理、火葬习俗以及阿叱力世族祖谱等内容,是有关南诏大理、元明时期云南历史文化的珍贵史料。

图10—8　1990年代洱源凤羽火葬墓遗迹

　　地下遗存部分主要是指墓室。墓室中放置火葬罐，罐内盛装亡者骨骸及骨灰。南诏后期至大理国时期的火葬罐与元明两代有较大区别，最大的差异在于：前者有塔形纽的罐盖，同时有底座，而且往往是内、外相套的大小双层套罐。元代开始，器形就出现多样化的趋势 ①。火葬罐分陶、瓷、铜、铁质罐，罐上刻画、堆贴金刚杵、金刚铃、十二生肖像、莲花瓣，用朱笔书写亡者名讳，还有梵文种字、经咒。鹤庆象眠山火葬墓地，早期的葬具多为生活实用器，没有专门制作的火葬罐，很少见佛教色彩的装饰。此后，佛教色彩装饰逐渐繁盛甚至鼎盛，既而又逐渐简化、衰退，较好地说明了南诏大理佛教火葬习俗的起源、发展与演变历程。

　　火葬罐内的余骨上贴金箔、写朱书梵文经咒，用麻线或棉布包裹骨骸，墓内陪葬品极少甚至完全没有陪葬品，体现了佛教的基本仪轨。

　　火葬墓的墓圹，是曼荼罗的设置，建筑墓圹的四壁的石板或砖块之上，多刻画"地水风火""常乐我净""东南西北"诸神佛名号、梵咒或神像，盖板上雕刻法轮与佛母像。"常乐净我"在密教中称为"四门"或"四德"，是往生极乐的四种品德或者说是四大门径。"地水风火"是守护金刚界曼陀罗的四执金刚。"东南西北"是密教中的东方阿閦佛、南方宝生佛、西方阿弥陀佛、北方不空成就佛 ②。佛母多为一面四臂尊胜佛母。部分墓葬中出现的"五帝"，即东方青帝、南方赤帝、西方白帝、北方黑帝与中央黄帝神祇，来自中国传统冥界信仰。

　　由此可知，以佛塔式火葬罐盛装骨骸，墓圹石板与砖块上刻画

---

① 参见朱云生、李云华：《云南火葬墓综述》，《云南文物》，2001 年第 1 期。
② 参见丁福保编：《佛学大辞典》，第 631—632、644、620 页。

四门、四执金刚、五佛、法轮与佛母的火葬墓,就是以逝者为中心的曼陀罗坛场设置。通海大理国火葬墓碑铭"精魂系此何处去,收骸立塔置坟田"之语,是对火葬墓"曼陀罗"性质最好的诠释。

下篇

佛教文化遗产研究

第十一章　佛寺与佛塔

麟德元年（664），终南山释道宣撰《道宣律师感通录》，书中记载了初唐时期西洱河地区建造佛寺、佛塔，民间礼佛敬塔的材料，文字如下：

大唐乾封二年（667）仲春之月，西明寺道律师于时逐静，在京师城南清宫故净业寺修道。律师积德高远，抱素日久。……律师问曰："……益州成都多宝石佛者，何代时像从地涌出？"答："蜀都元基青城山上。今之成都，大海之地。昔迦叶佛时，有人于西耳河造之，拟多宝佛全身相也，在西耳河鹫山寺。有成都人往彼兴易，请像将还，至今多宝寺处为海神蹴船所没。初，取像人见海神子岸上游，谓是山芝遂即杀之。因尔神嗔覆没，人像俱溺，同在一船。其多宝佛旧在鹫头山寺，古基尚在，仍有一塔，常有光明令向彼土。道由郎州过，大小不算，三千余里方达西耳河。河大阔，或百里或五百里。中有山洲，亦有古寺，经像尚存，而无僧住。经同此文，时闻钟声。百姓殷实，每年二时供养古塔。塔如戒坛，三重石砌；上有覆釜，其数极多。彼土诸人，但言神冢。每发光明，人以蔬食祭之，求其福祚也。其地西北去嶲州二千余里，问去天竺非远,往往有至彼者云云。"①

此段文字在唐道宣《道宣律师感通录》、唐道世《法苑珠林》卷一四、宋李昉《太平广记》之中的文字有所出入,但基本史实,包括年代、主要内容相同。《新纂云南通志》卷一〇二《宗教考二》②、方国瑜《大理崇圣寺塔考说》、汪宁生《云南考古》都引述、讨论过此段史料,均认为"乾封二年(667)"当为"乾符二年(875)"之误,时间相差两百年之久。两位先生所论的得失,傅光宇《大理千寻塔始建年代考》一文有评述③。

李玉珉《南诏佛教考》指出,此段史料最早出自唐代《道宣律师感通录》,收入唐道世《法苑珠林》,而非出自此前所称的宋李昉《太平广记》。《法苑珠林》卷一四是按照编年体来叙事的,其中的"乾封"不可能是"乾符"之误。因此,我们可以判定此条材料确为乾封年间的史料,是目前所见年代最早的云南佛教信仰文献记载。文中"西洱河鹫(头)山寺""西洱河……中有山洲,亦有古寺,经像尚存",以及"塔如戒坛,三重石砌,上有覆釜,其数极多,彼土诸人,但言神冢。每发光明,人以蔬食祭之,求福祚也"的记载说明,7世纪中叶,即南诏初期,西洱河附近的大理地区已有很多佛塔,当地百姓常常以蔬食供养佛塔,祈求福祚。毫无疑问,此时佛教已在大

---

① 〔唐〕道宣撰:《道宣律师感通录》,《大正藏》,第52册,第436页。又见〔唐〕道世纂:《法苑珠林》卷一四,《大正藏》,第53册,第284页;〔宋〕李昉等编:《太平广记》卷九三,中华书局,1961年,第614—615页。

② 《新纂云南通志》(五),第486—496页。

③ 方国瑜:《大理崇圣寺塔考说》,《思想战线》,1978年第6期。汪宁生:《云南考古》,第213页注80。傅光宇:《大理千寻塔始建年代考》,《思想战线》,1988年第3期。

理一带的民间流传开来①。

7世纪中叶佛教流行于南诏的材料,并非只见于唐人道宣所述。云南地方文献记载的"观音街"材料,可作为佐证。

万历《云南通志》"观音市"条说:

> 三月十五日在苍山下贸易,集各省之货,自唐永徽间至今,朝代累更,此市不变。知是观音入大理,后人至日烧香,四方闻风,各以货来也。②

谢肇淛《滇略》卷四《俗略》"大理观音市"记载:

> 大理有观音市,设于点苍山下阅武场中,以三月十五日、二十日集散。至期,则天下之商贾皆来贸易,若长安灯市然,官恐其喧争为乱,调卫卒以守护之。昉于唐永徽间,迄今不改。相传观音大士以是日入大理,后人如其期焚香顶礼,四方闻风,各以货来,至今不改。③

永徽为唐高宗李治年号,共使用六年(650—655年)。观音市起自永徽间,同样是大理本土化的认知,是初唐时期西洱河地区佛法流行的社会记忆。

《南诏图传》"文字卷"说:"圣人于奇王之时入国授记。"奇王

---

① 参见李玉珉:《南诏佛教考》,《佛教思想的传承与发展——印顺导师九秩华诞祝寿文集》。
② 万历《云南通志》,第1142页。
③ 方国瑜主编:《云南史料目录丛刊》第六卷,云南大学出版社,2000年,第697页。

为细奴逻,是南诏始祖,他在位年代为 7 世纪中期。

考古发现表明,巍山峨岈图山南诏寺庙遗址出土的佛教石雕造像,其中部分造像的年代要"早于南诏",可能是六诏时期甚至更早[1]。新近发现的大理太和城遗址"南诏官家寺庙群",其年代在唐开元、天宝年间,属于南诏早期的寺庙建筑。

然而,就像在讨论佛教宗派与高僧时遇到的问题一样,由于资料所限,要把南诏大理佛塔、佛寺建筑的发展脉络讲清楚并非易事。本章所呈现与讨论的,是近期重要的佛教寺院考古发现,以及南诏大理古塔的测量、维修与文物出土情况,而对于那些只有简约记载的塔、寺,则尽可能找到原始文献记录,以列表的方式将其罗列出来,以期为学界提供点滴线索。

第一节　太和城"南诏官家寺庙群"

2020 年,考古学家们在太和城遗址范围内,发现南诏早期的寺庙建筑遗址,同时发现大批重要文物,引发学界关注与热议。

《文博周报》以"云南大理发现南诏时期官家寺庙建筑群"为题,报道了相关情况。新华网、光明日报、中新网、云南考古网及其他新闻媒体相继作了报道。其中以新华网与《文博周刊》的报道较为详尽,不仅交待清楚了发掘情况,还配有诸多遗址发掘现场图片及出土文物照片,使我们能够及时了解到此次重大考古发现的

---

[1] 参见刘喜树:《云南巍山县峨岈图山南诏遗址的发掘》,《云南文物》,1992年,总第 34 期;黄德荣:《云南峨岈图山南诏遗址 1991—1993 年度发掘综述》,《云南文物》,1993 年,总第 36 期;温玉成:《谈巍山寺址出土的大梵天》,《云南文物》,2007 年第 1 期;巍山县南诏博物馆编:《云南巍山峨岈图山出土南诏佛教造像艺术》。

基本情况[①]。

一、寺庙建筑遗址的发现

据报道,2020年上半年,以云南省文物考古研究所朱忠华为领队的考古队,在大理太和城遗址北侧,发掘了一处南诏早期的寺庙建筑遗址。遗址主体遗存属于南诏时期,发掘区内共发现塔基、大殿等建筑基址十四座,夯土台基二处,磉墩一百五十五座,石墙六十三道,踏道三道,沟二十三道,砖瓦窑二座,同时出土纪年有字瓦、佛像、香炉、善业印模、经幢、净瓶、塔模、香炉、塔式火葬罐、鸱吻及大量的瓦当、瓦片等建筑遗物。

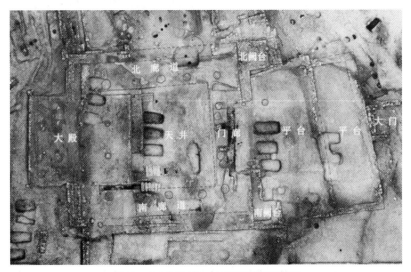

图11—1 太和城一号寺庙基址平面图

① 参见严勇:《云南大理发现南诏时期官家寺庙建筑群》,新华网,2021年1月13日;《云南大理发现南诏时期官家寺庙建筑群》,《文博周报》,2021年1月第3期;吕静:《云南省文物考古研究所举行2020年度业务工作交流会》,云南考古公众号,2021年2月4日。

（一）一号建筑遗址发掘情况

遗址区内的一号建筑基址由大殿、南北廊道、天井、门廊、南北阙台、院内平台、大门等组成独立院落（图11—1）。

出土文物包括莲花纹、兽面纹、法轮纹瓦当，火珠纹、卷云纹滴水，还发现佛像（图11—2）、塔模、净瓶、釉陶鸱吻，以及模印"官家舍利""官廿七年""官廿九年""九年大和苴""卐""善净""奴行""白奴""佺善"等文字、符号的有字瓦。报道推断"一号建筑或为供奉南诏王室舍利的官家寺庙"，其年代为南诏早期。

图11—2　太和城一号基址出土佛像

（二）二号塔基遗址发掘情况

二号建筑基址（图11—3）为塔基，由内、外两道方形石墙组成，呈"回"字形平面，无地宫。内层石墙以石块及红黏土垒砌，围合为方形塔身，塔身南北长4.6米、东西宽4.1米。外层石墙为基座，基座南北长8.6米、东西宽8.8米。内外两层石墙之间为回廊，回廊东半部以砖块铺地，西半部被大量砖瓦、石块等倒塌堆积叠压。塔基南侧有曲尺形台阶。

基址内出土塔模、善业泥印模、釉陶香炉、莲花纹与法轮纹瓦当、铁条等文物，并发现"官十四内""十年官善女""□寺"等铭文有字瓦。考古学家推断，塔基址的年代为南诏早期。

（三）三号建筑遗址发掘情况

三号建筑基址为独立院落，由大殿、朵殿、南北廊道、天井与门廊组成。大殿位于遗址正西方,居中而建,平面略呈"凸"字形,面阔 12 米、进深 11.7 米,地面斜铺方形青砖。大殿南北两侧有方形朵殿,朵殿边长 4.8 米,北朵殿地面铺绿釉方砖。大殿东侧,南、北廊道对称分布,廊长 20.35 米、宽 3.3 米,廊道地面平整,斜铺方形青砖。

南北廊道与天井东部门廊直角相连。天井中部有步道从门廊直通大殿,步道两侧以砖块镶边,宽

图11—3　太和城佛塔基址平面图

0.86 米。院内散水均以青白两色卵石交错镶嵌成三角图案。建筑四周均有排水沟环绕,排水沟以石板铺底,石板及石块镶边,垒砌规整。

三号建筑基址出土"杨酋造寺""二王子""内官"铭文有字瓦、法轮纹瓦当。其年代略晚于一号建筑。三号建筑基址下叠压着两座南诏早期的砖瓦窑,窑室平面为马蹄形,较宽的一端留四个烟道,窑内填充了大量瓦片、砖块,部分砖为花纹砖。遗址东部第四发掘区出土大量支钉、垫片、印模、陶垫等窑具及烧造的釉陶残次品,釉陶器型丰富,有碗、钵、盏、盘、杯、瓶、罐、盂、香炉、经幢、香薰盖、塔式罐等,釉陶器多刻画、堆塑莲花纹饰,釉陶碗内壁多施"西瓜皮"釉色。

图11—4　三号基址出土陶质经幢残件

出土釉陶经幢残件（图11—4）为空心八面体，直径15厘米，表面施黄釉，幢顶有"唵阿罗般若那□尼"等汉字，幢身写有佛顶尊胜陀罗尼神咒与经文。出土釉陶香薰盖为八瓣莲花形，有排烟孔，经幢表面及内壁均模印梵文。遗址东部是南诏时期生产砖瓦建材及釉陶器的窑场。

（四）十一、十二、十四号建筑遗址

十一号建筑与三号建筑南北并列，坐西向东，由大殿及两层院内平台构成独立院落，平面结构呈"目"字形，东西长30米，南北宽21.3米。西侧大殿面阔8.9米，南北两侧残留有廊道。大殿正对洱海东侧一独立山体。十一号建筑大殿位置内，发现年代更早的十二号、十四号建筑基址。十二号建筑基址仅残留部分磉墩，磉墩间距3.5米，以瓦砾填充。十四号建筑基址内保存着较多的柱坑，坑的直径0.9、深1.1米，底部多垫有平整的大石，坑底发现有炭化木柱。柱坑间距2.7—3.6米不等。从柱坑的布局判断，十四号建筑基址面阔五间18米、进深三间9.5米；西侧正中两柱间距较大，有"移柱"现象，或与供奉有关。三座建筑基址相互叠压，是不断在原地复建大殿的结果。十四号建筑年代与一号建筑年代相当，同为南诏早期。

二、太和城的建造与寺庙遗址年代

此次发现的"南诏官家寺庙"遗址,位于南诏太和城遗址范围内,所在区域被认为是太和城的寺庙功能区。因此寺庙建筑的年代,与太和城的建造、使用时间密切相关。史籍对南诏太和城有较明确的记载,《蛮书》卷五说:

> 大和城、大釐城、阳苴哶城,本皆河蛮所居之地。开元二十五年,蒙归义逐河蛮,夺据大和城。[①]

大和城即太和城,此城本为"河蛮城邑",开元二十五年(737),第四世南诏王皮逻阁统一六诏,从峓峆图城迁居太和,并筑龙首、龙尾两关。天宝七载(748)皮逻阁薨逝,世子阁逻凤立。唐代宗大历十四年(779),阁逻凤卒,王位由其孙异牟寻继立[②]。异牟寻继位后,即迁都羊苴哶城。《新唐书·南诏传》说:"(大历十四年)异牟寻……更徙苴哶城,筑袤十五里。"[③]郭松年《大理行记》载:"大理,名阳苴哶城,一名紫城,方围四五里,即蒙氏第五主神武王阁罗凤赞普钟十三年甲辰岁所筑,时唐代宗广德二年也。"[④]

---

① 《云南志补注》,第70页。

② 其一,《新唐书·南诏传》说:"大历十四年,阁罗凤卒,以凤迦异前死,立其孙异牟寻以嗣。"(第6271页)其二,《资治通鉴》卷二二六《唐纪四二》代宗睿文孝武皇帝大历十四年九月有相似的记载:"南诏王阁罗凤卒,子凤迦异前死,孙异牟寻立。"(第7270页)其三,《白古通》亦载"阁罗凤之子曰凤迦异,未立而死,子异牟寻以大历十四年立"(王叔武辑著:《云南古佚书钞(增订本)》,第67页)。

③ 《新唐书》卷二二二上《南诏传上》,第6272页。

④ 《大理行记校注　云南志略辑校》,第18页。

综合前述考证,太和城作为南诏都城,始于皮逻阁时代,终于唐代宗大历十四年(779),共四十二年。其间皮逻阁由岹峫图城迁居太和城十年,阁逻凤在位三十二年。因此,太和城时期,属于皮逻阁、阁逻凤父子时代,是南诏兼并五诏,统一洱海地区的时期。

三、出土文物的意义

(一)纪年有字瓦的内涵

此次考古发现中,出土一批模印文字的"有字瓦"。一号建筑基址出土"官家舍利""官廿七年""官廿九年""九年大和苴""圩""善净""奴行""白奴""佺善"等文字(图11—5);二号佛塔基址出土"官十四内""十年官善女""□寺"等铭文;三号建筑基址出土"杨酉造寺""二王子""内官"有字瓦。从文字的性质看,属于纪年、施主与供养人名、寺名,以及寺庙标识铭文。

纪年有字瓦,其文字只有纪年,而无年号,更无干支,难以确定属何时、何代。根据田怀清的研究,南诏大理国时期各城址、遗址出土的有字瓦,其时代与城址、寺庙建造时代相关。也就是说,先要明确城址、寺庙的建造或者使用时间,然后根据这一背景,再来断定有字瓦纪年的归属,我们认为这是比较可行且可靠的

图11—5　一号基址出土"舍利"有字瓦

方法。由此,太和城遗址出土的有字瓦,其年代应在唐开元二十五年至大历十四年(737—779)区间内考虑[①]。

　　具体而言,皮逻阁被唐朝册封为"云南王",赐名"归义",奉唐朝正朔,以唐年号纪年;阁逻凤开始建年号,先建元赞普钟,后改元长寿,赞普钟共十七年,长寿共十一年,均不足有字瓦中"官廿七年"与"官廿九年"之年数[②]。因此,一号建筑遗址出土纪年有字瓦的"官廿七年""官廿九年",只能是唐开元二十七年(739)与开元二十九年(741)。而"九年大和苴"中的"九年",则有可能是天宝九载(750),也可能是阁逻凤赞普钟九年(761),或者是阁逻凤长寿九年(777)[③]。二号基址出土的"官十年善女""官十四内"所涉及的"十年"与"十四年"的具体年份,可参照"九年大和苴"的方法来确定。

　　(二)"官家舍利""二王子"有字瓦的含义

　　所谓"官家舍利",应分别为"官家"与"舍利"来理解:"官家"应指南诏王室与朝廷,也可能指官方。有字瓦中,"官""官作""官买""官瓦"等铭文较常见,而"官家"铭文则为首次发现。

---

① 田怀清:《南诏大理国瓦文》,第32页。

② 天宝十一载(752),阁逻凤建年号赞普钟,后改元长寿。此事《南诏德化碑》有明确记载:"赞普仁明,赐为兄弟之国。天宝十一载正月一日,于邓川册诏为赞普钟蒙国大诏,改年号为赞普钟元年。""赞普"是吐蕃对君长、王者的称谓,《新唐书·吐蕃传》说:"其俗谓强雄曰赞,丈夫曰普,故号君长曰赞普。"(第6071页)《新唐书·南诏传》有"阁罗凤……北臣吐蕃,吐蕃以为弟,夷谓弟'钟',故称'赞普钟',给金印,号'东帝'"(第6271页)之说,吐蕃赞普与南诏约为兄弟之邦,因号为"赞普钟"。

③ 李家瑞指出,《滇载记》《南诏野史》与《僰古通记浅述》所载阁逻凤改元长寿时间有误。他考证说,阁逻凤于天宝十一载建元赞普钟元年,赞普钟共使用十七年;大历四年(769)改元长寿,至大历十四年止,长寿共十一年。李家瑞:《用文物补正南诏及大理国纪年》,《历史研究》,1958年第7期。

　　此处的"舍利"一词,应该是塔名,或者是寺名,而非"舍利子"之意,因为同期南诏在洱海金梭岛上建"舍利水城"作为避暑宫。《蛮书》卷五说:"大釐城南去羊苴咩城四十里,北去龙口城二十五里。东南十余里有舍利水城,在洱河中流岛上,四面临水,夏月最清凉,南诏常于此城避暑。""舍利水城"显然不能理解为"有舍利的水城",从舍利水城遗址中发现的"官常住""长乐"有字瓦看,"舍利"应为塔或寺之名,"官常住"说明此寺为官家寺庙,城因寺名,故名舍利水城①。太和城中的"舍利",则应该指二号佛塔基址所在的佛塔,即舍利塔。因为早期寺庙建筑,塔寺一体,有寺必有塔,或者说是建寺先立塔。南诏官家寺庙遗址内有佛塔,正是早期佛寺建筑的特点。

　　"二王子"有字瓦,此前曾在崇圣寺遗址中出现。"二王子"当然与王室有关,说明太和城南诏官家寺庙与崇圣寺,都是南诏的"皇家"家庙。另外,有字瓦中的"内官",不知是否为"内府"之官,主管南诏家庙,或为南诏清平官"内算官"之简称?

　　综合而言,南诏大理有字瓦,多模印"官""官瓦""官买"与"官家",说明是由官府主持营造的建筑所用之瓦。"造寺"往往与"官"相连,显示"有字瓦"多与官方主持的寺庙有关。太和城南诏官家寺庙遗址、崇圣寺遗址发现"二王子""王"等文字,指明它们属于皇家寺庙②。纪年有字瓦较多,有一年、二年,以至于十年、十五年、二十九年者,但基本没有年号与干支,与大理国纪年铭文有很大的不同。因此,虽然知其多为南诏时期遗物,却无法断定其具体年代。

---

① 田怀清:《舍利水城遗址有字瓦》,氏著《南诏大理国瓦文》。
② 田怀清:《崇圣寺遗址有字瓦》,氏著《南诏大理国瓦文》。

（三）出土佛像、经幢、塔式罐的意义

一号遗址发现的佛像，其质地、造像风格与峨嵑图山寺庙遗址出土佛教造像几乎完全相同，应该来自峨嵑图城南诏寺庙。从另一方面说明了太和城与峨嵑图城、太和城官家寺庙与峨嵑图城南诏寺庙之间的内在关联。"陀罗尼经幢"的出现，证明南诏早期，即太和城时代已然流行供养陀罗尼经幢。幢顶有"唵阿罗般若那□尼"汉字，幢身写有《佛顶尊胜陀罗尼神咒》及含有"嵯耶"字样的经文。这是南诏大理文物中最早出现"嵯耶"两字，意义重大。

三号建筑遗址内出土"塔式罐"，即仿佛塔形火葬罐，它属于早期火葬罐。说明此时已经流行火葬，葬具是仿佛塔而造的专用罐子，是舍利宝塔的象征。

十四号建筑基址发现移柱现象，发掘者认为"或与供奉有关"，这是南诏早期寺庙大殿中有供佛神坛的考古学证据。

史载"天宝六年（载）（747）十月，筑太和城，因唐赐《金刚经》至，故名金刚城"[①]，这就是为什么太和城遗址范围内，能发现"南诏官家寺庙建筑群"的原因。南诏早期的佛教信仰盛况，由此可见，由此可说。期待发掘报告正式发表时，能对遗址本身，以及南诏大理佛教有更全面、深入的展示与理解。

总之，太和城南诏官家寺庙建筑群的发现，使南诏佛教寺院考古与相关研究出现重大转圜，学术界由此可以对南诏早期寺庙建筑，并就南诏早期佛教流传与影响进行"言之有物"的深入探讨。在南诏大理佛教研究中，"因为史料年代过早"而对其无端蠡测，甚至加以否定的做法，显然已经不合时宜了。

---

① 《僰古通记浅述校注》，第41页。

图11—6　大理崇圣寺三塔

第二节　崇圣寺与三塔

　　崇圣寺位于大理苍山中和峰下,是南诏大理规模最大的寺院,史籍称崇圣寺规制为"佛一万一千四百,屋八百九十"。崇圣寺的建造,以"三塔"的建立为标志(图11—6)。郭松年《大理行记》说:"崇圣寺中有三塔,一大二小,大者高三百余尺,凡十六级,样制精巧,即唐遣大匠恭韬、徽义所造。塔成,韬、义乃归。"①关于三塔,特别是千寻塔建造的时间有不同说法。

一、建造年代

　　1978年对千寻塔进行修缮时所测得的数据,亦不能确说千寻

①《大理行记校注　云南志略辑校》,第23页。

塔的始建年代①。依据文献记载，崇圣寺三塔的建造时间，有贞观说、开元说与开成说三种。

"贞观说"起于李元阳《崇圣寺重器可宝者记》一文中的资料与观点。李元阳说，千寻塔顶有铁铸"大唐贞观尉迟敬德监造"题记。胡蔚本《南诏野史》称："塔顶旧有铁柱款识云：贞观六年尉迟敬德监造，盖寺之建久矣。"②贞观六年为公元632年。

"开元说"的资料最丰富，《南诏野史》称劝丰祐"开元元年，建大理崇圣寺，基方七里。圣僧李贤者定立三塔，高三十丈。佛一万一千四百，屋八百九十，铜四万五百五十斤。自开元中至是完工。匠人恭韬、徽、徐正"③。张道宗《纪古滇说集》有类似的记载说："唐遣大匠恭韬、徽义至蒙国，于开元元年造三塔于点苍山下，建崇圣寺于塔之上。"景泰《云南图经志书》卷五《大理府·寺观》说："崇圣寺，在点苍山下，有三塔峙立寺前。中塔高三百余尺，崇十六级，制极精巧。塔石刻曰'唐玄宗开元元年癸丑岁，大匠恭韬、徽义所造'。"④开元元年为公元713年。

"开成说"亦有所本，《南诏野史·丰祐传》称"开成元年，嵯颠建大理崇圣寺，基方七里，圣僧李贤者定立三塔，高三十丈，佛一万一千四百，屋八百九十，铜四万五百五十斤。自保和十年至天启元年，功完"⑤。开成元年为南诏保和十三年（836）。

我们讨论过，唐代《道宣律师感通录》记载了唐乾封二年

---

① 参见姜怀英、邱宣充：《崇圣寺三塔始建年代探析》，《大理崇圣寺三塔》，第25—28页。
② 《南诏野史会证》，第134页。
③ 《南诏野史会证》，第132页。
④ 方国瑜主编：《云南史料丛刊》第六卷，第77—78页。
⑤ 《南诏野史会证》，第161页。

（667）西洱河地区建造佛寺、佛塔的史料，说明 7 世纪中叶的初唐时期，佛法已经流行于西洱河地区。峗岇图城南诏寺庙出土佛教造像，特别是太和城南诏官家寺庙群的发现，证明南诏初期西洱河地区佛法兴盛是历史事实。因此，崇圣寺及千寻塔的建造年代，当在初唐，开元说是比较具有说服力的 ①。

这里要特别强调的是，从唐贞观年间开始，经开元、天宝，至于开成，其间正好二百年时间。此二百年间，崇圣寺及千寻塔当经历过多次修葺、扩建甚至是重建，这是中国古代建筑的基本规律。我们在讨论崇圣寺及三塔的建造年代时，应该把握这一基本事实。不能执意否定各种材料，尤其是对已经湮没不存，却为文献所记载的各种文物史料，应该给予足够的尊重。

二、崇圣寺的建筑规制

《新纂云南通志·金石考》载元人李源道撰《大崇圣寺碑铭并序》说："大理崇圣寺者，在郡之点苍山下，蒙氏所创也。"② 万历《云南通志》卷一三记载比较详尽，其文如下：

> 崇圣寺，一名三塔寺，在府城西北一里，莫始其详。有三浮图，其一高四百余尺，十六级，旁二浮图差小，各错金为顶，顶有金鹏，世传龙性敬塔而畏鹏，大理旧为龙泽，故以此压之。唐开元元年癸丑，南诏请唐匠恭韬、徽义重造。国朝正德

---

① 崇圣寺与太和城官家寺庙遗址，都发现了"二王子"有字瓦。"二王子"应该与南诏王室有关，说明太和城南诏官家寺庙与崇圣寺，都是南诏王室的家庙。崇圣寺的建造年代，应该与太和城南诏官家寺庙建筑的年代相近（唐开元年间）。
② 《新纂云南通志》（五），第 260 页。

九年五月六日,地大震,城中墙屋皆倾仆,中塔裂二尺许,人谓塔将仆,旬日复合。寺中有观音像,高二丈四尺,唐蒙氏民董善明者吁天愿铸,是夕,天雨铜,其铜无欠无余,仅足铸像,像成之日,五色光瑞覆盖全境。门内有楼,上悬鸿钟,声闻百里,一方晨昏作息视以为节。南诏建极十三年造,为唐咸通十三年也。①

此外,《南诏野史》记载说:"崇圣寺基方七里,周三百余亩,为屋八百九十间,佛一万一千四百尊,用铜四万五百五十斤。"有"三阁、七楼、九殿、百厦"之规模②。当然,崇圣寺的建造是一个不断拓展的过程,非一朝一夕之功,因此《僰古通记浅述》说劝丰祐"重葺崇圣寺,增至千间"③。民国《大理县志稿》记载:"崇圣寺,又名三塔寺,在城西北小岑峰下。基方七里,周三百余亩,寺有雨铜观音像,高二丈四尺。"清咸同年间,"丙辰之变,崇圣寺佛像一万一千四百躯,房舍八百九十间尽毁"④。整座寺院荡然无存,惟三塔与铜铸丈六观音大像尚存。

三、建极铜钟与雨铜观音像

李元阳《崇圣寺重器可宝者记》说:"寺中重器有五:一曰三塔,二曰鸿钟,三曰雨铜观音,四曰《证道歌》'佛都'匾,五曰三圣金像。"建极铜钟"寺楼鸿钟,其状如幢。制作精好,声闻百里。自

① 万历《云南通志》,第 1146 页。
② 《南诏野史会证》,第 132 页。
③ 《僰古通记浅述校注》,第 65 页。
④ 杨延福:《大理崇圣寺巨钟小识》,《大理师专学报》,1998 年第 3 期。

禁钟以下,此为第一。南诏建极十三年铸,盖唐咸通元年也"①。徐霞客在《滇游日记》写道:"是寺在第十峰下,唐开元中建,名崇圣。前三塔鼎立,而中塔最高,形方,累十六层,故今名三塔。塔四旁皆高松参天,其西由山门而入,有钟楼与三塔对峙,势极雄壮;而四壁已颓,檐瓦半脱,已岌岌矣。楼中有钟极大,径可丈余,而厚及尺,为蒙氏时铸,其声闻可八十里,楼后为正殿,殿后罗列诸碑……其后为雨铜观音殿……"②有关铜钟的记载较多,著录情况清晰,如明代刘文徵天启《滇志》卷三《大理府志·寺观》、清代王昶《金石萃编》、阮福《滇南古金石录》、道光《云南通志》等。

清代王昶辑《金石萃编》卷一六〇"崇圣寺钟欵"条说:

　　铜钟高丈余,在大理府崇圣寺前楼。铸作两层,上层镌金刚、智宝、大轮、妙法、胜业、慧响波罗蜜,下层镌增长、大梵、广目、多闻、天主帝释、持国各天王像。末铸建极十二年建,盖南诏世隆年号,在唐懿宗、僖宗时也。③

阮元等纂修的道光《云南通志》,所载崇圣寺大钟六波罗蜜、六天王及铸造款识,是第一次以拓本的形式,著录诸像及铭文。道光《云南通志》卷一九六《艺文志》"金石"条说:

　　钟二层,上层铸波罗蜜像六,下层铸天王像六。每像左右各标以名:左正书,直标;右梵字,横书。天标"维建极十二年

---

①〔明〕李元阳撰,施立卓编校:《李元阳集·散文卷》,云南大学出版社,2008年,第77页。

②《徐霞客游记校注》,第992页。

③〔清〕王昶辑:《金石萃编》卷一六〇,中国书店,1985年,第五册,第17页。

岁次辛卯三月丁未朔廿四日庚午建铸"二十二字,亦正书。今依拓本,缩摹于下。①

　　阮元之子阮福纂修《滇南古金石录》,其"崇圣寺钟欵"先录六波罗蜜、六天王及建极纪年款识,然后摹绘六波罗蜜、六天王像。

　　《新纂云南通志》总其大成,在其《金石考八》"崇圣寺钟款"条中,将过往相关文献记载、学者考证进行了系统的梳理,并深入考释,同时依据道光《云南通志》,临摹铜钟上的诸波罗蜜与天王像、纪年款识(图11—7、11—8)②。其文如下:

　　　　铜钟高丈余,周围铸佛像。分上下二层,每层六面。上层每面高二尺五寸,广二尺二寸;下层每面高一尺三寸,广一尺七寸。每像标名,正书,复有梵文横行。下层题识建极年月二十二字。在大理县城西北五里崇圣寺。此钟拓片未捕获,用道光《云南通志》摹绘如次。

　　钟楼原有"大叩大鸣,小叩小鸣,普照觉梦中之梦;一声一佛,千声千佛,遥闻天外之天"旧联③。铜钟有"维建极十二年岁次辛卯三月丁未朔二十四日庚午建铸"题记,"建极"为南诏蒙世隆年号,建极十二年岁次辛卯为唐懿宗咸通十二年(871)。

　　《新纂云南通志》载有金刚、智宝、大轮、妙法、胜业、慧响六波罗蜜;增长、大梵、广目、多闻、天主帝释、持国各天王像,以及建极

①〔清〕阮元、〔清〕王崧、〔清〕李诚等纂修,年四国等点校,何磊等审订:《道光云南通志稿(点校本)》(八),云南美术出版社,2021年,第130页。
②参见《新纂云南通志》(五),第150—162页。
③杨延福:《大理崇圣寺巨钟小识》,《大理师专学报》,1998年第3期。

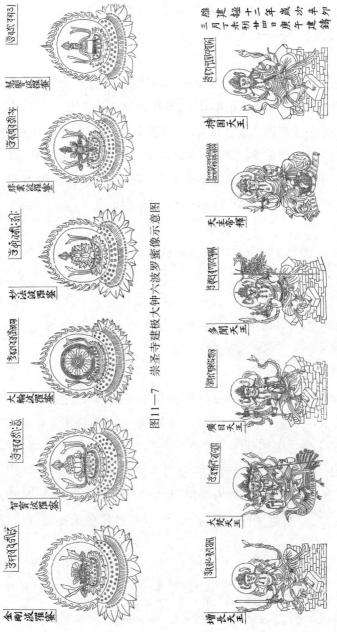

图11—7　崇圣寺建极大钟六波罗蜜像示意图

图11—8　崇圣寺建极大钟六天王像及纪年铭文示意图

十二年纪年铭文。

雨铜观音像的记载较多,《南诏野史·舜化贞传》说:"昭宗光化庚申三年(900)铸崇圣寺丈六观音。清平官郑买嗣合十六国铜所铸,蜀人李嘉亭成像。"[①] 万历《云南通志》卷一五说:"崇圣寺中有观音像,高二丈四尺。唐蒙氏民董善明者,吁天愿铸,是夕天雨铜,无欠无余,仅足铸像。"《僰古通记浅述》则说:"唐昭宗光化元年戊午(898),命董善明铸崇圣寺钟,并后殿观音,高一丈六尺。"[②] 此说亦见于释圆鼎《滇释记》、释同揆《洱海丛谈》。方国瑜认为,光化年间募铜铸像,李嘉亭为技师,董善明监督之说是有依据的[③]。

第三节　东、西寺与东、西寺塔

昆明常乐寺和慧光寺均建于南诏时期,两座寺庙的位置一东一西,因此又称作"东寺"与"西寺",寺内的佛塔也被称作"东寺塔"和"西寺塔"。两座寺院早已废圮,唯有东、西寺塔保留下来(图11—9)。

景泰《云南图经志书》卷一《云南府古迹》记载:"双白塔在昆明城之南,一在常乐寺,一在慧光寺,相对而立,蒙氏嵯巅所造。盖自四方来者,莫不远见之,亦云南之望也。"[④] 万历《云南通志·寺观志》记载:"常乐寺,在府城南,俗呼东寺。慧光寺,在府城南,俗呼西寺。二寺俱唐贞元初,弄栋节度使王嵯巅建,各有白塔高十三丈。其慧光寺塔,弘治十二年冬地震摇倒,十七年太监刘昶并滇人

① 《南诏野史会证》,第178页。
② 《僰古通记浅述校注》,第88页。
③ 参见方国瑜主编:《云南史料丛刊》第二卷,第401—402页。
④ 方国瑜主编:《云南史料丛刊》第六卷,第14页。

图11—9　清代昆明东西寺塔

募众重建。二塔对峙,最壮远观。"① 西寺塔上的《建塔存功碑记》以及清代云南地方志均记载,道光十三年地震,东寺塔圮,历年议修未果。光绪九年,总督岑毓英率士兵移建于三皇宫前,阅四年而成②。

《纪古滇说集》记载:"保和八年(831),昭成王幸鄯阐东京,树碑于金马以纪方物,王卒于鄯阐,葬返蒙舍。其子世隆立,乃第十一世也。世隆即位,建元建极,称景庄帝,国号大理,改西京曰中都,鄯阐东京曰上都。""建极十九年春二月,景庄卒,子隆舜立,称为宣武帝。即位之初,改国号大封民国,建元贞明。三年,幸鄯阐城,仍为东京,祭阿育王子金马、碧鸡二山,景帝及祀神明天子,各立庙,迁都,郊祀山川社稷二坛于鄯阐东京城外,山川坛西南又筑一城,与其子舜化所居,名曰'中城'。卒于东京,葬返大封民国。其子舜化立,乃十三代也。舜化即位东京,建元中兴,称孝哀帝。"③

南诏后期,第十一世南诏王劝丰祐、第十二世王隆舜、第十三世王舜化贞均长期居住在鄯阐城,极力营建东京,建寺修塔。东、

① 万历《云南通志》卷一三,第1130页。

② 参见熊英:《昆明西寺塔新发现南诏纪年砖》,《云南文物》,1989年,总第25期。

③ 方国瑜主编:《云南史料丛刊》第二卷,第661页。

西两寺正是在劝丰祐天启年间所建。《南诏野史》记载："唐宣宗大中八年（854）甲戌建东寺塔,高百五十尺。西寺塔,八十尺,大匠尉迟恭韬造。自大和三年至大中十三年（829—859）功完。"1983年至1984年对西寺塔进行维修时,发现"天启十年廿五日段羲造砖处题书"纪年铭文砖。天启为南诏劝丰祐年号,天启十年为唐大中三年（849）。汪宁生《云南考古》称,东、西寺塔相传为贞观六年尉迟敬德造,劝丰祐天启年间王嵯颠重修。"天启十年砖的发现,证明云南地方文献记载昆明东西寺塔为唐大中年间（847—859）王嵯巅所建,完全符合事实。"①

第四节　白塔寺与大姚大塔

大姚有古寺,寺中建白塔,故名白塔寺。白塔寺与白塔,位于大姚县城西文笔峰,后来寺毁塔存（图11—10）。

白塔为"磬锤式塔",是早期流行的佛塔形制。万历《云南通志》卷三记载："白塔,在县西北二里许,上有'唐尉迟监造'字,弘治间地震,开而复合。"②道光《云南通志》记载：

> 在城西二里白塔山上。塔形上圆下锐如锤状,人称磬锤塔。砖背梵篆不能辨,又有"尉迟监造"字。杨慎《滇载记》云："此塔建于唐时,为西域僧所造。尉迟盖僧名也。"明崇祯间,塔忽裂开数尺,会流寇至,人多避于其中。乾隆间尚有缝尺许；嘉

---

① 参见汪宁生：《云南考古》,第185、186、267页。
② 万历《云南通志》,第324页。

庆间全合,泯然无迹。[①]

图11—10　大姚白塔

大姚白塔上大下小,形如磬锤,顶端浑圆,俗称磬锤塔。该塔基座分为三个部分,最下面为八角形须弥座,高 2.5 米,边长 3.12 米,其上为八角形柱体,高 4 米,边长 1.5 米,由下至上,逐渐收缩,形成下粗上细之势,八角形柱体顶端砌有十二层密檐,高 1.74 米。十二层密檐座上为塔身,高 7.99 米,最大直径为 6.16 米,上大下小,顶部呈圆锥形,腰部收缩明显。塔原有塔刹,八角柱正四方辟有镂空的佛龛各一个,龛内供有佛像[②]。

近代学者考证,其建筑的具体年代有"天宝说"与"天启说"之别,还有南诏晚期的说法,但建于南诏时期则是没有异议的。杨玠认为,大姚白塔为我国现存最早的喇嘛塔[③]。

汪宁生《云南考古》说,前人发现塔砖上多模印梵文、汉字铭文,如梵文真言、神咒,以及"大佛顶""八大灵塔咒""十方诸佛镇塔咒""资益谷塔咒""尉迟监造"等。现在塔下还能见到梵文砖,刻有汉字的砖则未发现。已发现的汉文砖中"阿閦佛灭正报咒"字

①《道光云南通志稿(点校本)》(八),第 445 页。
②参见丁研:《云南古塔研究——以滇池、洱海为中心》,云南大学硕士学位论文,2013 年。
③参见杨玠:《大姚白塔考说》,云南省博物馆编:《云南省博物馆学术论文集》。

样与弘圣寺塔和昆明东寺塔、西寺塔原塔砖上刻字相同,说明大姚
白塔与弘圣寺塔、东寺塔、西寺塔当为同一时期建筑[1]。

　　大姚白塔发现的"唐尉迟监造"刻文塔砖具有重要价值。南
诏大理古塔多数传说为"尉迟"或"尉迟敬德"监造、建造,譬如李
元阳《崇圣寺重器可宝者记》说千寻塔顶有铁铸记曰"大唐贞观
尉迟敬德监造",胡蔚本《南诏野史》称:"(千寻塔)塔顶旧有铁铸
款识云:贞观六年尉迟敬德监造,盖寺之建久矣。"[2] 而昆明东、西
寺塔相传为贞观六年尉迟敬德造,劝丰祐天启年间王嵯颠重修[3]。
因为"无物可证"的缘故,上述资料与观点常引发争议。大姚白塔
"尉迟建造"铭文塔砖的发现,说明尉迟此人确实是南诏时期建造
佛塔的主要工匠,"尉迟敬德造塔"是南诏历史上的真实事件,为大
理崇圣寺千塔、昆明东西寺塔与大姚白塔建造年代的推断提供了
重要实物史料。

第五节　佛图寺与佛图寺塔

　　佛图寺与佛图寺塔位于龙尾关以北大理苍山斜阳峰麓羊皮村
(阳平村)旁,始建于南诏时期。古寺已不存,仅留佛塔。塔高30.7
米,共十三级空心密檐式砖塔,塔身镶有明万历《重修佛图寺塔记》
碑,碑铭有"我苍山有十八峰,峰皆有溪,溪皆有龙。故各峰各麓,
皆建寺造塔以镇之"之语,说明"建寺造塔"是为了"降龙制水"。
"其源自无忧王,遣使臣张罗疋造浮图八万四千,此居其一焉"[4],无

忧王即阿育王,南诏大理佛教信仰多追溯至阿育王,佛塔因此多称阿育王塔。

　　大理地方文献中,有"宰蟒英雄"与当地百姓建"蛇骨塔"安奉英雄段赤城遗骨的故事,譬如,万历《云南通志》卷一三《寺观》记载:"灵塔寺,在府城南斜阳峰麓,唐段赤城入蟒腹诛蟒,既死,人思其功,于蟒腹中取其骨葬之,建塔墓上,焚蟒骨垩塔。"①《南诏野史》记载:"是年,除洱河水怪,建龙屋塔,高十二丈。"② 民国《大理县志稿》卷三二《古迹》记载尤详:

　　　　蛇骨塔,在马耳峰羊皮村,北高十二丈,旧志载,唐宪宗元和十五年五月,洱水有妖蛇兴大水为患,南诏王劝利晟不能治,有段赤城者,愿灭蛇以救地方,缚刀入水,蛇吞之,与蛇俱死,水患息,利晟令人剖蛇腹出赤城骨葬之,毁蛇为灰,建塔其上,名曰灵塔,俗呼蛇骨塔,南诏时以段赤城为神,祀之于洱滨龙王庙中,今废。③

　　万历《云南通志》卷一三《寺观志》"佛图寺"与"灵塔寺"并列,称"佛图寺,在府城南二十里,唐顺宗时建",称灵塔寺"在府城南斜阳峰麓",说明当时还没有把两座不同的塔相混淆。后来,灵塔寺倾圮,地方传说就演化成"人们在佛图寺前以蛇骨砌筑起佛塔,称此塔为蛇骨塔,纪念英雄段赤城"。因此,民间常将二者相混。

---

① 万历《云南通志》,第 1160 页。
② 《南诏野史会证》,第 117 页。
③ 〔民国〕张培爵修,周宗麟纂:《大理县志稿》,《中国方志丛书》,成文出版社,1974 年,第 1740 页。

根据《重修佛图寺塔记》记载及考古学类比，佛图塔与崇圣寺千寻塔、弘圣寺塔相近，佛图塔的修造时间，应该是南诏前期。1981年对该塔进行修缮时，出土一百多件精美文物，其中有"多宝塔"等南诏大理国时期文物一百余件，以及《法门名义集》等五十余卷大理国、元代精美佛经，成为南诏大理佛教考古的重大发现之一[①]。

第六节　罗荃寺与罗荃寺塔

罗荃寺与罗荃塔位于洱海东岸玉案山上，寺与塔皆因罗荃法师得名。罗荃法师为南诏国师，但生平事迹无考。罗荃塔的建筑形式与大理崇圣寺三塔、佛图寺塔相似，只是体量稍小。资料显示罗荃塔为十三级方形密檐式空心砖塔，没有塔刹，残高约20米，1966年被毁[②]。1990年代清理塔基时发现佛像、塔砖等佛教文物[③]。

云南地方文献记载，罗荃寺始建于南诏时期，譬如谢肇淛《滇略》说"唐时杨都师创洱海东罗荃寺"，圆鼎《滇释记》则说："道安大士，大理河东睑人也。稚年出家，住大常寺。师欲建浮图，忽洪水自苍山漂木石至，工遂成。又于河东玉案山罗荃岛结庵。河多

① 大理州文管所、下关市文化馆：《下关市佛图塔实测和清理报告》，《文物》，1986年第7期。

② 参见大理白族自治州文化局：《大理州文物保护单位大全》，云南民族出版社，2006年。

③ 参见大理州文物管理所：《大理海东罗荃塔塔基发掘报告》，《文物》，1999年第3期。

蛟龙为害……海患乃息,遂建寺焉。"[①] 大理民间故事"望夫云",说的就是罗荃法师的事迹,而"师傅与徒弟比赛建塔"的传说,则反映了南诏大理佛塔建造的社会记忆:

> 南诏国时,有师徒二人比赛建塔,看谁建得又快又好。师傅建罗荃塔,徒弟建千寻塔。师傅建塔十分认真,而徒弟则投机取巧用纸裱糊。时间到时,师傅望见徒弟的千寻塔已经矗立在苍山脚下,而自己的罗荃塔还未收尖,师傅深知自己徒弟的技艺水平,必定是采用投机取巧的方式建塔。他为自己培养出这样的人而气愤,一怒之下便将塔顶打落在山下的一个村寨里,然后跳海自尽了,所以罗荃塔就没有塔顶。[②]

这个传说至今流传于民间。大理乡间对于历史上建造佛塔活动的记忆,往往具有真实的社会基础。正因为如此,1990 年代当地民众重修罗荃塔时保持了"无塔顶"式样,这是历史记忆影响当代人行为的典型案例。

第七节　弘圣寺与"一塔"

弘圣寺塔又名"一塔",位于大理城南部的苍山脚下,与崇圣寺三塔南北相对。弘圣寺为大理国时期建造,寺塔为同一时期建筑[③]。从有关史志材料推断,弘圣寺毁于明初,此后再未重建,惟有

---

① 方国瑜主编:《云南史料丛刊》第八卷,第 82 页。
② 李朝真、张锡禄:《大理古塔》,第 25 页。
③ 参见李朝真、张锡禄:《大理古塔》,第 33 页。

图11—11　弘圣寺塔

弘圣寺塔保存至今（图 11—11 ）。

　　弘圣寺塔是典型的密檐式空心四方形砖塔,基座三层均为正方形,塔高 43.87 米。第一层边长 22.48 米,高 1.5 米,块状毛石垒砌,条石压边；第二层边长 13.62 米,高 1.2 米,以皮石围砌四壁,条石压沿。第三层用 15 厘米厚的平放石垒砌四壁,压沿与一、二层相同。弘圣寺塔具有唐宋密檐式塔的基本特点,在三层塔基座上砌筑塔身,第一级塔身高大,约为塔身高度的四分之一,塔身西面开券顶圭角式门,东、南、北三面各开一假券门,高 1.9 米,宽 1.3 米,深 0.21 米。从塔身第二级开始,各级四面均开佛龛券洞,第二级东西向开券龛,南北向设窗洞,第三级则反之,如此交替至十五级。在龛洞两侧装饰有隐出的亭阁式塔①。

① 参见云南大理白族自治州文物管理所:《云南大理弘圣寺塔清理报告》,《考古学集刊》第八集。

弘圣寺塔结构与千寻塔相似，但细部处理有所不同。塔身自第一至第十四级内收较缓，至第十五、十六级收缩明显。十六级四角原各有一只大鹏金翅鸟。塔刹高 6.4 米，刹座为铜质覆钵，上饰仰莲，再上为相轮，相轮之上是八角形伞状宝盖，顶端有葫芦形宝珠①。

弘圣寺塔又被称为"阿育王塔"，明代谢肇淛《一塔寺》诗曰：

> 灵鹫西飞积翠来，阿王孤塔尚崔巍。
>
> 半岩雪照双林曙，上界钟崔万户开。
>
> 天际叶榆衣带水，雨中禾黍锦云堆。
>
> 凭虚未尽登临兴，更上翻经百尺台。②

由此可见，世人常称弘圣寺塔为阿育王塔。

1980 年代修缮弘圣寺塔时，在塔刹中心柱内发现六百余件文物。其中有金、银、铜各式舍利塔模六十余件，佛菩萨造像五十二尊，金刚杵一百四十二件，铜镜十面，更重要的是数量较多的梵、汉文铭文塔砖。

弘圣寺塔砖上模印的文字，主要是陀罗尼经咒名称及真言，大致有《修造佛塔陀罗尼》《一切诸佛归命咒》《无垢净光陀罗尼》《如意宝珠咒》《缘起偈》《随求佛母心咒》《善住秘密真言》《四天王增长寿命咒》《大孔雀明王经咒》《大统益宇门咒》《金刚举楼阁经咒》《佛顶尊胜神咒》《大吉祥天女说增长财物益粮咒》《大梵天

---

① 参见丁研：《云南古塔研究——以滇池、洱海为中心》，云南大学硕士论文，2013 年。

② 天启《滇志》，第 937 页。

王有大威力所求如意咒》《咒王法陀罗尼》《卍字梵咒》等二十余
种塔砖印咒。这些砖上的经咒,除经咒名为汉文外,咒语均用梵文
书写。如此多的塔砖及模印经咒名,让我们再一次窥见南诏大理
佛教经典(咒)的流传情况。部分塔砖上有汉文偈语,其一为:

> 若造宝塔而供养,自身福寿自延长。
> 增长福寿众所□,世出世愿皆圆满。

其二为:

> 佛身无有,生而不出。
> 法性如虚空,诸佛于中住。

这是南诏大理时期修塔供养的功德,以及当时人们对于佛性
真如的理解①。

第八节　昆明地藏寺

地藏寺位于南诏拓东城、大理国鄯阐城内,为东都名寺。万
历《云南通志》卷一三记载说:"地藏寺在府城东,宋末蜀僧永照、
云吾建。宣德四年僧人道贞重修。"②《新纂云南通志》卷八九《金
石考九》说,明景泰、正德、万历诸本《云南志》并载地藏寺,而不言

---

① 参见云南大理白族自治州文物管理所:《云南大理弘圣寺塔清理报告》,《考
古学集刊》第八集。
② 万历《云南通志》,第1131页。

古幢。刘文徵《滇志》卷三《古迹志》始载之,曰:"梵字塔,在府东
地藏寺,相传梵僧封邪魅者。周遭皆刻梵书,上覆以阁,昔人折其
顶有黑气直射而出,因封如故。"又卷一七《寺观志》:"地藏寺中有
幢,以安毒龙,昔贵官强起立,是以沮濡之处有疠疾焉。"[1]袁嘉谷认
为,地藏寺为宋代大理国时期的遗物[2]。

　　现存地藏寺经幢是否原来即立于地藏寺内? 根据幢身所刻
《大理国佛弟子议事布燮袁豆光敬造佛顶尊胜宝幢记》可知,此尊
胜幢,所祈者超生荐死,与地藏菩萨"地狱不空,誓不成佛"的宏愿
相合[3]。可见此宝幢应该是"寺内立幢",从另一个维度说明地藏寺
至迟建于宋代大理国时期。

第九节　水目寺与水目寺塔

　　明万历《云南通志》卷一三记载:"水目寺在水目山麓,段氏时
杨普济经始,洪武二十四年僧智圆成之。"[4]清代黄元治纂康熙《大
理府志》卷五记载:"水目山,县南二十五里,上为水目寺、宝华寺、
普贤寺、灵光寺,林木蓊郁,万山如拱,自是胜地。"同书卷二七《寺
观》称:"水目寺,一名善集寺,在水目山麓,段氏时杨普济经始,洪
武时僧智圆成之。"[5]

　　《滇释记》记载,普济庆光禅师初开妙光寺,次因净妙禅师开水

① 刘文徵撰:《滇志》,古永继点校,云南教育出版社,1991 年,第 141、557 页。
② 参见《新纂云南通志》(五),第 175 页。
③《新纂云南通志》(五),第 181 页。
④ 万历《云南通志》,第 1163 页。
⑤〔清〕黄元治等纂:《乾隆大理府志》,《中国地方志集成·云南府县志辑》72,
　凤凰出版社,2009 年,第 139、545 页。

目寺。山昔无泉,普济以杖卓之,泉随涌出,世谓"卓锡泉",因名水目,遂开堂弘法。时诸王大族,咸往皈敬,四方钦崇。后入寂东山,建塔水目,大理国段氏皇帝封赠"普济庆光禅师"[1]。

水目寺创寺时间,有"南诏说"与"大理国说"。据《水目寺铭》记载,水目寺系"龙兴四年"由普济大师开山。考南诏、大理国均有"龙兴"年号。"南诏说"认为,水目寺始建于南诏龙兴四年,即唐宪宗元和八年(813),是云南唐代最早的禅宗寺院[2]。"大理说"则认为,由普济大师的法系传承看,他是大理国时期的高僧,因此水目寺建于大理国龙兴四年(1160)[3]。

祥云水目山是云南开创较早的佛教圣地之一,水目寺在云南佛教史上亦占有重要地位。不少研究者认为,大理国佛法兴盛,禅宗渐起,由大理崇圣寺转至水目寺,水目寺由此成为南诏禅宗寺院的中心[4]。

水目寺的奇观在于"寺抱塔"。即寺塔建于四合院中心,为庙宇四面环抱。寺虽毁坏,所幸有照片为证(图11—12),否则今人无福目睹奇观了[5]。

---

[1] 参见方国瑜主编:《云南史料丛刊》第八卷,第86页。

[2] 张方玉:《从水目山古碑刻看滇西佛教的传播》,《大理师专学报》,2000年第2期。

[3] 大理说还有一种观点,认为祥云水目寺的始建年代大致在大理国段思廉明启九年(1018)至国段思廉保安四年(1048)之间,早于龙兴四年。详论见杨延福:《〈祥云水目山渊公碑〉略述》,《大理师专学报》1998年第1期;田怀清:《南诏龙兴四年始建祥云水目寺质疑》,《大理学院学报》,2002年第1期。

[4] 参见邱宣充:《祥云水目山与滇西佛教》,《南诏大理历史文化国际学术讨论会文集》,民族出版社,2006年。

[5] 邱宣充:《水目山志》,云南科技出版社,2003年,第91页。

图11—12　水目山"寺抱塔"旧照

　　寺内原有《大理国渊公塔之碑铭并序》。此碑立于大理国天开十六年（1220），碑文对"渊公"的身世、法系有较多记载。"渊公碑"记载的法系是："道悟传于玄凝，玄凝传于公，公传族子慧辩。"[①]道悟、玄凝皆为崇圣寺高僧。

　　据《滇释记》记载：水目山开山的净妙澄禅师"叩玄凝禅师，获大解悟，即为剃染，并嗣法……开水目山，段氏为建梵刹，乃赠净妙澄之号焉"。又，"普济庆光禅师，姚安人，杨氏子……次同净妙禅师开水目寺。后入寂东山，建塔水目，段氏赠为普济庆光禅师"。《滇释记》所列水目山高僧传谱系是净妙澄禅师传普济庆光禅师。《滇释记·皎渊本月禅师传》又说，皎渊为普济庆光禅师法嗣。因此，《滇释记》所载水目寺法系是：玄凝—净妙澄—普济庆光—皎渊[②]。

---

①《新纂云南通志》（五），第201—202页。

② 参见方国瑜主编：《云南史料丛刊》第八卷，第86页。

上述两种传承法系,不知孰是? ①

第十节　遍知寺

　　郭松年《大理行记》说:"又山行四十里至赵州甸,即赵睑也……蒙昭成王保和九年,有高将军者即其地建遍知寺。其殿像壁绘于今罕见,意非汉匠名笔不能造也。" ② "非汉匠名笔不能造也"为臆说,我们在本书第七章《佛教宗派与历代高僧》中,已经讨论了南诏大理阿叱力世家精于绘画的情况,不在此赘述。道光《赵州志》卷二《仙释》记载:"南诏时高将军建遍知寺,塑佛三,令张子辰书释迦咒,董迦罗书迦叶咒,王左梨书阿难咒。" ③

　　南诏大理所建的塔寺,很多已经湮没无存,由于资料缺乏或简约,除上述十座(处)寺塔之外,我们将其他有记录的南诏大理寺庙,依据现有资料,按照年代顺序简单列表,作为下一节内容,以期他日能够作进一步修订完善。

第十一节　南诏大理佛教寺庙简述

　　如前所述,南诏大理造寺建塔始于 7 世纪前期的初唐时代,南

---

① 资料表明,皎渊二十岁出家,从崇圣寺玄凝尊者。南宋庆云六年庚申岁(大理国段智兴凤历元年,1200 年)渊公上水目山。大理国段智祥天开十年(1214)渊公卒,年六十六岁。天开十六年(1220)他的嗣法弟子在水目山为他起建墓塔,大理国王段智祥礼号其塔曰"实际",并谥曰"顿觉禅师"。参见杨延福:《〈祥云水目山渊〉略述》,《大理师专学报》,1998 年第 1 期。
②《大理行记校注　云南志略辑校》,第 14 页。
③《中国地方志集成》之《云南府县志辑》(78),凤凰出版社、上海书店、巴蜀书社,2009 年,第 130 页。

诏中期以来,相关记载日益丰富,譬如史籍称蒙世隆"建大寺八百,谓之蓝若;小寺三千,谓之伽蓝,遍于云南境中"①。大理国段思平"岁岁建寺"②。到了元初,郭松年游历大理时,他所见到的是"沿山寺宇极多,不可殚记"③。明代,张含《苍洱歌》有"叶榆三百六十寺,寺寺夜半皆鸣钟"之咏,白文碑《词记山茶咏·苍洱境》有"伽蓝殿阁三千堂,般若宫室八百处"诗句来歌咏佛教盛况④。

　　世事沧桑,如《南诏野史》所载"徽宗辛卯政和元年(1111),地大震,损十六寺"⑤,还有历代"兵燹",譬如"丙辰之变,崇圣寺佛像、房舍尽毁"等众所周知的原因,南诏大理时期建造的佛塔与佛寺,历经千百年的风雨,如今大多已湮没无闻了。

表1　南诏大理佛教寺庙一览表⑥

名称	年代	地点	建造者	史料来源
法真寺	唐广德二年	太和	阁逻凤	《僰古通记浅述》:"广德二年,建法真寺。"
观音寺	唐大历十二年	白崖	阁逻凤	《南诏野史·阁罗凤》:"建观音寺于白崖。"
弘圭寺	南诏	太和	寻阁劝	《僰古通记浅述》:"元和三年,建五峰弘圭寺。"万历《云南通志》卷一三:"在府城北四十五里,唐南诏创坛场之一。"

①《僰古通记浅述校注》,第79页。
②《南诏野史会证》,第210页。
③《大理行记校注　云南志略辑校》,第23页。
④ 有关南诏大理佛教寺院的记载,多见于万历《云南通志》《南诏野史》及《僰古通记浅述》等明清地方文献之中,还有部分金石碑铭、诗文可资考校。
⑤《南诏野史会证》,第274页。
⑥ 本表资料来源包括:《僰古通记浅述校注》《南诏野史会证》、万历《云南通志》、天启《滇志》《新纂云南通志》(五)等,除特殊情况外不再一一出注。

名称	年代	地点	建造者	史料来源
佛顶寺 莲宗寺 传心寺	南诏	太和	劝龙晟	《僰古通记浅述》："第九主劝龙晟，建佛顶、莲宗、传心三寺，写金字藏经一部，袈裟三十件，旗旛三十首。"地藏寺经幢《造幢记》有"皇都大佛顶寺"之文。
道胜寺	南诏	太和	张建成	万历《云南通志》卷一三："在州治南百里，唐玄宗嘉张建成来朝，赐以浮屠像并佛书，建成归，创寺藏之。"
相国寺	南诏	太和		万历《云南通志》卷一三："在州东北十五里，世传观音建国时，登此山相形胜，故名。"
罗筌寺	南诏	太和	道安	万历《云南通志》卷一三："在府洱河东玉案山……神僧道安结庵此地，创寺。"
灵塔寺	南诏	太和		万历《云南通志》卷一三："在府城南斜阳峰麓，唐段赤城入蟒腹诛蟒，既死，人思其功，于蟒腹中取其骨葬之，建塔其上，焚蟒骨垩塔。"
慈恩寺	南诏	太和	慧海	《僰古通记浅述》："元妃师母贤者厌世富贵而慕清静，削发为尼，法名慧海。建太和慈恩寺，用银五千，造银佛一堂，敬奉于王宫，命清平官赵文奇制四家经译，就椒岭额开四季道场，高置一法座，讲《金刚》《般若经》，三公群臣皆在会听法。"
崇恩寺	南诏	太和	神僧	万历《云南通志》卷一三："在府城南九里，一名药师寺，昔有神僧，乘三角青牛至此，禅坐石床而化。段思平逃难至此，自分必死，顷之，而追者不入，免难，出视则门封蛛网矣。"
大慈寺	南诏	太和	僧慧普	万历《云南通志》卷一三："在府城北三十五里，唐时南诏建，内有卓锡泉，相传僧慧普者以锡卓地而泉涌出。"
灵会寺	南诏	太和		万历《云南通志》卷一三："在府城北院塝村，蒙氏时建。"

续表

名称	年代	地点	建造者	史料来源
三圣寺	南诏	太和		万历《云南通志》卷一三:"在府城西,旧为南诏家庙,内有观音三像,世传自西天竺来者,南诏有七圣,此七圣中之三圣也。"
观音阁	南诏	太和		万历《云南通志》卷一三:"在府城北上羊溪戮魔石,世传观音既闭罗刹,以此石压之,后人建阁其上,因名。"
合会寺	南诏	太和		万历《云南通志》卷一三:"在府城东北凤冈村,野史载买罗刹国时,会合国人耆老于此,后人建寺。"
卧佛寺	南诏	永昌	劝丰祐	胡本《南诏野史》:"太和己酉三年(829)僧梦岛造永昌卧佛寺。"《僰古通记浅述》:"建永昌卧佛寺,佛长一丈六尺。"
高娘寺	南诏	太和	劝丰祐	《僰古通记浅述》:唐文宗时,建高娘寺。
景靖寺	南诏	建昌	蒙世隆	《僰古通记浅述》:唐懿宗时,与唐兵战于建昌,建景靖寺。
金轮寺	南诏	腾越	南诏高氏	清乾隆《腾越州志》:"金轮寺,城西五里,相传蒙诏时夷酋建佛殿于此。"光绪《腾越厅志》:"金轮寺……相传蒙诏时所建,又名大佛寺,腾冲古寺。"
黑塔寺金轮寺	南诏	腾越	李贤者	《腾越州志》卷九《仙释》:"李贤者,蒙诏时常宿黑塔寺及金轮寺。"
来凤寺	南诏	腾越		《腾越厅志》:"来凤寺,古为龙凤祠。"又:"来凤神祠,相传为汉景帝庙……大约南诏蒙世隆僭号为帝,死,谥景庄,夷人立庙于山。"此景帝为南诏之蒙世隆。①

① 以上源自清乾隆《腾越州志》、光绪《腾越厅志》的资料,均参见李正:《云南腾冲境内早期佛寺遗迹调查与研究》,《东南文化》,1992 年第 1 期。

名称	年代	地点	建造者	史料来源
宝峰寺	南诏	腾越	摩伽陀	万历《云南通志》卷一三："宝峰寺,在州城西十里,高僧摩伽陀修定之所。"又天启《滇志》载："摩伽陀,天竺人。蒙氏时卓锡于腾冲长洞山,阐瑜伽教,演秘密法,祈祷必应,至今云南各阿吒力者,皆服其教。"
玄化寺	南诏	鹤庆	摩伽陀	万历《云南通志》卷一三："习仪僧纲司玄化寺,在府治南半里,昔蒙氏因梵僧赞陀崛多卓锡通水,遂建此寺。"
水洞祠	南诏	云南府	摩伽陀	光绪《云南通志·祠祭志》："水洞祠,在城南外眠山下。昔神僧赞陀崛多有利导之功,知府周集建祠,以四月八日祀之。"
法华寺	南诏	安宁		道光《云南通志稿·古迹》记载,法华寺为唐时所建,段氏时重建。
华藏寺	南诏	赵州	高将军	万历《云南通志》卷一三："在州华藏山,唐高将军建。"
荡山寺（感通寺）	南诏	太和	波罗祖师	万历《云南通志》卷一三《大理府仙释》："感通寺,在府城南十二里,又名荡山寺,汉时摩腾、竺法兰由西天竺入中国时建。有高皇帝御赐制诗十八章碑于殿前,今不敢与臣下诗并录。"《僰古通记浅述》有"法身不动,感而遂通,佛之灵也。敢告改寺名曰感通"之记载。
筇竹寺	南诏	云南府		万历《云南通志》卷一三："在玉案山,唐贞观初建,其寺深邃,花木竹石,幽雅可掇,相传昔有人于此见数僧甚异,就之不见,但见筇竹数本,遂即地建寺。"
法明寺	南诏	宜良	摩伽陀	万历《云南通志》卷一三："习仪僧会司法明寺,在宜良县城东隅,唐僧摩伽陀建,永乐二年重修,习仪即之。"
智镜寺	南诏	鹤庆		万历《云南通志》卷一三："智镜寺,在府治后,蒙氏时建。"

续表

名称	年代	地点	建造者	史料来源
等觉寺	南诏	巍山		万历《云南通志》卷一三:"习仪僧纲司等觉寺,在府治东隅,蒙氏所创。"
伏虎寺	南诏	巍山		万历《云南通志》卷一三:"伏虎寺,在府治东南庄里,蒙氏时建,世传二虎拽木创葺。"
法明寺	南诏	永昌		万历《云南通志》卷一三:"习仪僧纳司法明寺,西枕太保山麓,蒙氏时创,天顺间重建,习仪即焉。"
宝峰寺	南诏	永昌	摩伽陀	万历《云南通志》卷一三:"宝峰寺,在州城西十里,高僧摩伽陀修定之所。"
报恩寺	南诏	永昌		万历《云南通志》卷一三:"报恩寺,蒙氏时建,元泰定间重建。"
圆通寺	南诏	云南府		李元道《重修圆通寺记》:"昔蒙氏窃有兹土,即岩而寺,曰补陀罗。"圆通山石壁有异牟寻"元封元年春元正月,奉旨书于崇嵩之壁"十六字,此处"元封"为南诏异牟寻年号,王本《南诏野史》说,大历十四年即位后改元见龙,至兴元年复改元元封,因此异牟寻甲子岁改元元封,当唐德宗兴元元年。
慈应寺	南诏	姚安	张虔陀	万历《云南通志》卷一三:"慈应寺,在府治东山畔,旧名护国寺,唐刺史张虔陀建。"
普明寺	大长和安国元年	太和	郑买嗣	《南诏野史》:"郑买嗣,异牟寻相郑回七世孙,唐昭宗天复二年,篡蒙国,更名昶,国号大长和国,改元安国,伪号桓帝。""后梁太祖开平丁卯年,建普明寺。开平三年,铸佛一万尊,送寺祈福,为杀蒙氏八百人故也。"
文殊寺	五代	云南府		万历《云南通志》卷一三:"文殊寺,在府城北五里,五代时,僧赞陀见文殊现其地,建寺。"
高兴寺	大理国	太和	段智兴	《大理国高兴兰若碑》①。

---

① 汪宁生:《云南考古》,第253—257页。

续表

名称	年代	地点	建造者	史料来源
兴宝寺	大理国	姚州	段智兴	万历《云南通志》卷三《姚安府·古迹》:"兴宝寺碑,在城西十五里,段智兴元亨二年建立,实宋淳熙十有三年,今存。"《兴宝寺德化铭》有"元亨二年"纪年。
归源寺	大理国	大釐		有大理国"镇囹灵天神"石刻像(现存大理喜洲金圭寺)。
般若寺	大理国	太和		万历《云南通志》卷一三:"般若寺,在县城北八里,段氏时建,有宝灯飞入双塔中,夏夜常有光明。"
宝华寺	大理国	太和		万历《云南通志》卷一三:"宝华寺,一名金龙寺,段氏时建,中有龙潭。"
高陀山白塔	大理国	姚安	段正兴	万历《云南通志》卷三《姚安府·古迹》:"在府北二十里,石晋天福间建,高十五级。"亦见《新纂云南通志》卷九一《金石考十一》。
矣保山塔	大理国	姚安	段正兴	万历《云南通志》卷三《姚安府·古迹》:"在府北十五里,段正兴天(大)宝六年甲戌建,实宋高宗绍兴二十四年,上有砖纪之,今犹存。"亦见《新纂云南通志》卷九一《金石考十一》。
火焰山塔	大理国	洱源	段正兴	建于大宝七年(1155),有"大宝七年建"铭文塔砖①。
九禾白王塔	大理国	丽江	段祥兴	《南诏野史》段祥兴"甲辰淳祐四年(1244),蒙古兵出灵关伐大理,祥兴遣将高禾迎战,高禾战败身死。段连祐归宋,宋遣使吊祭,致经书银缎,为高禾拒蒙古兵战殁也"②。

---

① 云南省文物工作队:《洱源火焰山砖塔出土文物简记》,《云南文物简报》, 1977年第7期。

② 方国瑜:《云南史料目录概说》第三册,第1003页。

　　我们重点探讨了太和城南诏官家寺庙、崇圣寺与三塔、东西寺与东西寺塔、弘圣寺与一塔、佛图寺与佛图寺塔、大姚白塔、罗荃寺与罗荃寺塔、昆明地藏寺、水目寺与水目寺塔、遍知寺等十处南诏大理时期的塔庙建筑或遗存，又通过南诏大理佛教寺院简表，以史料为依据，略加考证，列举了可以确认为南诏大理佛教塔庙的五十余处塔寺名称与基本线索。通过讨论，我们认识到南诏大理佛塔与寺庙，主要集中在洱海、滇池，以及永昌与姚州四个区域，而以洱海周边最为集中，反映了南诏大理佛教流传的基本情况。

　　总体来说，南诏大理佛教史料缺少寺志庙书，对于法脉传承，寺院规制，译经写经，高僧大德，以及法事活动涉及不多。文献记载简约，金石文物所载多不明晰，多数寺庙仅存一名号而已。法系不清，承传不明，让人倍感史阙之痛，无文之哀。他日，如有善士，能遍检地方志乘、金石碑铭、器具文物，作《云南佛教寺院志》，则功莫大焉，善莫大焉。

第十二节　关于塔庙与佛教信仰实践的讨论

　　信仰佛教，为何一定要建塔立庙？或者说塔庙由何而来，为何日益兴盛？我们知道，佛陀时代是没有塔庙的。《四十二章经》记载，佛祖曾经对弟子说："受道法者，去世资财，乞求取足，日中一食，树下一宿，慎勿再矣！"[①] 后来，弟子问佛陀：佛灭度之后，如何礼葬佛身？佛陀对阿难所言，其中就蕴含着"起塔庙"的意思。如《大涅槃经》记载，佛陀在入灭前夕曾对弟子阿难言："令众生于我

---

① 〔东汉〕迦叶摩腾、竺法兰译：《四十二章经》第三章，《大正藏》，第 17 册，第 722 页。

身中起塔庙、礼拜供养。如是众生以我法身为归依处……供养我身，依转轮圣王。"①《佛说长阿含经》说道：

> 阿难问佛陀，佛灭度后，葬法云何？佛告阿难……当如转轮圣王。……厚衣其上而阇维之，讫收舍利，于四衢道起立塔庙，表刹悬缯，使诸国行人皆见佛塔，思慕如来法王道化，生获福利，死得上天。②

《佛行所赞》等典籍记载，佛陀寂灭之后，摩揭陀、毗舍离等七国国王与末罗人"八分舍利"③。《优婆塞戒经》记载，佛说"如来即是一切法藏，是故智者应当至心勤心供养生身灭身、形象塔庙"④。

如上所述，塔能够体现佛的生身法身，因为它既珍藏着佛陀生身舍利，还供养着佛的法身舍利（法像与佛经）。

《魏书·释老志》说：

> 自洛中构白马寺，盛饰佛图，画迹甚妙，为四方式。凡宫塔制度，犹依天竺旧状而重构之，从一级至三、五、七、九。世人相承，谓之"浮图"，或云"佛图"。⑤

————————

① 〔北凉〕昙无谶译：《大涅槃经》卷八《如来性品第四之五》，《大正藏》，第 12 册，第 903 页。
② 〔后秦〕佛陀耶舍、竺佛念译：《佛说长阿含经》卷第三《游行经第二中二》，《大正藏》，第 1 册，第 20 页。
③ 〔印度〕马鸣撰，〔北凉〕昙无谶译：《佛所行赞》，《大正藏》，第 4 册，第 54 页。
④ 〔北凉〕昙无谶译：《优婆塞戒经》卷三《供养三宝品第十七》，《大正藏》，第 24 册，第 1051 页。
⑤ 《魏书》卷一一四，第 3029 页。

　　可见佛教传入中国之初,佛塔即是最重要的佛教标识与神圣空间。《法苑珠林》说,安塔有三意:一表人胜,表彰高僧大德甚至是凡夫比丘;二令他信,使人见塔生起信念;三为报恩,要报答佛、师等恩德。将建立佛塔的目的,说得一清二楚①。

　　建塔庙供养佛舍利,是礼佛修行的最好功德。南诏大理时期的僧人对"形象塔庙"的理解是很到位的,譬如前引昆明《妙应兰若塔记》就说:"我佛如来鹿苑集众之时,现真身而应机说法,双林入灭之后,留慈影而济世渡人。是知容仪乃玉儿金容之迹,宝塔即灵牙舍利之踪。倘若一心皈依,便获无边福利。"②形象塔庙,犹如佛陀生身灭身,既是教义,亦为教相,既是礼佛之所,又是礼拜对象。

---

① 参见〔唐〕道世纂:《法苑珠林》卷三七,《大正藏》,第53册,第580页。
② 杨世钰、赵寅松主编:《大理丛书·金石篇》卷一,第107页。

第十二章　佛教造像

　　长时间、大规模地造作佛像是"以佛治世"的重要特征,也是社会大众普遍信仰佛教的实践活动。传世文物、日渐增多的考古新发现,为我们了解、研究南诏大理佛教造像活动,提供了可靠的资料与证据。而文献史料可以再现当时的社会历史情境,引导人们深刻认识"物象"背后的信仰逻辑。本章以石窟寺、石刻、出土与传世佛教遗物为对象,讨论南诏大理佛教造像的情况。

第一节　石窟寺

　　云南各地保留的不同时代、不同性质的石窟较多,其中南诏大理时期的佛教石窟寺,以剑川石钟山石窟、安宁法华寺石窟与大理挖色石窟最具代表性。

一、剑川石钟山石窟

　　剑川石窟位于云南省西北部大理州剑川县境内,是中国佛教石窟中地理区位处于最南方的石窟群(图12—1)。石窟分石钟寺、狮子关、沙登箐三大片区,共十七窟二百余躯造像,还有各类器物、窟门、造像题记、碑碣、游人题记等。石窟内有南诏天启十一年(850)和大理国盛德四年(1179)造像题记,可知它主要开凿于唐

图12—1　剑川石窟石钟寺外景

宋时代的南诏大理时期。剑川石窟的主题,包括诸佛、菩萨、明王、天王、王者、力士、护法等,其中南诏大理国"王者"、阿嵯耶观音、梵僧、明王以及女根"阿央白"造像,具有明显的区域佛教特点。

剑川石窟自开凿以来,直至20世纪中叶,鲜为外界知晓。唐、宋、元三代不见于文献著录。明代,始有文人学士登临石窟并留下部分诗文。对剑川石窟造像较为详细的描述,始于清末民初赵宗瀚编纂的《石宝山小志》。自20世纪40年代开始,剑川石窟日渐受到关注。中华人民共和国建立七十余年来,有关剑川石窟的调查、研究、保护工作持续展开并取得重要成就。

(一)石窟造像描述

剑川石钟山石窟各窟、龛的编号历来不同,目前较为通行的方式,是将三大片区统一编号,即先从石钟寺区开始,再到狮子关区,最后是沙登箐区的模式。我们依据统一编号序列,将各窟的情况简报如下:

1. 石钟寺区,共八窟:第1号窟位于巨石(石钟)上部,其他

2—8 号窟均雕于"石钟"之后的山岩正面石壁,从 2 号起,由北向南顺序编号。

1 号窟,异牟寻坐朝图。雕像九躯,分别为王者、官员及王者侍从。中尊王者头戴"头囊",交脚坐于龙椅之上。座前一童子托举莲盘,上置三供养。中尊前方左、右两侧,各雕官员坐像一躯。

2 号窟,阁逻凤议政图。雕于石钟寺石壁上,殿堂式佛龛内共造像十九躯,王者阁逻凤戴"头囊",交脚坐于高椅之上。其余为高僧、官员及王者仪仗。

3 号窟,地藏菩萨。雕地藏菩萨像一躯,菩萨手持锡杖,结善跏趺坐,端坐于须弥座上,两脚自然下垂。有法轮形火焰纹背光。

4 号窟,华严三圣。雕佛陀,以及文殊、普贤二菩萨,阿难、迦叶二弟子。即中尊为坐佛像,左右为文殊、普贤二菩萨,阿难、迦叶二弟子侧立于后。普贤菩萨坐骑白象前有象奴一躯。

5 号窟,维摩诘问疾图。由左、中、右三龛组成。中龛体量较大,左右两龛稍小。中龛是仿木结构殿堂式龛形,龛中部雕维摩诘坐像及文殊、舍利弗。左龛雕阿嵯耶观音坐像及供养人,右龛雕观音菩萨与供养人像。

6 号窟,明王堂。殿堂式龛面,主像十三躯。中间雕一佛二弟子,次两侧各雕四尊明王像,合为八大明。八大明王皆有榜题,标识名讳。最外侧,大黑天神与多闻天王分立南北,持兵器护法。

7 号窟,甘露观音。主像雕甘露观音坐像,二侍女像侍立两旁。观音高坐于须弥座上,当胸有一开口,当地人因此称为"剖腹观音"。后壁右上方有藏文题记。

8 号窟,阿央白。造像分上、下两层,上层五龛,下层七龛,共十二龛。除主龛外,其他龛体较小、浅。主龛正中须弥座雕女阴像,左右榜题"广集生化路,大开方便门"。此像应为观音诸相中的送子观音造像①。龛顶有大理国盛德四年(1179)墨书造像题记。

2. 狮子关区,共三窟:位于石钟寺对面山岭的石岩中,石窟编号接续石钟寺区,从第9号开始。

9号窟,全家福。雕五尊坐像。有榜题,刻"大圣圣躅□,大王及后妃男女,从者尊容,元改造像,昌宁记之"造像题记。此窟的主尊,传统上被认为是南诏第一代国王细奴逻。

10号窟,天竺僧人像。距地面近三十米高的凌空石崖之上,有摩崖梵僧立像一躯,头戴软巾帽,左手持净瓶当胸,右手结大梵天印,左下方雕一神犬。有圆形头光。造像左上侧榜题内有"盛德四年"(1179)造像题记。

11号窟,波斯国人像。在地上突出的一块岩石上,雕立像一躯,像右侧龛壁刻有"波斯国人"四字。造像与题字均显粗糙。

3. 沙登箐区,共四窟:编号接狮子关区,由山麓箐口起编,向箐内山梁(石钟寺)方向递进。

12号窟,佛菩萨像。位于沙登箐出山箐口,分上、下两层。上层浅浮雕佛、菩萨诸像,下层四龛共雕佛坐像五躯(图12—2),有南诏天启十一年(850)造像题记一则。

13号窟,观音像。雕阿嵯耶观音像一躯,造像旁有"大理圀造像施主药师祥妇人观音姑爱□□□等雕""奉为施主药师祥妇观音等敬雕"造像题记。

14号窟,一佛二弟子像。中尊坐于莲台须弥座上,二弟子侍立。

15号窟,多闻天王像。夹子寺绝壁上浅浮雕毗沙门多闻天王立像,与大黑天神并立。

---

① 参见李东红、杨利美:《苍洱五百年》,第192—195页。

16 号窟，大黑天神像。夹子寺绝壁上浅浮雕大黑天神立像，与多闻天王并立。

17 号窟，位于石钟寺石钟南侧下方，为一处已经开凿的平面上彩绘三菩萨像。似为未及雕像之窟。从体量、龛形及内涵看，应该单独计为一窟。有的则认为，沙登箐山梁石崖上的线刻梵僧像，应计为一窟。

（二）主要石窟造像考释

1. 纪年最早的造像。第 12 号窟分为上、下两层，底层四龛，上层五龛浅浮雕，共九龛。分别雕刻佛、菩萨造像共二十一躯，题记一则，器物若干。此窟位于沙登箐出山箐口，是位置最低，距离村寨最近的石窟，也是剑川石钟山石窟中唯一有南诏纪年题记的石窟造像。造像题记如下：

> 沙追附尚邑三睒甸，张傍龙、妻盛梦和，男龙君、龙庆、龙兴、龙安、龙千等有善因缘，敬造弥勒仏、阿弥陀仏。圀王天启十一年七月廿五日题记。

题记位于下层第三像下方，文字清晰，保存完好。"天启"是第十一世南诏王劝丰祐的年号，天启十一年为唐宣宗大中四年（850）[1]。

前人多注重下层造像，对于上层雕像多未加留意。1999 年，北京大学考古系与云南大学历史系联合考古队，从造像风格、佛龛之间的打破关系分析，确认上层的开凿时间远早于下层，当在初唐

[1] 劝丰祐于唐穆宗长庆四年继位，当年建元保和，十六年后，于唐文宗开成五年改元天启。丰祐在位三十六年，其中保和年号十六年（824—840），天启年号二十年（840—859）。

图12—2　12号窟雕像（下层）

时期[①]。

　　造像施主张傍龙与其子龙君、龙庆、龙兴、龙安、龙千，实行的是"父子联名"制。所谓父子联名制，即用父亲名字的最后一个字（或两个字）作为子女名字的开头，代代相承，是一种普遍流行于南方少数民族中的起名方式。造像施主为"沙追附尚邑三睐甸"，位于石钟山麓的沙溪坝子内，村邑名称至今如故。这就是说，南诏早、中期，当地村民信仰佛法，捐资造像，供养诸佛已然成为风尚。民间造像之风的兴起，是佛教繁荣兴盛的标志。造像题记有弥勒佛与阿弥陀佛名号，有学者认为与净土信仰有关。

　　2."阿央白"造像。第8号窟"阿央白"位于石钟寺区，造像分上、下两层，上层开有五个佛龛，下层七龛，共十二龛。雕刻造像二十八躯，各类器物二十二件。

① 参见剑川石窟考古研究课题组：《剑川石窟——1999年考古调查简报》，《文物》，2000年第7期。

上层居中者为主龛，雕作圆拱形，龛中部须弥座上，雕半圆形莲台，莲台上雕女性生殖器造像（图12—3）。龛后壁女阴雕像两侧，有石刻对联云"广集生化路，大开方便门"。龛的左右壁各雕一组佛像。此窟即通常所称的"阿央白"，意思是"女性生殖器雕像"。龛顶有长方形题榜，榜内有左行直书墨书题记。由于书写年代久

图12—3　8号窟阿央白造像

远，榜内墨书多已浸漫，加之后人于墨书之上刻有"西匹乃"三字，破坏了部分原来题记，很多字已不可识读。所幸的是虽然表层墨迹已去，但浸入到红沙石中的墨迹尚有痕迹可寻。基于前贤考释的文字基础，我们对题记文字逐一辨识、考订，将尚可辨识者录出，不能识读者以"□"代替，录文如下：

八圣主在□□台□道兰，观世音者，法法无相渡四生，而方便能师忙忙无形于有情。□□□□□其造像□□□□□，上士布爕□□□天王员者善言，然于相如访龙春于□□万代留名中□□□□福田无穷，子孙世□□乀果岁岁无尽后，盛德四年仲秋己亥年八月三日记。

造像题记至少透露三个方面的信息，其一是"观世音者法法无

相渡四生,而方便能师忙忙无形于有情……福田无穷,子孙世□□
ィ果岁岁无尽后"之语,说明本造像是出自观音信仰,结合"广集
生化路,大开方便门"的题记,可以推断此造像为观音诸相之一的
送子观音。其二,造像施主很可能即是"上士布燮□□□天王员",
"布燮"为南诏大理的官衔,"上士布燮"则说明其品位较高。"□
天王员"是带佛号的四字名,因为前面的字迹难以辨识,我们不能
断定造像施主的姓氏,但以"天王"为名,是南诏大理国通行的佛
号姓名习俗。其三,盛德四年(1179)纪年,则说明此窟造像开凿
于大理国时期。"盛德四年己亥年"干支纪年,对于推断盛德年号
的起始时间,甚至是考证大理国纪年体系都具有重要价值。

　　关于"阿央白"造像的探讨由来已久。所谓"阿央白"者,是
20世纪50年代从当地"访谈"所得的称谓。我们能见到的是龛楣
榜题之内,原墨书题记中后人刻有"西匹乃"三字。"西"为白族语
"死"的意思,"匹"为白族语对女性生殖器的俗称,"乃"是白族语
中的量词,意思为"一个",三个字连起来理解,其意甚为明白。此
当为后人恶搞的"涂鸦"之作,不能作为理解雕像意义的文字依
据。事实上,"阿央白"或"西匹乃"只是一种较为通俗的称法,白
族民间多称雕像为"维",即"神""佛"之义。有关此窟的性质,从
目前发表的成果来看,大致有这样几种看法:

　　一为母系社会女性崇拜的遗物。此多为1980年代的观点,往
往以"民俗"代替佛教信仰立论,实则是一种误解。

　　二是此窟正中莲台上原来雕有佛像,佛像被毁之后,好事者顺
势而为之,将其凿成现在的"锥状物"。此为臆说,缺乏可靠的证据
支持。

　　三是该窟是密教崇拜的一处"婆伽曼荼罗",即原来就是女阴
雕像。此说貌似有道理,或由"性力派"入手,或从"大乐"思想出

发,同样缺少证据支持。

我们认为,从石窟开凿痕迹判断,原刻即是如此,并不存在二次雕凿的情况。根据造像题记,此女根为观音诸相之一,或为送子观音。当地民间新婚夫妇来此求子的习俗,亦是送子观音信仰的例证,这是南诏大理观音信仰的传统。更重要的是,理解此窟,当从佛教信仰思想出发,而不是去找寻其他的缘由。

譬如,阿央白造像"广集生化路,大开方便门"联,理应从佛典中寻找解释依据。"方便门",应指佛法方便与究竟。《法华义疏》说,众生所缘之域为方,如来应化之法称便。"方便",梵语称upāya,即一切佛法之称,指以方便化益众生。它包含智慧、真实、秘密等妙义[①]。"生化路"当来自佛教"生身"与"化身"信仰。生身指修行成道之佛身,为应身;而化身者,即随机应化之身[②]。因此,阿央白造像,本于佛教随缘应化的思想与方便法门,造像题记中的"观世音者法法无相渡四生,而方便能师忙忙无形于有情"正是此义。

3. 天竺僧人像。"梵僧"造像四次出现在剑川石窟中,具体来说,就是 10 号窟狮子关梵僧雕像、沙登箐山梁石崖上的梵僧像、1号窟"异牟寻坐朝图"内的线刻梵僧像,以及 12 号窟的梵僧像[③]。

10 号窟梵僧造像(图 12—4)位于狮子关区距地面近三十米高的凌空石崖之上,观者只能远距离仰视。1999 年 7 月,为对此造像进行精确测绘,我们顺石崖搭建了工作架,近距离目睹梵僧像

---

① 参见〔隋〕吉藏撰:《法华义疏》卷三,《大正藏》第 34 册,第 482 页。

② 参见丁福保编:《佛学大辞典》,第 509—510、53 页。

③ 不少学者认为,第 11 号窟所谓"波斯国人像"实际也是天竺僧人像。参见张泽洪:《梵僧传教与社会记忆——南诏大理国梵僧研究》,《世界宗教文化》,2020 年第 2 期。

图12—4　10号窟梵僧造像

尊容。

经测量,梵僧造像高169厘米。头着软巾帽,额部方阔,中间有白毫。颧骨、眉骨凸起,眼眶下凹,宽鼻,阔耳垂肩。头后有圆形头光。身穿交领僧衣,外披袒右式袈裟,右肩搭偏衫。足着靴。右臂外曲上举,结大梵天印;左手内曲,当胸握瓶。梵僧左下方雕一神犬,犬项系圈,圈上有铃,作躬身回首,注目梵僧之状。

梵僧像左上侧,即造像左肩外上壁,有榜题一方,内刻造像题记:

紫石云中　信境兰若
盛德四年六月七日　造像施主工匠金榜杨天王秀创

按文义,题记应该断为"盛德四年六月七日造像施主工匠金榜、杨天王秀创"。这里的"施主工匠金榜"是说明"杨天王秀"身份的。"金榜"为南诏大理时期的封号,抑或是名号之一。施主工匠,既是施主又是工匠,有"金榜"衔,而这个人的名讳是"杨天王秀",属于带佛号的四字名。以"天王"为名者,见诸记载者较多,此前已在本书第九章《以佛号为名》中作过专题讨论。此窟题记中的"杨天王秀"，还有 8 号窟造像题记中的"□天王员"，二人不见于文献记录，无法详说。

"梵僧"传教，是南诏大理佛教信仰的主题之一。梵僧形象首见于《南诏图传》，此后成为南诏大理佛教造像中常见的高僧、神僧与观音形象。1962 年，李家瑞发表《南诏以来来云南的天竺僧人》一文，第一次系统地论证了南诏大理佛教的印度渊源，对梵僧作了详尽的考说①。我们在《大理地区男性观音造像的演变：兼论佛教密宗的白族化过程》一文中，讨论了"梵僧→阿嵯耶观音→观音老爹"造像变迁所演绎的印度密教在南诏大理本土化过程②。段炳昌认为，天竺僧人与南诏土著白族婚配融合之后，参与南诏的文化和经济活动③。张泽洪认为，南诏大理国梵僧阿叱力的种种神异事迹，折射反映梵僧的社会影响与民间的集体记忆，来自天竺的梵僧沿南方陆上丝绸之路传教，促成了密宗色彩的阿叱力教派的流行，书写了西南边疆中外宗教文化交流史的重要一页④。

4. 八大明王造像。6 号窟"明王堂"长 130.6 厘米，高 510 厘米，窟面为殿堂式建筑格局。本窟位于石钟寺区中心位置，布局精巧，规模宏大，造型复杂，雕刻技艺精湛。窟内共造像七十七躯，是剑川石窟中造像数量最多的窟龛。窟内雕造主像十三躯，由右至

① 李家瑞：《南诏以来来云南的天竺僧人》，《学术研究》，1962 年第 1 期。

② 李东红：《大理地区男性观音造像的演变：兼论佛教密宗的白族化过程》，《思想战线》，1992 年 6 期。

③ 段炳昌：《天竺僧人与南诏土著白族的婚配融合》，《思想战线》，1997 年第 3 期。孙健：《大理地区外域僧人造像浅述》，《云南文物》，1992 年，总第 34 期。傅永寿：《南诏时期的天竺僧人》，《云南阿叱力教崇的神祇》，《大理文化》，1999 年第 3 期、第 6 期。

④ 张泽洪：《梵僧传教与社会记忆——南诏大理国梵僧研究》，《世界宗教文化》，2020 年第 2 期。

左为：大黑天神（南方增长天王）、大圣东方六足尊明王、大圣东南方降三世明王、大圣西南方无能胜明王、大圣西南方大轮明王、大日如来及二弟子、大圣西方马头明王、大圣西北方大笑明王、大圣北方步掷明王、大圣东北方不动明、北方多闻天王（图12—5）。

从"八大明王"造像的外形来看，它们都面目狰狞可畏：三头六臂，三目竖眉，青面獠牙，身挂骷髅，手持法器，脚踏鬼奴，身上毒蛇缠绕，呈现出忿怒恐怖的形象。按照密教义理，明王是佛、菩萨为降伏众魔以及众生因无明而引起的贪、嗔、痴等障碍而显现的愤怒身。沉溺于贪、嗔、痴等魔障的众生，一旦看见此等愤怒畏怖之相，即如当头棒喝，幡然醒悟，获得解脱。

此窟是以大日遍照如来为中心，八大明王与南北二天王护法的法会图景，其布局为佛经中常见的佛会图像的基本呈现样式。因为"八大明王"形象突显，传统的观点认为本窟造像的经典依据是《大妙金刚经》，因此称它为"明王堂"①。

宋朗秋就佛教经典的遵循与处理、图像及粉本的运用、地方特色的形成等方面，对大足石窟与剑川石窟进行比较。他的结论是，剑川石窟八大明王像，其经典依据同于大足宝顶小佛湾八大明王，即达摩栖那所译《大妙金刚经》，但明王造型与经典所述存在一定的差异②。侯冲认为，"明王堂"依据的是大理国写经《通用启请仪轨》所附"海会八明王四种化现赞歌"，表现的是诸佛菩萨踏浪而来

---

① 关于八大明王的研究，主要有李霖灿、宋朗秋、杨延福、侯冲、罗炤、川崎一洋等学者。就其尊像的经典依据与图像的源流等问题学者间尚存有分歧。阮丽：《剑川石钟山石窟第六窟八大明王源流考》，《大理崇圣论坛会议论文集》，2013年，大理。云南大学孙琳的博士论文《剑川石窟八大明王研究》（2021），是近年来重要的研究成果。

② 宋朗秋：《大足宝顶山与剑川石钟山十大、八大明王的比较研究》，《敦煌研究》，1999年第3期。

图12—5　6号龛"明王堂"（局部）

的"海会化现"情景,并称此窟为"大日海会"或"大日佛会"①。也有观点指出"明王堂"是依据《大妙金刚佛顶经》开凿雕造,是融合了佛顶信仰与金刚界教法的曼荼罗窟②。黄璜则认为此窟主尊大日如来作触地印,呈释迦降魔状。依据《大妙金刚佛顶经》之解,是"摄一切佛顶轮王之相",即"释迦佛顶佛"与"转轮圣王"的复合形象③。孙琳的博士论文《剑川石窟八大明王造像研究》则指出,从空间上讲,"八大明王"窟及观音窟位于石钟寺区石窟群的核心方位,是启建法会的坛场。在图像配置层面,大日佛、八大明王、观音像并列,近似于水陆法会奉请的诸神佛,是讽诵《楞严经》的法会图景。图像特征则体现了受唐《大妙金刚佛顶经》激发,同时融合唐、天竺两种元素④。孙琳的观点,对于理解"明王堂"的内涵,以及石钟寺区石窟空间布局的意义是有帮助的。

5. 王者像。剑川石窟共雕造"王者造像"三窟,这就是异牟寻坐朝图(1号窟)、阁逻凤议政图(2号窟)与全家福(9号窟)。

"异牟寻坐朝图"(图12—6)共有雕像九躯,分别为王者(异牟寻)、官员及侍从。王者端坐于龙头椅上,头戴五佛冠形"头囊",身着通肩条形衣纹长衣,下垂盖住双脚。双手入袖置于交脚之上,似结入定印。座前一童子托举莲盘,上置三供养。中尊前方左、右两侧雕坐像两躯,端坐于座椅上,此两躯造像,形貌相类,头戴展脚

---

① 侯冲:《剑川石钟山石窟及其造像特色》,林超民主编:《民族学通报》第一辑。
② 罗炤:《剑川石窟石钟寺第六窟考释》,《宿白先生八秩华诞纪念文集》。本文收入赵寅松主编:《白族文化研究(2002)》。
③ 黄璜:《剑川石窟石钟寺第六窟主尊身份及其图像源流考》,《南京艺术学院学报(美术与设计)》,2015年第1期。
④ 孙琳:《剑川石窟八大明王造像研究》,云南大学博士论文,2021年。

图12—6　1号窟异牟寻坐朝图

幞头式官帽,身着长服,双手入袖,双足下垂至坐前踏步,当为"清平官"像。王者左、右两侧共雕立像五躯,分别执龙头剑、长柄扇、旌、瓶、棒、盒、杖等,是王者的羽仪与仪仗。这些器用文物,为南诏王室专用,多见于新、旧《唐书·南诏传》以及《蛮书》等文献史料。王者戴"佛冠式"头囊,交脚而坐,用的是佛教造像跏趺坐姿势,双手入袖置于交脚上,呈结手印状。侍者持瓶,当为净瓶,而座前童子托举的莲花盘与三供养,同样属于佛教造像内容。

"阁逻凤议政图"(图12—7)雕作王者(阁逻凤)、官员、僧人、侍从、武士等十九躯造像。图中最引人注目之处有四:一是王者"顶戴塔"式的"头囊",二是王者交脚而坐,双手入袖置于交脚之上,这是佛教造像法中流行的跏趺坐与结印姿势;三是与阁逻凤端坐一排的僧人,论者多以为此像就是阁逻凤之弟阁陂和尚,此时当处于国师之位;四是阁逻凤的护从与仪仗,人物形象高鼻深目,所

图12—7　2号窟阁逻凤议政图

持器杖地方性突出；五是此图中的王者头冠（头囊）、曲柄伞、龙头剑等见于文献记载的南诏王室衣冠文物，可与新、旧《唐书·南诏传》《蛮书》等文献史料一一对应。

"全家福"（图12—8）位于狮子关区，雕刻于夹在山体岩石与窟顶石块之间的天然长方形石壁上，为一浅形龛，龛缘呈近似长方形的边框。龛中部雕长方形须弥座，座上雕五尊坐像。王者所戴的王冠，所穿的服饰，两手的姿势，衣纹的下坠方式以及交脚而坐的姿势，都与前述"异牟寻坐朝图"与"阁逻凤议政图"中的王者相同。窟内须弥座上雕像右起第二像与第四像之间，刻右行直书造像题记：

图12—8　11号窟全家福

　　　　大圣圣躅□,大王及后妃男女,从者尊容,元改造像,昌宁
记之。

　　题记中的"圣躅□"被认为是"晟独逻"即细奴逻。如此,该
窟是第一代南诏国王细奴逻及其"后妃男女"的"全家福"①。

　　李家瑞《石宝山石雕王者像三窟试释》一文,首次指出剑川石
窟1、2、11号窟是南诏王者的造像,并且推断1号窟为异牟寻,2号
窟是阁逻凤,11号窟为细奴逻②。杨延福则认为,1号窟不应该是南
诏王者,而是大理国时期的某代国王,2号窟为大理国开国皇帝段

---

① 李东红、杨利美:《苍洱五百年》,第177—178页。

② 李家瑞:《石宝山石雕王者像三窟试释》,《大理白族自治州历史文物调查资
料》。

思平,而 11 号窟则是大理国开国皇帝段思平的父母及兄弟姐妹的
"全家福"①。三窟王者造像除"全家福"有造像题记之外,其余二窟
虽有题榜,但墨书造像题记已完全浸漫,不可释读。所谓"异牟寻
坐朝图"与"阁逻凤议政图"之说,是由当地民间口耳相传的社会
记忆,是 20 世纪 50 年代石窟调查者根据民间传说确定的名号。

"王者三窟"的主像为南诏大理国的国王、皇帝的结论基本没
有争议,而具体是哪一位国王或者皇帝,需要更多的深入讨论,或
寄希望于新资料的发现。王者像讨论的另一个焦点集中在"为什
么王者像会出现在佛教石窟中?"有一种说法认为,三窟王者像为
本主神龛,是本土信仰的造像。依照目前研究成果判断,这种解读
是有很大问题的,缺陷在于它没有从佛教信仰本身,特别是南诏大
理佛王信仰的角度,阐明王者何以出现在佛教造像中的思想根源。

通观南诏大理时期的历史文献、图典、文物遗迹就会发现,南
诏大理的国王与皇帝,常被描绘或刻画于佛教题材的绘画与石刻
之中。剑川石窟之外,博什瓦黑"王者出巡图"、《南诏图传》的"摩
诃罗嵯土轮王"蒙隆舜、中兴皇帝舜化贞以及后续的"文武皇帝"
郑氏,《张胜温绘梵像卷》"利贞皇帝礼佛图""南诏十三代国王
供养十一面观音图"等,都是南诏大理国"王者"的形象。我们曾
经讨论过,王者造像是"王者护法"②。从佛王信仰理解,帝王以佛
教神祇,如佛或菩萨的面貌统治世间,是阿育王以来的"转轮王传

① 杨延福:《剑川石宝山考释》第五章《石宝山石刻造像》。
② 有关"王者"礼佛护法的文字记载则更加丰富。譬如《张胜温绘梵像卷》内
　有"利贞皇帝礼佛图",描绘的是大理国利贞皇帝率王后王子及百官礼佛的
　场面。张胜温在造像题记中说,他是奉命"为皇帝骠信画","捏诸圣容,以
　利苍生"。也就是说,张胜温是奉王命而行事的。说明当时的帝王,既是虔
　诚的"礼佛者",又是护持佛法的"国王护法",更是转轮圣王。

统"。而转轮圣王信仰,是南诏大理佛教的一大特征。在密教信仰中转轮王与佛、菩萨同体①。因此,我们推断,剑川石窟中的王者造像,既是"王",又是"神",更是"神、王合一"的"佛王"与"转轮王"。"王者像"三窟表现的应是南诏大理国王作为转轮圣王统治世间的图景。虽为王者世俗像,实则与佛、菩萨同体,它就是佛、是菩萨。三窟"王者像"既是世俗的转轮王议政仪仗,又象征与佛、菩萨同体的佛王法会。因此王者头戴佛冠式的"头囊"、交脚而坐、结佛王手印,这就是王者出现在佛教石窟中的缘由。

（6）大黑天神造像

剑川石窟中的大黑天神造像凡两见,一为6号窟的南方增长天王（图12—9）,此像与北方多闻天王共同护持法会;二为16号窟的大黑天神立像,与15号窟北方多闻天王并立,亦为护法神像。石窟中的两躯大黑天神像,均与北方多闻天王"成对"出现。

此外,《张胜温绘梵像卷》第124开有"大圣大黑天神"像,禄劝密达拉石刻雕的是大黑天神与北方天王像,大理崇

图12—9　6号窟大黑天神像
（南方增长天王）

---

① 参见古正美:《从天王传统到佛王传统:中国中世佛教治国意识形态研究》第九章《南诏大理的佛教建国信仰》。

圣寺千寻塔、弘圣寺塔等南诏大理古塔所藏佛教造像中亦有大黑天神的形象。北汤天法藏寺大理国写经《大黑天神及白姐圣妃仪赞》,则是南诏大理大黑天神信仰的经典依据。

王海涛认为,大黑天神来自印度,它的原型是印度教中的湿婆[①]。李玉珉《南诏大理大黑天图像研究》认为,在中原佛教主流中地位并不显著的大黑天神,在南诏大理国却如此流行,透过图像研究,云南的大黑天与唐宋、西藏迥然有别,但与印度关系密切,因此"云南大黑天图像与信仰显然直接承续印度的传统"。大黑天信仰与图像于南诏时期传入云南后,发展出一些云南特有的大黑天图像。而大黑天神常与北方毗沙门天王同时出现,这种配置在印度、中国内地和吐蕃均不曾发现,属于云南大黑天神图像的一大特色[②]。大黑天神在南诏大理的本土化,不仅涉及造像特征的演化,还有神话传说的本土化以及"身份的转换"问题,因为除了佛教护法之外,大黑天神又被奉为当地土著族群的土主、本主神祇[③]。

(三)综合讨论

剑川石窟的造像,有的属单窟,有的则是"组合"的;有的分散,有的连片;有的体量大,有的体量较小。可以看到,南诏劝丰祐时期,剑川石窟开始有规模地开凿。"盛德"年号三见于石窟,说明盛德年间,是剑川石钟山石窟开凿的兴盛期。

从目前的情况推断,沙登箐、狮子关两区,单身造像较多,窟龛规模小而分散。因此这两个区域的造像,应属于个别施主供养、开

① 王海涛:《云南大黑天神》,《中国历史博物馆馆刊》,1993年第2期。

② 李玉珉:《南诏大理大黑天图像研究》,《故宫学术季刊》(台北),1996年,第13卷第2期。

③ 田怀清:《大理地区信仰大黑天神源流考说》,蓝吉富等著:《云南大理佛教论文集》。

凿的龛窟,很难判断其经典依据。

石钟寺区的造像,无论从规模、布局、技法、各窟龛之间的关系处理,还是经典依据、内容连续性,以及历史人物作为佛王出现等因素综合考察,都应该是有组织、大规模、高水平、长时段的开凿活动的结果。从3号窟到8号窟,可以说是一气呵成:3号窟地藏菩萨、4号窟华严三圣、5号窟维摩问疾、6号窟"明王堂"、7号窟甘露观音与8号窟"阿央白"送子观音,都是"可辨识"的佛教造像,都可以找到经典依据。

6号窟处于中心位置,是石钟寺区或者说是剑川石窟的中心窟。此窟所表现的大日如来说法,诸佛菩萨天王力士明王踏浪而来听法、护法的"大日海会"图景,是剑川石窟的核心内容。

从1号窟异牟寻坐朝图、2号窟阁逻凤议政图来看,此两窟的窟龛形制、人物布局,造像仪态、衣着器用、旌旗仪仗均能够准确地表达南诏大理国宫廷生活的场面。其人物衣冠、器用与物件能在《旧唐书·南诏传》《新唐书·南诏传》《蛮书》《南诏图传》《张胜温绘梵像卷》等同期文献、图像史料中找到依据。因此,必定有一位深谙佛理,熟悉宫廷礼仪,又极解世情民俗的释儒、大师负责规划、主持石窟的开凿。各种迹象表明,大理国盛德年间主持"梵像卷"绘制的张胜温,有可能就是此次造像活动的主持者。而这一切开窟造像活动,当然是奉王者之命,此"王者"很可能就是"利贞皇帝"段智兴。也有迹象表明,石钟寺区的石刻造像并没有完工,似乎是突然停顿下来,此后就再也没有恢复。

石钟山石窟与《张胜温绘梵像卷》表现出惊人的一致性,此种一致性可在《南诏图传》中找到。这就如同南诏大理地方文献系统中《白国因由》来自《白古通》,《白古通》则可溯源至《南诏图传》一样。图像与文献,在南诏大理文化传统中相辅相成,相得益彰。剑川石窟表现了许多佛教信仰民俗,如当下还流行的"石宝山歌会"①。对石窟周边的"民间""民俗"活动,如歌会、求子、祈雨等,应该理解它们在佛教信仰、朝山巡礼中的意义,不能以单纯的民间文化去解释。

二、安宁法华寺石窟

法华寺石窟位于昆明安宁市东部洛阳山小桃花村崖壁上,法华寺为唐时所建,而"段氏凿罗汉"后寺庙毁圮不存,石窟造像也遭到毁坏。雍正《安宁州志》:"卧佛,在法华寺真空庵之下,凿石为之,长二丈余,按《南诏通纪》,先是金叶杨宜所建,被火,公主段氏延寿姐更建,杨氏佛郎天王杨凌之妻也。旁石壁,凿罗汉十八,世传一尊飞去。"②

现存石窟共四大片区,二十四窟。第一区有两窟,雕地藏菩萨与观音菩萨像;第二区有十八窟,雕罗汉群像;第三区三窟,一为释迦牟尼苦行相,二为牧牛献乳图,三是释迦佛像;第四区雕释迦牟尼涅槃相(卧佛)。

由于石窟遭人为破坏,法华寺石窟多数造像头部被捣毁,仅有"睡佛"保存较好。佛祖涅槃法相长四米,头戴花冠,作曲肱侧卧状,袒胸跣足,一手枕头,一手抚膝,仪态安然(图12—10)。这是南诏大理佛教造像系统中少见的佛祖涅槃像。法华寺石窟中的牧牛献乳图也是仅此一现。罗汉像则与《张胜温绘梵像卷》相映证,说明罗汉是南诏大理佛教造像的主要内容之一。石窟中的地藏、

---

① 参见李东红:《剑川石窟与白族的信仰民俗》,《世界宗教研究》,2006年第3期。

② 〔清〕杨若椿修,〔清〕段昕纂:雍正《安宁州志》卷二十,清乾隆四年刻本,第四八页。

图12—10　法华寺释迦牟尼涅槃像

观音诸相常见于南诏大理佛教造像。

　　法华寺石窟的史料记载少,研究者不多。我们认为,对法华寺的诠释,离不开对南诏大理佛教信仰大情境的理解。只有将它放置到南诏大理佛教信仰体系中,才可能获得系统、全面、正确的认识。

三、大理挖色石窟

　　挖色石窟位于大理市挖色镇高兴村,高兴兰若(寺)旧址范围内(图12—11)。石窟沿三峰山南麓岩石开凿,分为"凤鸣台"和"龙绕石"两个区域,共计二十三窟[1]。据《大理国高兴兰若碑》记载:大理国王段智兴定安四年(1198),时任相国的文国公高妙音护,敦请国公戒净和尚修建并住持"高兴兰若"[2]。石窟应该是高兴

---

① 杨伟林:《大理挖色石窟群调查》,《大理民族文化研究》第四辑,民族出版社,2010年。

② 参见赵寅松、杨世钰主编:《大理丛书·金石篇》卷一,第81—83页。

图12—11　大理挖色石窟现存佛龛

　　兰若建寺时所开凿。现在石窟所在的村庄名叫"高兴村",不知是"村因寺名",还是"寺因村名"?

　　凤鸣台是一块高 6 米、宽 12 米的岩石。上面雕有六窟,分别雕佛、菩萨、神虎等。龙绕石是一块高 10 米、宽 40 米的岩壁,一窟一罗汉,共雕十八窟罗汉像。如前所述,罗汉造像是南诏大理佛教造像的核心内容之一。现存石窟均为单窟单尊造像,大小相近。由于此处山崖为熔岩石,容易被腐蚀、风化,以致挖色石窟群中的雕像多数风化严重,难以考究。目前尚可辨识者有释迦、文殊、普贤、罗汉、高僧及供养人造像等①。

①参见李昆声主编:《南诏大理国雕刻绘画艺术》,云南人民出版社、云南美术出版社,1999 年,第 164— 167 页。

第二节　石刻造像

南诏大理时期的石刻造像,包括西昌博什瓦黑南诏石刻群像,还有散落在不同地域的三躯、二躯与单躯造像,譬如剑川金华山北方多闻天王与二胁士造像、禄劝密达拉大黑天神与多闻天王组合像、晋宁"石将军"北方多闻天王造像等。

一、博什瓦黑石刻

博什瓦黑石刻位于四川省西昌市昭觉县长湾乡博什瓦黑山。这里的十六块巨大岩崖上,分别刻有佛、菩萨、明王、金刚力士、王者、清平官等九十躯造像以及二十余躯神鸟瑞兽形象。明王像高2—4米之间,都是三头六臂,三面三眼的愤怒状造像。明王手执弓箭、金刚杵、三叉戟、斧、莲花、法轮等法器。"王者出巡图"中不仅有王者出巡时的仪仗,还有观音、天王力士及佛塔。博什瓦黑石刻造像,以明王、天王力士、观音诸相、王者像(图12—12)为主要内容,与剑川石钟山石窟同属一类,是南诏大理国佛教造像的重要遗迹[①]。

我们曾讨论过,西昌地区在唐宋时代属于南诏大理国建昌府,是南诏大理与内地交通联系的重要通道。这里不仅保存了石刻造像,还有大量的火葬墓及其他南诏大理文物遗存。

二、剑川金华山石将军石刻造像

金华山石刻,当地人称为"石将军",位于剑川县城西侧金华山半

---

① 参见黎家芳:《凉山博什瓦黑石刻画像调查简报》,《中国国家博物馆馆刊》,1982年。

图12—12　博什瓦黑石刻中的王者像

道上的一块大石上,造像为浮雕毗沙门天王及二胁士立像(图12—13)。

　　1999年7月,北京大学考古系与云南大学历史系剑川石窟联合考古队,对此石刻造像进行测绘、照相及文字记录工作。测得毗沙门天王像通高5.23米,二胁士通高2.3米。天王叉腿而立,身型略弯曲,右手执三叉戟,左手上举托金刚宝塔。头戴宝花冠,身披战甲,帔巾飞扬,脚着长靴。项后有火焰纹头光。两旁各站一像,均双手合什。右像头戴宝冠,下体着裙,脚穿靴;左像头戴盔甲,身着战袍,帔巾络腋,脚着长靴。明代崇祯十二年(1639),徐霞客云游至此,见此石将军像,欣然写道:"路左有一巨石,当坡东向而峙,下瞰土主庙后,石高三丈,东南平削,镌三大天王像于上,中像更大,上齐石顶,下踏崖脚,手托一塔,左、右二像少杀之。土人言,土司出兵,必宰猪羊夜祭之,祭后牲俱乌有,战必有功,是为天王石。"[①]天王两侧的二胁士,是侍从还是"家人",学界有不同的

---

①《徐霞客游记校注》,第955页。

图12—13　剑川金华山石将军像

理解[①]。

　　毗沙门天王又称北方天王、多闻天王。《法华经》说,此天王守护在"毗沙门天",是如来道场的护法。因为保卫道场,多闻佛法,故称多闻天王。因为"毗沙门天"位于北方,故又称北方天王。

　　金华山石将军(毗沙门天王)像与剑川石窟第15窟天王像、禄劝密达拉天王像风格接近,属于同一类型。汪宁生认为,此处雕像应该是南诏末期或大理国时期的造像[②]。

三、禄劝密达拉石刻

　　密达拉石刻,位于昆明市禄劝县密达拉乡核桃箐村三台山的崖壁之上。这里刻有与剑川石钟山石窟第15、16号窟相似的北方

---

① 有观点认为二胁士像,为天王夫人与哪吒太子像。参见刘长久:《南诏和大理国宗教艺术》,第100页。
② 参见汪宁生:《云南考古》,第196页。

图12—14　禄劝密达拉北方多闻天王像、
大黑天神像

多闻天王和大黑天神浅浮雕像（图12—14）。

多闻天王像高2.3米，头戴化佛冠，身穿铠甲，腰佩剑，脚着芒靴，双足踏两鬼奴，左手托塔，右手执戟。造像右上方榜刻"大圣北方多闻天王"。大黑天神像高3米，造像左上方榜刻正书"大圣摩诃迦罗大黑天王"。两像之间题刻"奉为施主三遍坦绰□□□乐的信男□"造像题记。

从石刻题记与造像风格判断，此处的两尊天王造像，其时代与剑川石窟天王造像相当，是南诏晚期至大理国时期的作品①。

四、晋宁石将军造像

滇池之滨，昆明市晋宁区城西南五公里处的崖壁上，雕有一尊高约6.5米的北方多闻天王像（图12—15），被当地人称为"石将军"。

天王像头戴宝冠，身披甲胄，左手扶腰，右手执三叉戟，腰间佩双剑。左、右两脚分别踏龙、虎。左下方有一座十一层的塔像，左上方的云气之中亦刻有一座宝塔。两塔之间有"大圣毗沙门天王"

① 参见王海涛：《昆明文物古迹》，第122—123页。

图12—15 晋宁北方多闻天王石刻像

榜题。此为大理国时期的石刻,距此石将军造像不远处的观音洞内,保存着大理国至元代的佛教壁画①。

　　南诏大理国佛教石窟与石刻造像,是当时佛教信仰实践的产物,很多石窟的开凿与王室有关,是典型的佛教治国方略的一部分。可以看到,石窟的开凿始于南诏早期,大理国时期最为兴盛,并持续至元代。石窟的分布,集中在洱海区域、滇池区域,以及建昌府界内,这样的空间分布,恰好与当时的政治、军事和佛教活动的中心区域相吻合。南诏大理石窟的规模不算宏大,但地方性突出,其主题处处突显王室、王者的转轮王地位,是南诏大理佛王信仰的具体表现。石窟中出现的器用文物,可与新、旧《唐书》之《南

① 参见邱宣充、张瑛华等主编:《云南文物古迹大全》,云南人民出版社,1992年,第59—61页。

诏传》以及《蛮书》等文献相印证。因此,石窟寺与石刻造像不仅是研究南诏大理佛教,更是探究其社会生活的难得史料。

第三节　出土佛教造像

　　大理巍山县城西北十五公里的峣岅图山,是南诏峣岅图城遗址所在,城址内有南诏早期的佛塔与寺庙遗迹。元代李京《云南志略》称"蒙氏名细奴逻,城蒙舍之峣岅图而都之,国号大蒙,自称奇王。云南建国称王始此,唐贞观三年也"①。《南诏野史》载:细奴逻"高宗庚戌永徽元年(650),建都蒙舍川,于峣岅图山筑峣岅图城"②。万历《云南通志》卷三《蒙化府》有"峣岅图城,在峣岅图山,周围四百余丈,昔细奴逻筑此以居,遗址尚存"的记载③。地方文献记载南诏峣岅图城始建于细奴逻时代,即唐贞观、永徽年间。自细奴逻时代,历逻盛、盛逻皮、皮逻阁四代,峣岅图城作为蒙舍诏的王都近一个世纪。1959年,云南省博物馆对峣岅图城遗址进行发掘,确定其为南诏早期的遗址。出土文物中有大量的莲花纹瓦当④。1978年,考古人员在峣岅图山寺庙遗址塔基内,采集到有字塔砖,砖上模印"大佛顶心咒""大方广佛"等汉文经名,还有梵文真言与经咒⑤。

---

① 《大理行记校注　云南志略辑校》,第72页。
② 《南诏野史会证》,第36页。
③ 万历《云南通志》,第285页。
④ 参见云南省博物馆:《云南巍山县峣岅图山南诏遗址的发掘》,《考古》,1959年第3期。
⑤ 蒙舍城遗址出土"方广佛"有字形瓦,原文作者断为"万广佛",但从现存有字瓦的断裂情况推测,应该是"大方广佛"残断所余文字。参见田怀清:《南诏大理国瓦文》,第64、75页。

1991年至1993年，文物管理部门对巍山岹岇图山寺庙遗址进行了两次清理发掘，共发现石刻造像三百余件。这批石刻造像，最大的高61厘米，小的仅高3厘米。其中完整造像，以及佛、菩萨、天王、力士头像四十余件，其余多为残断躯体碎块。造像形态各异，有单体，有合龛（图12—16、12—17、12—18、12—19）。

图12—16　岹岇图山南诏寺庙遗址出土供养千佛像

佛部造像有大日如来，也有释迦、弥勒、宝生、阿弥陀佛。佛结螺发，高髻，穿袒肩袈裟，表现出浓厚的密宗佛部造像特征。菩萨类造像面容圆润丰满，头戴宝冠，身

图12—17　岹岇图山南诏寺庙遗址出土佛像一

佩瓔珞，衣褶飘逸，神态安然。金刚类造像威猛刚毅。雕刻手法分浮雕与圆雕，雕工精细，线条流畅，有明显唐代风格。与佛教造像伴出的文物包括有字瓦、砖、磉堆等南诏时期的建筑遗物[①]。

《南诏图传·文字卷》第四化记载，兴宗王蒙盛逻时，开南郡西澜沧江外兽赕穷石村，村主加明、王乐等被梵僧的神迹所慑服而皈依佛法。他们将梵僧化现的"阿嵯耶观音"像，及梵僧的法物礼

---

① 参见巍山县南诏博物馆编：《云南巍山岹岇图山出土南诏佛教造像艺术》。

图12—18　峨屿图山南诏
寺庙遗址出土佛像二

图12—19　峨屿图山南诏
寺庙遗址出土佛像三

送至峨屿图山上,安奉"内道场供养顶礼"[1],按照隋唐以来的传统,"内道场"为设置于内宫的官家寺庙。因此,峨屿图城寺庙遗址,当为南诏官家第一寺。寺庙遗址内有佛塔基址,说明南诏早期佛寺之中建有佛塔。

峨屿图寺遗址出土佛教造像,至少有三个方面的意义:

第一,年代。确定为南诏早期,也就是初唐时期。部分造像年代可能更早。这就是说,这批造像无论是种类,抑或是艺术风尚,都代表了南诏大理佛教造像的早期风格。

第二,性质。从遗址地点清理情况判断,这里是一处佛教造像的加工场所。造像数量多,废弃石材堆积较厚,说明造像持续时间长,造像活动频繁。

第三,用途。这批造像主要是安奉于蒙舍诏"内道场"中的佛像,也极有可能为其他地方雕作,譬如 2020 年在太和城遗址出土的佛像,无论是材质还是风格,几乎与这批造像完全相同。

第四,意义。确证蒙舍诏细奴逻时期,峨屿图山王宫中有官家寺庙,造像活

---

[1] 参见李霖灿:《南诏大理国新资料的综合研究》,第 141—143 页。

动频繁,佛教已经流行①。

第四节　传世佛教造像

南诏大理热衷于佛教造像活动,史籍记载的造像数量庞大,种类丰富。这些造像或供奉于寺庙,或供养在佛塔,或"敬诸里巷"。世事沧桑,多数造像已经不见踪影,只有少数散落民间。如今,传世的南诏大理佛教造像大多被收藏于世界各地的博物馆、艺术馆之中②。

一、阿嵯耶观音像

我们曾经做过统计,剑川石钟山十七窟石刻造像中,至少有十窟与观音有关。《张胜温绘梵像卷》内共有二十一页出现观音形象。大理崇圣寺千寻塔、弘圣寺塔和佛图寺塔出土的大理国文物

①　内道场是东晋以来宫廷中设立的祠佛场所,按照《晋书·孝文帝纪》记载,东晋孝武帝太元六年(381)于殿内建精舍,引诸沙门修行佛事。《佛祖统纪》卷三七"梁天监十六年(517)"条记载,武帝敕沙门慧超为寿光殿学士,使之居于禁中讲法,首创"内道场"制度。隋炀帝改寺为道场,称宫中祠佛之所为"内道场",内安像经藏,立刹声钟,唐代"内道场"崇信更为兴盛。

②　考古发现的南诏大理佛教造像,以大理崇圣寺千寻塔、弘圣寺塔、佛图寺塔出土塔藏佛像,以及传世阿嵯耶观音像为多。1980年代,千寻塔出土六百余件南诏大理文物中,有佛教造像一百三十三尊,弘圣寺出土佛、菩萨造像五十二尊,佛图寺塔亦有佛教造像出土。参见云南省文物工作队:《大理崇圣寺三塔主塔的实测和清理》,《考古学报》,1982年第2期;云南大理白族自治州文物管理所:《云南大理弘圣寺塔清理报告》,《考古学集刊》第八集;大理州文管所、下关市文化馆:《下关市佛图塔实测和清理报告》,《文物》,1986年第7期。

中,有观音造像八十余尊①。

观音信仰是南诏大理佛教的基本特色,《南诏图传》呈现的就是"观音幻化,南诏立国"的神话。这个神话的核心是"观音七化"。"观音七化"历经发展,演绎为"观音十八化";观音形象从"梵僧"到"阿嵯耶",再演化为"观音老爹"。观音神话成为云南地域文化中的核心元素之一。

观音神话见于《白古通》以及由此演绎出来的"白古通系"云南地方史书,如《纪古滇说集》《南诏野史》《僰古通记浅述》《白国因由》。元、明、清云南地方志,譬如诸本《云南通志》,《滇志》《滇略》《大理府志》均有相关记述。

南诏大理佛教造像中,阿嵯耶观音像最为殊胜。这类观音造像身长纤细,宽肩细腰,女身男相;发髻高耸,髻中安住阿弥陀佛;有耳饰、臂饰;下体窄瘦,双脚并立,跣足,手结各式密宗手印;上身轻裟缦体,下身着裙。我们曾经讨论过,阿嵯耶观音反映的是天竺僧人在南诏大理地方化的形象②。古正美认为,阿嵯耶观音形象来自不空胃索观音造像的基本模式(图12—20)③。

阿嵯耶观音像大多为铜胎鎏金铸像,由南诏至大理国,数百年间其造型特征基本保持同一风格,是南诏大理国菩萨类造像中最有地方特点的造像,因而被称为"云南观音"与"大理观音"。20世纪40年代,海伦·查平《云南的观音》一文,开启了"云南观音"研

---

① 参见李东红:《大理地区男性观音造像的演变:兼论佛教密宗的白族化过程》,《思想战线》,1992年6期。

② 参见李东红:《白族密宗》,《法藏文库:20世纪中国佛教学术论典》卷四八。

③ 参见古正美:《从天王传统到佛王传统:中国中世佛教治国意识形态研究》第九章《南诏大理的佛教建国信仰》。

图12—20　云南省博物馆藏
阿嵯耶观音像

图12—21　圣地亚哥博物馆藏
阿嵯耶观音像

究的序幕[①]。

　　南诏大理国历代国王、皇帝礼佛敬佛，虔心铸造"阿嵯耶观音"像，不少造像流传至今，美国圣地亚哥博物馆藏阿嵯耶观音像（图12—21），其造像题记如下：

①〔美〕Helen B. Chapin, *Yunnanese Images of Avalokitesvara*, Harvard Journal of Asiatic Studies, Vol.2（1944）. 译文载〔美〕查尔斯·巴克斯著，林超民译：《南诏国与唐代的西南边疆》。

　　皇帝骠信段正兴资为太子段易长生、段易长兴等造。记
愿采禄筭,尘沙为喻;保庆千春,孙嗣天地,摽机相承万世。

　　段正兴为大理国第十七世国王(1148—1171年在位)。这段
文字的意思很清楚,李霖灿曾将其译为白话文:大理国皇帝段正
兴,出钱为他的太子段易长生、段易长兴等造了这尊佛像,希望因
此功德,段氏一系福禄,像尘沙一样地不可胜数,保佑他们千秋吉
庆,子孙们也能得到天地的照拊保佑,万代相承不断①。

　　“阿嵯耶”又称“阿阇梨”“阿叱力”,是梵文 Acāryā 的不同音
译,具有“导师”“规范”的含义,指的是从印度到南诏传播佛教、自
称为观音的天竺僧人。在印度金刚顶信仰中,阿阇梨所扮演的角
色非常重要,他是金刚顶法的行者,也是金刚顶法的传法人②。

　　根据《南诏图传》的叙述,阿嵯耶观音是由梵僧观音带入南诏
的。阿嵯耶观音造像具有明显的印度、东南亚的影响与风格。不
少研究南诏大理历史文化的学者,如李玉珉、荷恩之(Angela F.
Howard)、吴棠、王明达、田怀清、杨德聪、侯冲、傅云仙、杨玉莲等,
都专题讨论过阿嵯耶观音造像与信仰③。

① 李霖灿:《南诏大理国新资料的综合研究》图版贰,第 26 页。
② 参见古正美:《从天王传统到佛王传统:中国中世佛教治国意识形态研究》
　第九章《南诏大理的佛教建国信仰》。
③ 李玉珉:《张胜温〈梵像卷〉之观音研究》,《台湾东吴大学艺术史集刊》,1987
　年,第 15 期。〔美〕何恩之(Angela F.Howard):《南诏国的鎏金铜观音——
　西南边疆的混血艺术》,秋石译,《云南文物》1991 年,总第 29 期。杨德
　聪:《“阿嵯耶”辨识》,《云南民族大学学报(哲学社会科学版)》,1995 年第
　4 期。傅云仙:《阿嵯耶观音》,云南美术出版社,2006 年。杨玉莲:《白族
　信仰阿嵯耶观音始因初探》,《大理文化》,2009 年第 1 期。吴棠:《“云南福
　星”阿嵯耶观音释读》,《大理文化》,2010 年第 9 期。王明达:《南诏大理
　国观音图像学研究》,云南人民出版社,2011 年。侯冲:《阿嵯耶 (转下页)

巍山县境内，在离峨屿图城不远的地方，建有"嵯耶庙"，其中供奉的土主神祇，即是阿嵯耶观音像①。民族学调查材料显示，在1990年代，云龙县有一位名为"阿嵯耶"的阿叱力教派僧人，是当地十里八乡闻名的大和尚。

二、大日如来

南诏大理塔藏文物中发现的佛教造像较多，而佛部造像以五方佛为主。如崇圣寺千寻塔出土六十四躯佛像，均为五方佛，包括大日如来八尊、东方阿閦佛十二尊、南方宝生如来三尊、西方无量寿佛二十五尊、北方不空成就如来十二尊②。由于阿閦佛造像数量较多，有的观点认为，在南诏大理佛教中，阿閦佛并不只是五方佛中的东方佛，有时化身为大日如来，成为五方佛之中尊③。

上海博物馆收藏了一尊由海外回归祖国的大理国大日遍照鎏金铜像（图12—22）④。造像高48厘米，中空，内腔铸有大理国盛明二年（1163）造像题记：

时盛明二年岁次癸未孟春正月十五日，敬造金铜像大日遍照一身座，资为造像施主彦贲张兴明、枚瑜领踰城娘、三男等，当愿三身成就，四智圆明，世世无障恼之忧，劫劫免轮回之苦，千生父母、万劫怨家早出盖缠，蒙证佛果；次愿三界穷而福

（接上页）"中国造"的洋标签》，《深圳大学学报（人文社会科学版）》，2013年第4期。田怀清：《大理崇圣寺千寻塔出土阿嵯耶观音像研究》，《大理学院学报》，2015年第3期。
① 参见杨世钰、赵寅松主编：《大理丛书·金石篇》卷三，第1148—1149页。
② 参见姜怀英、邱宣充编著：《大理崇圣寺三塔》，第71—80页。
③ 参见王毓川：《南诏大理国时期阿閦佛造像研究》，云南大学硕士论文，2017年。
④ 参见杭侃：《大理国大日如来鎏金铜佛像》，《文物》，1999年第7期。

图12—22　上海博物馆藏大理国
大日遍照佛像

田无尽,四空竭而财法未消,发结十地之比日,同圆三身之妙果。

"盛明"为段正兴年号,盛明二年为公元1163年。题记把造像的目的交待得很清楚,就是供养、祈福、消灾免难,超脱轮回,往生佛国。

三、尊胜佛母像

南诏大理佛教造像中,有"多臂佛母像"流传至今。所谓多臂佛母者,多数为佛顶尊胜佛母像。诵持《佛顶尊胜陀罗尼经》,供奉佛顶尊胜佛母,修持尊胜法是佛教密宗的重要法门。尊胜佛母像更多见于火葬墓碑、幢之上,因为《佛顶尊胜陀罗尼经》经咒"能济幽冥地狱极苦,能破一切地狱,回向善道",将佛顶尊胜佛母像与陀罗尼经咒刻于碑、幢之上,敬心供养,则更显尊胜之意。"精魂不知何处去,收骸立塔置坟田",火葬墓为佛弟子往生之后的塔庙与福田。尊胜佛母能为死者"破一切地狱",令其往生极乐。由此可知火葬墓实则是佛教徒超越轮回的神圣空间。弘圭山元亨十一年(1195)大理国彦贲赵兴明,为其亡母造尊胜经幢,幢身刻四臂佛母像与梵文《佛顶尊胜陀罗尼经》,其题记中明确指出所刻佛母像为"南无尊胜大佛母"。腾冲天开十七年(1221)"大理圉公"火葬墓幢上,同样雕此四臂佛母像[①]。大理

---

① 参见孙太初:《大理国彦贲赵兴明为亡母造尊胜幢跋》,《考古》,1963年第6期;吕蕴琪:《腾冲火葬墓及重要遗物》,《云南文物》,1988年第23期。

国地藏寺经幢第七层,四面四龛
内雕刻四躯尊胜佛母像,龛外四
角各雕一躯尊胜佛母像,呈佛母
化现"四方八面"的"大悲八佛
母"道场。而元明火葬墓幢上,
四臂佛母像更为常见。

图12—23　大理市博物馆藏大理国
尊胜佛母像

　　大理市博物馆收藏的大理
国尊胜佛母坐像(图 12—23),
高 26 厘米,宽 19 厘米,铜质造
像,通体鎏金。佛像跏趺坐,头
戴南诏大理王者"顶戴塔"式宝
冠,冠顶为一四叉金刚杵,通体
纹饰由四朵莲花及孔雀、水草组
成。冠下长发下垂于肩。两耳
佩环形耳环。佛母面容丰腴,双目微闭。上两手举至额顶,作合什
状,两手间夹一环状物,下两手胸前合什(拇、中、无名、小指直立,
食指相向弯曲成环状)。项、手臂及腿部皆挂璎珞,帔巾从上两臂
缠腋而下,绕前两臂飘起。此像出土于大理古城西郊,原玉局寺旧
址内①。

　　如前所述,目前所见南诏大理佛教中的尊胜佛母像,基本上是
一面四臂佛母像,造像前两臂当胸合什,后两臂上举合什过额。发
髻高耸,中间安住化佛。佛母项戴璎珞,臂上帔巾缠绕,神态安详。

　　考诸佛典与造像,在尊胜佛母造像中,四臂佛母像并不少见,

_____

① 参见杨益清:《大理征集到一件大理国尊胜佛母造像》,《云南文物》,1993 年
第 35 期。

造像的基本姿态为跏趺坐,前两臂当胸合什或结印,后两臂上举、各持法器。而南诏大理的尊胜佛母像,结跏趺坐,前两臂当胸合什,后两臂上举当顶合什,是"一面四臂合什佛母像"。

　　佛母为诸佛之母,佛母"四臂合什"的意义为何,应作深入探究。丁福保《佛学大辞典》引《观音义疏》与《法苑珠林》之语说:《观音义疏》称"合掌者,此方以拱手为敬,外国合掌为敬。手本二边,今合为一,表不敢散诞,专至一心"。而《法苑珠林》卷二〇说:"律曰:当今一心合什指爪掌,供养释师子。"① 那么尊胜佛母后两臂上举至头顶合什,是礼拜佛顶佛吗? 黄璜认为,根据宋法天译《佛说一切如来乌瑟腻沙最胜总持经》,尊胜佛母为三面八臂,且"顶戴塔"。在敦煌石窟如榆林窟、莫高窟、东千佛洞尊胜佛母曼荼罗中,尊胜佛母无一不是三面八臂像。可见大理国的一面四臂"尊胜佛母"与经典以及敦煌石窟中尊胜佛母的仪轨相去甚远② 。杨益清认为,此尊胜佛母造像不见于佛典,应该是南诏大理密教所创的神祇与造像。此种"四臂合什"且"冠中有化佛"的尊胜佛母造像,是否有具体的文本依据还需考证。

四、大鹏金翅鸟

　　大鹏金翅鸟又名妙翅鸟,民间称为金鸡。梵文称名为"迦楼罗"(Garuḍa),它起源于古代印度,在印度教中,迦楼罗是大神毗湿奴的坐骑,众鸟之王。后来,迦楼罗从印度教神祇演变成佛教天龙八部之一,其形象为半人半鸟,头部现鹰首与喙,脚有利爪,而身躯和四肢则呈人形。迦楼罗在密教造像体系中具有重要地位。在

---

① 丁福保编:《佛学大辞典》,第 844 页。
② 黄璜:《剑川石窟石钟寺第 8 窟释迦、观音和尊胜佛母组合造像刍议—兼论宋代忏仪佛教对其造像意蕴的影响》,《艺术设计研究》,2018 年第 2 期。

汉传、藏传密教中，迦楼罗以人面鸟身，鸟面人身，或者全鸟的形象出现。

南诏大理国佛教中的迦楼罗，相对于汉传佛教与藏传佛教，发展出独特的风格，是佛教迦楼罗与本土金鸡、碧鸡神的结合体，演变为展翅欲飞的"大鹏金翅鸟"形象，很少有半人半神的造型。

1978 年，在对大理崇圣寺千寻塔的实测和清理过程中，于木质经幢内发现一尊银鎏金镶珠迦楼罗

图12—24　千寻塔出土大鹏金翅鸟

造像（图 12—9）。此像铸造、鎏金、镶嵌工艺精美，造型巧妙，昂首展翅翘尾，仿佛引颈长鸣。造像尾部舒展、直立高翘，羽毛为火焰纹 [①]。同时出土二件铜质大鹏金翅鸟像 [②]。

此外，大理国地藏寺经幢第五层的四尊迦楼罗浮雕、《张胜温绘梵像卷》第 63—67 开"南无释迦牟尼佛会"图中迦楼罗造像、第 13 开"白难陀龙王"、第 14 开"莎竭海龙王"图像中鸟头人身的"大鹏金翅鸟"，还有昆明东寺塔、大理崇圣寺千寻塔、弘圣寺塔

① 邱宣充，姜怀英：《大理崇圣寺三塔》，第 115 页，图版 274。
② 马榆：《妙香佛映——南诏大理佛教造像艺术品鉴》，云南美术出版社，2013年，图片 136、137。

等南诏大理古塔塔刹四角的金鸡造像,都是迦楼罗神像。《南诏图传》开篇奇王家的"主鸟",还有铁柱顶的"神鸟"等等,也被认为是梵僧带来的"神鸟"——大鹏金翅鸟。

《佛说长阿含经》《增一阿含经》《妙法莲华经》等佛经中,记述了迦楼罗与龙王的神话。在密教造像中,迦楼罗往往与龙王同时出现。佛教传入中国后,所翻译经典中迦楼罗护法神常与龙为伴为敌。这也是南诏大理佛塔上"金鸡镇龙"传说的思想根源[①]。

第五节　南诏大理佛教造像的特色

本章通过石窟寺、石刻造像、出土与传世文物四大板块,系统讨论了南诏大理佛教造像。《南诏图传》、《张胜温绘梵像卷》、地藏寺经幢造像等,同样是南诏大理国佛教造像研究者关注的对象,由于体量宏大复杂,我们将在接下来的篇章中专题讨论。

综合本章内容,南诏大理佛教造像体现的是以佛教密宗为主的造像系统,其中梵僧观音、阿嵯耶观音、四臂尊胜佛母、南诏大理王者、阿央白造像不见于其他地方的佛教造像中。八大明王像、天王力士像地方性突出。

南诏大理的佛教造像,有如下几大特征:

其一,佛部造像以五方佛为主,大日如来无论从造像数量,还是形象上都多于、高于其他诸相。

其二,曼妙端庄的四臂尊胜佛母像,四臂合什,造型独特,不见于其他佛教造像系统中,是南诏大理独特的佛母造像。

---

① 参见周磊:《南诏大理国时期佛教迦楼罗护法神造像研究》,云南大学硕士论文,2018年。

其三,莲花部造像凸显梵僧与阿嵯耶观音。梵僧与阿嵯耶观音,同样是南诏大理佛教特有的造像。

其四,在金刚部造像系统中,大黑天神与北方多闻天王组合、八大明王组合引人注目;金刚部造像,金刚、力士、龙王、迦楼罗出现频率较高。

第五,王者虽为世俗像,实则"佛、王"合体,是转轮圣王信仰,表现了南诏大理以佛治国的世情民俗。

第六,表现技法一是以高浮雕作为整体造型的表现手法,细部和衣纹处理则采用阴线雕刻。如剑川石窟6窟、7窟;二是主尊造像采用高浮雕,胁士、供养菩萨等采用浅浮雕和圆雕,如剑川石窟1号、2号窟;三是纯粹采用浅浮雕手法,既有阳刻如剑川石窟15、16号窟天王像,也有阴刻如禄劝密达拉石刻天王像。从神态上讲,诸佛菩萨像庄严、静穆,天王威猛精进,明王愤怒刚烈,造像形神合一,表现得恰到好处。有专家把南诏大理佛教造像,总结为"大理佛"与"大理国宫造式样"。

当然,南诏大理五百年历史进程中,造像延续时间长,佛教造像数量多,题材广泛,分布地域辽阔,因此早期与晚期,此地与彼地间会存在差异,有的研究者因此将其划分为南诏、大理国前期与大理国后期三个时段。

我们认为,南诏大理佛教造像,它的时代差异性并不是特别明显。除了题材上的一致性之外,形态变化也很小。如果离开造像题记,要把不同时代的造像区隔开来,其难度是很大的。譬如南诏早期出现的梵僧观音,大理时期仍然是最流行的造像题材之一,其形象几乎没有任何变化。阿嵯耶观音像首见于南诏时期,《南诏图传》中的阿嵯耶观音,与大理国时期同类造像几乎没有任何区别。王者造像则更为复杂难辨。如果一定要划出个早、中、晚,那么南诏大理佛教造像的代表,譬如梵僧、阿嵯耶观音、王者、大黑天、北方多闻天、金鸡等主要造像的"标准像"在哪里? 应该把它们归入哪个时期比较合适呢?

从造像体系来说,南诏大理佛教造像研究,不能只看"图"与"像",还应该从经典出发,才能更加完整地理解其佛神系统,因为佛教造像毕竟是依据经典所作的"教相"。这方面,黄璜有关大理国写经《诸佛菩萨金刚等启请仪轨》的整理与研究已经做了有益的尝试①。

总之,南诏早期即开凿石窟,造作诸像并礼拜供养。南诏中期以来,造作、供养佛像成为自王室到民间的社会风尚,大理国时期更盛。考诸文献,有关佛教造像活动的记载很多。《南诏图传》记录了细奴逻时代梵僧教导民众造作"阿嵯耶观音"像的故事。《云南志略》有唐玄宗"赐浮屠像"给南诏使者的记载②。而《南诏野史》《白国因由》与《僰古通记浅述》之中,相关记载更加丰富,譬如说南诏第八世王劝龙晟(809—816年在位)用金三千两铸佛三尊③。又说,第十世王劝丰祐的母亲,用银五千铸佛一堂④。当时大理崇圣寺有一万一千四百躯佛像⑤。第十二世王蒙隆舜"以兼金铸阿嵯耶观音……辛亥年,以黄金八百两铸文殊、普贤二菩萨像,敬于崇圣寺……用金铸观音一百八像,敬诸里巷,俾各敬之"⑥。郑买

---

① 黄璜:《大理国写经〈诸佛菩萨金刚等启请〉与唐代不空所传经轨的比较研究》,《古籍整理研究学刊》,2017 年第 6 期;《大理国写经〈诸佛菩萨金刚等启请〉的整理与研究》,上海师范大学博士后出站报告,2017 年。
② 《大理行记校注　云南志略辑校》,第 72—73 页。
③ 《南诏野史会证》,第 111 页。
④ 《僰古通记浅述校注》,第 68 页。
⑤ 《南诏野史会证》,第 132 页。
⑥ 《僰古通记浅述校注》,第 81—82 页。

嗣于唐天复二年七月篡蒙氏政权,建立大长和国,改元安国,建普
明寺。安国七年,铸佛一万尊,为杀绝蒙氏八百人忏悔[①]。大理国建
寺铸佛,更为频繁,史载段思平岁岁建寺,铸佛万尊[②]。而段政兴为
太子所铸的易长观音像至今犹存。当然,很多造像活动并没有被
文献所记录,却见于今天的考古发现之中。

---

① 参见《僰古通纪浅述校注》,第 91—97 页。此条材料亦见于《南诏野史》,其
　文云"梁太祖开平丁卯年,建普明寺。开平三年,铸佛一万尊,送寺祈福,为
　杀蒙氏八百人故也"。
② 参见《南诏野史会证》,第 210 页。

第十三章　古本经卷的发现与研究

南诏大理国翻译、造作佛教经籍的记录，多见于唐宋文献记录。宋人张知甫《可书》说，绍兴丙辰夏（1136），大理国遣使进表，其中有"金银书"《金刚经》与"金书"《大威德经》，并且带有大理国年号：

> 绍兴丙辰夏（1136），大理国遣使杨贤明彦贲，赐色秀礼衣、金装剑，亲侍内官副使王兴诚，蒲甘国遣使俄托叶摩诃菩，进表两匣及寄信藤织两个，并系大理国王封号、金银书《金刚经》三卷，金书《大威德经》三卷。金装犀皮头牟一副，犀皮甲一副，细白毡一十六番，金银装安边剑一张，内有小刀一张，素装剑五张，象牙五株，青白毡一百二十番，麝香二百九十八脐，牛黄七十八球，象一头，马五百匹及鞍。①

这里的"金银书《金刚经》与金书《大威德经》"，即为史籍所述"碧纸金银字相间"的大理国写经，这样的写经当下还能看到，这就是美国纽约博物馆藏《维摩诘经》，它不仅精美，还有重要的题记：

① 《可书·绍兴丙辰大理安南国贡物》，第417页。

大理圀相圀公高泰明,致心为大宋国奉使钟□□□造此《维摩诘经》壹部,赞祝将命还朝,福禄退眼,登山步险,无所惊虞,蒙被圣泽。愿中国遐邦从兹亿万斯年,而永无隔绝也。文治九年(1118)戊戌季冬旦日记。佛顶寺主僧伊运富监造。[①]

此经是大理国相国公高泰明专为宋朝使臣敬造的佛经,题记饱含祈福与祝愿之意,同时祈祷大理国与内地"亿万斯年,永无隔绝"。其行文造句体现了"以僧为官"的大理国"释儒"文化特征。"文治"为大理国第十六世国王段正严年号之一,文治九年为宋徽宗政和八年(1118)。《桂海虞衡志》还有"大理国间有文书至,南边及商人持其国佛经题识,犹有用圀字者,'圀'武后所作国字也。唐称大礼国,今其国止用理字","其人皆有礼仪,擎诵经书,碧纸金银字相同。邕人得其《大悲经》,称为坦绰赵般若宗祈禳目疾而书"等语,可见大理国写经,在宋代就已经享誉内地了[②]。

近代以来,特别是中华人民共和国建立七十余年来,南诏大理国以来的古本佛经多有发现。

第一节　古本经卷的发现

一、民国时期发现的古本经卷

在本书第二章《百年来南诏大理佛教考古发现与研究》中,我们曾述及1925年大理地震,崇圣寺千寻塔的塔刹被震落,原收藏

---

① 李霖灿:《纽约博物馆中的维摩诘经卷:国外读画札记之三》,《大陆杂志》(台湾),1964年第4期;《南诏大理国新资料的综合研究》,第19页。
②《桂海虞衡志辑佚校注》,第257—258页。

于塔刹之中的古本经卷被民间收藏，后来大部分不知所终。同年，罗振玉在天津见到大理国文治九年（1118）写经《维摩诘经》一卷（图13—1），此经后来流落美国，为纽约大都会博物馆收藏[1]。抗日战争期间，吴乾就在大理发现《大般若波罗蜜多经》一卷，卷末附有"大理国灌顶大阿左梨赵泰升敬造大般若经一部，天开十九年癸未岁（1223）中秋望日大师段清奇识"的题记。此经后来为云南省博物馆收藏

图13—1　大理国文治九年《维摩诘经》

[2]。这两部佛经被认为是来自原供奉于千寻塔塔刹内，因地震而重现人间的故物。《维摩诘经》与《大般若波罗蜜多经》，是近代以来南诏大理纪年佛教文物的第一次发现。

二、法藏寺古本经卷的发现

1956年8月，云南少数民族社会历史调查组，在大理凤仪北汤天法藏寺木质隔墙内，发现两大柜古本经卷，经整理、统计，共计

---

① 参见罗振玉：《大理相国高泰明写经跋》，《罗雪堂先生全集续编·松翁近稿》，第61页。

② 参见吴乾就：《跋罗莘田三论藏缅族父子连名制》，《边疆人文》，1944年。

三千余册。这批经卷包括如下几大类①：

第一，南诏晚期和大理国时期的写本经卷二十多卷册。其中有纪年者三卷：大长和国安国六年（908）由"内供奉僧崇圣寺主密宗教主赐紫沙门玄鉴"集的《护国司南钞》卷第一；保安八年（1052）《佛弟子比丘释道常荐举七代先亡写疏》残卷；保天八年（1136）"佛弟子持明沙门释照明俗讳杨义隆"造《诸佛菩萨金刚启请仪轨》一卷。其他二十多卷册，虽然没有确切的年代，但根据款识、书法、图记、纸质和装潢等特征，可断定为南诏大理国时期的写本。还有悉昙体梵文经卷三卷，完全用梵文书写，从纸质和纸背的印记可判断属大理国时期的写经。

第二，宋元刻本大藏经二千四百多册：其中有南宋绍兴时期湖州刻本《圆觉藏》三十多册；宋、元时期平江刻本《碛砂藏》一百多册；元代初年杭州刻本《普宁藏》二千二百余册。

第三，元代和明初刊刻的佛经二百八十余册，其中有元延祐五年（1318）由"滇城南华山万庆禅寺沙门自周述"的《佛名宝忏》，"董药师贤、男华严宝为法界造"《华严经》二十多卷册。

第四，明初传抄南诏大理国密教经典十余册。譬如《大灌顶仪》册首经名下有"大理摩伽国三藏赞那屈多译"；《吉祥喜金刚自受主戒律》为"大理国弘福律院下月泉户内抄写，帝师堂下住持辣麻贡葛巴，受主万代恩耳，通圆流传"等题记。

世事流转，几经周折之后，北汤天发现的这批古本经卷被分别收藏于云南省图书馆、云南省博物馆以及云南省社会科学院等不

---

① 参见费孝通：《云南大理历史文物的初步考察》，《考古通讯》，1957年第3期；周泳先：《凤仪北汤天南诏大理国以来古本经卷整理记》，《大理白族自治州文物资料调查集》；杨延福：《法藏寺古经卷清理杂记》，《南诏史论丛》第一册。

同单位,学界一时间难窥其貌。李孝友发表《南诏大理的写本佛经》一文,对云南省图书馆馆藏部分作了介绍①。侯冲发表《大理国写经研究》等系列论著,对于学术界正确认识、深入讨论这批古本经卷做出重要贡献②。

三、塔藏古本经卷的发现

在对大理崇圣寺千寻塔(1979年)、下关佛图寺塔(1981年)的清理、实测和修缮过程中,于塔内发现了一批塔藏经卷,这是继1956年凤仪北汤天法藏寺经卷之后,南诏大理古本经卷的又一次重要的发现。

千寻塔的藏经因自然原因,发现时大部分已腐朽不可辨认,较完好者仅存四件(三件写经、一件曼陀罗图像)。其中《金刚般若波罗蜜经》绢本写经,卷首有"为施主并僧董明清妇人法珠坚等"题记,开篇彩绘"南无金刚般若经佛会""天王帝释像""五方佛众""诸大菩萨众"等佛会、诸佛、菩萨、天王图像,以及图文并茂的佛经故事,后接续《金刚般若波罗蜜经》经文。还有《无垢净光大陀罗尼经》和《佛前自心印陀罗尼法》两卷,其中前者署"三藏沙门弥陀山共法藏寺等奉敕译"的题记。最后一件便是《中胎藏曼陀罗》图像,描绘以大日如来为中尊的五方佛曼陀罗。这四件经卷及图像,质地都是绢与棉布,因此才得以幸存。从绘画、写经风格看,

① 李孝友:《南诏大理的写本佛经》,《文物》,1979年第12期。
② 侯冲:《大黑天神与白姐圣妃新资料研究》,《大理文化》,1994年第2期;《大黑天神道场仪》,方广锠主编:《藏外佛教文献》第六辑,宗教文化出版社,1998年;《大理国写经〈护国司南抄〉及其学术价值》,《云南社会科学》1999年第4期;《护国司南抄》,方广锠主编:《藏外佛教文献》第七辑,宗教文化出版社,2000年;《大理国写经研究》,汪宁生主编:《民族学报》第四辑等。

它们属于大理国时期的遗物①。

下关佛图寺塔发现的塔藏经卷,完好者近五十卷,包括《法门名义集》《金刚般若波罗蜜经》《妙法莲华经》《大通方广经》《金光明经》《大方广佛华严经》等十余种。装订形式分卷轴装、经折装和蝴蝶装三种。既有写本,亦有刊经,其中时代最早者为大理国时期,其余大部分为元代遗物②。

佛图寺塔所藏《法门名义集》,是现存众多《法门名义集》经卷中文义完整、保存较好的文本。侯冲以敦煌本、《大正藏》本与之比对,指导研究生姜婷完成《〈法门名义集〉研究——敦煌本与大理本》一文,形成较完备、文顺义正的《法门名义集》文本③。

此外,洱源火焰山塔、大理海东罗荃寺塔等均出土过经卷,可惜已散佚不存,无从讨论。从现有材料看,建塔或修葺佛塔时在塔刹与地宫内供养佛经作为法身舍利,是南诏大理佛塔建造的惯例。

第二节　古本经卷名录

一、《护国司南抄》一卷,写本。南诏高僧崇圣寺主玄鉴撰。1956 年大理凤仪北汤天法藏寺发现,当时断为三节。《大理丛书·大藏经篇》将分属不同单位的三段经文,拍照拼接成完整文

---

① 参见邱宣充:《大理三塔塔藏写经》,《云南民族文物调查》。
② 参见李朝真、张锡禄:《大理古塔》,第 115—121 页;大理州文管所、下关市文化馆:《下关市佛图塔的实测和清理》,《文物》1986 年第 7 期;云南大理白族自治州文物管理所:《云南大理弘圣寺塔清理报告》,《考古学集刊》第八集。
③ 姜婷:《〈法门名义集〉研究——敦煌本与大理本》,大理大学硕士学位论文,2019 年。

本,影印出版。此经为玄鉴疏注唐人良贲撰《仁王经疏》的写本,因名《护国司南抄》。卷首"序"中有"时安国圣治六载甲寅岁(908)朱夏之季月"纪年,卷末有"保安八年(1052)"抄写题记。按序言,《护国司南抄》原书五卷,并附校勘录一卷。现存者仅为一卷。此卷为目前发现的古本经卷中,惟一记载早于大理国纪年的经卷。此经未被中外历代《大藏经》著录,侯冲撰有《护国司南抄》整理本[①]。

二、《仁王护国般若波罗蜜多经》一卷,写本。抄录不空所译经文及良贲经疏,1956年大理凤仪北汤天法藏寺发现,此件为南诏抑或大理国早期作品。经卷有正文,朱笔旁注,文后注释,还有白文浮签。卷末有疏记一章[②]。

三、《佛说灌顶拔除过罪生死得度经》二卷,写本。1956年大理凤仪北汤天法藏寺发现,现收藏于云南省图书馆,为南诏或大理国早期写本,正楷大字旁有朱笔圈点注释,还有浮签。有学者认为浮签所写可能是白文[③]。

四、《写经浮签》。1956年大理凤仪北汤天法藏寺发现,现存于云南省图书馆,与《护国司南抄》制作时代相近,可能为白文[④]。

五、《写经残卷》一卷,写本。1956年大理凤仪北汤天法藏寺发现,现存于云南省图书馆,为南诏或大理国早期写本,用三种字

[①] 影印本见杨世钰、赵寅松主编:《大理丛书·大藏经篇》卷一。侯冲认为,此卷虽原为大长和国僧人玄鉴疏注,但现存者为大理国时期的抄本,因此不能说此卷是南诏时期的经卷。题记中的"密学教主"为"义学教主"之误。参见侯冲整理:《护国司南抄》"题解",方广锠主编:《藏外佛教文献》第七辑。

[②]《大理丛书·大藏经篇》卷一,第85—234页。

[③]《大理丛书·大藏经篇》卷一,第235—318页。

[④]《大理丛书·大藏经篇》卷一,第349—359页。

体写成,正文为大字楷书,经解用小字行书,正文旁有朱笔注释,是白文注音或注释 ①。

六、《大方广圆觉修多罗了义经》一卷,写本。1956 年大理凤仪北汤天法藏寺发现,云南省图书馆收藏,大理国写本。正文为正楷《圆觉经》经文,有小字经解。经背后抄写《大黑天神及白姐圣妃仪赞》与《广遮无施道场仪》②。

七、《大黑天神及白姐圣妃仪赞》一卷。1956 年大理凤仪北汤天法藏寺发现,写于《大方广圆觉修多罗了义经》背面,现存云南省图书馆。此为大理国写本。此经中的大黑天神与白姐圣妃启请仪轨,对了解南诏大理国佛教经典及本土宗教信仰情况具有重要价值 ③。

八、《维摩诘经》残卷,写本。此经为"佛顶寺主僧伊运富监造",现藏于美国纽约大都会博物馆东方部,经卷高 36.67 厘米,长833.33 厘米,损毁严重,前半部分不存,现存经文用金笔书写,华丽辉煌,经卷结尾处有大理国相国高泰明为大宋使者敬造《维摩诘经》题记,包含"文治九年(1118)戊戌季冬旦日"纪年 ④。

九、《通用启请仪轨》一卷,写本。1956 年大理凤仪北汤天法藏寺发现,首残,卷末附《海会八明王四种化现歌赞》和《转四业法歌》,卷末署"国师大阿左黎王梵彰述"题记,通篇梵、汉文相间,有"白文"旁注 ⑤。

---

① 《大理丛书·大藏经篇》卷一,第 319—348 页。
② 《大理丛书·大藏经篇》卷一,第 361—415 页。
③ 《大理丛书·大藏经篇》卷一,第 417—464 页。
④ 参见李霖灿:《纽约博物馆中的维摩诘经卷:国外读画札记之三》,《大陆杂志》(台湾),1964 年第 4 期;《南诏大理国新资料的综合研究》,第 19 页。
⑤ 《大理丛书·大藏经篇》卷一,第 465—537 页。

《海会八明王四种化现歌赞》文字如下：

大日海会多权现，八金刚有四种变；阿閦佛眼及文殊，六足尊统王东面。

三火不烧兽不吞，万物无伤躅等难；毗庐宗那金刚藏，降三世尊东南角。

霹雳飞砂风拔树，不损群物难除却；宝相意摩枳地藏，无能胜尊住正南。

地烈山崩劫贼戮，伤谷蝗虫也摧残；弥勒喇奴啰慈氏，大轮尊西南安镇。

薄食慧勃宿堕藏，不错其缠列本位；弥陀般拏啰观音，马头尊住正西面。

四色洪水汤汤流，不为漂溺方割难；释迦俱胝虚空藏，大笑尊有西北上。

郡中亢旱获霆霖，邪敌不征自除荡；不空佛多罗普贤，步掷尊住居正北。

冬雷夏冰疫饥馑，刑狱等难声销息；舍那剩佉罗除盖，不动尊住东北方。

天火烧人并烧兽，毒龙蛇难无有伤；佛及佛母并菩萨，教令轮显八金刚。

若能转此四部尊，郡家宁谧指法强。

《海会八明王四种化现歌赞》以“大日海会多权现”“佛及佛母并菩萨，教令轮显八金刚”，细说八大明王的名号与方位，指明八大明王即六足尊（阿閦佛）、降三世尊（金刚藏菩萨）、无能胜尊（地藏菩萨）、大轮尊（弥勒佛）、马头尊（观音菩萨）、大笑尊（虚空藏菩萨)、步掷尊(普贤菩萨)、不动尊明王(除盖藏菩萨)是诸佛菩萨的教令轮相。侯冲认为这是剑川石窟第六窟"大日海会"的经典依据①。

十、《千眼千臂观世音菩萨姥陀罗尼大身真言经》残本,写本。卷上全缺,仅存卷中与卷下。1956年大理凤仪北汤天法藏寺发现,现存于云南省图书馆,此经为唐代菩提流志译,字体与千寻塔出土的大理国写本相同,大理国写经②。

十一、《诸佛菩萨金刚等启请仪轨》一卷(图13—2),写本。原藏于大理凤仪北汤天法藏寺,1956年云南省博物馆在下关征集。此卷为抄本,每行之间题写梵文注释,经卷上加盖方形朱色阳文印,印迹不明,隐约可见"大理圙"三字,卷末署"时保天八年(1136)岁御丙辰九月十五日谨记"题记,"保天"是大理国第十七世国王段正兴的年号。《诸佛菩萨金刚等启请仪轨》记述了佛、菩萨、金刚等数十种启请次第,较为全面反映了大理国密教佛神系统,是研究南诏大理佛教造像系统的重要经典依据。黄璜《大理国写经〈诸佛菩萨金刚等启请〉的整理与研究》一文,对经文进行了系统整理,为可靠文本③。

十二、《佛说长寿命经》一卷,刻本。原藏大理凤仪北汤天法藏寺,1956年云南省博物馆在下关征集。卷尾有题记如下:

> 谨具奉:佛祈祥弟子董圆通鼎、助道春姐,资为幼男延寿灠、女妙清,堂亲董金刚梁、仏下奴成及牛马六畜等,伏愿慈云

---

① 侯冲:《大理国写经研究》,汪宁生主编:《民族学报》第四辑。
②《大理丛书·大藏经篇》卷二,第1—50页。
③ 黄璜:《大理国写经〈诸佛菩萨金刚等启请〉的整理与研究》,上海师范大学博士后出站报告,2017年。

下四百四病而不侵，
智炬光中三毒三灾而
除净。祛疾病于他
方，求禄命以延长。
追为慈姚亡人王氏金
鸣贵，故姐董氏药师
羌等魂神往净邦，识
归乐土，情与无情，共
成佛道。

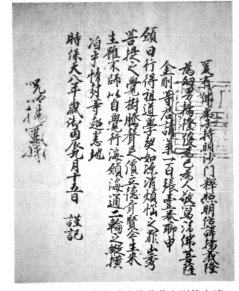

图13—2　法藏寺《诸佛菩萨金刚等启请
仪轨》写本（局部）

多数研究者认为，此
卷与大理国天开十九年
《大般若波罗蜜多经》字
体纸张一致，应为大理国
时期刻本，同时也是云南现存最早的刻本佛经①。

十三、《大般若经》一卷，写本。原藏大理凤仪北汤天法藏寺，
1956年云南省博物馆在下关征集。卷末有题记：

> 大理圀灌顶大阿左梨赵泰升敬造大般若经一部，聊申记
> 云：懿哉，能仁演于甚深教宝，理包法界而难思；觉后谈于微细
> 真诠，义同太虚而难测。于我灌顶大阿左梨，冀申厄而防御，
> 请分犀以写金文；虑魔障而弗干，蒙卷秩以早全跋。矧欲上福
> 皇王国宰，保基祚则基祚长久。次佑贵于僧伦，懋德业则德业
> 兴显。又祝躬体坚利，济物道以逾厚逾；子孙绍陵，履芳踪以

────────

① 《大理丛书·大藏经篇》卷二，第267—331页。

无偏无党。福及内眷,度洽黎蒸。永添禄寿之期,俱沾利乐之兆。时天开十九年(1223)癸未岁中秋望日,大师段清奇识。

经卷背面有"皇帝圣德,奉戴玄珠"与"灌顶阿左梨释智生为法界有情敬造"朱印,并抄写《太和龙关赵氏族谱》①。

十四、《法门名义集》一卷,写本。下关佛图塔出土,现藏大理州博物馆。大理国写经。《法门名义集》为初唐时期李师政撰,是较早的佛学辞书,原书共七品,佛图塔出土写经,保存有第三至第七品。此本较好地保留了李师政原作的面貌②。敦煌文书《法门名义集》流落法国,其经文收入《新编大正藏》。以"大理本"与"敦煌本"相较,可恢复唐代李师政《法门名义集》的基本面貌③。

十五、《无垢净光大陀罗尼经》一卷,写本。大理崇圣寺千寻塔出土,现存于云南省博物馆。1979年维修千寻塔时,在塔内发现一件铜函,内装写经三件,《无垢净光大陀罗尼经》为其中之一。此经又称"修塔陀罗尼",是建造佛塔时通常要供养的陀罗尼经。经首署"三藏沙门弥陀山共法藏等奉敕译",是唐代沙门弥陀山、法藏等"奉敕译"的佛经④。阎文儒先生认为,此经不避讳"世""诵""垣"等字,因此肯定不是唐人的作品⑤。有研究者认为此经应与千寻塔出土的其他文物一样,为大理国"国公"高量成时期大理国僧人传钞的写经。前引弘圣寺塔出土塔砖模印《修造佛塔陀罗尼》经名,应为此经。

---

① 《大理丛书·大藏经篇》卷二,第357—439页。
② 《大理丛书·大藏经篇》卷五,第1—114页。
③ 参见侯冲:《大理国写经研究》,汪宁生主编:《民族学报》第四辑。
④ 《大理丛书·大藏经篇》卷二,第335—356页。
⑤ 《大理丛书·大藏经篇》卷二,第333页。

十六、《释道常荐举七代先亡写疏》残卷，写本。1956 年大理凤仪北汤天法藏寺发现，首段文字已残，因以卷尾题铭"保安八年佛弟子比丘释道常荐举七代先亡写疏一卷"命名，卷长 433 厘米，高 30 厘米，保安是大理国段思廉年号，保安八年为宋仁宗皇佑四年（1052）[①]。

十七、《金刚经》写本长卷。大理崇圣寺千寻塔出土，现藏云南省文物考古研究所，大理国写本佛经。经卷起首有"为施主并僧董明清妇人法珠坚等"榜题，接着绘金银粉敷彩佛会图，包括"南无金刚般若经佛会""天王帝释像""五方佛""诸大菩萨众"与"唐李延光恒持《金刚经》，每以诵经时即见圆光在前"等四幅佛会、诸佛菩萨天众像及唐代佛教故事。绘画部分之后，是金粉书写的《金刚般若波罗蜜经》全文。此经绘画精美，风格与传世大理国《张胜温绘梵像卷》相同。经文保持的"金银书"风格，体现了南诏大理写经的基本特征[②]。

十八、《佛说灌顶药师疏》一卷（图 13—3），写本。1956 年大理凤仪北汤天法藏寺发现，现藏云南省社会科学院图书馆。保存较为完整，卷中有注疏，但注疏出现汉字偏旁和符号，难以识读，有学者认为应该是白文[③]。

十九、《无遮灯食法会仪》写本。1956 年大理凤仪北汤天法藏寺发现，现藏云南省社会科学院图书馆。卷内正文有"南阎浮提大理国施主于此称就处奉为圀家六道四生、九庙先灵、亡没宗枝等、师僧五庙道俗下人及七代先亡等，广设无遮灯食法会"一段文字。

---

① 参见杨延福：《法藏寺古经卷清理杂记》，《南诏史论丛》第一册。
② 参见邱宣充：《大理三塔塔藏写经》，《云南民族文物调查》，第 112—113 页。
③《大理丛书·大藏经篇》卷五，第 205—246 页。

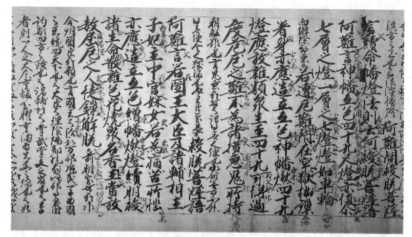

图13—3　法藏寺《佛说灌顶药师经疏》

卷末有"洪武三十五年"题记,可知本经为明初传抄大理国写经(科仪)①。

二十、《自心陀罗尼法咒语》写本。出土于大理崇圣寺千寻塔,为大理国时期写本,现藏于云南省博物馆②。

二十一、《维摩诘经序言》写本。1956年大理凤仪北汤天法藏寺发现,现存于云南省图书馆,首位残缺,背有"为释行海造"朱印,为大理国时期写本③。

二十二、《大佛顶如来密因修正了义诸菩萨万行首楞严经》写本。1956年大理凤仪北汤天法藏寺发现,现存于云南省图书馆,背面有元明时期增补抄录经文④。

二十三、《根本说一切有部毗奈耶杂事》写本。1956年大理

---

① 《大理丛书·大藏经篇》卷四,第1—34页。
② 《大理丛书·大藏经篇》卷二,第441—502页。
③ 《大理丛书·大藏经篇》卷二,第503—511页。
④ 《大理丛书·大藏经篇》卷二,第513—609页。

凤仪北汤天法藏寺发现,现存于云南省图书馆,背面加盖"皇帝圣德""奉戴玄珠"朱印二十五枚①。

二十四、《大方广圆觉修多罗了义经》刻本。1956年大理凤仪北汤天法藏寺发现,现存于云南省图书馆,大理国后期刻本,背面手抄部分为明代写本②。

二十五、《千手千眼观世音菩萨广大圆满无碍大悲心陀罗尼经》写本。1956年大理凤仪北汤天法藏寺发现,现存于云南省图书馆,首尾有残缺,经文与藏经本略有出入③。

二十六、《吉祥喜乐金刚自受主戒仪附慈悲水忏法》写本。1956年大理凤仪北汤天法藏寺发现,现存于云南省图书馆,为大理国时期密教所用戒仪,经背《慈悲水忏法》为明代抄写④。

二十七、《罗刹女大神咒》写本。1956年大理凤仪北汤天法藏寺发现,现存于云南省图书馆,为汉、藏、梵文三种文字相杂写经⑤。

二十八、《梵文写经》残卷,梵文写本。1956年大理凤仪北汤天法藏寺发现,现存于云南省图书馆,为全梵文写经⑥。

二十九、《药师琉璃光如来本愿功德经》藏文写本。1956年大理凤仪北汤天法藏寺发现,现存于云南省图书馆⑦。

三十、《大灌顶仪卷第七》写本。1956年大理凤仪北汤天法藏寺发现,现存于云南省图书馆,卷首题有"大理摩伽国三藏赞那屈

①《大理丛书·大藏经篇》卷三,第17—112页。
②《大理丛书·大藏经篇》卷三,第131—256页。
③《大理丛书·大藏经篇》卷三,第307—322页。
④《大理丛书·大藏经篇》卷三,第323—412页。
⑤《大理丛书·大藏经篇》卷三,第413—418页。
⑥《大理丛书·大藏经篇》卷三,第441—452页。
⑦《大理丛书·大藏经篇》卷三,第453—527页。

多译"。写本中多有梵文疏注①。"大理摩伽国三藏赞那屈多译",说明此经是"摩伽陀国"僧人赞那屈多在大理国译出的佛经。

　　三十一、《金刚大灌顶道场仪第九、第十卷》写本。1956年大理凤仪北汤天法藏寺发现,现存于云南省图书馆,多用梵文书写②。

　　三十二、《佛说阎罗王授记四众逆修生七往生净土经》写本。美国华盛顿弗利尔美术馆藏。此经卷首画施主题名为"陈观音庆、妇人文殊连",张总、侯冲推断其为大理国写经③。

　　三十三、《金刚般若波罗蜜经》写本。有"施主杜榆城隆造"题记。经序为"绍兴丁巳(1137)真歇了禅师"所写,原本应来自宋地,为大理国传抄。经内有八处插写"大圣摩诃迦罗大黑天神"名号④。这是南诏大理古本经卷中惟一有内地王朝纪年的经卷。

　　三十四、《妙法莲华经》(卷七)写本。云南省博物馆藏。正面为大理国写本《妙法莲华经》,背面有元代传抄佛经四种⑤。

　　以上三十四种经卷资料,主要参考《大理丛书·大藏经篇》,以及李霖灿、周泳先、杨延福、李孝友、邱宣充、侯冲诸位的论著整理⑥。

第三节　古本经卷的特征、价值与意义

　　迄今发现的南诏大理以来古本经卷,内容涉及佛教的经、论、

---

① 《大理丛书·大藏经篇》卷三,第549—580页。

② 《大理丛书·大藏经篇》卷三,第581—610页。

③ 侯冲:《大理国写经研究》,汪宁生主编:《民族学报》第四辑。

④ 《大理丛书·大藏经篇》卷五,第327—343页。

⑤ 《大理丛书·大藏经篇》卷二,第115—179页。

⑥ 此外,还有《广遮无施道场仪》《华严疏》等残卷若干,应属于大理国时期的古本经卷。

仪轨及注疏,是研究南诏大理以及元明时期云南佛教最为重要的依据之一。

前已述及,当年参加凤仪北汤天古本经卷整理的周泳先,最早报告了凤仪北汤天法藏寺古本经卷发现的基本情况,杨延福作了有益的补充。此后,李孝友列举了十六种南诏大理国古本经卷。蓝吉富则罗列了三十四种经典。侯冲认为,"在补充合并后,现存大理国写经,按可考年代先后总共有三十三种"[①]。可见,研究者对南诏大理以来古本经卷的看法,除了具体判断上的区隔之外,最明显的是数量上的差异,以及"南诏大理国古本经卷"与"大理国写经"两种不同的提法。

在南诏大理国以来古本佛教经卷研究上,周泳先、杨延福、李孝友、邱宣充、侯冲贡献尤多。我们赞同汪宁生、侯冲的观点,即要从宗教学的视角来研究这些经典,而不能仅从考古学家、历史学者的视野去讨论。"用经典说话"是宗教研究的出发点。

当然,佛教经典不是凭空而来,古本经卷更不是南诏大理佛教的全部内容,教义与教相密不可分,这也正是我们坚持南诏大理佛教研究,力求撰写一部综合性的南诏大理佛教论著的目标之一。不遗漏或者说不隐藏各种材料,让"要素"齐备、全面系统地呈现,才能在更加科学与理性的层面,把握南诏大理佛教的总体面貌与本质特征,为理解南诏大理佛教做出积极的贡献。

南诏大理国以来古本经卷中是否有"白文"注疏,或者说是否存在白文经卷的问题,至今仍然有争议。具体来说,早期的研究者多数认为有白文注疏(浮签)与经卷。1990年代,有的学者对此提

----

① 侯冲:《大理国写经研究》,汪宁生主编:《民族学报》第四辑,民族出版社,2006年,第23—25页。

出质疑。王锋指出，南诏大理国古本经卷中，包括《仁王护国般若波罗蜜多经》《通用启请仪轨》《大灌顶仪》《药师琉璃光如来本愿功德经》《佛说灌顶药师经疏》《大佛顶如来密因修证了义诸菩萨万行首楞严经序》与《礼佛忏悔文》，其正文的汉文经句右侧有朱笔旁注，卷尾有篇幅长短不一的朱笔疏注。这些旁注和卷尾注疏的文字性质，一直受到高度关注。有的学者认为，这些注疏文字，是佛教徒用汉字减笔、特定符号或省略汉字偏旁部首等方法来注解佛经，本质上还是汉文，书写的是汉语；而更多的意见认为，这些注疏文字用汉语无法读通，应是白文。2008 年，国务院批准颁布第一批《国家珍贵古籍名录》之中，《仁王护国般若波罗蜜多经》5 号卷、6 号卷以"白文文献"入选，标志着南诏大理国手写佛经注疏文字为白文的意见已经获得普遍认可 ①。

是否有白文经的讨论，涉及如何理解古代白文的问题，应该放到更加宏阔的视野中去探讨，不应仅限于"白文经"层面。

南诏大理国以来古本佛教经卷的研究，涉及复杂的知识、技术，还有人为的资料获取障碍，这就导致相关研究难以深入开展。2008 年，《大理丛书·大藏经篇》出版，汇集了凤仪北汤天法藏寺、崇圣寺千寻塔、下关佛图寺塔发现的南诏大理国以来古本佛经共七十四卷册，包括大理国写经《护国司南抄》《仁王护国波罗蜜多经》、"大理本"《法门名义集》、元明刻本佛经《大方广佛华严经》《金刚般若波罗蜜多经》、李元阳手抄《大方广佛华严经卷》等。除汉文经卷之外，还有梵文、藏文乃至白文经卷，除笔精墨妙的楷、

① 参见王锋：《国宝级文献：南诏大理国手写白文佛经》，《大理日报》，2014 年 1 月 29 日。

行、草书外,还有精美的木刻佛画①。虽然《大藏经篇》出版公布的仅只是已发现古本经卷中的一小部分,而且影印时难免存在错漏,但原件的公开出版,使这批经卷不再"密不示人",对于相关研究的深入开展,促进学术的开放、交流与进步具有重大意义②。

南诏大理以来古本经卷,主要以仁王护国类、启请礼佛忏法类、灌顶类、仪轨类为主,具有明显的佛教密宗经典特征。通过对已经发现的古本经卷的综合研究与讨论,我们认为其主要特征如下:

第一,凸显仁王护国思想。《护国司南钞》与《仁王护国般若波罗蜜多经》等经卷,是南诏大理佛教护国思想的基础,是南诏大理佛王与转轮王信仰的经典依据。

第二,记载佛教神系。《诸佛菩萨金刚等启请仪轨》《通用启请仪轨》及《大黑天神与白姐圣妃仪赞》《海会八明王四种化现赞歌》与《转四业法歌》等经忏文本,包含了诸佛菩萨天王力士名号,是研究南诏大理佛教神系的重要经典依据。

第三,注重信仰仪式与仪轨。诸多忏法类、灌顶类经典,则为南诏大理佛教仪式的研究提供了可靠的史料。

第四,经典来源具有多元性。有天竺僧人携入的悉昙体梵文本经卷,以及由天竺僧人在南诏大理翻译出来的汉文经卷;有从内地流入的经卷,还有本土僧人抄写、辑录、疏注的唐人经卷。藏文经卷的存在,还出现了"辣麻"(喇嘛)的称谓,说明藏传佛教对南诏大理佛教是有影响的。

---

① 袁鹰:《〈大理丛书·大藏经篇〉首发》,《云南日报》(http ://www.sina.com. cn)2008 年 4 月 24 日。

② 参见杨世钰:《大理古本经卷的发现与研究》,《白族文化研究(2002)》,第 313—333 页。

第五，多样性的语言文字。古本经卷流行梵文、汉文、白文三种文字。多数用汉文书写的经卷，有白文、梵文旁注。以白文、梵文疏注汉文经书，说明南诏大理国僧人不仅懂汉文，亦通梵文和白文。三种文字并存，相互疏注与解释，是南诏大理佛经的重要特征。

第六，"仿唐性"与地方化的结合。经卷常使用武后所创的新字如"圀"（国）、"仏"（佛）等字，但又往往不避讳"世""诵""恒"等唐人写经中要避讳的字眼，说明这些"颇有唐人遗风"的典籍，并非产自唐王朝，而是出自以汉文为通行文字的南诏大理国僧人之手。

第七，佛教法脉传承的连续性。元明两代流行的阿叱力教派，与南诏大理国佛教中的阿叱力教派是一体相承的。例如，前述南诏大理以来古本经卷题录中，第三十四号《妙法莲华经》背面有元代传抄佛经四种，第十九号《无遮灯食法会仪》卷末有"洪武三十五年"题记，第二十二号《大佛顶如来密因修正了义诸菩萨万行首楞严经》背面有元明时期增补抄录的经文，第二十四号《大方广圆觉修多罗了义经》背面手抄部分为明代书写，第二十六号《吉祥喜乐金刚自受主戒仪附慈悲水忏法》经背《慈悲水忏法》为明代抄写。元明时期阿叱力僧人大量重新刊刻、抄写、补录南诏大理佛经，说明他们信奉的阿叱力教派，与南诏大理佛教密宗阿叱力教派是一脉相承的。

第十四章　长卷佛教画

南诏大理时期,佛教绘画大量涌现。当时的佛教绘画种类繁多,包括壁画、佛经插画,还有《南诏图传》与《张胜温绘梵像卷》等长卷佛画。绘画作品中往往有"王者礼佛"的图像,还有佛教祖谱、法系等内容,是认识南诏大理佛教最重要的史料与图像。

第一节　南诏大理佛教绘画概略

对于南诏大理国佛教绘画,史籍中所见文字不多,且多为后世追述。

《南诏野史》记载,劝丰祐时期,"师摩矣随王征至罗浮白城,建一寺,南壁画一龙,是夜龙动,几损寺。后画柱锁之,方定"①。"师摩矣,世隆之母也",这是第十一世南诏王蒙世隆时代的故事。元初郭松年游历至赵州,他在《大理行记》中说,"又山行四十里至赵州甸,即赵睑也……蒙昭成王保和九年(832),有高将军者即其地建遍知寺。其殿像壁绘于今罕见,意非汉匠名笔,不能造也"②。所谓"非汉匠名笔不能造"的说法,实为愚见。史料记载,南诏大理阿叱力僧人往往"精研绘画之事",大量佛画就出自释儒、高僧之手,这是传统。据《追为亡人李珠庆神道》碑铭说,李氏一门,"研

---

① 《南诏野史会证》,第 133 页。
② 《大理行记校注　云南志略辑校》,第 14 页。

图14—1　兴教寺《太子游苑图》

精绘事……手画华严等经论……丹青并辔于黄荃……画龙顶山佛
像"①。黄荃为五代后蜀时期蜀中著名画家，据黄休复《益州名画
录》卷上记载，其人"龙水松石墨竹，皆曲尽其妙"。李氏"丹青并
辔于黄荃"，说明他在绘画上的造诣实与当时汉匠名笔并辔而行，
当作等量齐观，不应有华夷之别。

　　到了元明时期，云南佛教绘画仍然流行。如元代晋宁观音洞
壁画中的观音诸相②，明代剑川沙溪兴教寺壁画《太子游苑图》（图
14—1）与《南无降魔释迦如来会》，承南诏大理国佛教绘画之遗
绪，再现南诏大理佛教盛况。与剑川山水相连的丽江，则出现了融
通儒、释、道，结合汉、藏、白、纳西各民族风格的"白沙壁画"，其中

①方龄贵、王云：《大理五华楼新出元碑选录并考释》，第56—59页。
②参见黄德荣：《云南发现的北元宣光纪年文物及相关问题》，《大理学院学
　报》，2006年第6期。

大宝积宫《如来海会图》颇具南诏大理国佛教绘画的风采①。

传世的南诏大理国佛教绘画,以《南诏图传》与大理国《张胜温绘梵像卷》两种最具代表性。

第二节　《南诏图传》与南诏立国的神圣传说

《南诏图传》是南诏中兴二年(898)由宫廷画师王奉宗等绘制的"国史画卷"。"图传"由"画卷"与"文字卷"两部分组成。主题为梵僧观音点化细奴逻的"观音幻化,南诏立国"神圣故事,这是"以佛治世"意识形态下,对南诏立国合法性的神圣叙述。"图传"的内容来自南诏时期"观音建国"信仰的历史记忆。此画虽为长卷绘画,但并不以线性的时间来表达,而是采用"异时同图"的方式,辅以画面与文字互注的手法来呈现。

一、《南诏图传》的流传

《南诏图传》现收藏于日本京都藤井有邻馆内,既是稀世文物,更是珍贵史料。现存《南诏图传》,卷首为张照"雍正五年"(1727)《跋五代无名氏画卷》跋文,卷尾是"嘉庆二十五年岁在庚辰(1820)九月二十二日成亲王观"题记。张照的跋文,收入《天瓶斋书画题跋》卷下,这是画卷第一次见诸记录②。此前《南诏图传》的流传情况并不清楚,而何时流入日本亦无确说。

---

① 参见张文:《兴教寺壁画探胜——综览明代阿吒力佛教壁画艺术特色》,《大理民族文化研究论丛》第四辑。
② 李惠铨、王军:《〈南诏图传·文字卷〉初探》,《云南社会科学》,1984 年第6 期。

二、《南诏图传》的内容

《南诏图传》全卷长 5.73 米,高 0.3 米。"画卷"部分共十个画面,"文字卷"二千余字,"图"与"传"相得益彰,铺叙观音七化及祭天、祭洱河等南诏历史故事。史家考证认为,画卷事迹与史籍记载大都相符,画卷的内容涉及蒙舍诏细奴逻兴起、张乐进求逊位等历史故事①。《南诏图传》所绘每一次显化都配以榜题,并在"文字卷"中附有故事内容,图像与文字相互对应。

早年研究《南诏图传》的先贤,因为没有能够看到"文字卷"内容,对图像解读的难度与现在相比要大得多。为了更加全面、真实地呈现画卷的主题,以下按照"文字卷"顺序,将"图"与"传"结合,对画卷内容综合考释②。

第一化,天降祥瑞(图 14—2)。"文字卷"说:

> 《铁柱记》云:初,三赕白大首领将军张乐尽求并兴宗王等九人,共祭天于铁柱侧,主鸟从铁柱上飞憩兴宗王之臂上焉。张乐尽求自此已后,益加惊讶。兴宗王乃忆,此吾家之主鸟也,始自忻悦。此鸟憩兴宗王家,经于一十一月后乃化矣。
>
> 　又有一犬,白首黑身(号为龙犬),生于奇王之家也。瑞花两树,生于舍隅,四时常发(俗云橙花),其二鸟每栖息此树焉。又,圣人梵僧未至前三日,有一黄鸟来至奇王之家(即鹰子也)。又于兴宗王之时,先出一士,号曰"各群矣",着锦服,

---

① 方国瑜:《云南史料目录概说》,第 919—930 页。
② 文中引用"文字卷"主要参考李霖灿《南诏大理国新资料的综合研究》,第 140—146 页,并参见李惠铨、汪宁生、张增祺诸先生的录文文本,加以校勘形成的文本。

图14—2　《南诏图传》第一化：天降祥瑞

披虎皮，手把白旗，教以用兵。次出一士，号曰"罗傍"，着锦衣。此二士共佐兴宗王统治国政。其罗傍遇梵僧，以乞书教，即封氏之书也（其二士表文武也）。后有天兵十二骑来助兴宗王，隐显有期，初期住于十二日，再期住于六日，后期住于三日。从此兵强国盛，辟土开疆。此亦阿嵯耶之化也。

此段文字，前半部分讲的是"张乐尽求并兴宗王等九人祭天"的故事，是六诏时期白子国与蒙舍诏"张蒙兴替"历史事件。说明了"祭天"与"张乐进求逊位细奴逻"都是观音神力所化，是"建国圣源阿嵯耶观音之化"，所以它是观音"第一化"。

后半部分描述的是奇王（细奴逻）家中的种种圣化，如龙犬、瑞花、神鸟、名士、天女、圣乐等等，在"圣人梵僧未至前"已经出现。这也是"阿嵯耶观音所化"。

前半部分，即开篇"《铁柱记》云……经于一十一月后乃化矣"一段，对应的画面，是画卷第七幅"祭柱图"。而后半部分"又有一犬，白首黑身（号为龙犬）……此二士共佐兴宗王统治国政"一段，对应的是画卷中的第一幅画面"梵僧化现于奇王家中"，我们称之为"天降祥瑞"。

由于《南诏图传》既要表现张蒙兴替、细奴逻得国的故事，又要突显以蒙氏为主的国史画卷主题,因此把时间上应前置的"祭柱图",放到画卷第七部分,而文字卷开头,则说明"主鸟从铁柱上飞憩兴宗王之臂上"是观音显化,因此将其列为观音七化之首。这就是有的研究者认为"祭柱图"应该在画卷之首,而被错置于后面的缘故。事实上并没有错置,"祭柱"与"祭柱图"很重要,但不是国史画卷要表现的主题,只是为了叙述神圣历史的正当性,说明张蒙兴替亦是"观音之化",是观音授记、南诏立国的前奏,才将此列入画卷。从绘画表现方式来说,佛教画的呈现,并不一定遵循中国长卷画线性的时间表达方式,而往往围绕故事核心情节,或以"主题前置"的表达方式,或以"同心结构"凸显故事核心内容。

第二化,再三乞食(图14—3)。"文字卷"说:

> 浔弥脚、梦讳等二人欲送耕饭。其时梵僧在奇王家内留住不去。浔弥脚等送饭至路中,梵僧已在前,回乞食矣。乃戴

图14—3 《南诏图传》第二化:再三乞食

梦讳所施黑淡彩,二端叠以为首饰(盖贵重人所施之物也。后人效为首饰)。其时浔弥脚等所将耕饭,再亦回施,无有吝惜之意。

第二化对应的是形象高大的梵僧"拦路乞食"画面。梵僧头戴奇王夫人布施的黑淡彩布头巾,而原来所戴的赤莲冠已经化现云中。画面中浔弥脚、梦讳二人恭敬如初,梵僧的形象与面容更为亲和。

"再三乞食"的故事,看似有故意刁难之嫌,实则表达了梵僧观音考察细奴逻及其家人的"神选"过程。奇王夫人倾其所有,敬心布施,虔诚供养梵僧的善举,自然流露出慧根与善缘,获得了梵僧的信赖。画面与文字卷中的一个细节,即梵僧的赤莲冠,已然化现云端之中,而以奇王夫人所赠的黑淡彩布"二端叠以为饰"有何含义?"黑淡彩"是否即为"扎染"布?"二端叠"是否为南诏主体居民的头饰?值得深入探究。

第三化,梵僧授记(图14—4)。"文字卷"第三化说:

> 浔弥脚等再取耕饭家中,送至巍山顶上。再逢梵僧坐于石上,左有朱鬃白马,上出化云中有侍童,手把铁杖;右有白象,上出化云中有侍童,手把金镜。并有青沙牛。浔弥脚等敬心无异,惊喜交并,所将耕饭,再亦施之。梵僧见其敬心坚固,乃云惢汝所愿。浔弥脚等虽申恳愿,未能遣于圣怀。乃授记云:"鸟飞三月之限,树叶如针之峰,弈叶相承,为汝臣属。"授记讫,梦讳急呼耕人奇王蒙细奴逻等云:"此有梵僧,奇形异服,乞食数遍,未恻圣贤。今现灵异,并与授记,如今在此。"奇王蒙细奴逻等相随往看,诸余化尽,唯见五色云中,有一圣化,

图14—4　《南诏图传》第三化：梵僧授记

手捧钵盂，升空而住。又光明中仿佛见二童子，并见地上有一青牛，余无所在。往看石上，乃有圣迹及衣服迹，并象、马、牛踪，于今现在（后立青牛，祷此其因也）。

　　第三化表达的主题是梵僧授记奇王夫人，并由她将圣意传达给奇王细奴逻的故事。细奴逻因为获得观音的庇护，从此立国开疆，成就王业。在画面表达上，此处所采用"异时同图"的表现方式，将不同时段发生的故事，在同一画面中呈现出来。其中最明显的是"文字卷"说"诸余化尽""余无所在"，但画面里奇王夫人先前所见的梵僧与象、马、童子，还有奇王看到的"仿佛景象"同时同图出现。具体说来，画面中同框显示三个主题：一是"浔弥脚等再取耕饭送至巍山顶上，再逢梵僧"的场景；二是"梦讳急呼耕人奇王蒙细奴逻，并讲述所见所闻"的画面；三是细奴逻看到的梵僧化现场景。

　　此种"异时同图"的图像表达模式，不同于传统中国长卷画的线性时间表达方法。譬如敦煌257窟北魏《佛说九色鹿经》虽然是长条横幅构图形式，但却不以线性方式表达，而是以"错综"的方式"重点前置"，画面构图围绕"九色鹿救人与被出卖"这一事件与人物展开，分段展示核心情节。北魏254窟北壁《萨埵那太子舍

图14—5　《南诏图传》第四化：圣化出开南

身饲虎图》对太子观虎、自刺、投崖、饲虎，以及悲号、王与妃哭、造塔埋骨等情节的呈现，是以"向心结构"来布局画面，而不是以时间轴来表达①。此处《南诏图传》第三化的画面表现，就是采用了此种结构。有观点指出，向心结构和因果结构结合在一起，更加突显宗教意义。

第四化，圣化出开南（图 14—5）。"文字卷"第四化说：

> 兴宗王蒙逻盛时，有一梵僧，来自南开郡西、澜沧江外，兽赕穷石村中，牵一白犬，手持锡杖、钵盂，经于三夜。其犬忽被村主加明、王乐等偷食。明朝，梵僧寻问，翻更凌辱。僧仍高声呼犬，犬遂噪于数十男子腹内。偷食人等，莫不惊惧相视，形神散去。谓圣僧为妖怪，以陋质为骁雄。三度害伤，度度如故。初解支体，次为三段，后烧火中，骨肉灰烬，盛竹筒中，抛于水里。破筒而出，形体如故，无能损坏。钵盂锡杖，王乐差

---

① 参见占跃海：《敦煌 254 窟壁画叙事的身心结构》，《南京艺术学院学报（艺术与设计）》，2010 年第 5 期。

部下外券赴奏于峨屿山上,留着内道场供养顶礼。其靴变为石,今现在穷石村中。①

第四化是"梵僧化开南"的事迹,重点是王乐等对梵僧的"三度害伤,无能损坏"之后,虔心皈依梵僧,并"差部下外券,赴奏于峨屿山上,将梵僧的法物钵盂锡杖等,礼送至内道场供养"。峨屿山上即峨屿图城中,是南诏的王都所在。说明开南郡已然归顺南诏,信奉梵僧所传密教。"内道场供养顶礼"一句很重要,这是南诏峨屿图城内有"官家寺庙"的证据。

第五化,归化梵僧(图 14—6)。"文字卷"第五化说:

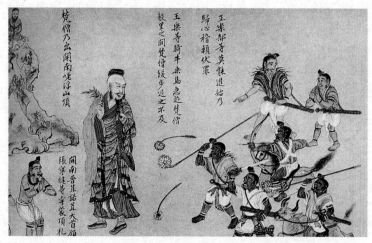

图14—6 《南诏图传》第五化:归化梵僧

---

①《南诏图传》画面文字说明,还有"文字卷"中,有时称"南开",有时称"开南"。南诏设"开南节度",其地域范围正是画卷中梵僧行化之地,因此南开当为开南之误。

　　梵僧手持瓶柳,足穿屦履,察其人辈根机下劣,未合化缘,因以隐避登山。村主王乐等,或骑牛马乘,或急行而赶之。数里之间,梵僧缓步而已,以追之莫及。后将欲及,梵僧乃回首看之,王乐等莫能进步。始乃归心稽颡伏罪。梵僧乃出开南羌浮山顶。后遇普苴诺苴大首领张宁健(即建成之父也,建成即张化成也)。后出和泥大首领宋林则之界焉。林则多生种福,幸蒙顶礼。

　　第五化说的依然是村主王乐等的故事,王乐等已经"稽颡伏罪",虔心皈依了。就在此时,梵僧遇到"普苴大首领"张宁健,他是南诏历史上著名人物张建成的父亲,可见张建成一家也皈依梵僧了。

　　第六化,梵僧显化阿嵯耶观音(图14—7)。"文字卷"第六化说:

　　　　圣僧行化至忙道大首领李忙灵之界焉。其时人机暗昧,未识圣人。虽有宿缘,未可教化。遂即腾空乘云,化为阿嵯耶像。忙灵惊骇,打锃鼓,集村人。人既集之,仿佛犹见圣像,放大光明。乃于打锃鼓之处,化一老人,云:"乃吾解熔铸,作此圣容,所见之形,毫厘不异。"忙灵云:"欲铸此像,恐铜锃未足。"老人云:"但随铜锃所在,不限多少。"忙灵等惊喜从之,铸作圣像,及集村人锃鼓,置于山上焉。

　　第六化的主题是梵僧显圣,化现阿嵯耶观音。此处是《南诏图传》第一次出现阿嵯耶观音像,梵僧化现出阿嵯耶观音形象,并化现为老人教授当地人铸造阿嵯耶观音像。村民"惊喜从之,铸作

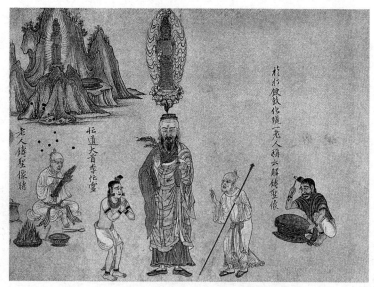

图14—7　《南诏图传》第六化：梵僧显化阿嵯耶观音

圣像,及集村人锭鼓,置于山上焉"。这就是"圣教入邦国"的第一像。此处梵僧化现阿嵯耶观音,隐喻梵僧即为阿嵯耶观音,或者说是西域瑜伽密教莲花部尊、修行者阿嵯耶(阿阇梨)。美国学者马可瑞曾认为,锭鼓代表的是本土文化,阿嵯耶观音代表佛教,"镕锭鼓铸作阿嵯耶观音像"就是佛教已经为本土信仰所接纳。

兽赕穷石村村主王乐、普苴大首领张宁健、和泥大首领宋林别、忙道大首领李忙灵,代表的是有别于南诏核心区域的族群,如此众多的"大首领"都皈依梵僧、礼拜阿嵯耶观音,说明南诏前期,开南节度一带的族群已经信奉佛教。

祭柱图(图14—8)。"文字卷"开篇第一化以及第六化之后,两次出现引自《铁柱记》的同一段文字:

　　初,三赕白大首领大将军张乐尽求并兴宗王等九人,共祭

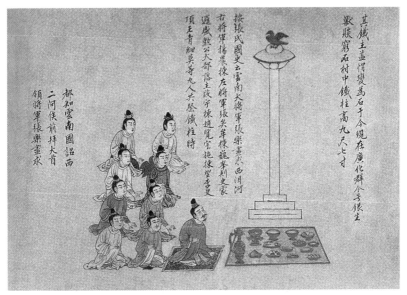

图14—8 《南诏图传》祭柱图

天于铁柱侧。主鸟从铁柱上飞憩兴宗王之臂上焉。张乐尽求
自此已后,益加惊讶。兴宗王乃忆,此吾家中之主鸟也,始自
忻悦。

《铁柱记》对应的画面,是第七幅"张乐进求等共祭铁柱"画
面。《铁柱记》的文字在卷首出现,图像却被放置在后面,似乎是矛
盾的。

在第一化中,我们讨论了原因,《南诏图传》是"南诏国史画
卷",开篇所绘,当然是南诏第一代王细奴逻。但白子国张乐进求
逊位于南诏细奴逻,是南诏历史上的大事,是"观音七化"中的第
一化与南诏历史的开端,所以在"文字卷"开篇引用《铁柱记》,并
强调"此亦阿嵯之化也",而将张乐进求与细奴逻等祭天的场景,放

到"图传"的后面。这是"异时同图"画面结构的精心安排,绝非"错简"所致。

第七化,中兴皇帝礼佛。"文字卷"第七化说:

> 全义四年己亥岁,复礼朝贺。使大军将王丘佺、酋望张傍等至益州,逢金和尚云:"云南自有圣人入国授记,汝先于奇王,因以云南,遂兴王业,称为国焉。我唐家或称是玄奘授记,此乃非也。玄奘是我大唐太宗皇帝贞观三年己丑岁,始往西域取大乘经,至贞观十九年乙巳岁,届于京都。汝奇王是贞观三年己丑岁始生,岂得父子遇玄奘而同授记耶? 又,玄奘路非历于云南矣。"保和二年乙巳岁,有西域和尚菩立陀诃来至我京都云:"吾西域莲花部尊阿嵯耶观音从蕃国中行化至汝大封民国,如今何在?"语讫,经于七日,终于上元莲宇。我大封民国始知阿嵯耶来至此也。

此段文字,对于南诏佛教的来源,包括时间、地点、传教僧人都讲得很清楚。"云南自有圣人入国授记,遂兴王业,称为国焉","西域莲花部尊阿嵯耶观音,从蕃国中行化至汝大封民国",反复确认南诏佛教是在"先于奇王之时,由圣人梵僧授记",而圣僧者则是"西域莲花部尊阿嵯耶观音"。

第七化对应的画面,是"中兴皇帝礼佛图"(图14—9)。高大的阿嵯耶观音像前,是虔心礼拜的摩诃罗嵯蒙隆昊、中兴皇帝,还有臣工与侍从。

画面中的摩诃罗嵯蒙隆昊,即隆舜,是中兴皇帝舜化贞的父王,他的形象为梳高髻,上身裸露,斜戴白璎珞,着长裙,围金腰带,戴项圈、臂钏。古正美先生认为,隆舜如此装束,与"不空羂索观

图14—9 《南诏图传》第七化：中兴皇帝礼佛图

音"经典中所描述的观音形象相类似,因此他是在模仿不空胃索观音,即阿嵯耶观音的形象。画面所表达的是作为南诏王的蒙隆舜成就转轮王位的仪式①。

上述"七化"之外,图中还有"文武皇帝圣真图"与"洱河图"。

文武皇帝圣真图(图14—10),对应的是第九幅文武皇帝及其四位臣工和后妃礼佛画面。在中兴皇帝礼拜阿嵯耶观音图像及"中兴二年"题记之后,有"文武皇帝圣真图"。画面题记有"文武皇帝圣真",从官题铭为"侍内官幕爽长赞卫丘双赐姓杨,赏着装、龙头刀,臣保行,即是白崖乐尽求、张化成节内人也"。此画面在"文字卷"中没有述及,因此论者都以为是"郑氏时续作"。

① 参见古正美:《从天王传统到佛王传统:中国中世佛教意识形态研究》第九章《南诏大理的佛教建国信仰》,第430—433页。

图14—10　　《南诏图传》文武皇帝圣真图

洱河图(图14—11)。"文字卷"说:

> 《西耳河记》云:西耳河者,西河如耳,即大海之耳也。主
> 风声,扶桑影照其中,以种瑞木,遵行五常,乃压耳声也。二
> 者,河神有金螺、金鱼也。金鱼白头,额上有轮。蒙毒蛇绕之,
> 居之左右,分为二耳也。

《西耳河记》对应的画面是第十幅"洱河图"①。"洱河图"画面
突出了河神金鱼与金螺,还有双蛇,而"文字卷"则重点叙述祭祀

———————

① 《南诏图传》述及《巍山起因》《铁柱》《西耳河》等记,其中"西耳河""耳
河""洱河"用字不定;而《新唐书·南诏传》则称其为"西二河"。其所指
均为洱海。本书为了规范叙事,除引原文者外,统一称之为"西洱河"。

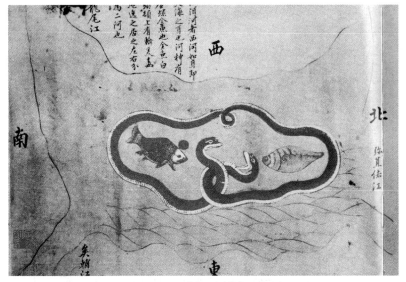

图14—11　《南诏图传》洱河图

河神之事,并强调以象征河神的"双南金鱼"铸三部圣众,号曰"建
国圣源阿嵯耶观音"。说明此处的"洱河图"并非"洱海地图",同
样是"观音七化"的神圣图像,是阿嵯耶观音幻化的内容之一。此
处以"双南金鱼"铸"建国圣源阿嵯耶观音",与第六化"镕镚鼓
铸作阿嵯耶观音像"是同样的道理。更大的可能性是,鱼、螺、龙
(蛇)属佛教"七宝",因此,图中的河神鱼、螺与双蛇,抑或是佛教之
神祇。

三、《南诏图传》图像的意义

汪宁生将《南诏图传》的画面划分为九段①。我们认为,画面分
成十个部分,即最后的"文武皇帝圣真"群像,与"洱河图"分开来

———————————

① 汪宁生:《云南考古》,图版95—98。

看,可能更合适。与文字卷相对应,画卷中的十个画面,可以分为六个部分:第一部分为"文字卷"的第一化至第三化,与画卷中的前三个画面,即"天降祥瑞""再三乞食"与"梵僧授记"相对应,叙述细奴逻时期"圣人入国授记,奇王遂兴王业"的"梵僧授记、南诏立国"神圣故事,主题是表达南诏立国的佛教祖源及其"君权神授"的合法性。

第二部分为文字卷的第四、五、六化,对应的画面有三个,即第四、第五幅"梵僧在兽赕穷石村"与第六幅"梵僧显化阿嵯耶观音"。主题是"兴宗王蒙逻晟时,来自开南郡西澜沧江外的梵僧"行化于兽赕、普苴、和泥、忙道等族群之中,感化兽赕穷石村村主王乐、普苴大首领张宁健、和泥大首领宋林别、忙道大首领李忙灵等。

这是兴宗王蒙逻晟时代,与细奴逻时代不同,而梵僧来自"开南郡西澜沧江外",则是骠国、天竺诸国的地域了。此时非彼时,此梵僧亦非彼梵僧。这里有两层意义,其一为来自"开南郡西澜沧江外"的梵僧行化并感化了众多族群,天竺佛教得以弘传;其二是梵僧显化为阿嵯耶观音,说明此梵僧即阿嵯耶观音,是天竺密教莲花部的修行、弘法阿阇梨。此部分的主题,一为证明南诏佛教的法源是天竺,回答"圣教入邦国"问题;二为阐明阿嵯耶观音为"建国观音",回答"何圣为始"的问题。

第二部分的经典依据可能与观音救苦求难主题有关,因为三个画面涉及救三灾、脱四难、离三毒、应二求等内容。它与敦煌壁画中的《观音经变》有异曲同工之妙。

第三部分为《铁柱记》故事,对应的画面,是第七幅"张乐进求等共祭铁柱"画面。

第四部分为"文字卷"第七化,与画卷中的第八个画面"中兴皇帝礼拜阿嵯耶观音"相对应。第七化是摩诃罗嵯蒙隆昊(隆舜)、中兴皇帝舜化贞及众臣工、侍从礼拜阿嵯耶观音的画面。此部分结尾，就是画卷的"中兴二年"题记。原画应该至此结束。

第五部分为"文武皇帝圣真"礼拜观音图，对应的画面是第九幅文武皇帝及其四位臣工及后妃礼佛。

第六部分是文字卷《西耳河记》，对应的画面是第十幅"洱河图"。

论者多以为，第五、第六两部分，即画卷中的第九、第十两个画面，位于画卷"时中兴二年戊午岁三月十四日谨记"之后，因为题记是"结尾之作"，题记之后的内容自然属于"补绘"与"续写"。徐家瑞、向达、方国瑜、汪宁生都认为"洱河图"与"文武皇帝圣真图"一样，都是后来补绘的①。

如果都是补绘的话，这里有两个问题需要澄清：一是"文字卷"中已经有《西耳河记》的文字："《记》云：西耳河者，西河如耳，即大海之耳也……河神有金螺、金鱼也。金鱼白头，额上有轮。蒙毒蛇绕之，居之左右，分为二耳也。而祭奠之，谓息灾难也。"题记说画卷是"谨按《巍山起因》《铁柱》《西耳河》等记，而略叙巍山已来胜事"，《西耳河记》是《南诏图传》依据的原始史料之一。图文互注是画卷的基本特点，因此，"洱河图"应该是原画的内容之一，不应该是补绘的。它的位置，原本可能与"祭柱图"相联结。

其二是文武皇帝的身份问题，此王者应该是哪一位？《新唐书·南诏传》记载"法（隆舜）死，伪谥圣明文武皇帝"，即隆舜的谥号是"文武皇帝"②；《南诏野史》则说：郑买嗣谥号"圣明文武威德

① 参见杜成辉：《〈南诏图传〉中补绘的"文武皇帝"考》，《云南民族大学学报（哲社版）》，2016年第4期。
②《新唐书》卷二二二中《南诏传下》，第6293页。

皇帝"、段思平谥号"圣神文武皇帝"、段思良谥号"圣慈文武皇帝",即总共四位"皇帝"曾有"文武皇帝"谥号[1]。

《南诏图传》与《张胜温绘梵像卷》中,隆舜的形象是确定的,即画卷第八个画面"礼拜阿嵯耶观音"中的"摩诃罗嵯蒙隆昊":梳高髻,上身裸露,着长裙,围金腰带,戴项圈、臂钏的阿嵯耶观音形象。因此这里的"文武皇帝"不应该是隆舜。多数研究者认为,此"文武皇帝"是郑买嗣的可能性更大,因为郑买嗣在隆舜时即掌国事,他于中兴六年(902)篡蒙氏,建大长和国,他与隆舜、舜化贞是同时代的人。他熟悉此画,篡位后此画很可能就落入他手,这段画应是他命人补绘的[2]。这一说法显得入情入理。

三、有关《南诏图传》的研究

我们认为,《南诏图传》将梵僧授记、祭柱会盟、南诏立国、隆舜登转轮王位等南诏历史记忆片段贯穿起来,主题是连贯的,就是观音幻化,或者说是观音信仰的神圣故事。

为什么要绘制如此长卷?"文字卷"舜化贞敕文说:

> 大封民国圣教兴行,其来有上,或从胡梵而至,或于蕃汉而来,奕代相传,敬仰无异,因以兵马强盛,王业克昌,万姓无妖扎之灾,五谷有丰盈之瑞。然而朕以童幼,未博古今,虽典教而入邦,未知何圣为始。担欲加心供养,图像流行,今世后身,除灾致福。因问儒释耆老之辈,通古辨今之流,莫隐知闻,速宜进奉。

---

[1]《南诏野史会证》,第188、207、224页。
[2] 汪宁生:《〈南诏中兴二年画卷〉考释》,《中国历史博物馆馆刊》,1980年。

敕付慈爽，布告天下，咸使知闻。

中兴二年二月十八日

敕文说得很清楚了，就是要厘清"梵僧入南诏传教、授记"的神圣历史，以此说明"观音授记"的重要意义:(南诏立国，是阿嵯耶观音的旨意，)从本源上彰显南诏政权的合法性。

"信博士内常侍酋望忍爽"张顺，与"巍山主、掌内书金券赞卫理昌忍爽王奉宗"二人，因"洎中兴皇帝问儒释耆老之辈，通古辨今之流，崇入国起因之图，至安邦异俗之化"，根据《张氏国史》《巍山起因》《西耳河记》《铁柱记》等南诏国史资料，"略叙巍山已来胜事"。即这是依据南诏时期的国史资料，以及对"儒释耆老"采访所得的"口述史料"编纂而成。因为是奉敕令而书，《南诏图传》"文字卷"的书写，循规蹈矩，一丝不苟，极为工整，是典型的"宫廷体"书法。一气呵成的"文字卷"中没有"补写"或者"补绘"的内容。

李霖灿发表《南诏大理国新资料的综合研究》时公布了《南诏图传》"文字卷"照片[1]，但由于特殊的社会历史情境，大陆学者一直没有看到相关材料。

1984年，李惠铨、王军发表《〈南诏图传·文字卷〉初探》一文，交待了《南诏图传》的流传过程之后，对文字卷有如下叙述:"《文字卷》以每'化'为一自然段落，隆舜及舜化贞的敕令、王奉宗及张顺的'记'亦各自成一段落，均顶头直行从右至左书写，全文共196行，除标明观音幻化故事顺序的'第×化'为一行三字、纪年及各部分末行等各行字数不等外，正文每行均十三字，书写工

---

[1] 李霖灿:《南诏大理国新资料的综合研究》，台北故宫博物院，1982年。

整、秀丽。鉴于文字卷是《图传》的重要组成部分,对南诏史的研究有重要价值,而大陆学者又多未知晓全文,特据李霖灿先生发表的《文字卷》照片,略加标点,用简化字将全文转录。"[1] 这是大陆学者全面介绍、考释"文字卷"的开始。

　　杨晓东说,因《南诏图传》的画面,每段都有文字说明、人物旁注、身份姓名,故事性很强。他将画面分为十四段进行介绍,之后重点讨论《南诏图传》的绘制年代,以及现存《南诏图传》是否为原作两个问题[2]。王蓓蓓的博士学位论文《南诏图传研究》认为,《南诏图传》绝非回避唐朝,篡改历史的作品,而是一部南诏佛教传播史。其中的主角梵僧形象,反映出南诏时期外来僧人传教的情况;而职官制度、南诏服饰、"二牛抬杠"农耕技术和南诏建筑特色,真实地反映了南诏时期的世俗民风。《南诏图传》与《张胜温绘梵像卷》、剑川石窟、博什瓦黑石刻的内容互为印证,共同呈现丰富生动的南诏宗教与社会风俗[3]。

四、《南诏图传》是可靠的南诏大理佛教史传

　　温玉成指出,《南诏图传》的"文字卷",一向不受重视。海伦查平、向达、徐嘉瑞、汪宁生等先生对"文字卷"均无论述;不少学者以"虚幻之神话"视之。实际上,尽管"文字卷"中有种种神异之处,但它仍是研究南诏早期宗教史最珍贵之史料。《南诏图传》依据的文献是《巍山起因》《铁柱记》《西耳河记》及《张氏国史》等,今诸书已佚失,赖此图传,传递了早期的信息。《南诏图传》之

① 李惠铨、王军:《〈南诏图传·文字卷〉初探》,《云南社会科学》,1984 年第 6 期。

② 杨晓东:《南诏图传述考》,《美术研究》,1989 年第 1 期。

③ 王蓓蓓:《南诏图传研究》,云南大学博士学位论文,2011 年。

"图",亦非凭空所造,应是参考了或摹写了保和二年(825)张𨙫傍等人奉命查找"圣源"时所进奉的"绘图"①。温先生所论极是。张泽洪认为,南诏大理国观音显化故事中的梵僧,是梵僧传教南诏大理国的历史真实②。从观音佛王信仰的传统来看,恰恰表明了梵僧是如何将天竺佛王信仰传统传入南诏。透过"梵僧"来讨论南诏大理佛教与"天竺"的关系,抓住了南诏大理佛教信仰的基本特点。

我们认为,《南诏图传》将南诏历史的若干重大事件贯穿起来,其主题是连续的,就是观音佛王信仰,或者说是观音幻化的神圣故事。第一,张乐进求、细奴逻等祭柱与白子国(张乐进求)逊位于南诏(细奴逻),此亦阿嵯之化也。第二,梵僧授记与南诏立国,是画卷主要表达的内容。第三,蒙隆舜、舜化贞及臣工礼拜阿耶嵯观音,是南诏王登位转轮圣王位的仪式。文武皇帝礼拜图像的接续,是为了说明改朝换代的正当性。第四,祭奠"佛教化"的洱河神,铸"建国圣源阿嵯耶观音"像,就是确立"圣教"与"建国观音"的地位。《南诏图传》是将当时国史记载和社会记忆再一次地文本化与图像化,是可靠、可信的历史画卷。

五、"文字卷"全文

《南诏图传》是南诏大理佛教观音佛王信仰的基础性文本。"文字卷"是南诏大理佛教史上最珍贵的史料,文字不多,却十分难得,为了不至于断章取义,我们参考李霖灿、李惠铨、汪宁生、张增祺诸先生的文本,并加以校勘,附录于此,以方便检阅。

---

① 温玉成:《〈南诏图传〉文字卷考释——南诏国宗教史上的几个问题》,《世界宗教研究》,2001年第1期。
② 张泽洪:《梵僧传教与社会记忆——南诏大理国梵僧研究》,《世界宗教文化》,2020年第2期。

《铁柱记》云：初，三赕白大首领将军张乐尽求并兴宗王等九人，共祭天于铁柱侧，主鸟从铁柱上飞憩兴宗王之臂上焉。张乐尽求自此已后，益加惊讶。兴宗王乃忆，此吾家中之主鸟也，始自忻悦。此鸟憩兴宗王家，经于一十一月后乃化矣。又有一犬，白首黑身（号为龙犬），生于奇王之家也。瑞花两树，生于舍隅，四时常发（俗云橙花），其二鸟每栖息此树焉。又，圣人梵僧未至前三日，有一黄鸟来至奇王家（即鹰子也）。又于兴宗王之时，先出一士，号曰"各群矣"，着锦服，披虎皮，手把白旗，教以用兵。次出一士，号曰"罗傍"，着锦衣。此二士共佐兴宗王统治国政。其罗傍遇梵僧，以乞书教，即封氏之书也（其二士表文武也）。后有天兵十二骑来助兴宗王，隐显有期，初期住于十二日，再期住于六日，后期住于三日。从此兵强国盛，辟土开疆。此亦阿嵯耶之化也。

第二化　浔弥脚、梦讳等二人欲送耕饭。其时，梵僧在奇王家内留住不去。浔弥脚等送饭至路中，梵僧已在前，回乞食矣。乃戴梦讳所施黑淡彩，二端叠以为首饰（盖贵重人所施之物也，后人效为首饰）。其时，浔弥脚等所将耕饭，再亦回施，无有吝惜之意。

第三化　浔弥脚等再取耕饭家中，送至巍山顶上。再逢梵僧坐于石上，左有朱鬃白马，上出化云中有侍童，手把铁杖；右有白象，上出化云中有侍童，手把金镜。并有青沙牛。浔弥脚等敬心无异，惊喜交并，所将耕饭，再亦施之。梵僧见其敬心坚固，乃云恣汝所愿。浔弥脚等虽申恳愿，未能遣于圣怀。乃授记云："鸟飞三月之限，树叶如针之峰，弈叶相承，为汝臣属。"授记讫，梦讳急呼耕人奇王蒙细奴逻等云："此有梵僧，奇形异服，乞食数遍，未恻圣贤。今现灵异，并与授记，如今在此。"奇王蒙细奴逻等相随往看,诸余化尽,唯见五色云中,有一圣化,手捧钵盂,升空而住。又光明中仿佛见二童子,并见地上有一青牛,余无所在。往看石上,乃有圣迹及衣服迹,并象、马、牛踪,于今现在(后立青牛,祷此其因也)。

第四化　兴宗王蒙逻盛时,有一梵僧,来自南开郡西、澜沧江外,兽睒穷石村中,牵一白犬,手持锡杖、钵盂,经于三夜。其犬忽被村主加明、王乐等偷食。明朝,梵僧寻问,翻更凌辱。僧乃高声呼犬,犬遂噪于数十男子腹内。偷食人等,莫不惊惧相视,形神散去。谓圣僧为妖怪,以陋质为骁雄。三度害伤,度度如故。初解支体,次为三段,后烧火中,骨肉灰烬,盛竹筒中,抛于水里。破筒而出,形体如故,无能损坏。钵盂锡杖,王乐差部下外券赴奏于峣岍山上,留着内道场供养顶礼。其靴变为石,今现在穷石村中。

第五化　梵僧手持柳瓶,足穿屦履,察其人辈根机下劣,未合化缘,因以隐避登山。村主王乐等,或骑牛马乘,或急行而赶之。数里之间,梵僧缓步而已,以追之莫及。后将欲及,梵僧乃回首看之,王乐等莫能进步。始乃归心稽颡伏罪。梵僧乃出开南羌浮山顶。后遇普苴诺苴大首领张宁健(即健成之父也,健成即张化成也)。后出和泥大首领宋林则之界焉。林则多生种福,幸蒙顶礼。

第六化　圣僧行化至忙道大首领李忙灵之界焉。其时,人机暗昧,未识圣人。虽有宿缘,未可教化。遂即腾空乘云,化为阿嵯耶像。忙灵惊骇,打更鼓,集村人。人既集之,仿佛犹见圣像,放大光明。乃于打更鼓之处,化一老人,云:"乃吾解熔铸,作此圣容,所见之形,毫厘不异。"忙灵云:"欲铸此像,恐铜铵未足。"老人云:"但随铜铵所在,不限多少。"忙灵等惊喜从之,铸作圣像,及集村人更鼓,置于山上焉。

《铁柱记》云:初,三赕白大首领大将军张乐尽求并兴宗王等九人,共祭天于铁柱侧。主鸟从铁柱上飞憩兴宗王之臂上焉。张乐尽求自此已后,益加惊讶。兴宗王乃忆,此吾家中之主鸟也,始自忻悦。

第七化 全义四年己亥岁,复礼朝贺。使大军将王丘佺、酋望张傍等至益州,逢金和尚云:"云南自有圣人入国授记,汝先于奇王,因以云南,遂兴王业,称为国焉。我唐家或称是玄奘授记,此乃非也。玄奘是我大唐太宗皇帝贞观三年己丑岁,始往西域取大乘经,至贞观十九年乙巳岁,届于京都。汝奇王是贞观三年己丑岁始生,岂得父子遇玄奘而同授记耶?又,玄奘路非历于云南矣。"保和二年乙巳岁,有西域和尚菩立陀诃来至我京都云:"吾西域莲花部尊阿嵯耶观音从蕃国中行化至汝大封民国,如今何在?"语讫,经于七日,终于上元莲宇。我大封民始知阿嵯耶来至此也。

帝乃欲遍求圣化,询谋太史扐托君占奏云:"圣化合在西南,但能得其风声,南面逢于真化。"乃下敕大清平官澜沧郡王张罗疋:"富卿统治西南,疆界遐远,宜急分星使,诘问圣原,同遵救济之心,副我钦仰之志。"张罗疋急遣男大军将张疋傍,并就银生节度张罗诺、开南郡督赵铎咩访问原由,但得梵僧靴化为石,欲擎舁以赴阙,恐乖圣情,遂绘图以上呈。儒释惊讶,并知圣化行至首领张宁健及宋林则之处,余未详悉。至嵯耶九年丁巳岁,圣笃淋盆,乃有石门邑主罗和李忙求奏云:"自祖父已来,吾界中山上,有白子影像一躯,甚有灵异,若人取次无敬仰心,到于此者,速致亡。若欲除灾禳祸,乞福求农,致敬祭之,无不遂意。今于山上,人莫敢到。"奏讫,敕遣慈双宇李行,将兵五十骑往看寻觅，乃得阿嵯耶观音圣像矣。此圣像即前老人之所铸也。并得忙灵所打鼓，呈示摩诃。摩诃倾心欣仰，熔真金而再铸之。

敕：大封民国圣教兴行，其来有上，或从胡梵而至，或于蕃汉而来，奕代相传，敬仰无异，因以兵马强盛，王业克昌，万姓无妖扎之灾，五谷有丰盈之瑞。然而朕以童幼，未博古今，虽典教而入邦，未知何圣为始。担欲加心供养，图像流行，今世后身，除灾致福。因问儒释耆老之辈，通古辨今之流，莫隐知闻，速宜进奏。

敕付慈爽，布告天下，咸使知闻。

中兴二年二月十八日

大矣哉！阿嵯耶观音之妙用也，威力罕测，变现难思。运悲而导诱迷途，施权化而拯济含识，顺之则福至，逆之则害生。心期愿谐，犹声逐响者也。由是，乃效灵于巍山之上，而乞食于奇王之家。观其精专，遂授记莂：龙飞九五之位，鸟翔三月之程，同赞期共称臣妾，化俗设教，会时立规，感其笃信之情，遂现神通之力。则知降梵释之形状，示象马之珍奇，铁杖则执于拳中，金镜而开于掌上。聿兴文德，爰立典章，叙宗祧之昭穆，启龙女之仪轨。广施武略，权现天兵，外建十二之威神，内列五七之星曜。降临有异，器杖乃殊。启摧凶折角之方，广开疆释土之义。遵行五常之道，再弘三□之基。开秘密之妙门，息灾殃之患难。故于每年二月十八日，当大圣乞食之日，是奇王睹像之时，施麦饭而表丹诚，奉玄彩而彰至敬。当此吉日，常乃祭之。更至二十八日，愿立霸王之丕基，乃用牲牢而享祀西耳河。《记》云："西耳河者，西河如耳，即大海之耳也。主风声,扶桑影照其中,以种瑞木,遵行五常,乃压耳声也。二者,河神有金螺、金鱼也。金鱼白头,额上有轮。蒙毒蛇绕之,居之左右,分为二耳也。"而祭奠之,谓息灾难也。乃于保和昭德皇帝,绍兴三宝,广济四生,乃舍双南之鱼金,仍铸三部之圣众。雕金券,付掌御书巍丰郡长、封开南侯张傍,监副大军将宗子蒙玄宗等,遵崇敬仰,号曰"建国圣源阿嵯耶观音"。至武宣皇帝摩诃罗嵯,钦崇像教,大启真宗,自获观音之真形,又蒙集众之更鼓。洎中兴皇帝问儒释耆老之辈、通古辨今之流,崇入国起因之图,致安邦异俗之化。赞御臣王奉宗、信博士内常侍酋望忍爽张顺等,谨按《巍山起因》《铁柱》《西耳河》等记,而略叙巍山已来胜事。

　　时中兴二年戊午岁三月十四日谨记。①

第三节　《张胜温绘梵像卷》与南诏大理的佛陀世界

一、画卷的流传

　　《张胜温绘梵像卷》完成于大理国盛德五年(1180),画卷全长16.36米、高0.34米,现收藏于台北故宫博物院。画卷著录于《秘殿珠林续编》及《故宫书画录》。

　　乾隆皇帝跋语洋洋洒洒长达五百多字,被装于画卷卷首,因其所论颇有见地,是了解、研究画卷流传历史与价值的重要文献,一

---

① 此录文据《南诏图传·文字卷》照片录出(李霖灿:《南诏大理国新资料的综合研究》图版贰,第140—149页),并参考李惠铨、汪宁生、张增祺诸先生的录文文本加以校勘。

直以来为学界所重,我们先将此跋文抄录如下:

大理国画世不经见,历代画谱亦罕有称者。内府藏其国人《张胜温梵像长卷》,释妙光识盛德五年庚子月日。宋濂跋谓在宋理宗嘉熙四年,襄阅《张照文集》有《跋五代无名氏图卷》,疑与是图相表里。其考大理始末甚详。以篇首"文经"元年为段思英伪号,计其时则后晋开运三年。今此卷乃南宋间物,相距几三百载。彼所记有阿嵯耶观音遗迹,而此遍绘诸佛菩萨梵天应真八部等众,不及阿嵯耶观音号,则非张照所见明甚。顾卷中诸像,相好庄严,傅色涂金,并极精彩,楮纸复淳古坚致,与金粟笺相垺。旧画流传若此,信可宝贵,不得以蛮徼描工所为而忽之。第前后位置踌舛杂出,因复谛玩诸跋,知此图在洪武间初本长卷,僧德泰藏之天界寺中,至正统时经水渐渍,乃装成册,不知何时复还卷轴旧观。既已装池累易,其错简固宜。且卷端列旌幢仪从,貌其国主执炉瞻礼状,以冠香严法相,颇为不伦。卷末复绘天竺十六国王,宗泐谓是外护佛法之人,亦应以频附。爰命丁观鹏付其法为《蛮王礼佛图》,而以四天王像以下诸佛祖菩萨至二宝幢,另摹一卷为《法界源流图》两存之,使无淆紊。此原卷乃仍其旧在。昔道子楞伽辈以绘事演象教,华严变现,摹拟无适不开于狮台鹿苑中,添以尘俗轨躅,虽佛无人我相,即合即离,无复存分别相而欲于色界,画禅探即须弥香海,则清流一滴,自利净凡,遂笺缘起如右。乾隆癸未壹冬月望张摹。

题跋详细陈述画卷在清代之前的流传过程,还提到了"爰命丁观鹏付其法摹《法界源流图》"一事,而今丁观鹏所摹写的《法界源流图》收藏于吉林省博物馆中,可得观瞻。从画卷榜题有"(奉为)利贞皇帝骠信画""奉为皇帝骠信画"与"奉为法界有情等",可知作者是奉皇命而作的①。因此本画卷并非一般的佛教画卷,而是具有官方意义的神圣作品。因为有纪年题记,画作的年代是清楚的,画卷是大理国第十八世皇帝段智兴盛德五年(1180)完成的作品。

二、画卷的内容

《张胜温绘梵像卷》全图设色贴金,绘制精工,至今画面清晰,诸佛灿然。画卷共分四段,第一段画"利贞皇帝礼佛图";第二段以法会为核心,画诸佛、菩萨、天龙八部等像,俗称"法界源流图";第三段画十六大国主护法图;第四段为盛德五年(1180)作画题记与明清以来宗泐、来复、宋濂、曾英与乾隆皇帝跋文。

画卷原为册页装,后来重装为长卷。李霖灿根据册页所留印迹,将现存画卷分为136页(开),给予编号,为学界所采纳。本书所引画面均依李霖灿编号标出,以方便讨论。

第一部分　利贞皇帝礼佛图

绘制国王、王后、王子,文臣武将扈从等众,有"(奉为)利贞皇帝骠信画"榜题,李霖灿编号1—6开,此图共绘三十四列人像。人物分为四组(图14—12):

第一组像共八人,利贞皇帝段兴智头戴宝塔式高冠(头囊),身穿长袍大礼服,一手握念珠,一手执炉焚香,香炉上香烟袅袅。有

---

① 画卷起首为"利贞皇帝礼佛图",目前所见榜题文字为"利贞皇帝骠信画",按照文义,应该是"奉为利贞皇帝骠信画",可能是重新装裱时埋没了"奉为"二字。此意可以从宋濂跋语"为利贞皇帝骠信画",以及画卷中其他榜题"奉为皇帝骠信画"与"奉为法界有情等"中推知。

图14—12　《张胜温绘梵像卷》利贞皇帝礼佛图

二随从，二执扇宫人。皇帝右侧前方是皇后、皇子及僧人。画面中皇帝形象高大，而随从奇小，其风格与阎立本绘帝王像，特别是敦煌壁画中的供养像一致，说明此处的利贞皇帝，是转轮王、佛王的身份。皇子服装绮丽，画面由贴金装成，金碧辉煌，富丽非凡，论者以为此孩童是利贞皇帝的太子段智廉。

第二组像共十一人，是紧随利贞皇帝的文臣，头戴不同形制、色彩的官帽。画面以穿长袍、戴盔甲、著皮靴、披虎皮之人为前导；以手持花结旌幡（旌幡顶部立大鹏金翅鸟）、身着紫袍高冠的大臣为中心。居于前面的四位，有可能是"清平官"。

第三组共七人，为五位武官与二位幼童。武将持兵戟、盾牌，两幼童一人持瓶，一人擎鹰。《南诏图传》第一化说"有一黄鸟来至奇王家，即鹰子也"，因此这里的鹰子，当是南诏大理的神鸟——大鹏金翅鸟，即天龙八部之一的迦楼罗；而童子所持之瓶，当为佛家所用的净瓶。大鹏金翅鸟与净瓶，习见于南诏大理佛教题材图像之中。

第四组为八人，为披甲持兵的八员武将，画面中所有武将均跣足而立。

画面的背景是苍山，画面中所有人物的衣着装束，旌旗仪仗，兵甲器杖均可在《蛮书》、两《唐书·南诏传》找到文献依据,还能在剑川石窟的"王者窟"中找到同样的图像资料。如前所述,此图的主题,是大理国第十八世国王利贞皇帝礼佛的情景。手持香炉、头戴高冠、衣着华丽的利贞皇帝由僧人引导,文臣武将追随,这不是普通的"礼佛场景",而是作为"法界源流"的开篇,世俗的帝王以转轮王身份出场的法会图像,其意义与剑川石窟把"王者窟"作为起始窟是一样的。

第二部分　法界源流图

画诸佛、菩萨、天龙八部、法会等像。李霖灿编号为 7—130,共 123 开,在画卷中的数量最多、分量最重,内容包括四大金刚、八大龙王、佛会图、禅宗法系、南诏大理高僧、佛会图、十六罗汉、药师佛十二愿图、观音诸相、轮转王众、金刚力士众等等,具体如下:

1. 四金刚护法(编号 7—10)。从第 7 开起,连续绘四大金刚护法降魔图像,四大金刚分别是大圣左执金刚(7)、大圣右执金刚(8)、如来降魔金刚(9)与手执金刚(10)。

2. 八大龙王(编号 11—18)。八大龙王的名号,有的清晰,有的难以辨识,由右至左,分别为龙王(11)、青龙(12)、白那陀龙王(13)、莎竭海龙王(14)、龙王(15)、龙王(16)、龙王(17)、龙王(18)。八大龙王是法华经会座上的护法善神,《法华经·序品》说,龙王有八尊,即难陀龙王、跋难陀龙王、娑伽罗龙王、和修吉龙王、德叉迦龙王、阿那婆达多龙王、摩那斯龙王、优婆罗龙王等[1]。此处之白难陀龙王,当为跋难陀龙王。八大龙王的经典依据,应该是南诏大理古本经卷中的《妙法莲华经》[2]。

---

① 〔后秦〕鸠摩罗什译:《妙法莲华经》卷一《序品》"八大龙王",《大正藏》第 9 册,第 1 页。

② 杨世钰、赵寅松主编:《大理丛书·大藏经篇》卷二。

图14—13　《张胜温绘梵像卷》十六罗汉像（局部）

3. 梵天帝释（编号19—22）。画卷上有"天王帝释众"与"梵王帝释"榜题。共绘"天王帝释众"（编号19—20）"梵王帝释"（编号21—22）两组。何谓帝释、梵王？《法苑珠林》卷四三说"帝释在前，梵王在后，佛放常光，照耀天地"①。梵王（印度教创世神）、帝释（忉利天的天主，俗称天皇），佛教将之感化为护法神。梵天相会，多乐器飞飘。万历《云南通志》"九隆神话"说，"九隆……尝有天乐奏、凤凰栖、五色花开之祥"，说的就是南诏的先祖受梵天护佑的意思。

4. 十六罗汉（编号23—38）（图14—13）。按照李霖灿考释，十六罗汉为：注茶半托迦尊者（23）、阿氏多尊者（24）、伐那婆斯尊者（25）、因揭陀罗尊者（26）、那迦犀那尊者（27）、罗怙罗尊者（28）、半托迦尊者（29）、戌博迦尊者（30）、伐阇弗多罗尊者（36）、

_____

① 〔唐〕道世纂：《法苑珠林》卷四三，《大正藏》，第53册，第617页。

迦里迦尊者(37)、诺距罗尊者(31)、跋陀罗尊者(32)、苏频陀尊者(33)、迦诺迦跋厘堕阇尊者(34)、迦诺迦伐蹉尊者(35)、宾度罗跋罗堕尊者(38)。

李霖灿说,(36)(37)插于(30)(31)之间,则十六尊者的次序全合,只不过应由左向右读去而已,其倒读之原因未悉[①]。如果从第38开开始,由左向右,则画卷中的十六罗汉与《法住记》完全一致。罗庸、李伟卿、侯冲均认为此处的十六罗汉因《法住记》而作[②]。据佛经记载,有十六位佛弟子受佛嘱咐,不入涅槃。公元2世纪"狮子国"庆友尊者所著《法住记》,记载了十六尊者的名号。《佛学大辞典》解释道:"十六大阿罗汉,受佛敕,永住此世,济渡众生者。其名字住处等详于《法住记》。"[③]

十六罗汉是受佛嘱托长住世间的弘法者,在中国佛教各宗派之内都普遍受到尊奉。南诏大理佛教中,十六罗汉或者十八罗汉造像至少有三见,即《张胜温绘梵像卷》、法华寺石窟与高兴寺石窟[④]。

罗庸认为《张胜温绘梵像卷》是以法会为开端,按照"昭穆制度"从中间向左右延伸[⑤]。李玉珉则说的更明白:画卷是以《南无释

---

① 参见李霖灿:《南诏大理国新资料的综合研究》,第30—39页。

② 参见侯冲:《从张胜温画〈梵像卷〉看南诏大理佛教》,《云南社会科学》,1991年第6期。

③ 丁福保编:《佛学大辞典》,第2372—2373页。

④ 《张胜温绘梵梵像卷》有十六罗汉,安宁法华寺石窟的十六罗汉,被后人加凿了两窟,变为十八罗汉。高兴寺石窟因为风化严重,原来所雕为十六罗汉还是十八罗汉,存在争议。这就是说,大理国时期仍然流行十六罗汉,而非像内地一样,从唐末五代开始,十六罗汉逐渐演变为十八罗汉。因此,我们不能仅凭画卷中的十六罗汉像,就讨论南诏大理佛教的来源问题。

⑤ 罗庸:《张胜温梵画瞥论》,方国瑜主编:《云南史料丛刊》第二卷,第451—453页。

迦牟尼佛会》《大宝莲释迦佛会图》与《药师琉璃光佛会图》佛会为中心,向左右两边拓展 ①。因此所谓由中间向左、向右看的问题,是此画卷结构的基本形式。不能以长卷画通行的"线性时间叙事"模式,即从头到尾的顺序方式来理解。

5. 南无释迦佛会(编号 39—41)。有"为法界有情等""南无释迦佛会"榜题,释迦佛结跏趺坐于大莲花之中,左右下角各绘一侍者,左像跪立,右像为供养人像"摩诃罗嵯"。"摩诃罗嵯"是南诏第十一世主蒙隆舜,他的形象源自不空罥索观音,实则为阿嵯耶观音形象 ②。佛坐前有一梵僧像。

6. 中土禅宗法系(编号 42—50)。画面绘禅宗法系,始于迦叶、阿难西土二祖,并由东土六祖接续。具体名号为:迦叶(42)、阿难(43)、达摩(44)、慧可(45)、僧灿(46)、道信(47)、宏忍(48)、慧能(49)与神会大师(50)。

7. 南诏大理禅宗法系(编号 51—54)。接续中土禅宗法系,包括和尚张惟忠(51)、贤者买纯嵯(52)、纯陀大师(53)与法光和尚(54)。这是南诏大理禅宗法系中的高僧。

8. 云南密宗四祖(编号 55—58)。摩诃罗嵯(55)、赞陀崛多和尚(56)、沙门□□(57)与梵僧观音(58) ③。这是南诏大理密教法系中的四大高僧,以天竺僧人居多。

---

① 参见李玉珉 :《梵像卷释迦佛会、罗汉及祖师像之研究》,台北故宫博物院编 :《中国艺术文物讨论会论文集》,1992 年。

② 参见古正美 :《从天王传统到佛王传统 :中国中世佛教治国意识形态研究》,第 433 页。

③ 摩诃罗嵯(55)与"南无释迦会"佛祖左前供养者同貌,与《南诏图传》第 8幅"中兴皇帝礼拜阿嵯耶观音"图像中的"摩诃罗嵯蒙隆昊"(隆舜)相同,都是阿嵯耶观音的形象。梵僧观音(58)坐磐石上,像前有锓鼓,形象与场景,来自《南诏图传》观音乞食、授记故事。

图14—14　《张胜温绘梵像卷》南无释迦牟尼佛会

9. 文殊问疾图（编号59—62）。绘文殊菩萨向维摩诘居士问疾的图像，属于南诏大理佛教中常见的题材，如古本经卷中的《维摩诘经》、剑川石窟第5窟主龛"维摩示疾"等。

10. 南无释迦牟尼佛会（编号63—67）（图14—14）。佛踞狮子座，结说法印。迦叶、阿难二弟子、二菩萨两旁侍立。文殊、普贤二菩萨居前。南北二天王外侧护法。左、右后侧是天王帝释诸神佛。佛座前为梵僧。文殊菩萨像前是礼佛的王者像。供养人位置上现转轮王七宝象马，说明此礼佛的王者，即为转轮圣王。

《大宝积经》卷一四说："转轮圣王生种姓家，七宝则现。何谓为七？一曰紫金轮，有千辐；二曰白象，有六牙；三曰绀色神马，乌头朱髦；四曰明月化珠，有八角；五曰玉女后，口优钵香，身旃檀香；六曰主藏圣臣；七曰主兵大将军，御四域兵。"[①]南无释迦牟尼佛会是"奉为皇帝骠信画"，此画深得吴道子画意，堪称精美绝伦。此为"法界源流"的起点，是画卷的中心部分，由此"左昭右穆"，分别向左延伸55开，向右展开62开。

①〔唐〕菩提流志等译：《大宝积经》卷一四，《大正藏》第11册，第78页。

11. 药师琉璃光佛会（编号 68—72）。药师佛居中间,作说法相。左右为日光菩萨和月光菩萨。药师佛有十二大愿,真正护法的十二大金刚菩萨,现身为十二夜叉（神将）。

12. 药师佛十二愿图（编号 73—77）。药师佛十二大愿见于《药师琉璃光七佛本愿功德经》。此处十二大愿,有错简的情况。李霖灿认为将（77）号的药师佛移植于十二愿文中间,把顺序调整为（73）（74）（77）（75）（76）,则画义与经义均相合。李玉珉《张胜温"梵像卷"药师琉璃光佛会与十二大愿之研究》亦作详细考校[①]。

13. 三会弥勒尊佛会（编号 78—80）。有"奉为法界有情等""南无三会弥勒佛会"榜题。画面绘"纵三世佛":左边是燃灯古佛,右边是弥勒佛,释迦佛居中。

14. 舍利宝塔（编号 81）。宝塔放光三界,海中有龙王、龙女与世间僧众,天空中是天王帝释。龙王之上,宝幢右下方,有一顶戴头囊的王者。

15. 诸佛（编号 82—85）。南无郎婆灵佛（82）、南无踰城世尊佛（83）、南无大日遍照（84）与旃檀佛（85）。其中 82 开"南无郎婆灵佛"左下角,有戴头囊者怀抱一婴儿,意有所指。85 开旃檀佛右前下方,有跪立的王者供养人,戴头囊,手持香炉,还有象马等转轮王七宝。

16. 观音诸相（编号 86—103）。建国观世音菩萨（86）、普门品观世音（87）、除三灾八难观世音变（88—90）、寻声救苦观世音（91）、白水精观音（92）、观音地（93、94、95）、救诸疾病观世音（96）、佛母（97）、孤绝海岸观世音（98）、真身观世音（99）、易长

① 李玉珉:《张胜温"梵像卷"药师琉璃光佛会与十二大愿之研究》,《故宫文物月刊》,1989 年 7 卷八期。

观世音(100)、救苦观世音(101)、大悲观世音(102)与十一面观世音(103)。

建国观世音菩萨(86)为梵僧像,头顶化现阿嵯耶观音化佛,梵僧观音像前有细奴逻巍山耕种场景,其人物与景象均来自《南诏图传》第三化"梵僧授记"。第99开真身观世音菩萨,像前有梵僧化现老人,教导土著造作阿嵯耶观音像的画面,此画面来自《南诏图传》第六化"梵僧显化阿嵯耶观音"。第100开的易长观世音呈男相、第101开寻声救苦观世音下方,是来自《南诏图传》的洱河图。第103开"十一面观音"前供养人位置上,绘十三代南诏王像(图14—15)。此幅总成南诏历代国王面貌,是观音佛王信仰

图14—15　《张胜温绘梵像卷》十三代南诏王供养人像

的聚合,意义深远。

17. 佛、观音、佛母(编号 104—114)。南无毗卢遮那佛(104)、观音(105)、南无地藏菩萨(106)、南无摩梨支佛母(107)、南无秘密五普贤(108)、金色六臂婆苏陀罗佛母(109)、南无莲花部母(110)、南无金刚藏(111)、南无愚梨观音(112)、南无如意轮菩萨(113)与诃梨帝母(114)。此处造像安排,明显有错乱。原来应该都是"诸佛""诸佛母""菩萨诸相"中的内容,错简而成现状。

18. 金刚部造像(编号 115—128)。大圣三界转轮王众(115)、护法神像(116)、托塔天王(117)、九面三足护法神像(118)、四臂大黑永保护法(119)、六面神(120)、金钵逻罗神(121)、大安药叉神(122)、大圣福德龙女(123)、大圣大黑天神(124)、金刚(125)、大力金刚(126)、八头八臂金刚(127)与守护摩醯首罗众(128)。

第 115 开"大圣三界转轮王众",是转轮王信仰的图像。

从第 116 开开始,金刚力士众像,与剑川石窟第 6 窟明王、天王造像风格极为近似。其中的金钵逻罗神(121)、大黑天神像(124)与南方增长天王相近,而托塔天王(117)则与北方多闻天王造像接近,其余诸像与众明王像类似。

19. 经幢(编号 129—130)。包括多心宝幢(129)与护国宝幢(130),占两开。经幢上书梵文经咒。"护国宝幢"体现了佛教护国与国王奉法护法两面一体的佛王信仰思想。

第三部分　十六大国主众

"十六大国主众"占四个单元(图 14—16)李霖灿编号 131—134。此处的十六大国主,很可能是古印度的"天竺十六国"王者。

《仁王般若波罗蜜护国经》的《散华品第六》说:"尔时十六大国王,闻佛说十万亿偈般若波罗蜜欢喜无量。"佛陀为十六大国王

图14—16　　《张胜温绘梵像卷》十六大国主众

说"守护佛果、十地之行,以及守护国土之因缘"时,开示贤明的君王理当奉法护法①。根据丁福保《佛学大辞典》所载,十六国为毗舍离国、憍萨罗国、室罗筏国、摩伽陀国、波罗疤斯国、迦毗罗国、拘尸那国、憍睒弥国、般遮罗国、波咤罗国、末吐罗国、乌尸国、奔咤跋多国、提婆跋多国、迦尸国、瞻波国等。《仁王经》很重要的信息是佛陀为"十六大国王"说法,而画卷中的题铭是"十六大国主"。因此我们有理由认为,《张胜温绘梵像卷》中的"十六大国主众图"在画卷中的意义,如同"利贞皇帝礼佛图"一样,二者一前一后,为"法界源流"奉法护法。前述第115开"大圣三界转轮王众",已然表明《张胜温绘梵像卷》转轮王信仰的主题。联想到南诏大理古本经卷中,钞录与疏注《仁王经》的《护国司南钞》的流传,让我们更加相信,南诏大理是奉行佛王信仰的。

---

① 〔姚秦〕鸠摩罗什译:《仁王般若波罗蜜护国经》,《大正藏》,第8册,第843—845页。

有的观点认为,《纪古滇说集》说:"唐大中十年,王建五华楼,以会西南夷十六国大君长。楼方广五里,高百尺,上可容万人。昭成王保和五年已建完也。"[①] 因此这里的"十六大国主众",应该是南诏劝丰祐时期,周边十六个"蕃国"的国王到南诏来朝圣的情景。然此论有悖于南诏大理佛教信仰本身的逻辑。

第四部分　题记与跋文

李霖灿编号为135—136。释妙光题记说"大理国描工张胜温貌诸圣容,以利苍生,求我记之"。题记纪年为盛德五年(1180),可视为画卷原作内容。其后明清两代诸家跋语,虽然各有所论,各有所长,但非原作内容,这一点是应该注意的。

1. 释妙光题记(图14—17):

　　大理国描工张胜温貌诸圣容,以利苍生,求我记之。夫至虚至极,有极则有虚。虚极之中自生明相矣。明相生一气,一气成大千。有众生焉,有佛出矣。众生无量,佛海无边,一一乘形,苦苦济拔,知则皆影像济也。实如神慕张吴之遗风,怜武氏之美迹者耳。当愿众生心中佛,佛心中众生,唯佛与众生无一圣几异。妙出于乎灵,显于心。家用国兴,身安富有。盛德五年庚子岁正月十一日,释妙光谨记。

此段题记的重要之处,在于说明了《张胜温绘梵像卷》的缘起,"盛德五年庚子岁正月十一日"纪年,其意义超越了画卷本身,为"盛德年号"甚至是大理国纪年的考订,提供了真实的干支依据。而誉其画为"张吴之遗风,武氏之美迹",则说明此释妙光,亦

---

① 方国瑜主编:《云南史料丛刊》第二卷,第661页。

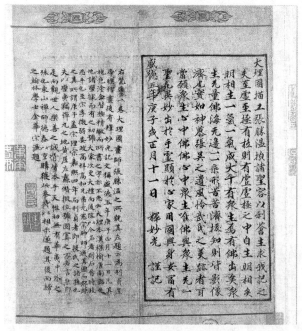

图14—17　《张胜温绘梵像卷》释妙光盛德五年题记

为见识广远之大德高僧。题记对佛理的阐释,可谓言简意赅,即所谓"众生无量,佛海无边,一一乘形,苦苦济拔,知则皆影像济也",对佛家"一空万有"思想体会深刻;"众生心中佛,佛心中众生,佛与众生无一圣几异",则是说佛性为人性之本。题记对画作的意图也是清楚明了,即"貌诸圣容,以利苍生""家用国兴,身安富有"。此画卷是大理国描工张胜温"奉为皇帝骠信画",是奉敕而作的"官方作品"。

2. 宋濂跋文:"右梵像一卷,大理国画师张胜温之所貌。其左题曰'为利贞皇帝骠信画',后有释妙光记文,称盛德五年庚子正月十一日。凡其施色涂金,皆极精致,而所书之字亦不恶。云大理本汉叶榆,唐南诏之地,诸蛮据而有之,初号大蒙,次更大礼,而后改以今名者，则石晋时段思平也。至宋季微弱，委政高祥、高和兄弟。元宪宗帅师灭其国而郡县之。其所谓庚子即宋理宗嘉熙四年，而利贞者即段氏之诸孙也。夫以蛮夷窃弹丸之地，黄屋左纛，僭拟位号，故置之不必言。然即是而观，世人乐善之诚胥皆本乎天性，初无华夷中外之殊也。东山禅师德泰，以重购获此卷，持以相示，遂题其后而归之。翰林学士金华宋濂题。"

3. 宗泐跋文："右大理国人张胜温所画佛菩萨众像一卷，绘事工致，诚佳画也。然既画佛菩萨应真八部等众，而始于其国主，终之以天竺十六国王者，盖国王为外护佛法之人故也。大理即今之云南，唐封南诏王，至懿宗时，其酋龙始僭号改元而称骠信，其国人有礼仪，擎诵佛书碧经金银字间，书若坦绰赵般若宗之《大悲经》。是以坦绰盖官名之酋望也，德泰藏主请题，故及之。洪武戊午秋天界善世禅寺释宗泐识。"

4. 释来复跋文："天界藏主泰东山所藏大理国张胜温所画佛、菩萨、阿罗汉及诸祖等像一帙，设色精致，金碧灿然。瞻对如存，世称稀有。东山征予题其后，于是焚香稽首而作赞曰（下略）"

画卷最末是天顺间跋文："大理国描工善绘斯图，笔力精致，金碧辉煌，前列诸佛，严现空界，超出尘凡。随感应化，隐显百亿。无端无量，形象百千（略）。"还有永乐间鲁英跋文："右大理张胜温所画佛菩萨圣像一帙，金碧焜煌，耀人耳目，虽顾虎头、李伯时辈无可与颉颃者矣。或谓佛者，觉也，非声色可求。殊不究世人溺于昏濁，自昧灵台，故假之形象，俾其观像生善，岂徒然哉！东山泰藏主乃全室禅师之弟子也，自游方时获此卷，珍藏世袭亦有年矣。自东山迁化，此卷流落他所，今明上人重购而归，盖不忘其先师手泽也。夫物之离合，无有其时，与合浦之珠、延平之钏岂相远乎？一日命余跋其后，故不愧题其卷尾而归之，且以示其后人云。永乐十一年岁在癸巳嘉平月西昌晚生鲁英书。"

透过以上跋文,我们能够对《张胜温绘梵像卷》的创作、流传、内涵、价值进行梳理与理解,明了创作如此精美、宏大画卷的目标与意义。

三、有关画卷的研究

《张胜温绘梵像卷》的研究始于 1940 年代,李根源、罗庸、方国瑜等均开展了相关的记录、讨论与研究。1960—1980 年代,李霖灿、李玉珉两位贡献尤殊 ①。1990 年代以来,大陆学者开始关注画卷,相关研究日渐深化。

郑国、杨晓东、周祜、邱宣充、侯冲、美国学者约翰·马可瑞、日本学者关口正之等对画卷有专题研究 ②。进入新世纪之后,在大学里学习的博士、硕士生加入研究队伍中 ③。有关《张胜温绘梵像卷》研究的著作、文集相继发表与出版,如新加坡古正美《张胜温梵画卷研究》、张威《宋张胜温梵画像卷》、大理市政协编《张胜温画卷》

---

① 参见屈涛:《20 世纪台湾〈张胜温梵像卷〉研究之贡献》,《敦煌研究》,2003 年第 2 期。

② 郑国:《丁观鹏和他所摹宋张胜温〈法界源流图〉》,《文物》,1983 年第 5 期。杨晓东:《张胜温〈梵像卷〉述考》,《美术研究》1990 年第 2 期。周祜:《张胜温画卷中的南诏大理国宗教文化》,《古籍整理研究》,1992 年第 1 期。邱宣充:《张胜温画卷及其摹本的研究》,《南诏大理文物》,第 185 页。侯冲:《从张胜温画卷看南诏大理国佛教》,《云南社会科学》,1991 年第 3 期。〔美〕约翰·马可瑞(John R·McRae)著,谭乐山译:《论神会大师像:梵像与政治在南诏大理国》,《云南社会科学》,1991 年第 3 期。〔日〕关口正之著,杨文映译:《大理国张胜温画梵像卷》,《大理文化》1995 年第 3、4 期。

③ 如骆玉梅:《〈宋时大理国描工张胜温画梵像〉中的南诏大理国佛教宗派研究》,云南大学硕士论文,2013 年。

与《张胜温画卷研究文集》等,相关研究的学术综述也时有所见[①]。

四、画卷的意义与价值

作为传世绘画作品,《张胜温绘梵像卷》在描绘"法界源流"的同时,显示出精湛的艺术品格与精神。乾隆皇帝说:"大理国画世不经见,历代画谱亦罕有称者。"但同时指出"卷中诸像,相好庄严,施色涂金,并极精彩",给予较高评价。

释妙光题跋称"大理国描工张胜温,貌诸圣容,以利苍生,求我记之",而宋濂题跋也指出"右梵像一卷,大理国画师所貌。其左题云:为利贞皇帝骠信画"。很清楚,《张胜温绘梵像卷》是奉利贞皇帝之命而作的神圣画卷。

利贞皇帝为大理国第十八世皇帝段智兴(1172—1200年在位)。胡本《南诏野史》说:"智兴,南宋孝宗壬辰乾道八年(1172)即位,明年改元利贞,又改元盛德、嘉会、元亨、安定等号。"[②]李家瑞《用文物补正南诏及大理国的纪年》一文,根据画卷中的年号与干支,证诸史籍,明确段智兴于宋孝宗壬辰乾道八年即位,改元利贞,四年之后改元盛德,盛德起自宋淳熙三年,至少有五年(1176—1180)。盛德纪年题记,不仅见于此画卷,在剑川石窟造像中也有两处题记,均为"盛德四年"。范成大《桂海虞衡志·志蛮》记载说:"乾道九年大理国人至横山寨市马,出一文书,称利正二年十二

---

① 古正美:《张胜温梵画卷研究》(云南后理国段智兴时代的佛教画像)。张威:《宋张胜温梵画像卷》。大理市政协编:《张胜温画卷》(此书含彩印《张胜温画卷》与《张胜温画卷研究论文集》),2018年。梁晓强:《〈张胜温画卷〉图序研究》,《大理学院学报(综合版)》,2010年第3期。张锡禄、黄正良:《20世纪以来大理国张胜温画〈梵像卷〉研究综述》《大理学院学报(综合版)》,2012年第1期。

② 《南诏野史会证》,第299页。

月。"①　"利正"即"利贞"之异写。利贞皇帝不仅发布敕令,命宫廷画师绘制佛画长卷,还开凿石窟,造作佛像,制作经书,倡导佛法,以佛治世。

如前所述,我们认为《张胜温绘梵像卷》可以分为四个部分,即第 1—6 开"利贞皇帝礼佛图"为第一部分,是画卷的开篇。从第 7 开开始,直至 130 开的"法界源流图"为第二部分。此部分起于"四大金刚",终于"尊胜宝幢",分量最重,也是画的核心内容,乾隆皇帝称之为"法界源流"也未尝不可。这部分内涵,可以说是博大精深,有的一目了然,有的看不明白,即便是在乾隆皇帝的国师、密宗大师章嘉图师的眼中,也是复杂难懂。罗庸指出,此部分内容是"从中间往两端看"的中国传统"左昭右穆"呈现方式,李霖灿、李玉珉的研究证实,"法界源流图"应该以"南无释迦牟尼佛会"(63—67)为中心,向左右延展。第三部分"十六大国主众",即李霖灿编号 131—134 开,是画卷的结尾。题记与跋文(编号 135—136 开)为第四部分。释妙光题记,是画卷内容的重要组成部分,其他题记则为后世所作,不宜当作原画内容看待。

由此可见,画卷起于"利贞皇帝礼佛图",止于"十六大国主众",中间画法会、诸佛、菩萨、天龙八部、罗汉、金刚等像。第一部分"利贞皇帝礼佛图"与第三部分"十六大国主众"看似分量不大,却标榜转轮王、佛王信仰,把国王奉法、护法的意义彰显无遗。

关于《张胜温绘梵像卷》,还可以作如下讨论:

第一,画卷旨在建构南诏大理佛教祖谱。画卷将南诏大理佛教的法系,一直上溯至佛祖,形成正统、合法的祖谱。从这个意义上说,《张胜温绘梵像卷》称得上是"法界源流"。因为从佛教信仰

---

① 《桂海虞衡志辑佚校注》,第 257 页。

的视角出发,一个宗派或者说是一地之佛教,能否直接溯源至佛陀是其合法性、正当性的关键。《南诏图传》溯源至梵僧与阿嵯耶观音,《张胜温绘梵像卷》溯源至佛陀,是在叙述南诏大理佛教的正统性。

第二,溯源南诏大理佛教法系。以和尚张惟忠(51)、贤者买纯嵯(52)、纯陀大师(53)与法光和尚(54)接续中土禅宗法系,实际上是在溯源南诏大理禅宗法系。而摩诃罗嵯(55)、赞陀崛多和尚(56)、沙门□□(57)与梵僧观音(58)则是南诏大理密教法系中的四大高僧。上述禅、密法系人物,都是南诏大理特有的佛教法系传承人物与高僧大德形象。画卷不遗余力地展示上述高僧大德,说明画师有厘清南诏大理佛教法系的追求。

第三,系统呈现南诏大理佛教神系。画卷中的诸佛、菩萨、罗汉、天王、明王、金刚、力士、帝释天与王者造像,几乎囊括了南诏大理主要的佛教神系,是"总南诏大理佛陀世界大成"之作。具体来说,画卷中的梵僧观世音菩萨(58)、建国观世音菩萨(86)、真身观世音(99)、易长观世音(100)虽然名讳不同,但造像形态相近,都是南诏大理佛教所特有的"阿嵯耶观音"形象。画卷中的大圣大黑天(124)与多闻天王的造像,特别是"释迦牟尼佛会图"(63—67)中的大黑天与多闻天,与剑川石窟6号窟"明王堂"的南、北天王几乎相同。画卷中的明王像,与剑川石窟的八大明王非常接近。南诏大理佛教中,罗汉也是主要的造像,如峨岈图山南诏寺庙遗址出土佛教造像中有一批罗汉像,大理挖色石窟、安宁法华寺石窟都有十六或者十八罗汉造像。四大金刚、八大龙王、八大明王等是与南诏大理石窟、传世造像属于同类同型的造像,都是常见的金刚力士与明王形象。

第四,王者礼佛是佛王信仰的体现。"利贞皇帝礼佛图"中,皇帝一手握数珠，一手持香炉，高冠长袍，衣着华贵。皇帝的长袍色彩富丽，绣着繁缛的纹饰，在双肩的部位，各有一只昂首展翅、向上飞翔的金翅鸟。金翅鸟是护法神，是佛王的护法。

南诏大理佛教造像中，王者与佛教渊源深远，观音授记、王者礼佛、皇帝出家；臣工作画都是奉皇帝敕令。《张胜温绘梵像卷》以"利贞皇帝礼佛图"开启，以"天竺十六大国主图"结尾，南诏大理王者还以僧人、供养人、侍者等不同身份出现在画卷中。譬如第85开旃檀佛右前下方，有跪立的王者供养人，头戴囊冠，手持香炉，旁边化现象征转轮圣王的象马等"转轮王七宝"。第86开建国观世音菩萨下方，亦有象马等转轮王七宝形象。第103开"十一面观音"像前，有两列供养人像，画像题铭明确指出是南诏十三代国王①。摩诃罗嵯出现于41、55、103开三处画面中，形象都是"袒胸簪髻垂环"，其人就是蒙隆舜，曾见于《南诏图传》转轮王成就仪式中。第115开"大圣三界转轮王众"，则更加说明王者既是世俗的国王，同时是佛教的转轮圣王。"佛、王同体"的转轮王信仰，是画卷要表达的核心思想。

第五，《张胜温绘梵像卷》中有很多来自《南诏图传》的画面，第13开"白难陀龙王"、14开"莎竭海龙王"下方供养人位置上所绘鸟头人身的"大鹏金翅鸟"，第58开的"梵僧观音"与铔鼓、第99开"真身观世音"画面方下铸造阿嵯耶观音图景、第101开"救苦观世音"下的"洱河图"都曾经在《南诏图传》中出现。而作为

---

① 李霖灿有详细考释：造像分两列，上一行列七人，下一行列八人，两行共列十五人，除去奇王妇等二人，正好是蒙氏十三世帝王的供养像。题铭为：（上列）孝桓王异牟寻、□武圣□□□、威成王阁罗凤、兴中王罗晟、静王晟劝利、景庄皇帝世隆、孝哀中兴皇帝；（下列）梦讳、浮弥脚、武宣皇帝□□□、昭成皇帝劝丰祐、奇王细奴逻、太宗武王晟罗皮、神武王凤、武□子谷。

"十一面观音"供养人的南诏十三代国王出现在大理国画卷中,意在彰显观音佛王信仰的传统,说明《张胜温绘梵像卷》是接续《南诏图传》的,是对《南诏图传》的继承与发展。

第六,《张胜温绘梵像卷》是南诏大理佛教信仰的"图像文本"。《张胜温绘梵像卷》隐喻的是南诏大理佛教信仰结构与秩序,这是根本,是基本的出发点与归宿。画卷不是孤立的"单品",要把它放到南诏大理佛教的历史情境中,把它与《南诏图传》、剑川石窟等画卷、石窟寺造像、石刻、经卷进行比对,再参以文献才能求得正解。

第七,画卷上、下两端边缘,即天头与地脚装饰极为特别,天头以金刚杵与金刚铃交错为饰,地脚以莲花纹、云纹交错为饰。既是美术装饰,更是密教意象的营造①。

无论是从宗教视角,还是就艺术造诣、文化内涵、文物价值与历史意义而论,《张胜温绘梵像卷》都可称得上稀世珍品。多数研究者认为,与同时代内地、敦煌佛教画相比,南诏大理佛教画可称得上形象精彩,内涵精深,技法精湛,图像精美。它继承并发展了《南诏图传》"观音幻化"的神圣内容,突显了国王护法的传统,而且对于天竺法脉,南诏大理佛教法系都有所呈现,是繁荣昌盛的南诏大理佛教的集中体现。《张胜温绘梵像卷》与《南诏图传》《蛮书》,新、旧《唐书·南诏传》,特别是剑川石窟的内容相印证,说明南诏大理在文化上并无二致;虽有"改朝换代",但苍洱五百年历史进程实际上一脉相承,王权的更迭不但没有改变佛教作为

---

① 除《张胜温绘梵像卷》之外,南诏大理古塔出土器物中,有数量较多、各种质地、不同造型的金刚杵,譬如千寻塔出土 213 件,弘圣寺塔出土 142 件。而火葬罐上附加堆贴金刚杵、金刚铃等法器,是普遍的现象。参见李雁芬:《试析大理地区的金刚杵》,《大理学院学报》,2008 年第 8 期。

全民信仰的性质,反而使之得到更大的发展。与南诏时期相比,大理国佛教更加显示出区域佛教的特色,与社会生活的关系愈加密切。

第十五章　佛顶尊胜经幢

梵语中的 dhvaja,汉译为幢,其形态"为竿柱高出,以种种之丝帛庄严者,藉表麾群生,制众魔,而于佛前建之,或于幢上置如意宝珠,号之为与愿印,宝生如来或地藏菩萨之三昧耶形也"[1]。"幢"最初是佛教用以悬挂幢旗的竿柱,表示济拔众生,降服诸魔。如果把幢建在佛寺之中,在幢顶安置如意宝珠,此幢即是宝胜(生)幢,或者地藏菩萨曼陀罗。因此,经幢通常是宝生如来,或者地藏菩萨的相形,是佛教密宗曼陀罗之一。

佛教密宗流行之后,常将佛经敬写于旌幡之上,称为"经幢"。我国考古发现中,陕西法门寺地宫、大理崇圣寺千寻塔均出土了唐、宋时代的绢质曼陀罗旌幢[2],而悬挂绢质旌幢,则是藏传佛教的传统与特征。

为了让经幢保存得更长久,人们就将佛经模印、刻写在陶质、木质、石质等幢形物体上,供养或者立于寺庙、佛塔等处。后来经幢形制逐渐复杂化,幢身除刻印经咒之外,还有佛号与造像,以及精美的装饰,经幢与佛塔一样,演变成佛教的标识。

---

[1] 丁福保编:《佛学大辞典》,第 2174 页。
[2] 参见邱宣充:《大理三塔塔藏佛经》,《云南民族文物调查》;吴立民:《法门寺地宫唐密曼荼罗之研究》,《法音》,1995 年第 1 期。

经幢上刻写的佛经以《佛顶尊胜陀罗尼经》为多,因为此经有"破狱之功"①,能破幽冥地狱之苦,因此安置在寺院、佛塔乃至墓地,能超生荐死,令逝者往生极乐,早登彼岸;生者见之,能拔除罪业。

第一节　唐宋时期造作经幢情况

唐宋以来石幢开始流行,石质经幢多呈六角或八角形,一般由幢顶、幢身和基座三部分组成,依据不同的形制与大小,有的幢身仅刻经文,有的则刻经文、造幢记、诸佛菩萨像。我国发现的经幢所刻文字,有单刻汉文、梵文、藏文者,也有梵、汉文对照,或梵、汉、藏文三者并用的情况。经幢大致分为墓幢、塔幢与寺庙经幢三种。

把《佛顶尊胜陀罗尼经》、五方如来真言,以及诸佛菩萨像刻于经幢之上的"造幢"风习,是唐宋以来佛教密宗信仰的重要特征②。唐代,内地就已经出现了梵、汉两种文字相对照的《佛顶尊胜陀罗尼经》经幢。辽金时期,"梵字经幢"开始流行。辽金的梵字幢,大多为咒语部分采用梵文书写,题字时用汉文,或是梵、汉两相对照③。造作经幢,超生荐死,祈福消灾成一时风尚。

"佛顶尊胜"有除一切障、灭一切地狱之苦的含义。《佛顶尊胜陀罗尼经》说:"陀罗尼名为如来佛顶尊胜,能净一切恶道,能净除一切生死苦恼。又能净除诸地狱阎罗王界畜生之苦,又破一切

---

① 〔唐〕佛陀波利所译:《佛顶尊胜陀罗尼经》,《大正藏》,第 19 册,第 349 页。
② 参见董华锋、何先红、朱寒冰:《川渝地区晚唐五代小型经幢及其反映的民间信仰》,《考古》,2018 年第 6 期。
③ 参见刘淑芬:《灭罪与度亡——佛顶尊胜陀罗尼经幢之研究》,上海古籍出版社,2008 年,第 278 页。

地狱,能回向善道。……若有人闻一经于耳,先世所造一切地狱恶业皆悉消灭。"[1] 所以辽代大安七年(1091)《文水等为亡父母造幢记》说:"尊胜陀罗尼者,是诸佛之秘要,众生之本源。遇之则七逆重罪咸得消亡;持之则三途恶业尽得除灭。开生天路,示菩提相,功之最大,不可稍也。"[2] 乾统六年(1106)经幢铭文说:"佛言有十三大罪,无忏悔者,有无动如来陀罗尼,一切极重大罪,并能消灭。若有人发大菩提心,依梵字本书于石塔幢子上,忽有观此陀罗尼字生敬信心,所有如上十恶等罪,悉皆消灭。"[3] 所以建造梵字塔经幢,具有无上功德。

南诏大理佛教信仰,经幢的流行时间似乎更早一些。2020年新发现的太和城"南诏官家寺庙建筑群"遗址内,出土陶质"八面体经幢"残件,经幢顶部印有"唵阿罗般若陀□尼"八个汉字,幢身模印汉文与梵文经咒。目前尚不能确定经咒是何种陀罗尼,但是,此梵、汉文经幢的发现,证明南诏早期即有造作梵字经幢的信仰习俗[4]。

南诏大理时期,信徒在寺庙中建经幢,或于墓地立塔幢,是当时的信仰风俗。由于经幢流行,历代所建经幢数量较多,至今存留的南诏大理经幢为数不少。本章将以昆明地藏寺经幢为个案,详细呈现与讨论经幢的形制与内涵。

---

① 〔唐〕佛陀波利所译:《佛顶尊胜陀罗尼经》,《大正藏》,第19册,第352页。
② 向南:《辽代石刻文编》,河北教育出版社,1995年,第436页。
③ 向南:《辽代石刻文编》,第436页。
④ 参见严勇:《云南大理发现南诏时期官家寺庙建筑群》,新华网,2021年1月13日。

第二节　昆明地藏寺"佛顶尊胜宝幢"考释

图15—1　地藏寺经幢

昆明地藏寺经幢(图 15—1),今存昆明市博物馆内,经幢通高 6.5 米,分为基座、幢身与幢顶三部分,七级八方形,由五段砂石叠压而成。幢身雕刻诸佛、菩萨、金刚、力士、天龙八部等三百余躯造像,刻汉文《造幢记》,以及《佛说般若波罗蜜多心经》《大日尊发愿》《发四宏誓愿》等梵、汉文佛经与发愿文①。《新纂云南通志》卷八九《金石考九》"地藏寺古幢"条称:"幢高二丈余,七层八面,上五层造佛像,第六层佛像、梵文,下层刻文。"②袁嘉谷、李根源、夏光南、方国瑜等诸先生,曾对此经幢作考释与题跋。方国瑜说,明景泰、正德、万历诸本《云南通志》都记载有地藏寺,却不记古幢,到刘文征《滇志》卷三《古迹志》才有记载说:"梵字塔,在府东地藏寺,相传梵僧封邪魅者。周遭皆刻梵书,上覆以阁,昔人折其顶,有黑气直射而出,

---

① 参见王海涛:《古幢释神》,《云南文物》,总第 25 期(1989);《云南佛教史》,第 199—206 页。
② 《新纂云南通志》(五),第 180 页。

因封如故。"① 足见地藏寺经幢，明天启之前未见于著录。

本节将根据现有著录与研究成果，加之现场考察、记录，先抄录《造幢记》与《大日尊发愿》全文，以探明该经幢的缘起；再分级呈现、描述经幢造像，以期阐明该经幢的内涵与意义。

一、《造幢记》铭文及其意义

《造幢记》全名为"大理国佛弟子议事布燮袁豆光敬造佛顶尊胜宝幢记"，碑文如下：

> 大理国佛弟子、议事布燮袁豆光，敬造"佛顶尊胜宝幢"记
> 皇都大佛顶寺都知天下四部众、洞明儒释、慈济大师段进全述
> 原夫一气始弁，二仪初分，三光丽于穹窿，五岳镇于磅礴。爰有挺秀愚智，辨立君臣。掩顿于八区，牢笼于四海。随机而设理，运义而齐风。常读《八索》之书，非学六邪之典。净边遏寇，定远殄奸。东海浪澄于惊波，楚天宵净于谗雾。君臣一德，州圉一心。只智喆才能，乃神谋圣运者，则袁氏祖列之义也。由乃尊卑相承，上下相继。协和四海，媲同亲而相知；道握九州，讶连枝而得意。承斯锋锐不起，饥荒无名。钟鼓义而明明，玉帛理而穆穆，可谓求人而得人，亦袁氏之德也。至善于高明生，则大将军高观音明之中子也。其高明生者，文列武列，万圉口实而宣威；神风神气，千将若榷而留世。悲夫！四大元无主，五蕴空去来。天地横兴不慈，大运俄将不意。哀哉！云郁郁兮穷天丧，雨霏霏兮尽山悲。楚方罢暄，东京辍

────────────

① 《新纂云南通志》（五），第 181 页。

照。本州为兄弟之土,将相怯上下之权,子小绍迟,系孤亚脱。其布爕豆光者,至忠不可以无主,至孝不可以无亲,求救术于宋王蛮王,果成功于务本得本。将乃后嗣踵士,化及本忠。霜风令而一海飒秋,春云布而万物普润。怀其义者,日用不知;挹其源者,游泳莫恻。此袁豆光蒙叨议事也。圣人约法,君子用之。有德而不可不传,以传而备远;有义而不可不记,以记而标常。审夕哀哀,终朝威威。寻思大义,孔圣宣于追远慎终;敬问玄文,释尊劝于酬恩拜德。妙中得妙,玄理知玄。善住受七返轮回,如来说一部胜教。曰如来智吊,号尊胜宝幢。托其填隙而建之,铁围即成极乐;临其寒林而起矣,地狱变为莲花。即到于菩提道场,速会于常寂光土。次祝非孤,济于生我育我,而生胜于恩余建余。复利于重义轻生,尽济于忘身报主,大义事事以怀此,敬节日日以惟新。建梵幢而圆功,勒斯铭而标记。

《造幢记》共六十二行,每行十字,连题头共六百二十三字。由《造幢记》可知,地藏寺经幢为"佛顶尊胜宝幢",造幢施主为"大理国佛弟子、议事布爕袁豆光",是鄯阐侯高氏府中的官员,为佛弟子、议事布爕。撰文者为"皇都大佛顶寺、都知天下四部众、洞明儒释慈济大师段进全",是大师、儒释与僧官。两人都是典型的"以僧为官"的大理国官员。

《造幢记》把造幢的起因说得明白,大理国"楚方罢喧,东京辍照",刚刚解决了"楚方"的危机,东京却陷入新的危局之中。由于主政"东京",身兼"安东将军"之职的鄯阐侯高明生不幸亡故,其子年幼绍承世职。就在这样的情境之下,鄯阐府布爕袁豆光,扶助幼主"净边遏寇,定远珍奸","求救术于宋王蛮王",扭转危局,使

"东海浪澄于惊波,楚天宵净于谗雾",立下定国安邦之功。袁豆光捐建"佛顶尊胜宝幢"于地藏寺,祈求逝者适彼乐土,护持家国平安。名为荐死超生,保佑高氏新主,实则为袁氏纪功,借此标榜世勋祖德。

《造幢记》中的"楚方""楚天"指大理国威楚一带;而"东京""东海"即指鄯阐府,以及大理国东方三十七部。

根据《造幢记》铭文内容,可知此幢立于大理国后期。铭文涉及的事主高明生、高生世父子属于大理国"鄯阐高氏"一脉。大理国权臣高氏实行父子连名制,鄯阐高氏升祥、祥明、明生、生世相传百有余年。按铭文,此经幢应建于高生世为鄯阐侯之时,当大理国第十七世国王段正兴(1147—1171 年在位)时期,宋绍兴末年[①]。

二、《大日尊发愿》考释

1920 年代,昆明市在纂修地方志时,对地藏寺经幢所刻《大日尊发愿》与《发四宏誓愿》进行考释,并将其著录于《昆明市志》铅印本[②]。侯冲据此文本,加之实地考究,对其中不能释读之字,多依文义参考经文补出,其所录《大日尊发愿》与《发四宏誓愿》,是目前较为完整、准确、通顺的录文,现据实抄录如下:

> 合掌以为花,身为供养具。善心真宝香,赞叹香烟布。诸佛闻此香,寻味来相度。
>
> 稽首大日尊,圆明心光聚。慈悲生遍照,秘密五普贤。

① 参见方国瑜:《云南史料目录概说》,第 947—951 页。
② 参见童振藻纂:《昆明市志》,1924 年铅印本,第 372—374 页。

四佛顶轮王，四智波罗蜜。大悲八佛母，猛利八金刚。

大乐等三尊，一十六萨埵。八广大供养，四门要密天。

二十外金刚，一十六贤劫。七十二贤圣，内外八供养。

八百金刚儿，八万大金刚。二十八天主，声闻与独觉。

神将与名仙，二十诸药叉。龙王八上首，日月五星主。

二十八宿神，及八万四千，金刚莲花众，如是等贤圣。

警觉寻五声，即嗟吽旁解。愿应如声响，加持我三业，作功德证明。

阿字空界中，诸佛遍州塞，凡圣同实相，放礼无所观。

唵字法云香，供养诸圣众。令涂戒定惠，得妙湛总持。

圣主天中天，频眉首罗伏。色身妙中妙，熙怡妙适皈。

我从无始来，曾作诸罪业。皆由不觉故，起贪爱染心。

烦恼火所烧，故我造十恶。嗔恚怒痴愚，暗发身口业。

如是等诸罪，我今悉忏除。事忏不复生，理中无罪性。

彼罪无内外，亦不在中间。去来今亦□，真性空寂照。

寂中无□□，普贤心太虚。于三恶道中，若应受业报。

愿于今身偿，不敢留宿殃。

览字置火轮，烧无明珠扤。无明无体处，即清净法身。

劝请诸如来，宣最上乘法。欲现涅槃者，愿久住世间。

凡圣善修行，我皆随欢喜。所修一念福，回向佛菩提。

愿我心金刚，摧邪见魍魉。引入于佛道，同证宰都波。

吾不为众生，所作依怙者。有情生死阁，谁为作证明。

我尽诸群生，令入大圆觉。中无趣觉者，我入诸相亡。

自与诸群生，得大圆镜智。我令有情得，金刚萨埵身，证金刚藏位。唵萨埵嚩婆哜吽。

自与诸群生，即平等性智。我令有情得，佛灌顶宝冠，证虚空藏位。唵喇那婆唪当。

自与诸群生，即妙观察智。我令有情得，闻持最上乘，证观自在位。唵陀阿栗摩婆唪唏。

自与诸群生，即成所作智。我令有情得，献供满十方，得佛善巧智，证虚空库位。唵迦栗摩婆唪阿。

总愿诸有情，究竟圆三觉，自他俱受用，犹如遍照尊。加持真言曰：唵婆嗟陀阿都益，唵殊喏多喏那。益嗟。①

《大日尊发愿》从"稽首大日尊，圆明心光聚"开始，直至"金刚莲花众，如是等贤圣"，都是经幢诸神佛名号，先有大日遍照，再叙"四佛顶轮王"，说明经幢是以大日遍照为中尊，四佛顶轮王居四方，以及诸佛、菩萨、力士护持的法坛。佛顶轮王即尊胜转轮王，是南诏大理佛王信仰的根本。此《大日尊发愿》实则是探究经幢造像内涵的重要文本依据，也是研究南诏大理佛教诸佛菩萨尊神名号、神系，以及经典依据的重要文献。

除《大日尊发愿》文之外，还有《发四宏誓愿》，其文如下：

众生无边誓愿度，我亦能度；烦恼无边誓愿断，我亦能断；法门无边誓愿学，我亦能学；无上佛果誓愿成，我亦能成。

资为翘力施食人等，但愿声兮鞭兮也力，施之食之也人。现来于大胜良缘，来为于证真书交，空却于无始债□。契会□未世菩提。存生丰而福利广□，舍化□而圆寂深理。

---

① 侯冲：《论大理密教属于汉传密教》，王颂主编：《佛教与亚洲人民的共同命运——2014 崇圣（国际）论坛论文集》。

　　侯冲认为,在密教典籍里,一般不称"四宏誓愿"而称"五大愿",具体经文可见不空译《受菩提心戒仪》《佛顶尊胜陀罗尼念诵仪轨法》等①。

　　幢身所雕刻诸佛菩萨天王力士众像,历来为学界所瞩目,自1920年代以来,关注者不断。由于经幢内涵博大精深,往往令探究者望而却步。考察、考释地藏寺经幢,"古幢释神"需要"学识+勇气"。我们坚信很多学术问题需要世代累积的智慧,借用佛家"勇猛精进"之言,只有在不断纠错与不止步的探索中方能有所进步、有所成就,逐渐理解地藏寺经幢博大恢弘的文化内涵与学术价值。

　　三、幢身造像

　　(一)基座造像,八大龙王(图15—2)。地藏寺经幢的基座呈鼓形,象征佛教中的铁围山,内有大海,海中有龙的景象。通体浮雕海浪、天龙八部众造像。海浪翻腾,八龙昂首张口,两两相对,身体相互缠绕,精神昂扬,一幅龙腾四海的景象。《大日尊发愿》有"八龙王上首"之说,可知经幢基座所刻八蟠龙,即是密教中的八大龙王。

图15—2　地藏寺经幢基座平面展开图

---

① 参见侯冲:《白密何在——云南汉传佛教经典文献研究》,广西师范大学出版社,2017年,第323页。

《法华经·序品》记载的八大龙王为:(1)难陀龙王(Nanda),意译为欢喜龙王,是护法龙神之上首。(2)跋难陀龙王(Upananda),意译为贤喜龙王、优波难陀龙王,与难陀龙王为兄弟。(3)娑伽罗龙王(Sâgara),意译为海龙王、娑竭罗龙王,为古来请雨法之本尊,亦为观音二十八部众之一。(4)和修吉龙王(Vâsuki),意译为宝有龙王、宝称龙王、多头龙王、九头龙王,又称婆修竖龙王、筏苏枳龙王。能绕妙高山,并以小龙为食。(5)德叉迦龙王(Takṣaka),意译为多舌龙王、两舌龙王、视毒龙王、现毒龙王、能损害者龙王。以怒视即可使人畜即时命终。(6)阿那婆达多龙王(Anavatapta),意译为无热恼龙王、阿耨达龙王,住于雪山顶之阿耨达池。(7)摩那斯龙王(Manasvin),意译为大意龙王、高意龙王、慈心龙王、大力龙王、大身龙王,又称摩那苏婆帝龙王。(8)优婆罗龙王(Utpalaka),意译为青莲龙王,因住于青莲华池而有此名[①]。由此可知八大龙王的名号。

地藏寺经幢上所雕八条蟠龙,显龙象,其意与《张胜温绘梵像卷》的“八大龙王”类似,是南诏大理密教护法天龙八部“龙部”的天神。

(二)第一层造像,四大天王(图15—3)。主像四尊,是守护佛陀四方世界的东、西、南、北四大天王,即东方持国天王、西方广目天王、南方增长天王、北方多闻天王。四天王形象高大,头戴宝冠,身着甲胄,手持兵器与法物、脚踩夜叉,护持四方。四大天王为佛教护法天龙八部“天部”神祇,常见于南诏大理佛教造像中,如崇圣寺建极铜钟下层就镌刻了大梵天王、增长天王、广目天王、多闻

---

① 参见〔后秦〕鸠摩罗什译:《妙法莲华经》卷一《序品》“八大龙王”,《大正藏》第9册,第1页。

图15—3   地藏寺经幢第一层四大天王造像平面展开图

天王、天王帝释与持国天王六像。在《张胜温绘梵像卷》中，"法界
源流"开篇就是四大天王，虽然与此处之四大天王名讳相异，实相
则一致。在本书第十二章《佛教造像》中，我们介绍了剑川石窟、
金华山石刻、禄劝密达拉、晋宁石将军，还有凉山博什瓦黑等南诏
大理国石刻造像中的金刚造像，尤其是南方增长天王与北方多闻
天王成对出现的情况。四大天王守护佛陀世界，或者南、北二天王
护持法会，都是南诏大理佛教造像的基本模式。

（三）第二层造像，四佛顶转轮王（图 15—4）。此龛的主尊是
密教"四佛顶轮王"造像，四面各设一龛，东南西北四龛内，主像依
次为东方阿閦如来、南方宝生如来、西方阿弥陀如来、北方不空成
就如来。四龛之内，如来居中作说法状，诸弟子、菩萨围绕，金刚

图15—4   地藏寺经幢第二层四方佛造像平面展开图

护法。

具体来讲，东方阿閦如来，旁边侍立迦叶、阿难二弟子、二供养菩萨，上首四金刚菩萨；南方宝生如来，有二弟子，左右供养菩萨，上首四亲近菩萨；西方阿弥陀如来，二弟子侍立，有供养菩萨，四亲近菩萨；北方不空成就如来，二弟子侍立，左边有供养菩萨，还有四上首菩萨。

金刚界曼荼罗中，各住于大日、阿閦、宝生、阿弥陀、不空成就如来四周的四位菩萨，略称"四亲近"。《金刚顶瑜伽三十七尊出生义》于此有详细叙述。其中，大日如来之四亲近，特别称为四波罗蜜菩萨。其余四佛之四亲近，总称为慧门十六尊，即《大日尊发愿》所说的"一十六贤劫"。王海涛说，此四佛发四宏誓愿，即是幢身所刻《发四宏誓愿》文[①]。

四如来龛外，四尊大力士像张口瞠目，结半跏趺坐，一手上举，一足踏地，作顶天立地状。造像手足戴璎珞，帔巾从头后而下至身前，缠绕全身。造像体量远远大于如来本尊造像，而且形象夸张，神态飞扬。此处的四大力士像，既像托座力士，又似金刚力士，象征护法的坚定心与勇猛心。《大日尊发愿》文有"四佛顶轮王，四智波罗蜜"句，当指此"四佛"。

在幢身各层中第二层造像最多，共计一百三十六尊。

（四）第三层造像，四大菩萨（图 15—5）。四面各开一龛，龛内主尊为四大菩萨，同时配享的还有天王、飞天、供养菩萨等，龛外雕四供养菩萨，即金刚香、金刚涂香、金刚灯、金刚华。供养菩萨结半

---

① 王海涛：《古幢释神》，《云南文物》，1989 年总第 25 期。虽然《发四弘誓愿》能辨识的文字仅为开头的几十字，但度、断、学、成"四宏誓愿"却明白可识。所谓"四宏（弘）誓"是指苦、集、道、灭"四谛"。四宏（弘）誓愿为佛教中的总愿。

图15—5　地藏寺经幢第三层四大菩萨平面展开图

跏趺坐,云髻花冠,天衣缠绕,手托捧器。总计四十二尊造像。

　　四大菩萨的身份,此前释为除盖障、地藏、虚空藏与观音菩萨,或者普贤、金刚手、除盖障与地藏,侯冲认为,依据《大日尊发愿》中的名号,四大菩萨按照东、南、西、北方位,应该是金刚藏、虚空藏、观自在与虚空库①。各种观点与说法,可以相互启迪。为方便讨论,我们将四大菩萨造像简略描述如下:

　　东向龛内主像为四臂菩萨(金刚藏),前两手当胸结印,后两手上举,一手托如意,一手执花。两侍者站立,身后有四天王护持。南面佛龛中的主尊菩萨像(虚空藏)披风帽,着袈裟,左手托宝珠,右手持锡杖(幢盖?),半跏趺坐于莲花座上。西面佛龛内主像三头六臂菩萨(观自在),上两手执日月,头戴宝冠,冠中有如意珠。北面佛龛中的主尊菩萨(虚空库),空中现珍宝,座前为善财与龙女,背后有四天王,莲台前有密迹金刚。

　　四大菩萨是主尊,但龛外四供养菩萨云髻花冠,身着天衣,戴璎珞、臂钏,体量占足四角,远大于主尊造像。四供养菩萨面相慈善,但与护法力士一样,具有供养与护持佛法的勇猛心与坚定心。

---

① 参见王海涛:《古幢释神》,《云南文物》第25期(1989);刘长久:《南诏和大理国宗教艺术》,第43页;侯冲:《论大理密教属于汉传密教》,王颂主编:《佛教与亚洲人民的共同命运——2014崇圣(国际)论坛论文集》。

图15—6　地藏寺经幢第四层四佛会平面展开图

（五）第四层造像，四佛会（图 15—6）。四面各开一龛，共四龛，雕药师佛、多宝佛、释迦佛、弥勒佛四尊、胁侍菩萨八尊、天王弟子等一十六尊、飞天八尊，龛外供养金刚、利、法、宝菩萨四尊。共造像四十躯。

东面为药师佛结定印，掌心托如意珠，有二胁士菩萨、身后有四药叉大将，头顶有飞天二躯。

南面为多宝佛，地藏菩萨、虚空藏菩萨居左右，身后有二罗汉、二天王，头顶有二飞天。

西面为一佛二弟子二菩萨二天王像，释迦佛居中，左右分别有文殊菩萨与普贤菩萨，阿难、迦叶二弟子、二天王居后，顶上二飞天。

北面为弥勒佛，左右立二菩萨，后立四天女，头顶上有二飞天。

《张胜温绘梵像卷》四法会，即南无释迦佛会（39—41）、释迦牟尼佛会（63—67）、药师琉璃光佛会（68—72）与南无三会弥勒尊佛会（80）与此四佛有关。说明此四佛及四法会，在南诏大理佛教信仰中具有特殊意义。

（六）第五层造像，四迦楼罗（图15—7）。于四面圆雕四只迦楼罗。迦楼罗是印度教大神毗湿奴的坐骑，众鸟之王，后来从印度教神祇演变成佛教大日尊法会护法的天龙八部之一。南诏大理的迦楼罗被称为"大鹏金翅鸟"，是展翅欲飞的金鸡形象，很少出现半

图15—7　地藏寺经幢第五层四迦楼罗圆雕展开图

人半神的造像。南诏大理佛塔顶部四角,通常立四只迦楼罗像;塔藏文物中也有精美的迦楼罗造像,譬如崇圣寺千寻塔就出土了一只工艺精湛、造型美妙的大鹏金翅鸟(图12—24)[1]。

（七）第六层造像,四门(图15—8)。四面云中各雕庑殿一座,称"四门","四门"之内高浮雕四智如来[2]、侍者,共计造像二十八尊。《大日尊发愿》有"四门要密天"之句,即指此四门。

四门在佛教中有特殊含义:"四门"又称"四德",即常、乐、我、净。《摄大乘论》说:"法界真如总有四德,谓常乐我净。"因此《大涅槃经》有"二乘所得非大涅槃,何以故?无常乐我净故;常乐我净乃得名大涅槃也"之语。入四门,意味着到达涅槃世界。因此四门是超荐亡魂入不生不灭涅槃境界的方便之门。在南诏大理以来的火葬墓遗迹中,墓碑幢或者墓室石板上,通常刻有"常乐我净"四神,接引亡魂进入涅槃世界,并设"地水风火"四执金刚守护[3]。

《大般涅槃经》卷二七说:

---

[1] 邱宣充、姜怀英:《大理崇圣寺三塔》,第115页,图版274。

[2] 即东方阿閦如来(大圆镜智)、南方宝生如来(平等性智)、西方阿弥陀如来(妙观察智)、北方不空成就如来(成所作智)。

[3] 《佛学大辞典》称"常乐我净"为大乘涅槃与如来法身所具足之四德。所谓达涅槃境界之觉悟为永远不变之觉悟,谓之常;其境界无苦而安乐,谓之乐;自由自在,毫无拘束,谓之我;无烦恼之染污,谓之净。

图15—8　地藏寺经幢第六层四门、第七层四佛母展开图

中道之法，名为佛性，是故佛性，常乐我净。以诸众生不能见故，无常无乐，无我无净。佛性实非无常无乐无我无净。善男子，譬如贫人家有宝藏，是人不见。以不见故，无常无乐，无我无净。有善知识而语之言，汝舍宅中，有金宝藏，何故如是贫穷困苦无常无乐无我无净？即以方便令彼得见，以得见故，是人即得常乐我净。佛性亦尔。众生不见，以不见故，无常无乐，无我无净。有善知识诸佛菩萨，以方便力，种种教告，令彼得见，以得见故，众生即得常乐我净。[1]

宗密《禅源诸诠集都序》则说："以无我者名为生死，有我者名为如来。又云：我计无我，是颠倒法，乃至广破二乘无常无我之见，如春池执砾为宝，广赞常乐我净，而为究竟，乃至云：无我法中有真我。"[2]

---

[1]〔北凉〕昙无谶译：《大般涅槃经》卷二七《师子吼菩萨品第十一之一》，《大正藏》，第12册，第392页。

[2]参见〔唐〕宗密：《禅源诸诠集都序》卷下之一，《大正藏》，第48册，第399页。

常乐我净,常为东方大圆智,乐为南方平等性智,我为西方妙观察智,净为北方成所作智。因此"四门"亦含"四智"之意,这就是经幢四门内安住四智如来的意义所在。

(八)第七层造像,八佛母(图15—8)。即最上一层,四面四龛,龛内主尊雕四臂佛母。佛母结跏趺坐,螺髻,前两臂当胸合什,后两臂合什举过头顶,佛母身后,有二菩萨胁侍、四天王护法。龛外四角有佛母化现四方相,共造像三十二躯。《大日尊发愿》有"大悲八佛母"之语,即指此八躯佛母像。

南诏大理佛教中,此佛母形象即为佛顶尊胜佛母像,供养尊胜佛母是南诏大理佛教的传统之一,特别是经幢、火葬墓碑幢上常见此佛母形象。

此幢为"尊胜宝幢",而尊胜佛母像被供养在最上层,象征佛母在此塔幢中具有无上的地位,正合佛母为众佛之母的含义。四面四龛中的主尊均为尊胜佛母,而龛外更有尊胜佛母化现四方像,一像四方八面,化现无穷。

(九)幢顶,莲花托宝珠。幢顶是莲花托如意宝珠像。莲花托如意宝珠,即如意宝珠置于莲花佛座之上,以莲花为座,有莲花藏世界之义。佛教称宝珠为如意珠,《法华经》说"净如宝珠,以求佛道"。《智度论十》说"如意珠,生自佛舍利,若法没尽时,诸舍利皆变为如意珠","如意珠能除四百四病"[1]。莲花与宝珠,说明此幢为宝幢。更重要的一层意义是,如意宝珠是大日如来的"三昧耶形",是大日如来的教相,此宝顶与《大日尊发愿》起首"稽首大日尊,圆明心光聚"之句相呼应。

---

[1] 丁福保编:《佛学大辞典》,第904、2122页。

第三节　昆明地藏寺经幢的象征与隐喻

按照《大日尊发愿》"稽首大日尊,圆明心光聚"之说,礼拜经幢就是敬拜大日尊。在佛教中,塔与幢被认为是佛陀的法身与教相。如《大般涅槃经》记载,佛陀在入灭前曾对弟子阿难言:"令众生于我身中起塔庙、礼拜供养。如是众生以我法身为皈依处","供养舍利即是佛宝,见佛如见法身。"① 从上列所述佛菩萨诸神,可以清楚地看到此经幢的神祇,是以大日如来为中心的密教坛场。基座所刻的大海与天龙八部,象征佛国;七层幢身象征弥陀世界;幢顶的莲花托宝珠,象征大日尊。因此,王海涛认为,地藏寺经幢,外形为立体曼陀罗。神坛下部是铁围山,内有大海,海中有龙。中心为须弥山,四天王职掌四方。此中大日尊说法,诸天菩萨汇聚,呈现的是密教诸神云集的大法会②。

《大日尊发愿》是研究此经幢诸神祇的文本依据,因此我们对于经幢诸佛、菩萨、天王、力士、仙圣的释读,应该以此为依据。侯冲兄将此发愿文较好地释读出来,是重要的贡献。

对"发愿文"的认识是一个过程。文中较为明显地与经幢造像相对应的地方,大多为主像,譬如经幢鼓形基座上的八条蟠龙,可与"龙王八上首"句对应。经幢第一层的四大天王、第二层龛外的四大金刚,可与"猛利八金刚"句对应。第二层东方阿閦如来、南方宝生如来、西方阿弥陀如来、北方不空成就如来"四佛",可

① 〔北凉〕昙无谶译:《大般涅槃经》卷八《如来性品第四》,《大正藏》,第 12 册,第 373 页。
② 参见王海涛:《古幢释神》,《云南文物》,1989 年总第 25 期。

与"四佛顶轮王"句相对应。第三层四大菩萨及四供养,可与"八广大供养"相对应。第四层药师佛、弥勒佛、释迦佛、多宝佛,可与"四智波罗蜜"相对应。第五层"四迦楼罗"是护法神,可与"神将"与"二十八宿神"相对应。第六层"四门"可与"四门要密天"相对应。第七层的八躯尊胜佛母像,可与"大悲八佛母"相对应。当然,这样的"一一对应",难免有生搬硬套之嫌,因为"隐喻"是佛教造像的基本法则,教相与教义之间的象征意义、符号表达,既有普遍性,也有地域特色,要认识清楚并非易事。

此外,《张胜温绘梵像卷》第 108 开有"南无秘密五普贤"像,《大日尊发愿》有"南无秘密五普贤"之句,但对应经幢上的造像是哪一尊? 一时没有答案。诸如此类的问题还不少。

从造像表现技法而言,第二层龛外的四大金刚,还有第三、四层龛外供养的四大菩萨,第七层龛外的佛母化现四方像,其体量远大过主尊,有的造像手法张扬、表情夸张,这也是南诏大理佛教造像的特点之一。

地藏寺经幢结构、比例、造像布局几近完美,经幢造像之精妙,在唐宋经幢中堪称稀有罕见。方国瑜将其誉为"滇中艺术极品"。集合了三百余躯造像,构造如此复杂、圆满的经幢,它的佛典依据应当不只《佛顶尊胜陀罗尼经》。诚如经幢《大日尊发愿》所称"善心供养诸佛菩萨、众列神仙"之意,此经幢类似于《张胜温绘梵像卷》将诸佛、菩萨、金刚等众集于一身,几乎总揽南诏大理国佛教世界诸神。因此可以说,地藏寺经幢是南诏大理佛教神系的总成与集合。

第四节　《佛顶尊胜陀罗尼经》经幢讨论

《新纂云南通志》著录了原存于昆明太华山的《佛顶尊宝塔记》,此幢塔高二尺,围约四尺,四面开佛龛并造像。造像题记之外,还有十六行梵文《陀罗尼经》。现转录其造像题记如下:

夫闻尊胜陀罗尼者,如来灭后,惟有佛陀波利从西国来,至于汉土,到五台山欲见文殊。时有一老人从山出来,曰:"法师西来至此,汉土唯有尊胜陀罗尼,颇将来不?"执报曰:"不将来也。"老人曰:"既不将来,空来何益。"然后波利再取于经,流传汉土,遍至云南经天。此尊胜陀罗尼,能灭众生一切恶业,能济幽冥地狱极苦,普能广利一切群生。流传此经,即是报诣佛恩也。

今中庆止善坊居住、陇西氏般若升室女,天水氏逾城秀男,长曰福、次曰君、三曰情、四名奴、五名益等,同发善心,创建尊塔。升之为人也,以直而立身,少贪名利,不巧言令色,好持斋念佛,遍行善事。年至七十有余,闻此陀罗尼之妙力,怀于临命之日。儿男幼弱,不能修建,因此竖此宝刹,先镇坟边,用此功德,以为来世之凭据也。

颂曰:尊胜陀罗尼,流传于汉土。遍至于云南,凭据得济渡。能灭七返身,如来为善住。经称塔上风,吹削罪无数。经称塔上尘,落灭傍生苦。或塔影映身,业尘不染污。能诵此真言,阎罗不畏惧。名净除恶道,诵持没恶趣。愿世世生生,常受持读诵。受持读诵已,速登菩提路。

泰定元年上元甲子岁孟夏四月吉日杨护公书,大使张奴刊。李般若篦女香、李耳、鲁药师贵等神识。①

以上所引,可知崇拜佛顶,崇奉尊胜佛母,修持尊胜法,是南诏大理国佛教的核心内容之一,而其所修持的经典就是《佛顶尊胜陀罗尼经》。根据有关部门1980年代的普查统计,当时尚存的《佛顶尊胜陀罗尼经》经幢火葬墓碑、幢有数千通(如图15—9)。

图15—9 云龙顺荡陀罗尼火葬墓经幢

佛顶为梵文 Buddhosnisah 的意译,原义指佛的顶髻。顶髻在佛之顶,以此表示最尊、最高、最胜之义。所以,在佛教用语中常有"佛顶佛""佛顶冠"之说。"佛顶尊胜"即为密教胎藏界曼荼罗释迦院五佛顶之一,五佛顶中,以释迦如来佛顶所显现的轮王形佛顶最为殊胜,因此密教以佛顶尊为本尊。泰定二年《杜昌海墓志铭》所说:

功德之中,塔为最上。造则何罪不灭,何魂不度? 登涅槃路,可以为依。天上人间,增威益贵。可以息思恨,可以写爱怀。为超证之据,莫大于是矣。乃创尊胜宝塔,刻佛尊容,又书真言,用祈拔识。②

①《新纂云南通志》(五),第256—257页。
②《新纂云南通志》(五),第501页。

佛顶尊胜信仰就是崇奉佛顶尊,修持尊胜法的一种信仰,而《佛顶尊胜陀罗尼经》则是这种信仰最主要的经典[①]。修造、供养佛顶尊胜宝塔与经幢更是无上的功德。

---

① 参见谢道辛:《大理地区佛教密宗梵文碑刻与白族的佛顶尊胜信仰》,《云南民族大学学报》(哲学社会科学版)2004年第1期。

结束语

佛教是宗教信仰,也是文化与艺术的集合。

研究古代佛教,除了讨论佛教哲学、教义教理、佛教史、宗派与人物、法会与佛事活动之外,也关注佛教赖以传播与发展的修寺建塔、译经写经、造像绘画、开凿石窟寺等实践活动。佛教自身的制度与仪轨,佛教与政治、社会、文化的关系同样是重要的考察对象。如何才能全面、如实地了解、呈现古代佛教"宗教信仰"与"文化艺术"一体两面的真实状况,既关涉到"佛教是什么""如何认识佛教"等认识论、方法论问题,还受限于史料的发现与理解,受制于研究者对客观对象的认知。

南诏大理佛教研究,得益于百年来的史料辑佚、考释、研究,大量的考古新发现,以及海内外学者的智慧与贡献。学术界对南诏大理佛教的认识,因此达到前所未有的深度与广度。但是,在学术研究中如何超越"盲人摸象"的"套路",在地方性叙事与宏大的学术视域之间,找到认识南诏大理佛教的"平衡点",仍然是有待解决的老问题。

我们认为"理在事中",资料是学术研究的基础,有一分材料说一分话。反对动辄以西方理论框定研究,近乎"以论带史"的做法。但我们同样认为,学术研究是需要科学理论与方法的,资料的累积、呈现与编辑,是为解答问题,阐明观点,甚至是检讨理论,而不是其他。因此,要如实再现南诏大理佛教,需要科学的认识论与方法论、多学科的知识素养、甘于坐冷板凳的精神,还要注重学术方法的创新、善于解读旧资料、敏于发现新材料、勇于超越地方性认知。

认识论方面,佛王信仰是南诏大理佛教思想基础。它以阿育王信仰为祖源,以梵僧、阿嵯耶观音为"建国观音",以国王皇帝为转轮圣王,形成一套完备的佛王信仰以及治理国家、教化人民的意识形态与统治方略。既有南诏大理的地方特色,也是佛教流行地区,譬如中古时期西域诸国,南北朝甚至是唐宋佛教的特色之一。认识到转轮王信仰这一根本特点,就能理解南诏大理佛教"王者"造像的意义,如剑川石窟中的王者像,《南诏图传》与《张胜温绘梵像卷》中的王者礼佛,博什瓦黑石刻像中的王者出巡图,还有王者出家为僧,更有大理国皇帝追封高僧为"义帝"等种种行为。因为"王即是佛,佛即是王",在佛王信仰里,礼佛与成佛,世俗与佛国,出家与在家都是一体的。由此可见,学术研究中寻找具有解释力的理论是很重要的。

史料方面,对于重要文献的再研究显得尤其重要,如唐人道宣《道宣律师感通录》记载唐乾封二年(667)西洱河地区佛法流行的史料,就是典型的例子。我们不能以"时代太早"的臆测来否定文献的真实性。更重要的是,当我们阅读古籍史料时,倘若以"神怪"而否定它的真实性与史料价值,那么一部二十四史如何读得下去?往古有往古的知识体系与叙事范式,理解这一点是很要紧的。

佛教不止于说教,而往往以"像教"来彰显佛陀的思想,用"物象"来隐喻佛性的光辉。于是佛典与教义,又以建筑、造像、绘画、法器等文化艺术的物化形式面世,而"透物见人"的考古发现与研究,以及对"符号与象征"隐喻系统的人类学解读,能够提供新资料、新视角、新观点,使全面、系统、正确认识南诏大理佛教成为可能。

南诏大理可谓南天佛国;南诏大理佛教,彰显了唐宋时代中国区域佛教的多样与多彩。本书所论,大致可总结如下:

第一,云南佛教起于汉晋,兴于初唐,盛于南诏大理时期。汉晋间佛教通过"蜀身毒道"传入云南,并通过此道传至四川、内地,这是本书重点呈现与讨论的核心问题、观点之一。汉晋时期的佛教,不显山不露水,却在《华阳国志》等文献中有蛛丝马迹,并为考古发现所证实。佛教在南诏前期已经很兴盛,同样是本书所展示的重要内容。初唐时期,西洱河地区佛法盛行的状况,已经载诸唐人文献。南诏初期巍山岣嵝图寺庙遗址、太和城南诏官家寺庙建筑群遗址,证明南诏早期佛教已然流行,《南诏图传》所载非虚。异牟寻之后,佛教开始兴盛,并一直延续到大理国。元代,南诏大理佛教余晖尚存。洱海、滇池区域的主体居民"白人"全民信仰佛教的状态,一直保持至近代。

第二,南诏大理佛教最先来自古印度,并受汉传佛教与吐蕃佛教影响。印度传入的佛教,其本源可回溯至汉晋时期。汉传佛教进入云南是在初唐时期,证据亦为明显。而南诏与吐蕃关系,在唐朝、南诏、吐蕃三方面的文献中都有记载,天竺僧人菩立陀诃经吐蕃至南诏传教的史料见于《南诏图传》。南诏中兴皇帝敕文说"大封民国圣教兴行,其来有上,或从胡梵而至,或于蕃汉而来,奕代相传,敬仰无异"是南诏关于"圣教入邦国"的历史记忆,绝非凭空而来。我们始终认为,陈垣先生"云南佛教,其始自西传入,多属密教;其继自东传入,遂广有诸宗"之说,至今仍然彰显着深邃的智慧之光。

第三,南诏大理佛教信仰以王室、大姓为主导。南诏大理信仰最明显的特征,那就是目前所见大多数重大活动、重要遗迹,无论来自文献还是"物象"都与王室、大姓有关。南诏大理的王者与皇帝,是剑川石窟、《南诏图传》《张胜温绘梵像卷》等重要"像教"中的主角,是世俗面相的佛王、转轮圣王。南诏大理写经《护国司南钞》地位突出,是对仁王护国的最好说明。《南诏图传》是奉中兴皇帝之命而作,《张胜温绘梵像卷》是"奉为皇帝骠信画",阿嵯耶观音造像也由皇帝造作与供养。异牟寻、劝丰祐"劝民虔敬三宝、恭诵三皈",以佛教治世、佛法教化人民。王母出家,皇帝退位为僧,大姓子弟舍身入寺,营造了以礼佛敬佛为首务的佛教化政治、社会文化。

第四,南诏大理佛教本土化,是佛教中国化的成功案例。佛教是外来宗教,进入中国之后首先要解决本土化,也就是中国化问题。中国地域广阔,民族众多,区域差异性明显,佛教中国化具有多样性的天然属性。南诏大理佛教,通过灵山圣迹、祖谱叙事的在地化,把佛教祖谱叙事与土著族群的祖源神话联系起来,"由寄籍变土著",实现了本土化。

第五,南诏大理佛教具有生活化特征。南诏大理佛教,完全融入社会生活的各个层面,国王以佛教转轮王自居,以佛法教化人民为首务。政治上封高僧为国师,官员从僧道中选拔,以僧为相,以僧为官;实行"以师僧教童子"的人才培养制度;民间"家无贫富,皆有佛堂;人不以老幼,手不释数珠",以佛号起名,实行火葬。从南诏异牟寻以来,直到大理国,都是如此。这是典型的佛教化社会生活。

第六,南诏大理佛教具有开放性。南诏大理佛教,来源上呈现多源、多元特征,也就是从多个源头传入,包括印度、内地与吐蕃;宗派上,有密教,亦有显教诸宗。南诏大理时期,天竺僧人(梵僧)

不断地从天竺进入南诏大理传教,骠国、天竺使团通过南诏大理进入内地。而南诏大理的官员、释儒、佛弟子,则利用到唐、宋朝圣的机会,到灵山圣地巡礼,求购佛教典籍。南诏大理佛教,呈现出与内地唐宋王朝,以及南亚、东南亚周边"蕃国"频繁交往、交流的开放性特征。

总而言之,由于文献与文物互证,多学科协同与综合,我们能够对南诏大理佛教信仰的历史发展及其文化内涵展开较为全面、系统的呈现与讨论,对其特色与个性进行深入的描绘与刻画。南天佛国不单是"妙香古国"的传说与神话,更有坚实的史料支撑,以及触手可及的文化艺术遗产,甚至是至今仍然活跃于民间的信仰风俗。南诏大理佛教,无论是教义还是教相,一路走来均有迹可循。本书所做的工作,仅仅是把它们串起来,奉献给读者而已。

主要参考文献

一、古典文献

〔汉〕司马迁撰,〔南朝宋〕裴骃集解,〔唐〕司马贞索隐,〔唐〕张守
　　节正义:《史记》,中华书局,1959 年。

〔汉〕班固撰,〔唐〕颜师古注:《汉书》,中华书局,1962 年。

〔南朝宋〕范晔撰,〔唐〕李贤等注:《后汉书》,中华书局,1965 年。

〔北齐〕魏收撰:《魏书》,北京,中华书局,1974 年。

〔晋〕常璩撰,任乃强校注:《华阳国志校补图志》,上海古籍出版社,
　　1987 年。

〔晋〕陈寿撰,〔南朝宋〕裴松之注:《三国志》,中华书局,1959 年。

〔梁〕萧子显撰:《南齐书》,中华书局,1972 年。

〔唐〕魏徵、令狐德棻撰:《隋书》,中华书局,1973 年。

〔唐〕房玄龄等撰:《晋书》,中华书局,1974 年。

〔唐〕梁建方撰,林超民辑:《西洱河风土记》,方国瑜主编:《云南史
　　料丛刊》第二卷,云南大学出版社,1998 年。

〔唐〕义净撰,主邦维校注:《大唐西域求法高僧传校注》,中华书局,
　　1988 年。

〔唐〕玄奘、〔唐〕辩机原著,季羡林等校注:《大唐西域记校注》,中
　　华书局,1985 年。

〔后晋〕刘昫等撰:《旧唐书》,中华书局,1975 年。

〔宋〕司马光编著,〔元〕胡三省音注:《资治通鉴》,中华书局,
　　1956 年。

〔宋〕欧阳修、〔宋〕宋祁撰:《新唐书》,中华书局,1975 年。

〔宋〕王溥撰:《唐会要》,中华书局,1955 年。

〔清〕董诰等编:《全唐文》,中华书局,1983 年。

〔元〕脱脱等撰:《宋史》,中华书局,1977 年。

〔宋〕李心传撰:《建炎以来朝野杂记》,徐规点校,中华书局,
　　2000 年。

〔清〕徐松辑:《宋会要辑稿》,中华书局,1957 年。

〔唐〕樊绰撰,向达校注:《蛮书校注》,中华书局,1962 年。

〔唐〕樊绰撰,赵吕甫校释:《云南志校释》,中国社会科学出版社,
　　1985 年。

〔唐〕樊绰撰,向达原校,木芹补注:《云南志补注》,云南人民出版
　　社,1995 年。

〔宋〕欧阳修、〔宋〕宋祁等撰,王忠笺证:《新唐书南诏传笺证》,中
　　华书局,1963 年。

〔宋〕范成大撰,胡起望、覃光广校注:《桂海虞衡志辑佚校注》,四川
　　民族出版社,1986 年。

〔元〕郭松年、〔元〕李京撰,王叔武校注:《大理行记校注　云南志
　　略辑校》,云南民族出版社,1986 年。

〔元〕张道宗撰:《纪古滇说集》,方国瑜主编:《云南史料丛刊》第二
　　卷,云南大学出版社,1998 年。

〔明〕宋濂等撰:《元史》,中华书局,1976 年。

〔清〕张廷玉等撰:《明史》,中华书局,1974 年。

〔明〕陈文等纂修:景泰《云南图经志书》,方国瑜主编:《云南史料

丛刊》第六卷,云南大学出版社,2000 年。

〔明〕周季凤纂修:正德《云南志》,方国瑜主编:《云南史料丛刊》第
六卷,云南大学出版社,2000 年。

〔明〕邹应龙修,〔明〕李元阳纂:万历《云南通志》,刘景毛等点校,
中国文联出版社,2013 年。

〔明〕刘文徵撰:天启《滇志》,古永继点校,王云、尤中审订,云南教
育出版社,1991 年。

〔明〕谢肇淛撰:《滇略》,方国瑜主编:《云南史料丛刊》第六卷,云
南大学出版社,2000 年。

〔明〕杨慎撰:《滇载记》,方国瑜主编:《云南史料丛刊》第四卷,云
南大学出版社,1998 年。

〔明〕倪辂辑,〔清〕王崧校理,〔清〕胡蔚增订,木芹会证:《南诏野
史会证》,云南人民出版社,1990 年。

〔明〕徐弘祖著,朱惠荣校注:《徐霞客游记校注》,云南人民出版社,
1985 年。

〔清〕寂裕刊刻:《白国因由》,大理白族自治州文化局编:《南诏大理
历史文化丛书》第一辑,巴蜀书社,1998 年。

〔清〕释圆鼎:《滇释记》,方国瑜主编:《云南史料丛刊》第八卷,云
南大学出版社,2001 年。

〔清〕黄元治等纂:《乾隆大理府志》,《中国地方志集成·云南府县
志辑》,凤凰出版社,2009 年。

〔清〕高奣映著,侯冲、段晓林点校:《〈鸡足山志〉点校》,中国书籍
出版社,2005 年。

〔清〕阮元、〔清〕王崧、〔清〕李诚等纂修,年四国等点校:《道光云
南通志稿(点校本)》,云南美术出版社,2021 年。

〔清〕王昶辑:《金石萃编》,中国书店,1985 年。

〔清〕阮福撰:《滇南古金石录》,商务印书馆,1936年。

〔清〕王崧撰,〔清〕杜允中注:《道光云南志钞》,刘景毛点校,李春
　　龙审订,云南省社会科学院,1995年。

大正一切经刊行会编:《大正新修大藏经》,台湾新文丰出版有限公
　　司,1975年。

周钟岳等纂:《新纂云南通志》,王珏等点校,李春龙审订,云南人民
　　出版社,2007年。

尤中校注:《僰古通纪浅述校注》,云南人民出版社,1988年。

二、史料、考古文集

吴金鼎、曾昭燏、王介忱:《云南苍洱境考古报告》,中央博物院专
　　刊,1942年。

石钟健:《滇西考古报告》,云南省立龙渊中学中国边疆问题研究会
　　专刊,1944年;收入赵寅松主编:《白族文化研究(2003)》,民
　　族出版社,2004年。

李霖灿:《南诏大理国新资料的综合研究》,台北故宫博物院,
　　1982年。

云南省文物管理委员会编:《南诏大理文物》,文物出版社,1992年。

王叔武编著:《云南古佚书钞(增订本)》,云南人民出版社,1996年。

云南省文物考古研究所编:《云南考古文集》,云南民族出版社,
　　1998年。

方广锠主编:《藏外佛教文献》,宗教文化出版社,1998—2000年。

方国瑜主编:《云南史料丛刊》,云南大学出版社,1998—2001年。

云南省文物考古研究所编:《云南考古报告集》之二,云南科技出版
　　社,2006年。

杨世钰、赵寅松主编：《大理丛书·大藏经篇》，云南民族出版社，
　　2008 年。

杨世钰、赵寅松主编：《大理丛书·考古文物篇》，云南民族出版社，
　　2009 年。

"中国少数民族社会历史调查资料丛书" 修订编辑委员会：《白族社
　　会历史调查（四）》，民族出版社，2009 年。

杨世钰、赵寅松主编：《大理丛书·金石篇》，云南民族出版社，
　　2010 年。

云南省文物考古研究所、玉溪市文物管理所、通海县文物管理
　　所、江川区文物管理所编印：《通海白塔心墓地发掘资料》
　　（2017）。

三、研究著作

夏光南：《中印缅道交通史》，中华书局，1948 年。

李家瑞等编著：《大理白族自治州历史文物调查资料》，云南人民出
　　版社，1958 年。

陈垣：《明季滇黔佛教考》，中华书局，1962 年。

"云南各族古代史略" 编写组：《云南各族古代史略》，云南人民出版
　　社，1977 年。

方国瑜：《云南史料目录概说》，中华书局，1984 年。

李朝真、张锡禄著：《大理古塔》，云南人民出版社，1985 年。

方国瑜：《中国西南历史地理考释》，中华书局，1987 年。

杨仲录、张福三、张楠主编：《南诏文化论》，云南人民出版社，
　　1991 年。

蓝吉富等著：《云南大理佛教论文集》，台湾佛光出版社，1991 年。

汪宁生:《云南考古》,云南人民出版社,1992 年。

尤中:《云南民族史》,云南大学出版社,1994 年。

吕建福:《中国密教史》,中国社会科学出版社,1995 年。

向南:《辽代石刻文编》,河北教育出版社,1995 年。

任继愈主编:《中国佛教史》,中国社会科学出版社,1997 年。

邱宣充,姜怀英编著:《大理崇圣寺三塔》,文物出版社,1998 年。

李昆声主编:《南诏大理国雕刻绘画艺术》,云南人民出版社、云南
　　美术出版社,1999 年。

张锡禄:《大理白族佛教密宗》,云南民族出版社,1999 年。

杨延福:《剑川石宝山考释》,云南民族出版社,1999 年。

方龄贵、王云:《大理五华楼新出元碑选录并考释》,云南大学出版
　　社,2000 年。

方国瑜著,林超民主编:《方国瑜文集》,云南教育出版社,2001 年。

李东红:《白族密教》,《法藏文库:20 世纪中国佛教学术论典》,佛
　　光出版社,2001 年。

刘长久:《南诏和大理国宗教艺术》,四川人民出版社,2001 年。

王海涛:《云南佛教史》,云南美术出版社,2001 年。

古正美:《从天王传统到佛王传统:中国中世佛教治国意识形态研
　　究》,商周出版社,2003 年。

李东红、杨利美:《苍洱五百年》,云南人民出版社,2004 年。

刘淑芬:《灭罪与度亡——佛顶尊胜陀罗尼经幢研究》,上海古籍出
　　版社,2008 年。

温玉成:《中国佛教与考古》,宗教文化出版社,2009 年。

赵寅松主编:《白族文化研究》,民族出版社,2001—2009 年。

宿白:《中国佛教石窟寺遗迹—— 3 至 8 世纪中国佛教考古学》,文
　　物出版社,2010 年。

何耀华主编：《云南通史》，中国社会科学出版社，2011年。

田怀清：《南诏大理国瓦文》，云南人民出版社，2011年。

丁福保编：《佛学大辞典》，文物出版社，2015年。

王明珂：《反思史学与史学反思》，上海人民出版社，2016年。

侯冲：《白密何在——云南汉传佛教经典文献研究》，广西师范大学出版社，2017年。

巍山县南诏博物馆编：《云南巍山峣圩图山出土南诏佛教造像艺术》，云南民族出版社，2019年。

大理大学编：《大理民族文化研究论丛》，民族出版社，2003—2020年。

〔英〕科林·伦福儒、〔英〕保罗·巴恩主编，陈胜前译：《考古学：关键概念》，中国人民大学出版社，2012年。

〔法〕伯希和著，冯承钧译：《郑和下西洋考　交广印度两道考》，上海古籍出版社，2014年。

〔德〕扬·阿斯曼著，金寿福、黄晓晨译：《文化记忆：早期高级文化中的文字、回忆和政治身份》，北京大学出版社，2015年。

四、学术论文

向达：《南诏史略论——南诏史上若干问题的试探》，《历史研究》，1954年第2期。

李家瑞：《用文物补正南诏及大理国的纪年》，《历史研究》，1958年第7期。

李家瑞：《南诏以来来云南的天竺僧人》，《学术探索》，1962年第2期。

方国瑜：《有关南诏史史料的几个问题》，《北京师范大学学报》，

1962 年第 3 期。

李孝友:《南诏大理的写本佛经》,《文物》,1979 年第 12 期。

方国瑜:《试论〈大理图志〉诸问题》,《中国社会科学》,1980 年第
　　1 期。

邱宣充:《大理三塔的塔藏文物》,《云南社会科学》,1981 年第
　　2 期。

方国瑜:《云南佛教阿叱力教派二三事》,《滇史论丛》第一辑,上海
　　人民出版社,1982 年。

张增祺:《关于南诏、大理国纪年资料的订正》,《考古》,1983 年第
　　1 期。

李惠铨、王军:《〈南诏图传·文字卷〉初探》,《云南社会科学》,
　　1984 年第 6 期。

张旭:《大理白族的阿叱力教》,《云南民族民俗和宗教调查》,云南
　　民族出版社,1985 年。

阮荣春:《早期佛教造像的南传系统》,《东南文化》,1990 年第 1—
　　2 期。

李东红:《白族火葬墓的几个问题》,《思想战线》,1991 年第 6 期。

李东红:《大理地区男性观音造像的演变:兼论佛教密宗的白族化
　　过程》,《思想战线》,1992 年第 6 期。

李玉珉:《梵像卷释迦佛会、罗汉及祖师像之研究》,台北故宫博物
　　院编:《中国艺术文物讨论会论文集》,1992 年。

李玉珉:《南诏佛教考》,《佛教思想的传承与发展——印顺导师九
　　秩华诞祝寿文集》,台北东大图书公司,1995 年。

罗二虎:《略论贵州清镇汉墓出土的早期佛像》,《四川文物》,2001
　　年第 2 期。

罗二虎:《论中国西南地区早期佛像》,《考古》,2005 年第 6 期。

侯冲:《大理国写经研究》,汪宁生主编:《民族学报》第四辑,民族出
版社,2006年。

段玉明:《从出土文物看巴蜀早期佛教》,《四川文物》,2008年第
3期。

何志国、李莎:《从昭通东汉佛像看中国早期佛像的来源》,《民族艺
术》,2008年第4期。

黄德荣、吴华、王建昌:《通海大理国火葬墓纪年碑研究》,《大理民
族文化研究论丛》第五辑,民族出版社,2012年。

〔美〕海伦·查平著,林超民译:《云南的观音像》,载〔美〕查尔
斯·巴克斯著,林超民译:《南诏国与唐代的西南边疆》,云南
人民出版社,1988年。

后　记

南诏大理被誉为"南天佛国",南诏大理研究离不了对佛教的关注。

大学毕业时,我被分配到博物馆从事文物考古工作。跟随老一辈文博人进山入庙、拓碑探墓时,面对丰富多彩的佛教文化艺术遗迹,茫茫然手足无措。"知耻近乎勇",于是有了学习先进、弄懂问题、解答困惑的冲动。由点滴做起,"干中学、学中干",在老师们指点下寻得几通火葬墓碑,拓制碑刻、抄录碑铭、考释文字,在实际中体会佛教考古与佛学研究的乐趣。后来有机缘回校深造、出国研修,读书习文,竟成生计的泉源……经年累月,三十多年就这么过去了。自己忝列教职,站在三尺讲台上,乐在其中。

常常记起费孝通、方国瑜、李霖灿诸先生关于"南诏大理学"建设的议论,于是乎自加压力,不是"要我学"而是"我要学",把学习、探索、研究南诏大理历史文化视作自己的学术使命。多年来"日力不足,继之以夜","博学、审问、慎思、明辨、笃行",用心用力,苦干实干,所谓冷暖自知,苦乐自得。

南诏大理佛教研究,对自己而言是一场长时段的学习与修行,在串通材料里增益知识,于研究文化中理解社会,书写时领会"有一分材料说一分话"的学术精神。由此及彼,反躬自省之余,有时竟夜起彷徨,开卷思量。

　　虽然早年即有撰写南诏大理佛教研究论著的夙愿,及至付诸刀笔,方知此项文案的难度,懂得学术研究"非一日之功",不可以"一蹴而就"的意义。书中诸多专门的知识,其实不是自个儿擅长的学问,勉强为文,内心着实惶恐。然而当代中国学人时不我待,"一夜成文"的驱动力与使命感,总希望早出成果、快出成果、多出成果! 好学深思、厚积薄发的道理,知之非艰,行之维艰。

　　感谢云南省博物馆、云南省文物考古研究所、大理州、市博物馆等单位的无私援助,还有邢毅、黄德荣、侯冲、朱忠华、李学龙诸先生的慷慨帮助,给予使用照片原件的便利。感谢杨文辉、孙琳、王毓川、李果桐、丁研、骆玉梅、周磊、段鹏、赵元梁的帮助与支持,他们或协助核对资料,或校对文稿,或提供资料与图片,使书稿得以不断完善。

　　感谢云南省社科工作办公室、大理大学科技处的经费支持;感谢中华书局学术著作编辑室罗华彤主任、樊玉兰女士的关心、指导与帮助,使拙稿能够在心仪的出版社顺利出版。

李东红

辛丑岁仲秋于昆明